中国高等职业技术教育研究会推荐

面向 *21* 世纪机电类专业高职高专规划教材

汽车电气设备与维修

主　编　李春明　魏　崴

副主编　袁笑虎

西安电子科技大学出版社

内容简介

本书根据教育部对高职高专汽车运用与维修专业领域技能型紧缺人才培养目标的要求编写。全书共10章，主要内容包括：汽车电路与电气系统基础、电源系统、起动系统、点火系统、照明与信号系统、仪表与报警系统、常用辅助电气系统、安全气囊系统与新型安全带、整车电路分析、各大汽车公司电路分析方法等。

本书适合作为高等职业技术教育汽车运用与维修、汽车检测与维修等相关专业的教材，也可作为成人高等教育、汽车技术培训等相关课程的教材。

★本书配有电子教案，有需要的老师可与出版社联系，免费提供。

图书在版编目（CIP）数据

汽车电气设备与维修 / 李春明、魏崴主编.

—西安：西安电子科技大学出版社，2006.12 (2010.4 重印)

面向21世纪机电类专业高职高专规划教材

ISBN 978-7-5606-1733-6

Ⅰ. 汽…　Ⅱ. ① 李…　② 魏…　Ⅲ. 汽车—电气设备—车辆修理—高等学校：技术学校—教材

Ⅳ. U472.41

中国版本图书馆 CIP 数据核字（2006）第 108452 号

策　　划　马武装

责任编辑　雷鸿俊　马武装

出版发行　西安电子科技大学出版社（西安市太白南路2号）

电　　话　(029)88242885　88201467　邮　　编　710071

网　　址　www.xduph.com　电子邮箱　xdupfxb001@163.com

经　　销　新华书店

印刷单位　陕西天意印务有限责任公司

版　　次　2006年12月第1版　2010年4月第2次印刷

开　　本　787毫米×1092毫米　1/16　印张20

字　　数　475千字

印　　数　4001～7000册

定　　价　25.00元

ISBN 978－7－5606－1733－6 / U・0006

XDUP 2025001-2

序

在即将跨入21世纪的前夕，中共中央、国务院召开了第三次全国教育工作会议，并颁发了《中共中央、国务院关于深化教育改革全面推进素质教育的决定》；进一步明确了高等职业教育的重要地位，指出“高等职业教育是高等教育的重要组成部分。要大力发展高等职业教育”。在这一方针的指引下，我国高等职业教育取得了空前规模的发展。至1999年，从事高等职业教育的高等职业学校、高等专科学校和独立设置的成人高校已达 1345 所，占全国高校总数的69.2%；专科层次的在校生占全国高校在校生的 55.37%，毕业生占高校毕业生总数的 68.5%。这些数字表明，高等职业教育在我国高等教育事业中占有极其重要的地位，在我国社会主义现代化建设事业中发挥着极其重要的作用。随着社会的发展、科技的进步，以及我国高等教育逐步走向大众化，我国的高等职业教育必将进一步发展壮大。

在高等职业教育大发展的同时，也有着许多亟待解决的问题。其中最主要的是按照高等职业教育培养目标的要求，培养一批“双师型”的中青年骨干教师；编写出一批有特色的基础课和专业主干课教材；创建一批教学工作优秀学校。

为解决当前高职教材严重匮乏的问题，西安电子科技大学出版社与中国高等职业技术教育研究会联合策划、组织编写了计算机及应用电子技术两个专业的教材，现已出版。本系列教材，从策划到主编、主审的遴选，从成立专家组反复讨论大纲， 研讨职业教材特色到书稿的字斟句酌，每走一步都比较扎实、精心。作者在编写中紧密联系实际，尽可能地吸收新理论、新技术、新工艺，并按照案例引入、改造拓宽、课题综合(通过一个大型的课题，综合运用所学内容)的思路，进行编写，努力突出高职教材的特点。本系列教材内容取材新颖、实用；层次清楚，结构合理；文笔流畅，装帧上乘。这套教材比较适合高等职业学校、高等专科学校和成人高校等高等职业教育的需要。

教材建设是高等职业院校基本建设的主要工作之一，是教学内容改革的重要基础。为此，有关高职院校都十分重视教材建设，组织教师积极参加教材编写，为高职教材从无到有，从有到优而辛勤工作。但高职教材的建设还刚刚起步，还需要做艰苦的工作，我们殷切地希望广大从事高等职业教育的教师，在教书育人的同时，组织起来，共同努力，编写出一批高职教材的精品，为推出一批有特色的、高质量的高职教材作出积极的贡献。

中国高等职业技术教育研究会会长 李宗尧

面向21世纪
机电类专业高职高专规划教材
编审专家委员会名单

项目策划：马乐惠　　**策　划：**马武装　毛红兵　马晓娟

前　言

随着汽车工业的飞速发展，汽车电子化程度不断提高，汽车电气系统也越来越复杂。在现代汽车运用与维修的实际工作中，汽车电路图已成为必不可少的工具。借助资料能够读懂汽车电路图，并能进行电路分析是对从事现代汽车维修专业技术人员的基本要求。因此，对职业院校的汽车电气设备与维修课教学也提出了更高的要求，不仅要求学生掌握汽车各电气系统的结构、原理、使用与维修知识，还要求学生会分析汽车电路，能够对汽车各主要电气系统的常见故障进行诊断与排除。为达到这一目的，职业院校在教学过程中要突出技能，注重培养学生解决实际问题的能力。

本书根据教育部对高职高专汽车运用与维修专业领域技能型紧缺人才培养目标的要求编写。书中将汽车各主要电气系统的结构、工作原理、电路分析、使用与维修等内容融为一体，注重理论联系实际，与职业技能鉴定标准接轨，突出对汽车电路的分析，旨在培养学生的技术应用能力，加强了针对性与实用性，具有鲜明的特色。

本书由李春明、魏崴任主编，袁笑虎任副主编。参加编写工作的还有赵宇、丁卓、刘艳莉、张军、赵晓宛、丛彦波、韩东、李春雷、张永钊、张春英等同志，在此一并表示感谢。

由于编者水平所限，书中不妥与疏漏之处在所难免，恳请读者提出宝贵意见。

编　者

2006 年 8 月

目　录

第一章　汽车电路与电气系统基础

【学习目标】

知识点：电路的基本概念；汽车电路的特点；熔断器、继电器、各种开关、插接器、导线的结构特点与图示方法；汽车电气系统的组成；汽车电气系统故障种类、检修注意事项与常用诊断方法。

技能点：能分析简单的汽车电路；能够识别电路基础元件在汽车上的一般安装位置，并能进行基本检修。

第一节　汽车电路基础

一、线路与电路的基本概念

在一个供、用电系统中，电源提供电能，用电设备使用电能。必须用导线将电源与用电设备两者合理地连接起来，让电流形成回路，才能使电流在用电器中做功。电工学中将这种电流通过的路径称为电路，而一般的电路都是用导线连接而成的，故又称为线路。汽车电路是汽车电器线路的简称，是用选定的导线将全车所有的电器设备相互连接成电路，构成一个完整的供、用电系统。

电路的概念可通过图 1.1 来理解。如图 1.1(a)所示，把蓄电池的正极、负极与灯泡用导线连接起来即形成了实际电路。如果用符号表示图中的电器，就会得到图 1.1(b)所示的电路图，图中 R 表示灯泡的电阻，箭头表示电流的方向。如果在图 1.1(b)电路中增设一个开关，就形成了图 1.1(c)所示的电路，该电路可通过开关控制电路的通与断。开关断开时，电路中没有电流通过，灯不亮，这种状态称为开路或断路；开关闭合时，电路中有电流通过，灯亮，这种状态称为通路。

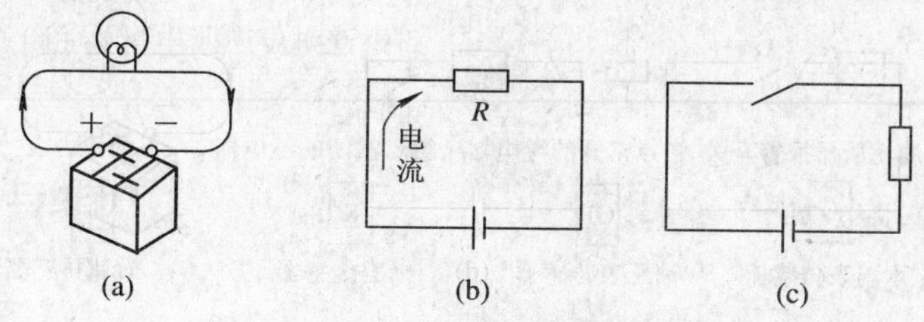

图 1.1　电路的概念

(a) 实际电路；(b) 电路图示(无开关)；(c) 电路图示(带开关)

二、汽车电路中常用图形符号

汽车电路中的常用图形符号如图 1.2 所示。

图 1.2　汽车电路中常用图形符号

三、常用报警灯和指示灯标志

在汽车上一般采用特定的图形标志或英文字母来表示各种开关、报警灯和指示灯的功能。这些图形标志国际通用，具有形象、简明的特点，一看便知其功能。常用的报警灯和指示灯标志如图 1.3 所示。

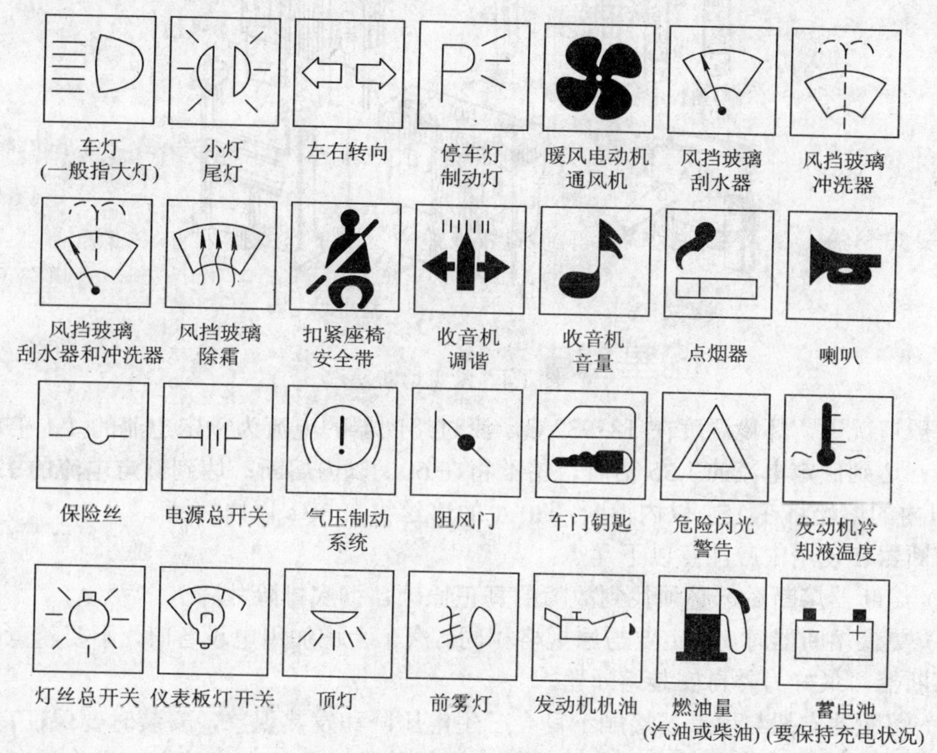

图 1.3　常见报警灯和指示灯标志

第二节　汽车电路基础元件

汽车电路的基础元件主要是指保险装置、插接器、各种开关、继电器、导线等，它们是汽车电路的基本组成部分。

一、保险装置

汽车上的保险装置主要有熔断器、易熔线和断路器。

1. 熔断器

熔断器也称保险丝，在电路中起保护作用。当电路中流过超过规定的电流时，熔断器的熔丝自身发热而熔断，切断电路，防止烧坏电路连接导线和用电设备，并把故障限制在最小范围内。熔断器的主要元件是熔丝(片)，其材料是锌、锡、铅、铜等金属的合金。常见熔断器按外形分可分为熔片式、熔管式、绝缘式、缠丝式、插片式等，如图 1.4 所示。通常情况下，将很多熔断器组合在一起安装在熔断器盒内，并在熔断器盒盖上注明各熔断器的名称、额定容量和位置，同时用不同的颜色来区别熔断器的容量。

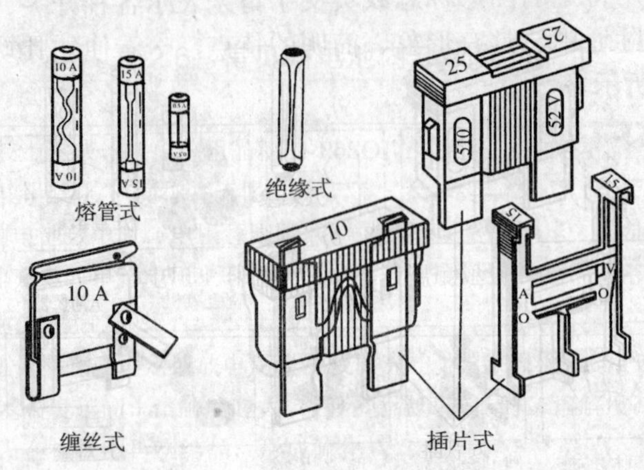

图 1.4　常见熔断器

一般情况下，环境温度在 18～32℃，流过熔断器的电流为额定电流的 1.1 倍时，熔丝不熔断；达到额定电流的 1.35 倍时，熔丝将在 60 s 以内熔断；达到额定电流的 1.5 倍时，20 A 以内的熔丝将在 15 s 以内熔断，30 A 的熔丝将在 30 s 以内熔断。

熔断器在使用中应注意以下几点：

(1) 熔断器熔断后，必须找到故障的真正原因，彻底排除故障。

(2) 更换熔断器时，一定要与原规格相同；汽车上增加用电设备时，不要随意改用容量大的熔断器，最好另外再安装熔断器。

(3) 熔断器支架与熔断器接触不良会产生电压降和发热现象，安装时要保证良好接触。

行驶途中熔断器熔断后的应急处理：可用其他电路的相同或稍大容量的熔断器替代；如果其他电路也需要工作，可暂时采用细导线代替其他电路的熔断器。一旦到达目的地或有新熔断器时，应及时更换。

2. 易熔线

易熔线是一种大容量的熔断器，用于保护电源电路和大电流电路，如图 1.5 所示。

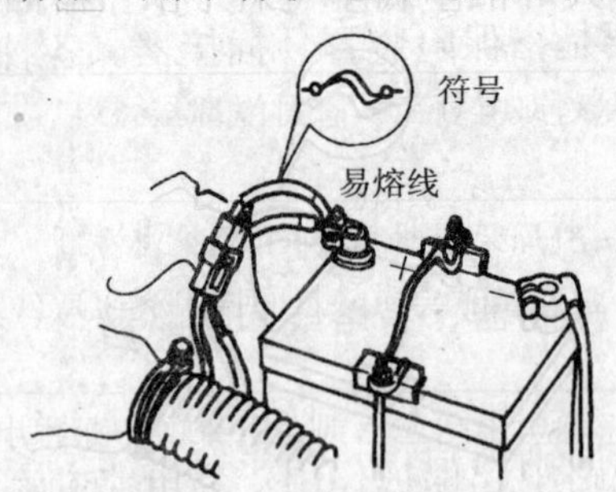

图 1.5　易熔线实物与连接位置

注意：

(1) 绝对不允许换用比规定容量大的易熔线。

(2) 易熔线熔断，可能是主要电路发生短路，因此必须仔细检查，彻底排除隐患。

(3) 不能将易熔线和其他导线绞合在一起。

3. 断路器

电路断路器通过断开电路和截断电流以防止导线和电子元件过热和可能因此造成的火灾，在电路中用于防止有害的过载(额外的电流)。电路断路器是机械装置，它利用两种不同金属(双金属)的热效应断开电路，如图 1.6 所示。如果额外的电流经过双金属带，双金属带弯曲，触点开路，阻止电流通过；当电路断路器冷却时，触点再次闭合，电路导通；当无电流时，双金属带冷却而使电路重新闭合，电路断路器复位。

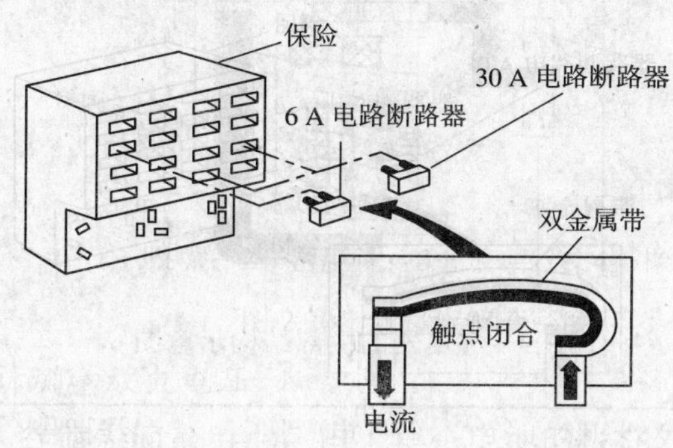

图 1.6　断路器示意图

前照灯电路是应用电路断路器代替保险的一个极好的例证。前照灯电路中任何地方发生短路或接地都会引起额外的电流，并会因此断开电路。如果在夜晚突然失去前照灯往往会产生灾难性的后果，但电路断路器在断开电路后又会迅速闭合电路，从而既避免了电路过热，又可以至少保持部分前照灯能够工作。

二、继电器

继电器是利用电磁或机电原理及其他方法(如热电或电子)实现自动接通或切断一对或多对触点，以完成用小电流控制大电流的装置。在电路中设置继电器可以减小控制开关的电流负荷，减少烧蚀等现象的产生，保护电路中的控制开关。汽车中大量使用各种继电器，如进气预热继电器、空调继电器、喇叭继电器、雾灯继电器、中间继电器、风窗刮水器/清洗器继电器、危险报警与转向闪光继电器等。继电器外形、电路符号和内部结构如图 1.7～图 1.9 所示。继电器的每个插脚都有标号，与中央接线盒正面板的继电器插座的插孔标号相对应，如图 1.10 所示。

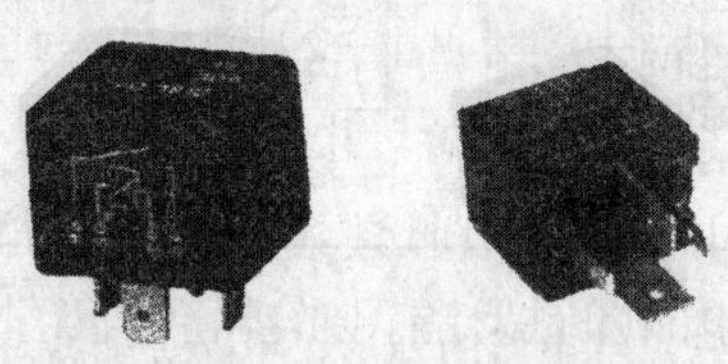

图 1.7　继电器外形图

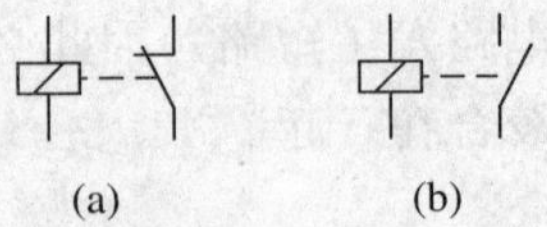

(a)　　(b)

图 1.8　继电器的电路符号

(a) 触点常闭的继电器；(b) 触点常开的继电器

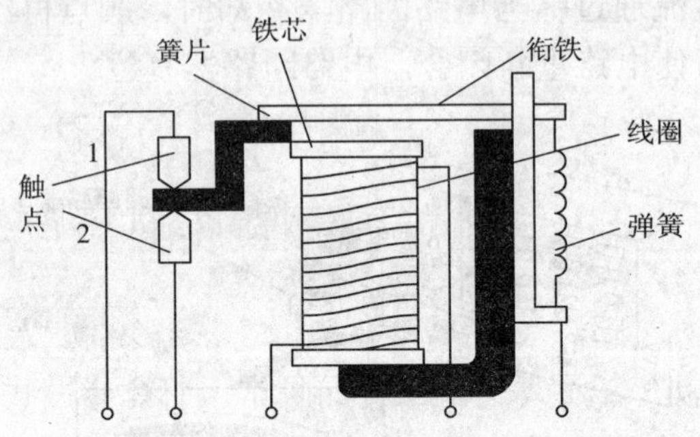

图 1.9　继电器的内部结构示意图

型号	外　形	电　路	引线标号	颜　色
1T	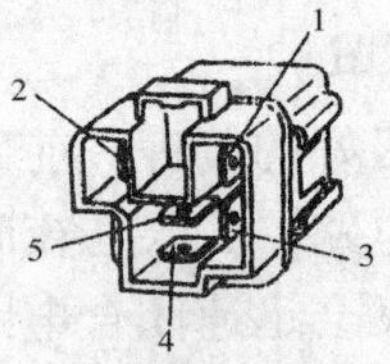	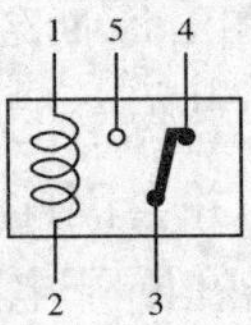	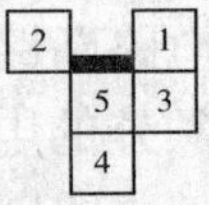	黑
1M	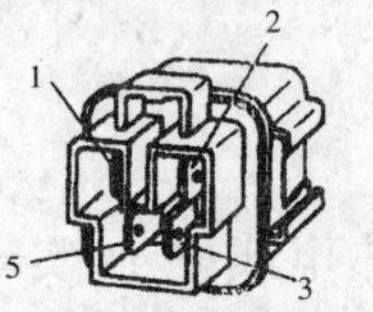	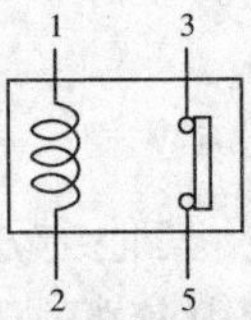	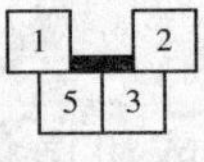	蓝
2M	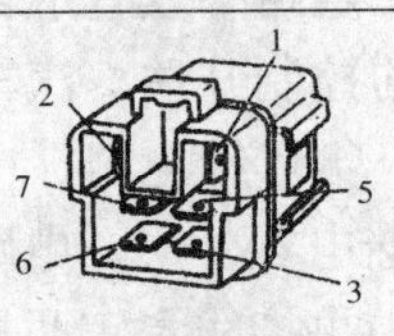	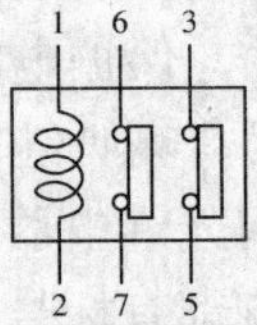	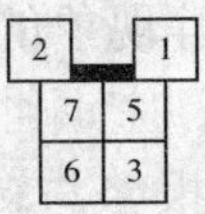	棕
1M1B	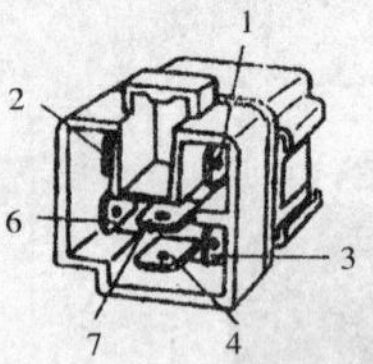	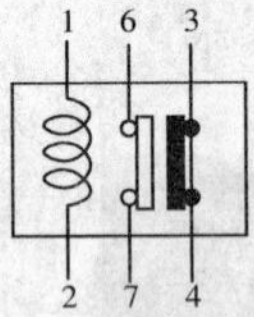	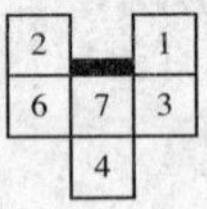	灰

图 1.10　常见继电器的外形、电路、引线标号及颜色

图 1.11 所示为小型标准通用继电器的外形、插脚布置与内部电路。

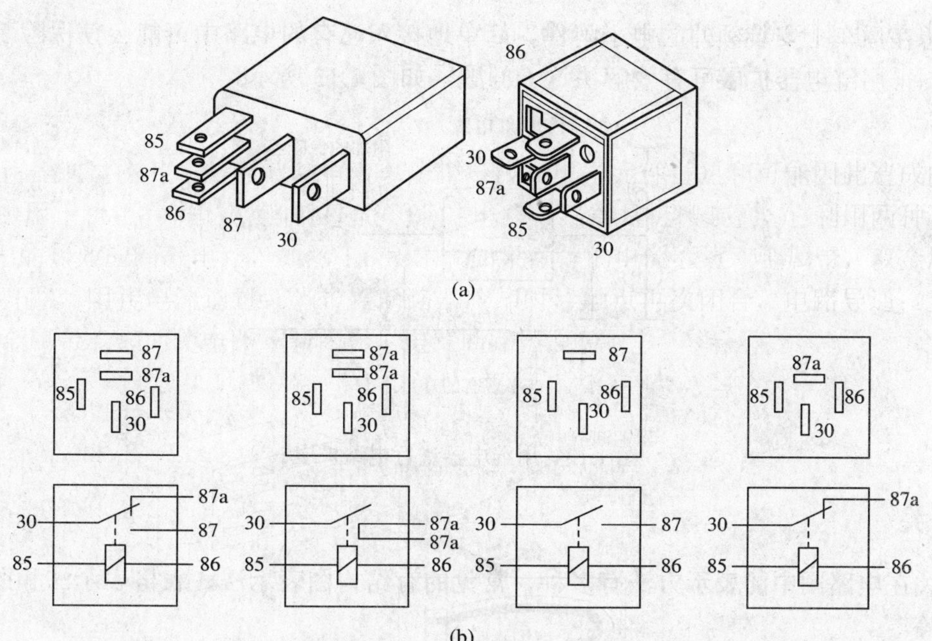

图 1.11 小型标准通用继电器的外形、插脚布置与内部电路

(a) 继电器外形；(b) 插脚布置与内部电路

汽车上的继电器有很多，常见的有三类：动合继电器、动断继电器和混合型继电器。这三类继电器的动作状态如图 1.12 所示。

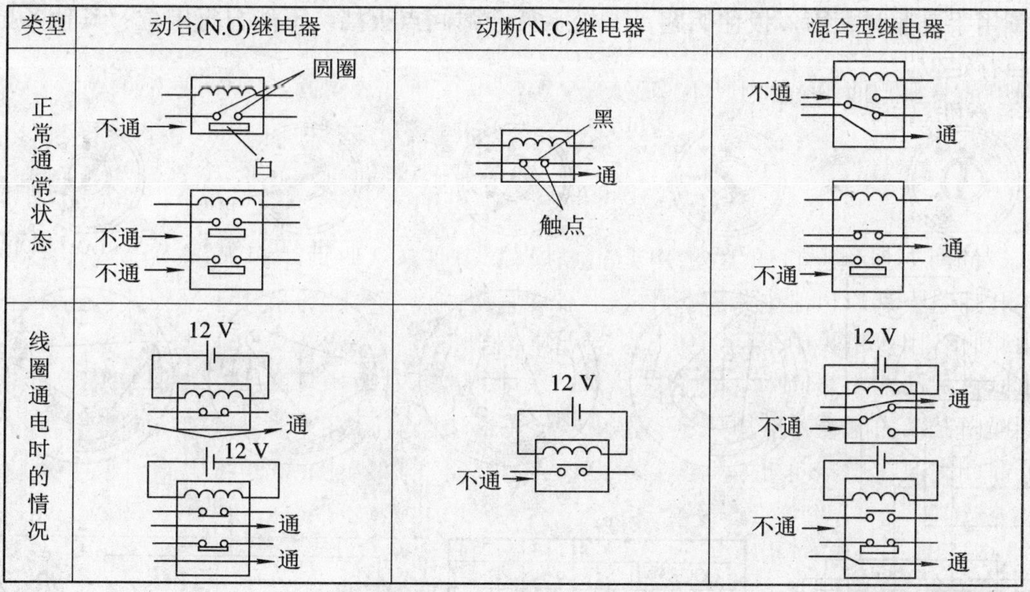

类型	动合(N.O)继电器	动断(N.C)继电器	混合型继电器
正常(通常)状态	圆圈 不通 白 不通 不通	黑 通 触点	不通 通 通 不通
线圈通电时的情况	12 V 通 12 V 通 通	12 V 不通	12 V 通 不通 不通 通

图 1.12 继电器的工作状态

动合继电器(常开继电器)平时触点是断开的，继电器动作后触点才接通；动断继电器(常闭继电器)平时触点是闭合的，继电器动作后触点断开；混合型继电器平时动断触点接通，动合触点断开，如果继电器线圈通电，则变成相反状态。

提示：继电器的工作电压分为 12 V 和 24 V 两种，分别应用于相应标称电压的汽车上。两种标称电压的继电器不能互换使用。

要想在原车上安装额外的电子附件，简单地接入已有的电路中可能会使保险装置或配线过载。采用继电器扩展可有效解决这一问题，如图 1.13 所示。

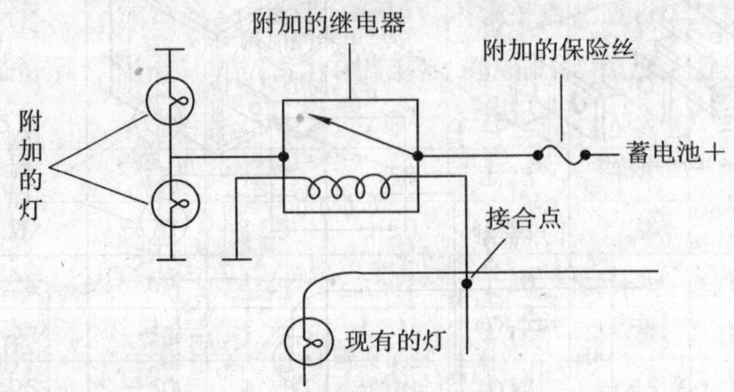

图 1.13　用继电器进行电路扩展

三、开关

开关在电路图中的表示方法有多种，常见的有结构图表示法、表格表示法和图形符号表示法等。

下面以柴油车一般采用的点火开关为例，介绍电路中开关的表示方法，如图 1.14 所示。点火开关的功能主要有：锁住转向盘转轴(LOCK 挡)，接通仪表指示灯(ON 或 IG 挡)，起动发动机(ST 或 START 挡)，给附件供电(Acc 挡，主要是收放机专用)，给发动机预热(HEAT 挡)。其中起动、预热挡工作时消耗电流很大，开关不宜接通过久，所以这两个挡位在操作时必须用手克服弹簧力，扳住钥匙，一松手就会弹回点火挡，不能自行定位；其他各挡位均可自行定位。

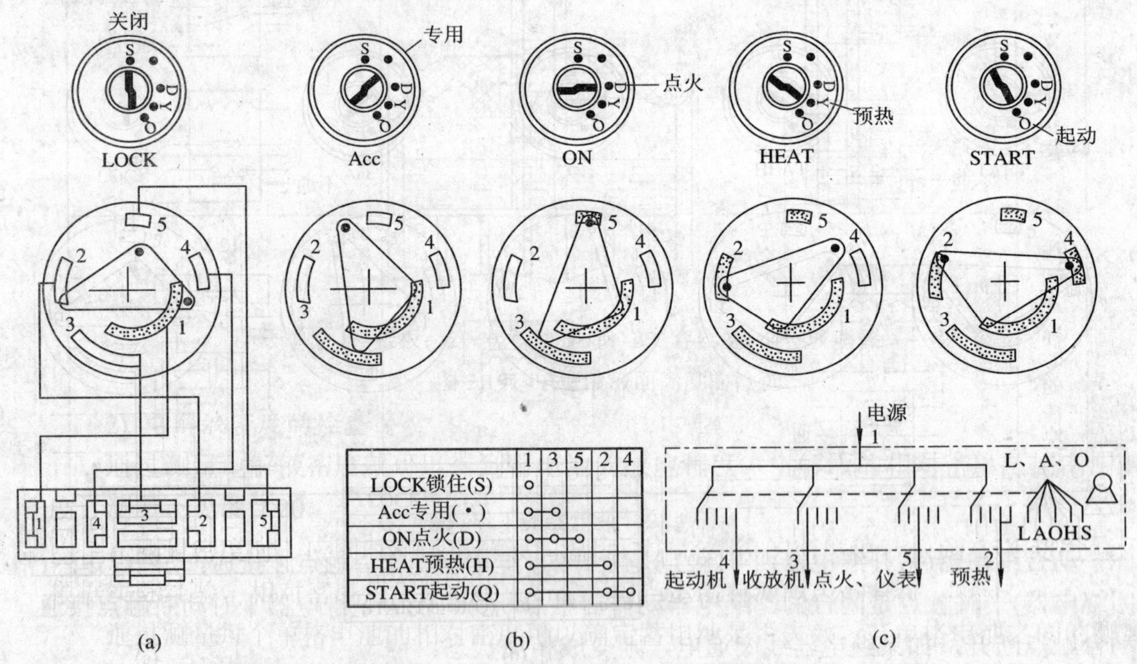

	1	3	5	2	4
LOCK锁住(S)	○				
Acc专用(·)	○	○			
ON点火(D)	○	○	○		
HEAT预热(H)	○			○	
START起动(Q)	○			○	○

(a)　(b)　(c)

图 1.14　点火开关的三种表示方法

(a) 结构图表示法；(b) 表格表示法；(c) 图形符号表示法

几种常见车型点火开关的挡位与接线柱的对应关系见表 1.1。

表 1.1　点火开关的挡位与接线柱的关系

<table>
<tr><td colspan="6" rowspan="4"></td><td colspan="7">接线柱标志</td></tr>
<tr><td>电源</td><td>附件</td><td>点火
仪表
指示灯</td><td>起动</td><td>预热</td><td>停车灯</td><td>厂家
或车型</td></tr>
<tr><td>1</td><td>3</td><td>2</td><td>4</td><td></td><td></td><td>解放</td></tr>
<tr><td>1</td><td>3</td><td>5</td><td>4</td><td>2</td><td></td><td>跃进</td></tr>
<tr><td colspan="6">挡位符号</td><td>30</td><td>15A</td><td>15</td><td>50</td><td>17.19</td><td>P</td><td>依维柯</td></tr>
<tr><td rowspan="2">厂家或
车型</td><td rowspan="2">解放
1092</td><td rowspan="2">跃进</td><td rowspan="2">富康</td><td rowspan="2">依维柯</td><td rowspan="2">日产、
丰田</td><td>B1 B2 B3</td><td>A</td><td>11 13</td><td>C</td><td>R1 R2</td><td></td><td>日产</td></tr>
<tr><td>AM1
AM2</td><td>Acc</td><td>IG</td><td>ST1
ST2</td><td></td><td></td><td>丰田</td></tr>
<tr><td>锁定</td><td>O</td><td>S</td><td>O</td><td>STOP</td><td>LOCK</td><td>○</td><td>—</td><td>—</td><td>—</td><td>—</td><td>○</td><td></td></tr>
<tr><td>断开</td><td>O</td><td>S</td><td>O</td><td>STOP</td><td>OFF</td><td>○</td><td></td><td></td><td></td><td></td><td></td><td></td></tr>
<tr><td>附件
(专用)</td><td>3</td><td>○</td><td>A</td><td></td><td>Acc</td><td>○</td><td>○</td><td></td><td></td><td></td><td></td><td></td></tr>
<tr><td>点火
(工作)</td><td>1</td><td>D</td><td>M</td><td>MAR</td><td>ON 或
IG</td><td>○</td><td>○</td><td>○</td><td></td><td></td><td></td><td></td></tr>
<tr><td>起动</td><td>2</td><td>Q</td><td>D</td><td>AVV</td><td>START</td><td>○</td><td>—</td><td>○</td><td>○</td><td></td><td></td><td></td></tr>
<tr><td>预热</td><td>4</td><td>H</td><td></td><td></td><td>HEAT</td><td>○</td><td>—</td><td>—</td><td>—</td><td>○</td><td></td><td></td></tr>
</table>

提示：有的点火开关在发动机工作时具有防止误起动功能(如捷达、桑塔纳、奥迪等轿车)。

四、插接器

插接器就是通常所说的插头和插座，用于线束与线束或导线与导线间的相互连接。为了防止插接器在汽车行驶中脱开，所有的插接器均采用了闭锁装置。下面以日本汽车使用的插接器为例介绍其相关知识。

1．插接器的识别方法

插接器的符号和实物对照如图 1.15 所示。符号涂黑的表示插头，白色的表示插座，带有倒角的表示的是针式插头。

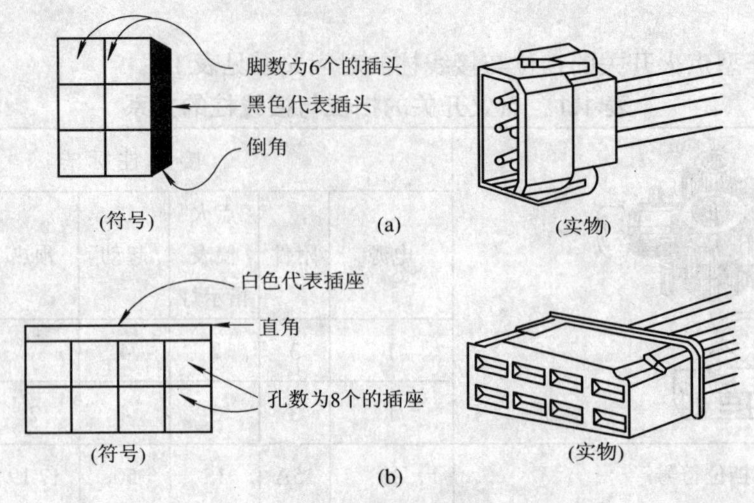

图 1.15　插接器的符号和实物

(a) 插头；(b) 插座

2．插接器的连接方法

插接器接合时，应把插接器的导向槽重叠在一起，使插头和插孔对准，然后平行插入即可十分牢固地连接在一起。插接器连接后，其导线的连接如图 1.16 所示。例如 A 线的插孔①与 a 线的插头①′是相配合的，其余以此类推。

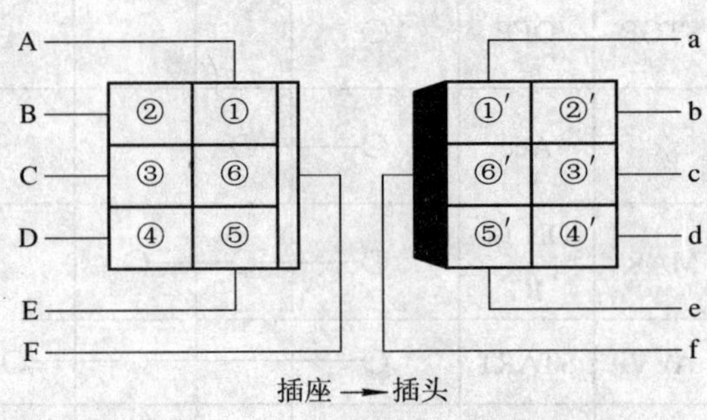

图 1.16　插接器的连接方法

3．插接器的断开方法

断开插接器时，首先要解除闭锁，如图 1.17 所示。然后把插接器拉开，不允许在未解除闭锁的情况下用力拉导线，这样会损坏闭锁装置或连接导线。有些插接器用钢丝扣锁止，取下钢丝扣后才能将插接器拔开。

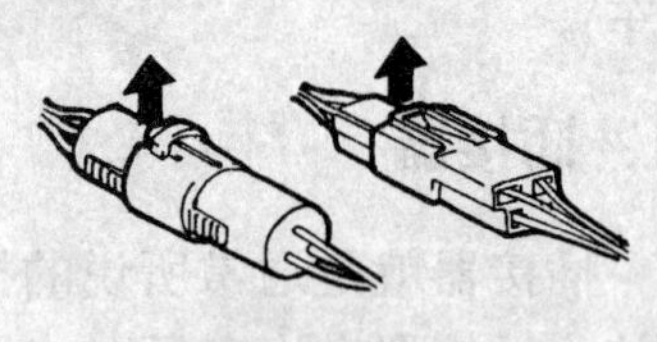

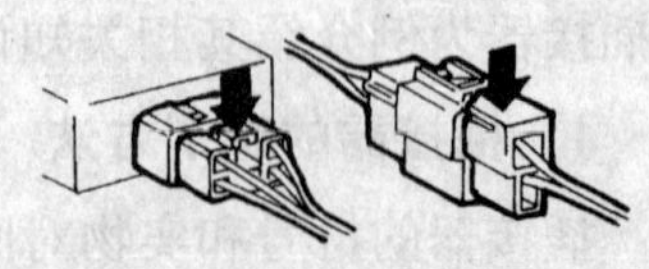

图 1.17　解除插接器闭锁的方法

4．插接器的拆装与检测

在插接器端子有接触不良或断线故障时，可将插接器分解，用小螺丝刀或专用工具从壳体中取出导线及端子，进行修理或更换。

插接器的拆卸方法如下：

(1) 断开蓄电池。

(2) 从其配对的另一半元件上断开插接器。

(3) 压下接头上的锁止凸舌，以松开端子，如图 1.18 所示。

(4) 用专用工具压端子并将导线从插接器上拆下，如图 1.19 所示。

(5) 修理或更换端子。

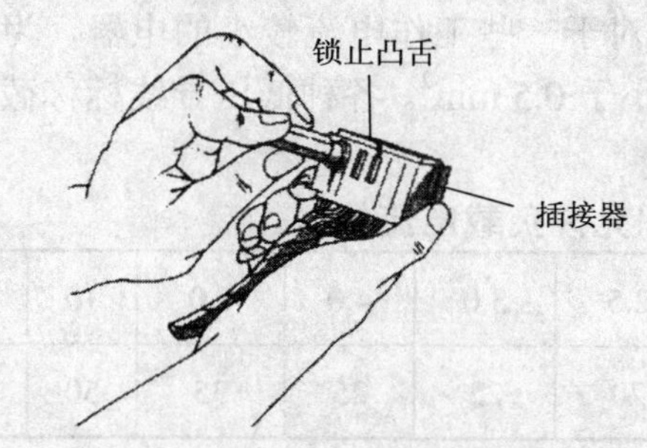

图 1.18　压下锁止凸舌

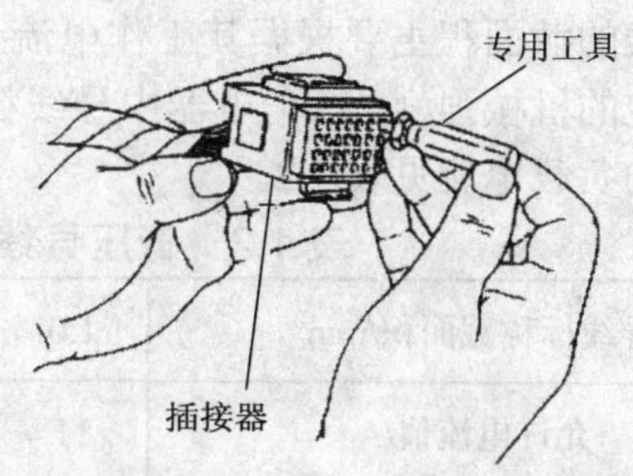

图 1.19　从插接器上拆下导线

插接器的安装方法如下：

(1) 使锁止凸舌复位。

(2) 将拆下的导线插入修理插头原来的插孔中。

(3) 重复插入插接器上的每根导线，确保所有导线都插入正确的插孔中。(插接器引出线的识别参见相关电路图。)

(4) 在重新组装插接器时，锁止凸舌必须放到锁定位置，以防端子脱出。

(5) 将插接器连接到其配对的元件中。

(6) 连接蓄电池并测试所有受影响的系统。

插接器的检测：在检查线路的电压或导通情况时，不必脱开插接器，只需用万用表两探针插入插接器尾部的线孔内进行测量即可。

插接器的拆装专用工具可用硬钢丝弯曲磨制，见图 1.20。

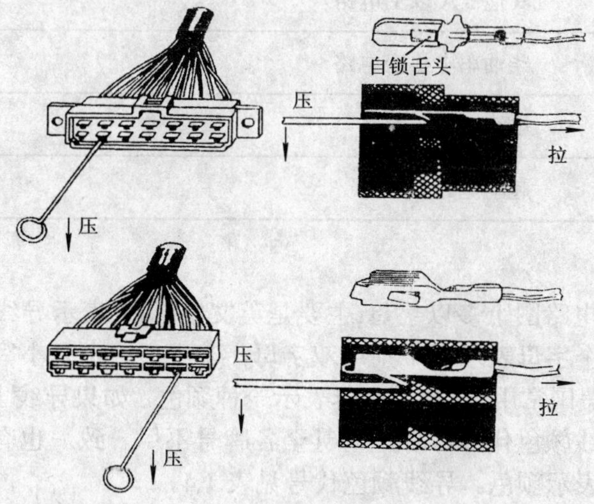

图 1.20　插接器拆装专用工具与使用方法

五、导线

汽车用导线有高压导线和低压导线两种，二者均采用铜质多芯软线。

1. 低压导线

1) 导线的截面积

导线的截面积主要根据其工作电流选择，但是对于一些工作电流较小的电器，为保证具有一定的机械强度，汽车电器中导线截面积不得小于 0.5 mm²。各种低压导线标称截面积所允许的负载电流见表 1.2。

表 1.2　低压导线标称截面积允许负载电流值

导线标称截面积/mm²	1.0	1.5	2.5	3.0	4.0	6.0	10	13
允许电流值/A	11	14	20	22	25	35	50	60

所谓标称截面积，是指经过换算而统一规定的线芯截面积，不是实际线芯的几何面积，也不是各股线芯几何面积之和。

汽车 12 V 电系主要线路导线标称截面积推荐值见表 1.3。

表 1.3　12 V 电系主要线路导线标称截面积推荐值

标称截面积/mm²	用　途
0.5	尾灯、顶灯、指示灯、仪表灯、牌照灯、刮水器、时钟、燃油表、水温表、油压表等电路
0.8	转向灯、制动灯、停车灯、断电器等电路
1.0	前照灯、电喇叭(3 A 以下)电路
1.5	前照灯、电喇叭(3 A 以上)电路
1.5～4.0	其他 5 A 以上电路
4～6	柴油车电热塞电路
6～25	电源电路
16～95	起动电路

2) 导线颜色

各国汽车厂商在电路图上多以字母(主要是英文字母)来表示导线外皮的颜色及其条纹的颜色。日本常用单个字母表示，个别用双字母，其中后一位是小写字母；我国的标准大体上与日本的相同。美国常用 2～3 个字母表示一种颜色，如果导线上有条纹，则要书写较多字母。德国汽车导线颜色代号，各厂商甚至各牌号不尽一致。也有的厂商如斯堪尼亚汽车导线采用数字代号表示颜色。导线颜色代号见表 1.4。

表 1.4　汽车用导线颜色代号

	中	英	美	日	本田、现代	德	奥迪4、5、6缸	帕萨特	奔驰	宝马	奥地利	法	波兰	奥托山大客	俄罗斯	罗马尼亚	波罗乃兹	斯堪尼亚
黑	B	Black	BLK	B	BLK	SW	sw	BK	BK	SW	B	BL	N	b	ч	N	NERO	01
白	W	White	WHT	W	WHT	WS	ws	WT	WT	WS	C	W	B	w	б，в	A	BIANCO	05
红	R	Red	RED	R	RED	RT	ro	RD	RD	RT	A	R	R	r	л к	R	ROSSO	02
绿	G	Green	GRN	G	GRN	GN	gn	GN	GN	GN	F	GN	V	g	з	V	VERDE	03
深绿		Dark Green	DK GRN					DKGN										
淡绿		Light Green	LT GRN	Lg	LT GRN			LTGN										
黄	Y	Yellow	YEL	Y	YEL		ge	YL	YL	GE	D	Y	G	y	ж	G	GIALLO	04
蓝	Bl	Blue	BLU	L	BLU	BL	bl	BU	BU	BL	I	BU	A	b	г	B	BLU	08
淡蓝		Light Blue	LT BLU	Sb	LT BLU			LTBU			K		L	a			AZZURRO	
深蓝		Dark Blue	DK BLU					DKBU										
粉红	P	Pink	PNK	P	PNK			PK	PK	RS	N		S	p	p		ROSA	
紫	V	Violet	PPL	PU	PUB	VI	li	PL(YI)	VI	VI	G	VI	Z	v	ф，φ	Vi	VIOLA	09
橙	O	Orange	ORN	Or	ORN			OG		OR			C	o	o		ARANCIO	
灰	Gr	Grey	GRY	Gr	GRY		gr	GY	GY	GR		G	H	gr	c	C	GRIGIO	07
棕	Br	Brown	BRN	Br	BRN	BK	br	BN	BR	BR	L		M	br	кор，ки		MARRONE	
棕褐		Tan	TAN					TN				Br						
无色		Clear	CLR					CR										

另外，导线颜色要容易区别。如常用黑、白、红、绿、黄、蓝、灰、棕、紫；其次用粉红、橙、棕褐；再次为深蓝、浅蓝、深绿、浅绿。在导线上采用条纹标志要对比强烈，如黑白、白红……双色线的主色所占比例大些，辅助色所占比例小些。辅助色条纹与主色条纹沿圆周表面的比例为 1∶3～1∶5。双色线的标注第一色为主色，第二色为辅助色。

3) 线束

汽车用低压导线除蓄电池导线外，都用绝缘材料如薄聚氯乙烯带缠绕包扎成束，避免水、油的侵蚀及磨损。在线束布线过程中不许拉得太紧，线束穿过洞口或绕过锐角处都应有套管保护。线束位置确定后，应用卡簧或绊钉固定，以免松动损坏。

4) 导线维修

大多数制造商推荐所有导线应用焊接方式进行维修。维修导线时，正确的操作方法如下：

(1) 从每一根需要维修绞接的导线去掉 12.7 mm 的绝缘层。

(2) 准备一根具有黏性衬的热缩管置于导线一侧。要确保管子足够长以覆盖并封住整个修理区。

(3) 将导线的多股线相互搭叠放在插接器夹内(见图 1.21)。

(4) 用压接工具将插接器夹和导线卷缩在一起(见图 1.22)。

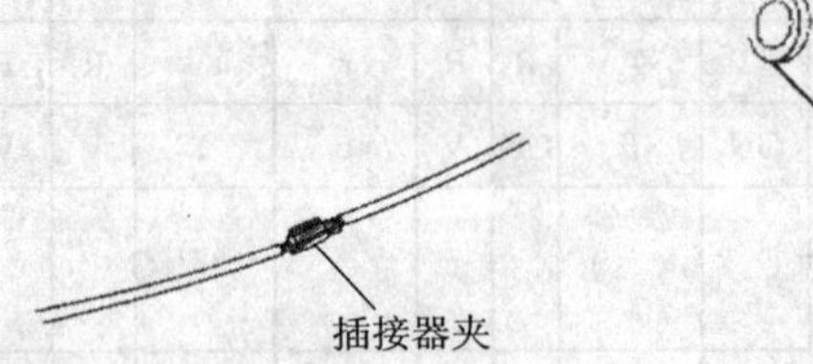

图 1.21　导线在插接器内搭接

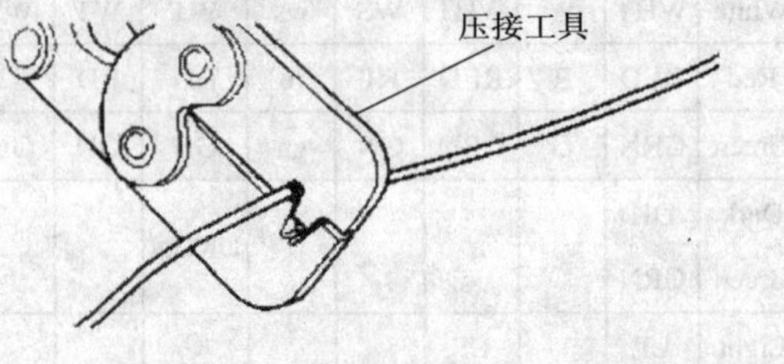

图 1.22　插接器夹和导线的压线

(5) 用松香心型锡焊丝将连接处焊接在一起(见图 1.23)。

注意：不要使用酸性锡焊丝焊接。

(6) 用喷枪加热热缩管的连接处并使连接点处于热缩管的中央位置。加热连接处直到管子紧紧封住并使焊液从管子两端流出(见图 1.24)。

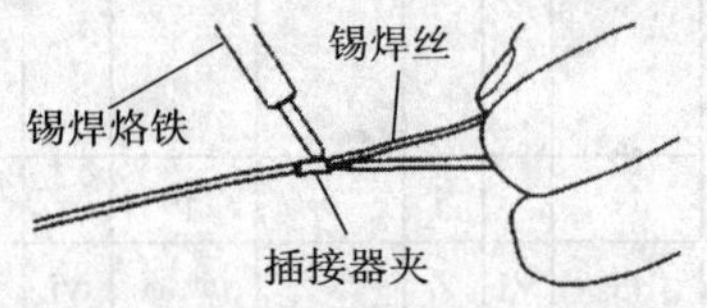

图 1.23　导线的焊接

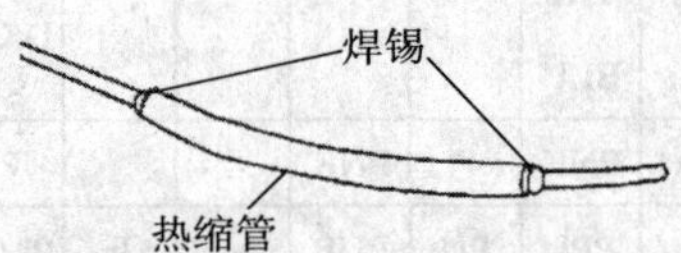

图 1.24　热缩管的使用

2．高压导线

在汽车点火线圈至火花塞之间的电路使用高压点火线，简称高压线。它分为普通铜芯高压线及高压阻尼点火线。带阻尼的高压线可抑制和衰减点火系产生的高频电磁波，降低对无线电设备及电控装置的干扰。

第三节　汽车电气系统的组成与特点

一、汽车电气系统的组成

随着汽车工业的发展，人们对汽车的性能要求也越来越高，传统的汽车电气系统与机械系统已很难满足日趋严格的关于汽车节能、排放与安全法规的要求。作为汽车必不可少的蓄电池、发电机、起动机、照明、信号、仪表、报警等传统意义上的汽车电器也发生着巨大的变化，特别是电子控制技术在汽车工业中的广泛应用，使得汽车电气系统越来越复杂，并朝着电子化、集成化、智能化的方向发展。

图 1.25 所示为上海桑塔纳 2000 型轿车电气系统的组成图。这些电气设备可以说是现代轿车的最基本装备。

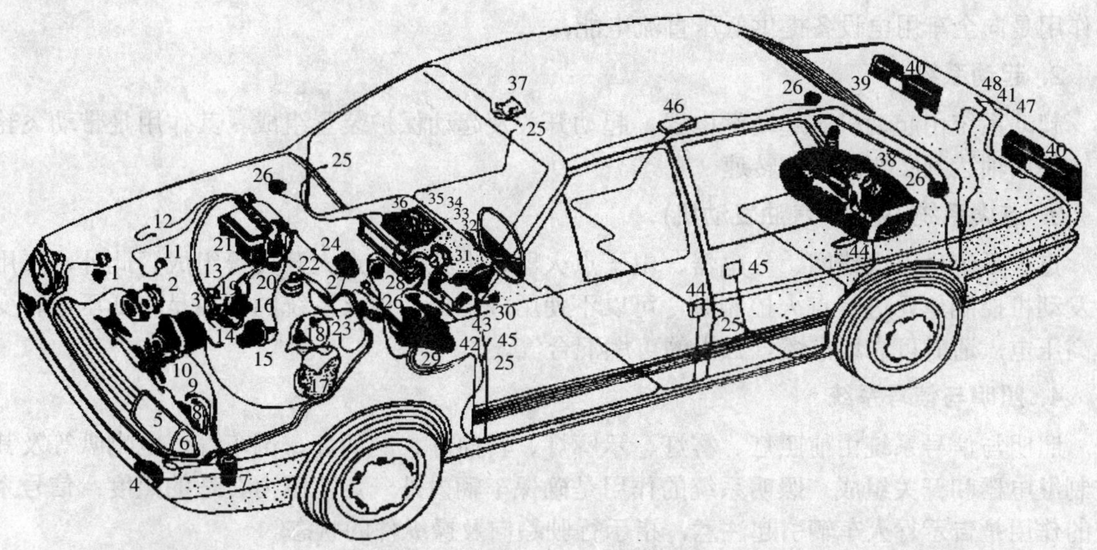

1—双音喇叭；2—空调压缩机；3—硅整流发电机；4—雾灯；5—前照灯；6—转向指示灯；7—空调储液干燥器；8—卸荷继电器；9—电动风扇双速热敏开关；10—风扇电动机；11—进气电预热器；12—化油器怠速电磁切断阀；13—热敏开关；14—机油油压开关；15—起动机；16—火花塞；17—风窗清洗液电动泵；18—冷却液液面传感器；19—分电器；20—点火线圈；21—蓄电池；22—制动液液面传感器；23—倒车灯开关；24—空调、暖风用鼓风机；25—车门接触开关；26—扬声器；27—点火控制器；28—风窗刮水器电动机；29—中央接线盒；30—前照灯变光开关；31—组合开关；32—空调及风量旋钮；33—雾灯开关；34—后窗电加热器开关；35—危险信号报警灯开关；36—收放机；37，46—顶灯；38—油箱油面传感器；39—后窗电加热器；40—组合后灯；41—牌照灯；42—电动天线；43—电动后视镜；44—中控门锁；45—电动车窗；47—后盖集中控制锁；48—行李厢灯

图 1.25　上海桑塔纳 2000 型轿车电气设备

汽车电气设备按功能可分电源、起动、点火、照明与信号、仪表与报警、电子控制装置、辅助装置等部分，见图 1.26。

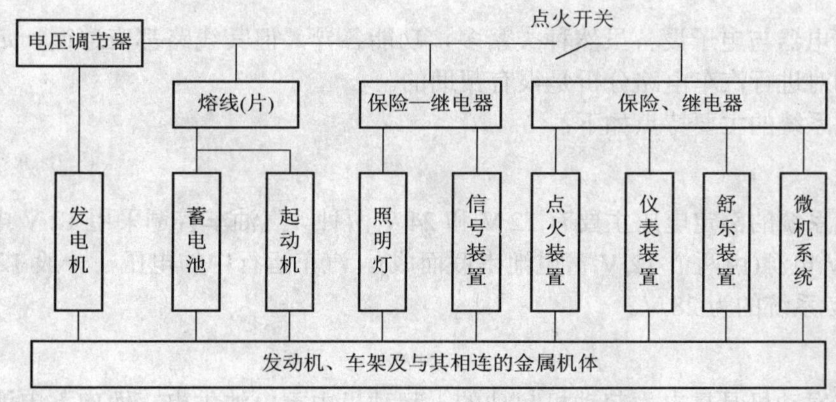

图 1.26　汽车电气设备组成

1. 电源系统

电源系统由蓄电池、发电机、调节器及工作状况指示装置(电流表、充电指示灯)等组成。

其作用是向全车用电设备提供低压直流电能。

2. 起动系统

起动系统由起动机、起动继电器、起动开关及起动保护装置组成。其作用是带动飞轮旋转使曲轴达到必要的起动转速。

3. 点火系统(仅限于汽油发动机)

点火系统由点火线圈、分电器、电子点火器、火花塞、点火开关等组成。此外，采用由发动机控制单元进行点火控制时，可以不使用分电器。点火系统的作用是将低压电转变为高压电，适时可靠地点燃气缸中的可燃混合气。

4. 照明与信号系统

照明与信号系统由前照灯、雾灯、示廓灯、转向灯、制动灯、倒车灯、电喇叭等及其控制继电器和开关组成。照明系统的作用是确保车辆内外一定范围内合适的照度；信号系统的作用是告示行人车辆引起注意，指示行驶趋向及操纵件的状态。

5. 仪表与警报系统

仪表与警报系统由仪表、传感器、各种报警指示灯及控制器组成。其作用是显示汽车运行参数及交通信息，报警运行性机械故障，以确保行驶和停车的安全性、可靠性。

6. 电子控制装置

电子控制装置由电控燃油喷射系统、自动变速器、制动防抱死系统、恒速控制及悬架平衡控制等组成。

7. 辅助装置

辅助装置由为提高车辆安全性、舒适性、经济性等各种功能的电器装置组成。辅助装置因车型不同而有所差异，一般包括风窗刮水/清洗装置、风窗除霜/防雾装置、起动预热装置、音响装置、车窗电动升降装置、电动座椅调节装置及中央电控门锁等装置。

二、汽车电气系统的特点

现代汽车电器与电子设备虽然种类繁多，功能各异，但其线路都应遵循一定的原则，了解这些原则对进行汽车电路分析是很有帮助的。

汽车电气系统的主要特点如下：

1. 低压

汽车电气系统的额定电压主要有 12 V 和 24 V 两种。汽油车普遍采用 12 V 电源，柴油车多采用 24 V 电源(由两个 12 V 蓄电池串联而成)。汽车运行中的电压，一般 12 V 系统的为 14 V，24 V 系统的为 28 V。

2. 直流

现代汽车发动机是靠电力起动机起动的，起动机由蓄电池供电，而向蓄电池充电又必须用直流电源，所以汽车电系为直流系统。

3. 单线制

单线连接是汽车线路的特殊性，它是指汽车上所有电器设备的正极均采用导线相互连接，而所有的负极则直接或间接通过导线与车架或车身金属部分相连，即搭铁。任何一个电路中的电流都是从电源的正极出发经导线流入用电设备后，再由电器设备自身或负极导线搭铁，通过车架或车身流回电源负极而形成回路，见图 1.27。

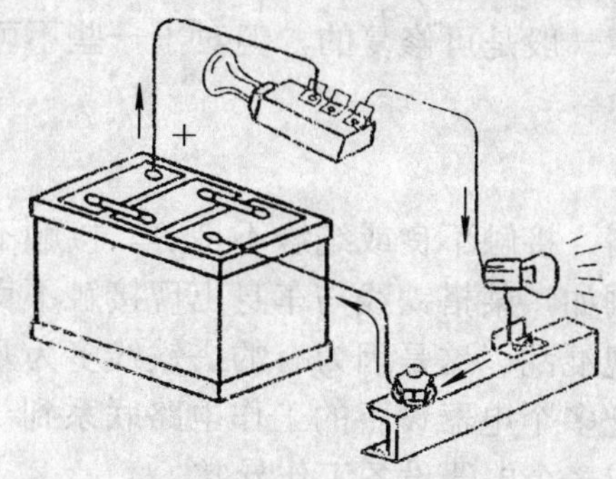

图 1.27　单线制电路

由于单线制导线用量少，线路清晰，接线方便，因此广为现代汽车所采用。

4. 并联连接

各用电设备均采用并联，汽车上的两个电源(蓄电池与发电机)之间以及所有用电设备之间，都是正极接正极，负极接负极，并联连接。

由于采用并联连接，所以汽车在使用中，当某一支路用电设备损坏时，并不影响其他支路用电设备的正常工作。

5. 负极搭铁

采用单线制时蓄电池的一个电极需接至车架或车身上，俗称“搭铁”。蓄电池的负极接车架或车身称之为负极搭铁；蓄电池的正极接车架或车身称之为正极搭铁。负极搭铁对车架或车身金属的化学腐蚀较轻，对无线电干扰小。我国标准规定汽车线路统一采用负极搭铁。

6. 设有保险装置

为了防止因短路或搭铁而烧坏线束，电路中一般设有保护装置，如熔断器、易熔线等。

7. 汽车线路有颜色和编号特征

为了便于区别各线路的连接，汽车所有低压导线必须选用不同颜色的单色或双色线，并在每根导线上编号。编号是由生产厂家统一编定的。

第四节　汽车电气系统检修常识

一、汽车电气系统故障种类与特点

汽车电气系统的故障总体上可分为两大类：一类是电器设备(含电路基础元件、控制单元等)故障；另一类是线路故障。

1. 电器设备故障

电器设备故障是指电器设备自身丧失其原有机能，包括电器设备的机械损坏、烧毁以及电子元件的击穿、老化、性能减退等等。在实际使用和维修中，常常因线路故障而造成电器设备故障。电器设备故障一般是可修复的，但对于一些不可拆的电子设备出现故障后只能更换。

2. 线路故障

线路故障包括断路、短路、接触不良或绝缘不良等。接触不良故障有时会出现一些假象，给故障诊断带来困难。例如，某搭铁线与车身出现接触不良，就有可能造成电器设备开关失控，电器设备工作出现混乱。这是因为有的搭铁线多为几个电器设备共用，一旦该搭铁线出现接触不良，它便把多个电器设备的工作电路联系到一起，就有可能通过其他线路找到搭铁途径，造成一个或多个电器设备工作异常。

二、汽车电气系统故障检修注意事项

在对汽车电气系统进行故障检修时，应注意以下几点：

(1) 拆卸和安装电器元件时，应切断电源。

(2) 更换熔断器时，一定要与原规格相同，切勿用导线替代。

(3) 正确拆卸导线插接器(插头与插座)。为了防止插接器在汽车行驶中脱开，所有的插接器均采用了闭锁装置。要拆开插接器，首先要解除闭锁，然后把插接器拉开，不允许在未解除闭锁的情况下用力拉导线，这样会损坏闭锁或连接导线。

(4) 在检修传统汽车电器故障时，往往采用“试火”的办法逐一判断故障部位。在装有电子设备的汽车上，不允许使用这种方法，否则会给某些电路和电子元件造成意想不到的损害。

(5) 在发动机工作时，不要拆下蓄电池接线。对于装有电控装置的车辆也不要采用该办法来判断发电机是否发电。

(6) 不允许使用欧姆表及万用表的R×100以下低阻欧姆挡检测小功率晶体管，以免电流过载损坏晶体管。

(7) 更换三极管时，应首先接入基极；拆卸时，最后拆下基极。

三、汽车电气系统故障检修方法

汽车电路中发生的故障主要有断路、短路、电器设备的损坏等。为了能迅速、准确地诊断出故障，下面介绍几种常见的故障检修方法。

1. 直观诊断法

汽车电路发生故障时，有时会出现冒烟、火花、异响、焦臭、发热等异常现象。这些现象可通过人的眼、耳、鼻、身感觉到，从而可以直接判断出故障所在部位。

例如，汽车行驶中，突然发现转向灯与转向指示灯均不亮，用手一摸，发现闪光器发热烫手，说明闪光器已被烧坏。

2. 断路法

汽车电路设备发生搭铁(短路)故障时，可用断路法判断，即将怀疑有搭铁故障的电路段断路后，根据电器设备中搭铁故障是否还存在，判断电路搭铁的部位和原因。

例如，汽车行驶时，听到电喇叭长鸣，则可以将继电器“按钮”接柱上的导线拆开，此时如果喇叭停鸣，则说明喇叭按钮至继电器这段电路中有搭铁现象。

3. 短路法

汽车电路中出现断路故障，还可以用短路法判断，即用起子或导线将被怀疑有断路故障的电路短接，观察仪表指针变化或电器设备的工作状况，从而判断出该电路中是否存在断路故障。

例如，怀疑汽车电路中的各种开关有故障，可用导线将开关短接来判断开关是好是坏。

4. 试灯法

试灯法是利用试灯对线路故障进行诊断的一种方法，其优点是可迅速地判断出电路中的短路、断路故障。试灯法又分为短路检测法和断路检测法两种方法。短路法主要用于检测线路中的断路故障，而断路法则主要用于检测线路中的短路故障。

断路检测法的测试原理如图 1.28 所示，当电路出现短路时，电路中的熔断器熔断后可自动切断电路。检查这一类故障时，可将试灯直接接入熔断器的位置，并按图中标注的序号①－②－③依次打开插接器，直到灯灭为止，便可迅速查找到线路中的短路处。

短路检测法的测试原理如图 1.29 所示，当线路出现断路时，用电器无法工作。用一个汽车灯泡作试灯，检查汽车电器或电路有无故障。此方法特别适合不允许直接短路(如带有电子元器件)的电器装置。

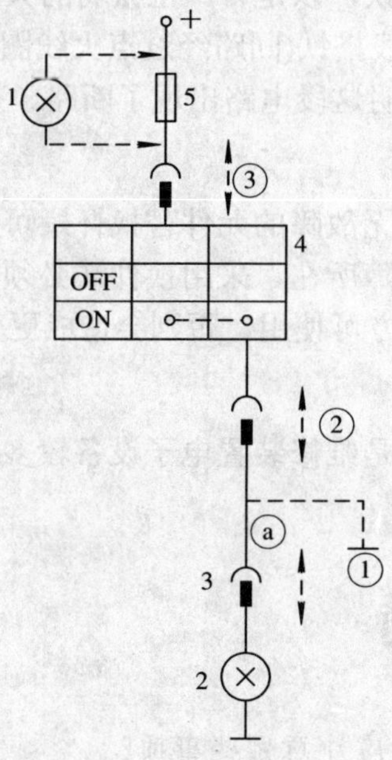

1—试灯；2—车用灯(用电器)；

3—插接器；4—车灯开关；

5—熔断器；ⓐ—故障部位

图 1.28　断路检测法的测试原理

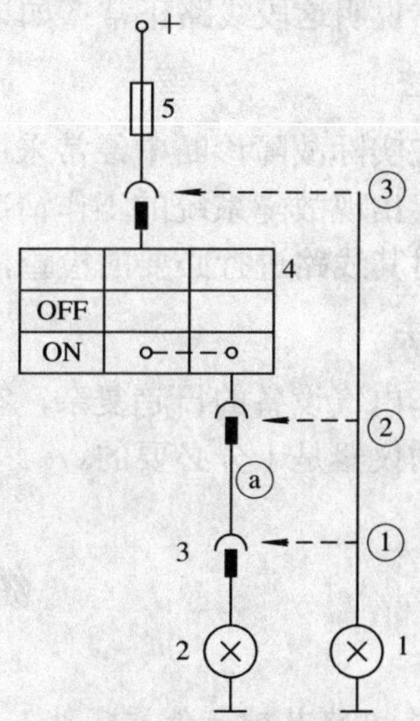

1—试灯；2—车用灯(用电器)；

3—插接器；4—车灯开关；

5　熔断器；ⓐ　故障部位

图 1.29　短路检测法的测试原理

5. 仪表法

仪表法即通过观察汽车仪表板上的电流表、水温表、燃油表、机油压力表等的指示情况，来判断电路中有无故障的方法。

例如，发动机冷态，接通点火开关时，水温表指示满刻度位置不动，说明水温表传感器有故障或该线路有搭铁。

6. 高压试火法

高压试火法即对高压电路进行搭铁试火，观察电火花状况，从而判断点火系的工作情况的方法。具体方法是：取下点火线圈或火花塞的高压导线，将其对准火花塞或缸盖等，距离约 5 mm，然后接通起动开关，转动发动机，看其跳火情况。如果火花强烈，呈天蓝色，且跳火声较大，则表明点火系工作基本正常；反之，则说明点火系工作不正常。

7. 低压搭铁试火法

低压搭铁试火法即拆下用电设备接线的某一线端对汽车的金属部分(搭铁)碰试而产生火花来判断故障的方法。这种方法比较简单，是广大汽车电工经常使用的方法。搭铁试火法可分为直接搭铁和间接搭铁两种。

所谓直接搭铁，是指未经过负载而直接搭铁，以是否产生强烈的火花来判断电路有无故障。例如，要判断点火线圈至蓄电池一段电路是否有故障，可拆下点火线圈上连接点火开关的线头，在汽车车身或车架上刮碰，如果有强烈的火花，说明该段电路正常；如果无火花产生，说明该段电路出现了断路。

间接搭铁是指通过汽车电器的某一负载而间接搭铁，以是否产生微弱的火花来判断线路或负载有无故障。例如，将传统点火系断电器连接线搭铁(回路经过点火线圈初级绕组)，如果有火花，说明这段线路正常；如果无火花，则说明这段电路出现了断路。

8. 换件法

换件法在实际故障诊断中经常采用，即使用一个无故障的元件替换怀疑可能出现故障的元件，观察出现故障系统的工作情况，从而判断故障所在。采用换件法必须注意的是，在换件前要对其线路进行必要的检查，确保线路正常方可使用，否则会造成更大的损失。

9. 仪器法

随着汽车电气设备的日趋复杂，在维修中，特别是维修装置电子设备较多的车辆，使用一些专用的仪器是十分必要的。

练习与思考题

1-1　汽车电路基础元件有哪些？在使用与检修时应注意哪些事项？

1-2　汽车电气系统有何特点？

1-3　汽车电气系统故障种类大体上有哪些？有何特点？

1-4　对汽车电气系统的故障检修有哪些常用方法？

第二章 电源系统

【学习目标】

知识点：汽车电源系统的组成与功用；蓄电池的结构与工作原理，蓄电池的使用注意事项与常见故障；发电机的结构与工作原理；发电机电压调节器的工作原理；汽车电源系统常见故障诊断方法。

技能点：实车上能够识别汽车电源系统各部件的安装位置；能够对蓄电池进行正确充电及对蓄电池进行维护与检测；能拆装发电机并进行发电机检测；能对电压调节器进行检测；会分析电源系统电路，能够排除电源系统常见故障。

汽车电源系统主要由蓄电池、交流发电机、电压调节器等组成，见图 2.1。蓄电池与发电机并联向用电设备供电。交流发电机与发电机调节器互相配合工作，其主要任务是对除起动机以外的所有用电设备供电，并向蓄电池充电。

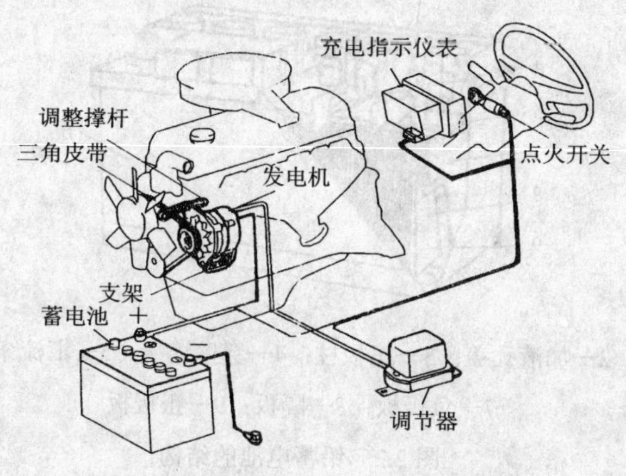

图 2.1 汽车电源系统的组成

第一节 蓄电池

蓄电池是一种将化学能转变为电能的装置，属于可逆的直流电源。用于汽车上的蓄电池，必须满足起动发动机的需要，即在 5～10 s 的短时间内，提供汽车起动机足够大的电流。汽油机起动电流为 200～600 A，有的柴油机起动电流达 1000 A。

在发动机工作时，汽车用电设备所需电能主要由发电机供给。

蓄电池在汽车上的功用主要有：

(1) 起动发动机时，蓄电池向起动系和点火系供电。

(2) 当发动机低速运转，发电机电压低于蓄电池充电电压时，由蓄电池向用电设备供电。

(3) 当发动机中、高速运转，发电机电压高于蓄电池充电电压时，蓄电池将发电机的剩余电能储存起来。

(4) 当发电机过载时，蓄电池协助发电机向用电设备供电。

(5) 蓄电池可以吸收电路中的瞬时过电压，保持汽车电气系统电压的稳定，保护电子元件。

目前汽车上使用的蓄电池主要有两大类：铅酸蓄电池(以下简称铅蓄电池)和镍碱蓄电池。同时，由于人们对燃油汽车排放要求的提高和能源危机的冲击，各国正在不断探索和研制电动汽车，其主要的动力源为新型高能蓄电池。

由于铅酸蓄电池结构简单，价格低廉，易于满足大量生产的汽车的需要，同时其内阻小，起动性能好，能在短时间内供给起动机所需要的大电流，因此在汽车上得到了广泛应用。本书中所提到的蓄电池，如不做特殊说明指的都是铅酸蓄电池。

一、蓄电池的结构

铅蓄电池一般由 3 个或 6 个单格电池串联而成，结构如图 2.2 所示，主要由极板、隔板、电解液和外壳等组成。下面以干荷电蓄电池为例加以说明。

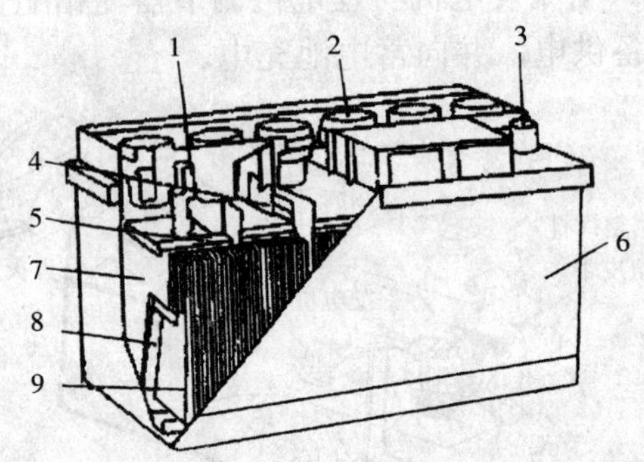

1—负极柱；2—加液孔盖；3—正极柱；4—穿壁连接；5—汇流条；6—外壳；

7—负极板；8—隔板；9—正极板

图 2.2 铅蓄电池的结构

1. 极板

极板是蓄电池的核心部分，蓄电池充、放电的化学反应主要是依靠极板上的活性物质与电解液进行的。极板分为正极板和负极板，均由栅架和活性物质组成。

栅架的作用是固结活性物质。栅架一般由铅锑合金铸成，具有良好的导电性、耐蚀性和一定的机械强度。栅架的结构如图 2.3 所示。为了降低蓄电池的内阻，改善蓄电池的起动性能，有些铅蓄电池采用了放射形栅架。图 2.4 所示为桑塔纳轿车蓄电池放射形栅架的结构。

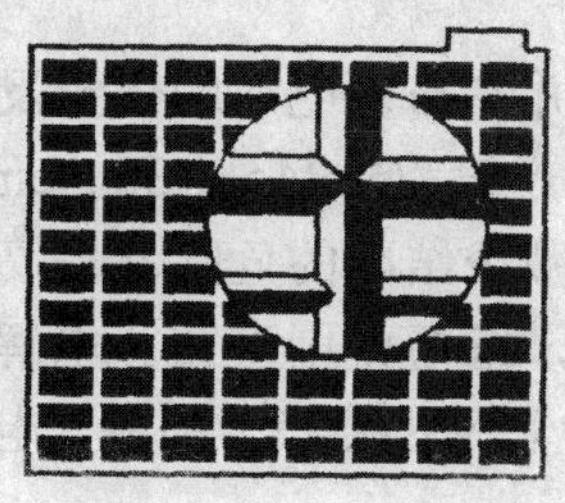

图 2.3　栅架的结构

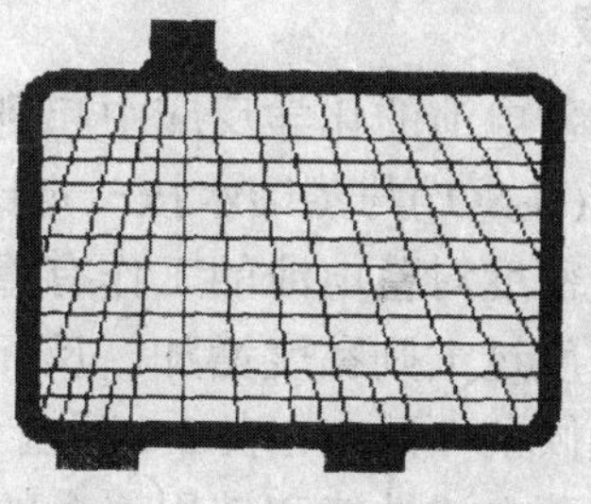

图 2.4　放射形栅架的结构

正极板上的活性物质是二氧化铅(PbO_2)，呈深棕色；负极板上的活性物质是海绵状的纯铅(Pb)，呈青灰色。将活性物质调成糊状填充在栅架的空隙里并进行干燥即形成极板，如图 2.5 所示。

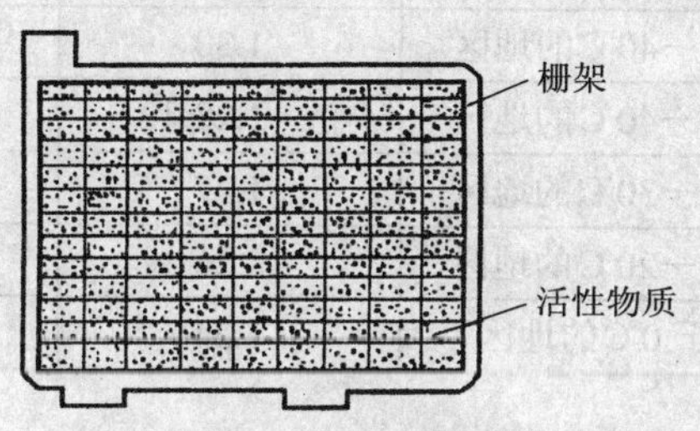

图 2.5　极板的结构

将正、负极板各一片浸入电解液中，可获得 2 V 左右的电动势。为了增大蓄电池的容量，常将多片正、负极板分别并联，组成正、负极板组，如图 2.6 所示。在每个单格电池中，正极板的片数要比负极板少一片，这样每片正极板都处于两片负极板之间，可以使正极板两侧放电均匀，避免因放电不均匀造成极板拱曲。

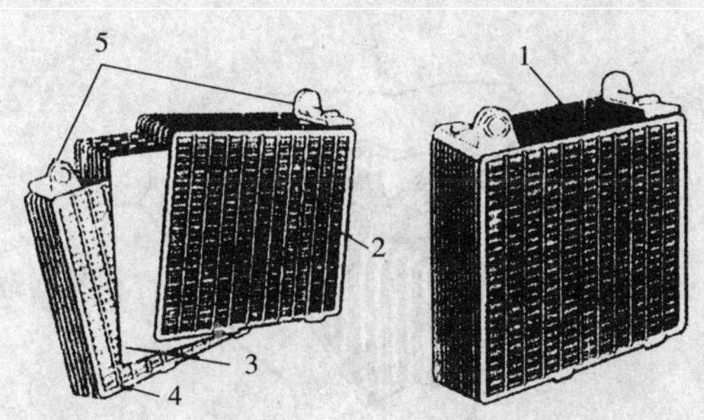

1—极板组总成；2—负极板；3—隔板；4—正极板；5—连条

图 2.6　极板组

2. 隔板

隔板插放在正、负极板之间，以防止正、负极板互相接触造成短路。隔板应耐酸并具有多孔性，以利于电解液的渗透。常用的隔板材料有木质、微孔橡胶和微孔塑料等。其中，木质隔板耐酸性较差；微孔橡胶隔板性能最好，但成本较高；微孔塑料隔板孔径小、孔率高、成本低，因此被广泛采用。

3. 电解液

电解液在蓄电池的化学反应中起到离子间导电的作用，并参与蓄电池的化学反应。电解液由纯硫酸(H_2SO_4)与蒸馏水按一定比例配制而成，其密度一般为 1.24～1.30 g/cm^3。

电解液的密度对蓄电池的工作有重要影响，密度大，可减少结冰的危险并提高蓄电池的容量，但密度过大则黏度增加，反而会降低蓄电池的容量，缩短使用寿命。电解液密度应随地区和气候条件而定，表 2.1 列出了不同地区和气温下电解液的密度。另外，电解液的纯度也是影响蓄电池性能和使用寿命的重要因素之一。

表 2.1　不同地区和气温下电解液的密度

气 候 条 件	完全充足电的蓄电池 25℃时电解液的密度/(g/cm^3)	
	冬　季	夏　季
冬季温度低于－40℃的地区	1.30	1.26
冬季温度高于－40℃的地区	1.28	1.25
冬季温度高于－30℃的地区	1.27	1.24
冬季温度高于－20℃的地区	1.26	1.23
冬季温度高于 0℃的地区	1.24	1.23

4. 壳体

壳体用于盛放电解液和极板组，应该耐酸、耐热、耐震。壳体多采用硬橡胶或聚丙烯塑料制成，为整体式结构，底部有凸起的肋条以搁置极板组。壳内由间壁分成 3 个或 6 个互不相通的单格，各单格之间用铅质连条串联起来，如图 2.7 所示。壳体上部使用相同材料的电池盖密封，电池盖上设有对应于每个单格电池的加液孔，用于添加电解液和蒸馏水，以及测量电解液密度、温度和液面高度。加液孔盖上的通风孔可使蓄电池化学反应中产生的气体顺利排出。

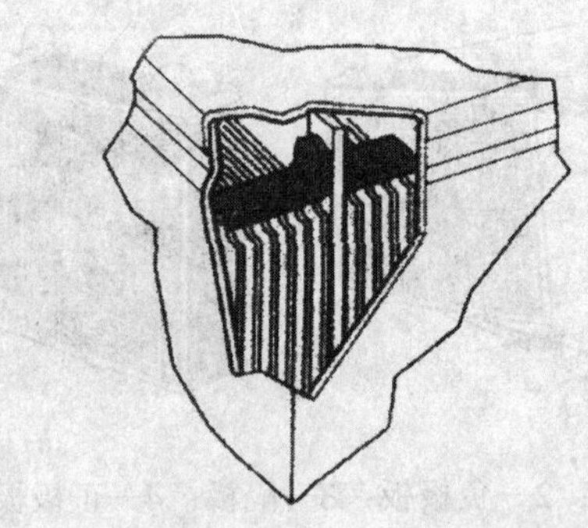

图 2.7　单格电池的穿壁连接

二、蓄电池的种类与型号

1. 蓄电池的种类

铅蓄电池又可以分为普通铅蓄电池、干荷电铅蓄电池、湿荷电铅蓄电池和免维护铅蓄电池。各种蓄电池的特点见表 2.2。

表 2.2　铅蓄电池的分类及特点

类　型	特　点
普通铅蓄电池	新蓄电池的极板不带电，使用前需按规定加注电解液并进行初充电，初充电的时间较长，使用中需要定期维护
干荷电铅蓄电池	新蓄电池的极板处于干燥的已充电状态，电池内部无电解液。在规定的保存期内，如果需要使用，只需按规定加入电解液，静置 20～30 min 即可使用，使用中需要定期维护
湿荷电铅蓄电池	新蓄电池的极板处于已充电状态，蓄电池内部带有少量电解液。在规定的保存期内，如果需使用，只需按规定加入电解液，静置 20～30 min 即可使用，使用中需要定期维护
免维护铅蓄电池	使用中不需维护，可连续使用 3～4 年而不需补加蒸馏水，极柱腐蚀极少，自放电少

2. 蓄电池的型号

铅蓄电池产品型号分为三段，其排列及其含义如下：

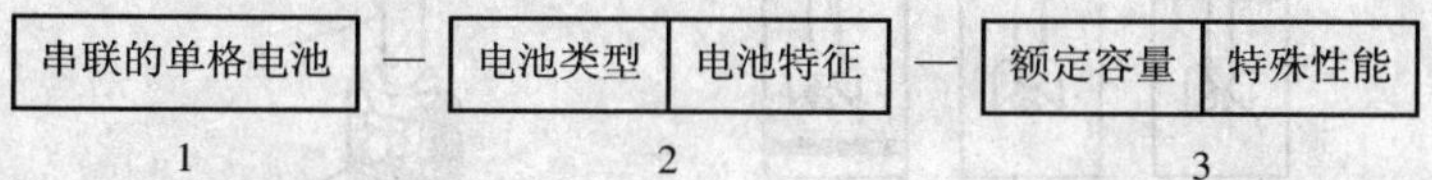

第 1 部分表示串联的单格电池数，用阿拉伯数字组成，其标准电压是这个数字的 2 倍。

第 2 部分表示蓄电池的类型和特征，用汉语拼音字母表示。其中，第 1 部分字母表示蓄电池的类型，如“Q”表示起动用铅蓄电池；第 2 部分为蓄电池的特征代号，如“A”表示干荷电式，具有两种特征时按表 2.3 顺序将两个代号并列标志，各代号具体含义见表 2.3。

表 2.3　铅蓄电池特征代号

特征代号	蓄电池特征	特征代号	蓄电池特征	特征代号	蓄电池特征
A	干荷电	J	胶体电解液	D	带液式
H	湿荷电	M	密封式	Y	液密式
W	免维护	B	半密封式	Q	气密式
S	少维护	F	防酸式	I	激活式

第 3 部分表示蓄电池的额定容量，我国目前规定采用 20 h 放电率的容量安培小时数 A•h。

此外，有的蓄电池在额定容量后面用一个字母表示其具有的特殊性能，如：Q—高起动率；S—塑料槽；D—低温起动性能好。

例如，CA1170P2K2 柴油车用型号为 6—QAW—100S 的蓄电池，是由 6 个单格串联而成，标准电压为 12 V，干荷电式免维护蓄电池，它采用了塑料整体式外壳，薄型极板，使用时只需加入规定密度的电解液，静止 0.5 h，就可以投入使用。

三、免维护蓄电池的特点

免维护蓄电池又称 MF 蓄电池。免维护是指在汽车合理使用期间，不需要对蓄电池进行加注蒸馏水、检测电解液液面高度、检测电解液密度等维护作业。与其他铅蓄电池相比，免维护蓄电池具有以下特点：

(1) 栅架材料采用铅钙合金，既提高了栅架的机械强度，又减少了蓄电池的耗水量和自放电。

(2) 采用了袋式微孔聚氯乙烯隔板，将正极板装在隔板袋内，既可避免正极板上的活性物质脱落，又能防止极板短路。因此壳体底部不需要凸起的肋条，降低了极板组的高度，增大了极板上方的容积，使电解液储存量增多。

(3) 蓄电池内部安装有电解液密度计(俗称电眼)，如图 2.8 所示，可自动显示蓄电池的存电状态和电解液液面的高低。如果密度计的观察窗呈绿色，表明蓄电池存电充足，可正常使用；若显示深绿色或黑色，表明蓄电池存电不足，需补充充电；若显示浅黄色，表明蓄电池已接近报废。

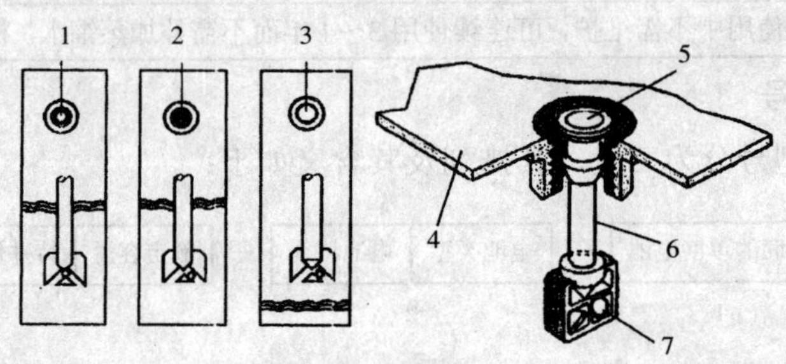

1—绿色(充电程度在 65%以上)；2—黑色(充电程度在 65%以下)；3—浅黄色(蓄电池有故障)；

4—蓄电池盖；5—观察窗；6—光学的荷电状况指示器；7—绿色小球

图 2.8　免维护蓄电池内装式相对密度计

(4) 采用了新型安全通气装置和气体收集器，在孔盖内部设置了一个氧化铝过滤器，可阻止水蒸气和硫酸气体通过，同时又可以使氢气和氧气顺利逸出。通气塞中装有催化剂钯，可促使氢、氧离子重新结合成水回到蓄电池中。

四、蓄电池的工作原理

1. 铅蓄电池的静止电动势

将铅蓄电池的正、负极板浸入电解液中，正、负极板与电解液相互作用，在正、负极板间就会产生约 2.1 V 的静止电动势。

铅蓄电池的静止电动势 E_j 与极板的片数、大小无关，仅与电解液的密度有关，其关系式为

$$E_j = 0.84 + \rho_{25}$$

式中：E_j——蓄电池的静止电动势，单位为 V；

ρ_{25}——25℃时电解液的相对密度(g/cm^3)。

注意，实测电解液的相对密度应转换成 25℃时电解液的相对密度，转换关系式为

$$\rho_{25} = \rho_t + \beta(t - 25)$$

式中：ρ_t——实测的电解液相对密度(g/cm^3)；

t——测量时的电解液温度(℃)；

β——相对密度温度系数，取 $\beta = 0.000\,75$。

因为铅蓄电池工作时电解液密度总是在 1.12～1.30 g/cm^{3}之间变化，所以每个单格电池的电动势也相应地在 1.97～2.15 V 之间变化。

2. 铅蓄电池的放电

当铅蓄电池的正、负极板浸入电解液中时，在正、负极板间就会产生约 2.1 V 的静止电动势，此时若接入负载，在电动势的作用下，电流就会从蓄电池的正极经外电路流向蓄电池的负极，这一过程称为放电。蓄电池的放电过程是化学能转变为电能的过程。

放电时，正极板上的 PbO_2 和负极板上的 Pb 都与电解液中的 H_2SO_4 发生反应，生成硫酸铅($PbSO_4$)，沉附在正、负极板上。此时电解液中的 H_2SO_4 不断减少，密度也随之下降。

理论上，放电过程可以进行到极板上的活性物质被耗尽为止，但由于生成的 $PbSO_4$ 沉附于极板表面，阻碍电解液向活性物质内层渗透，使得内层活性物质因缺少电解液而不能参加反应，因此在使用中被称为放完电蓄电池的活性物质利用率只有 20%～30%。因此，采用薄型极板，增加极板的多孔性，可以提高活性物质的利用率，增大蓄电池的容量。

蓄电池放电终了的特征是：

(1) 单格电池电压降到放电终止电压；

(2) 电解液密度降到最小许可值。

放电终止电压与放电电流的大小有关。放电电流越大，允许的放电时间就越短，放电终止电压也越低，如表 2.4 所示。

表 2.4 单格电池放电终止电压

放电电流/A	$0.05C_{20}$	$0.1C_{20}$	$0.25C_{20}$	$1C_{20}$	$3C_{20}$
放电时间	20 h	10 h	3 h	25 min	5 min
单格电池终止电压/V	1.75	1.70	1.65	1.55	1.50

注：C_{20} 为蓄电池的额定容量。

3. 铅蓄电池的充电

充电时，蓄电池的正、负极分别与直流电源的正、负极相连，当充电电源的端电压高于蓄电池的电动势时，在电场的作用下，电流从蓄电池的正极流入，从负极流出，这一过程称为充电。蓄电池的充电过程是电能转换为化学能的过程。

充电时，正、负极板上的 $PbSO_4$ 还原成 PbO_2 和 Pb，电解液中的 H_2SO_4 不断增多，密度上升。

当充电接近终了时，$PbSO_4$ 已基本还原成 PbO_2 和 Pb，这时过剩的充电电流将电解水，使正极板附近产生的 O_2 从电解液中逸出，负极板附近产生的 H_2 从电解液中逸出，电解液液面高度降低。因此，铅蓄电池需要定期补充蒸馏水。

蓄电池充足电的标志是：

(1) 电解液中有大量气泡冒出，呈沸腾状态；

(2) 电解液的密度和蓄电池的端电压上升到规定值，且在 2～3 h 内保持不变。

综上所述，铅蓄电池的充、放电化学反应方程式为

$$PbO_2 + 2H_2SO_4 + Pb \underset{\text{充电}}{\overset{\text{放电}}{\rightleftharpoons}} 2PbSO_4 + 2H_2O$$

五、影响蓄电池容量的因素

1. 蓄电池的容量

蓄电池的容量标志着蓄电池对外供电的能力。一只完全充足电的蓄电池，在允许的放电范围内所输出的电量称之为蓄电池的容量。当恒流放电时，蓄电池的容量等于放电电流与放电时间之积，即

$$C=I_f t_f$$

式中：C——蓄电池的容量，单位为 A·h；

I_f——放电电流，单位为 A；

t_f——放电时间，单位为 h。

蓄电池的容量与放电电流的大小以及电解液的温度有关。蓄电池出厂时规定的额定容量是在一定的放电电流、一定的终止电压和一定的电解液温度下测得的。

1) 额定容量

额定容量是检验蓄电池质量的重要指标之一。GB/T5008.1—1991 标准规定，以 20 h 放电率的放电电流在电解液初始温度为(25±5)℃，相对密度为(1.28±00.1)g/cm^3(25℃)的条件下，连续放电到规定的单格终止电压 1.75 V，蓄电池所输出的电量，称为蓄电池的额定容量，记为 C_{20}。

例如，6—QA—60 型蓄电池，在电解液初始温度为 25℃时，以 3 A 的放电电流持续放电 20 h，单格电压降到 1.75 V，其额定容量 C_{20}＝3×20＝60 A·h。

2) 额定储备容量

额定储备容量是国际上通用的另一种蓄电池容量表示方法。它是指充足电的蓄电池在电解液温度为 25℃的条件下，以 25 A 电流放电到单格终止电压 1.75 V 时所能维持的时间。符号为 C_m，单位为 min。

3) 起动容量

起动容量表示蓄电池在发动机电力起动时的供电能力，用倍率和持续时间表示。起动容量有两种规定：常温起动容量和低温起动容量。

(1) 常温起动容量。常温起动容量为电解液初始温度 25℃时，以 5 min 放电率的电流放电，放电 5 min 至单格电池电压降至 1.5 V 时所输出的电量。5 min 放电率的电流在数值上约为其额定容量的 3 倍。例如，对于 6—Q—100 型蓄电池，C_{20}＝100 A·h，在电解液初始温度为 25℃时，以 3C_{20} A＝3×100＝300 A 的电流放电 5 min，单格电池电压降至 1.5 V，蓄电池端电压降至 1.5×6＝9 V，其起动容量为 300×5/60＝25 A·h。

(2) 低温起动容量。低温起动容量为电解液初始温度－18℃时，以 5 min 放电率的电流放电，放电 2.5 min 至单格电池电压降至 1 V 时所输出的电量。

2. 影响蓄电池容量的因素

影响蓄电池容量的因素有结构因素和使用因素两个方面。

1) 结构因素

蓄电池极板的表面积(指活性物质的真实表面积)越大，极板片数越多，参加反应的活性物质就越多，容量就越大。另外，极板越薄，活性物质的多孔性越好，则电解液向极板内

部的渗透越容易，活性物质利用率就越高，输出容量也就越大。

2) 使用因素

(1) 放电电流。放电电流越大，蓄电池的容量就越小，如图 2.9 所示。

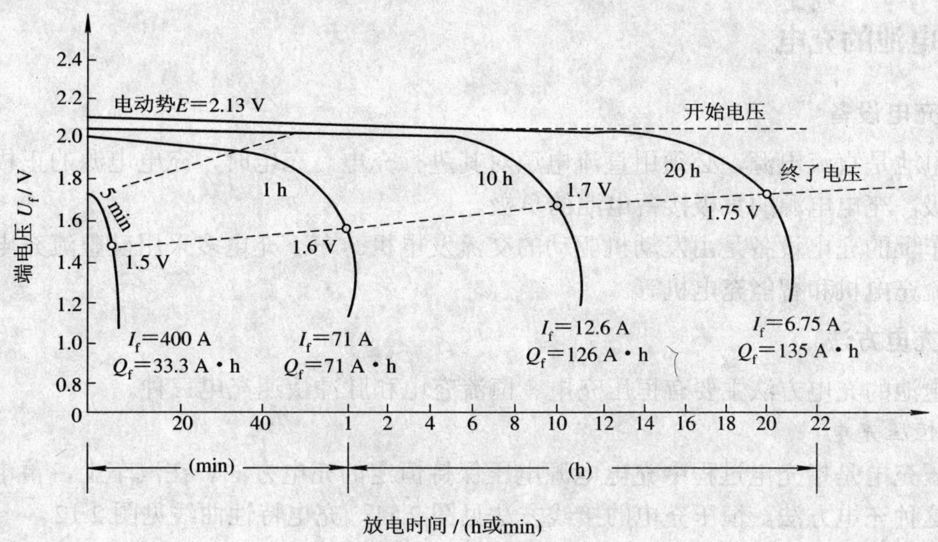

图 2.9　蓄电池容量与放电电流的关系

放电时，正、负极板上的 PbO_2 和 Pb 逐渐转变成 $PbSO_4$，$PbSO_4$ 的体积比 PbO_2 和 Pb 大，它将逐渐堵塞极板孔隙，阻碍电解液向极板内部渗透。当放电电流增大时，化学反应速度加快，$PbSO_4$ 堵塞孔隙的速度也越快，孔隙中电解液密度迅速下降，导致极板内层大量的活性物质不能参与反应，蓄电池的实际输出容量减小。同时，电解液密度迅速下降，导致蓄电池的端电压也迅速下降，因而缩短了放电时间。因此，在实际使用中必须严格控制起动时间，每次起动的时间不应超过 5 s，且连续两次起动之间的时间间隔不应少于 15 s。

(2) 电解液温度。放电电流一定的条件下，温度降低则容量减小，如图 2.10 所示。温度降低时，电解液的黏度增加，渗入极板困难，同时内阻增大，使蓄电池端电压降低，容量减小。由于温度对蓄电池容量和端电压影响很大，因此在寒冷地区冬季应当对蓄电池采取保温措施。

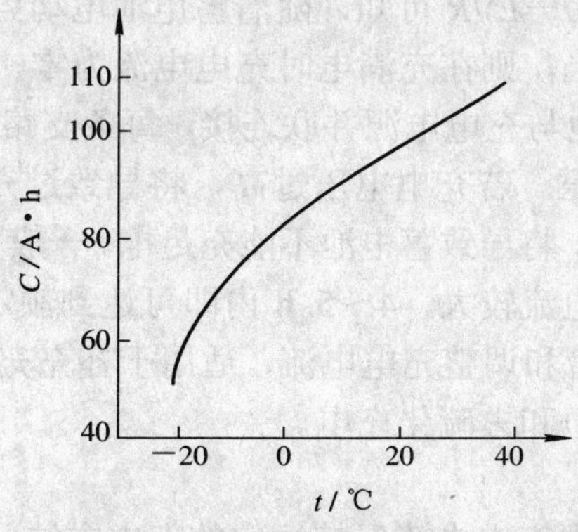

图 2.10　电解液温度与容量的关系

(3) 电解液密度。适当提高电解液的密度，可加快电解液的渗透速度，提高蓄电池的电动势和容量。但电解液密度过大又将导致黏度增加，内阻增大，反而使蓄电池容量降低。

实践证明，电解液密度偏低有利于提高放电电流和容量，延长蓄电池的使用寿命。冬季在电解液不结冰的前提下，应尽可能采用稍低的电解液密度。

六、蓄电池的充电

1. 充电设备

蓄电池是直流电源，必须用直流电源对其进行充电。充电时，充电电源的正极接蓄电池的正极，充电电源的负极接蓄电池的负极。

汽车上的充电设备是由发动机驱动的交流发电机。车下充电多采用硅整流充电机、晶闸管整流充电机和智能充电机等。

2. 充电方法

蓄电池的充电方法主要有恒压充电、恒流充电和脉冲快速充电三种。

1) 恒压充电

恒压充电是指充电过程中充电电源电压保持恒定的充电方法。在汽车上，蓄电池采用的就是这种充电方法。恒压充电的接线方法见图 2.11，充电特性曲线见图 2.12。

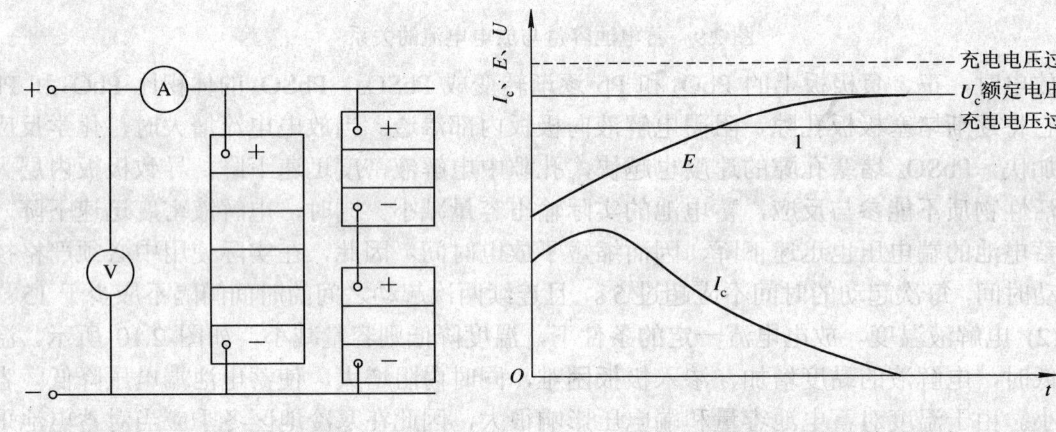

图 2.11　恒压充电接线方法　　　　图 2.12　恒压充电特性曲线

恒压充电时，根据 $I_c=(U-E)/R$ 可知，随着蓄电池电动势 E 的增加，充电电流 I_c 逐渐减小。如果充电电压调节适当，则在充满电时充电电流为零，这就是充电终了。

恒压充电时，被充蓄电池与充电电源并联连接，每条支路上单格电池的数目均应相等，同时还要选择合适的充电电压。若充电电压过高，将导致过充电，极板弯曲，活性物质脱落，温升过高；充电电压过低，将导致蓄电池不能充足电。一般单格电池充电电压选为 2.5 V。

在恒压充电初期，充电电流较大，4～5 h 内即可达到额定容量的 90%～95%，因而充电时间较短，而且不需要照管和调整充电电流，适用于补充充电。由于充电电流不可调节，因此恒压充电不适用于初充电和去硫化充电。

2) 恒流充电

恒流充电是指充电过程中充电电流保持恒定的充电方法，广泛用于初充电、补充充电和去硫化充电等。恒流充电的接线方法见图 2.13，充电特性曲线见图 2.14。

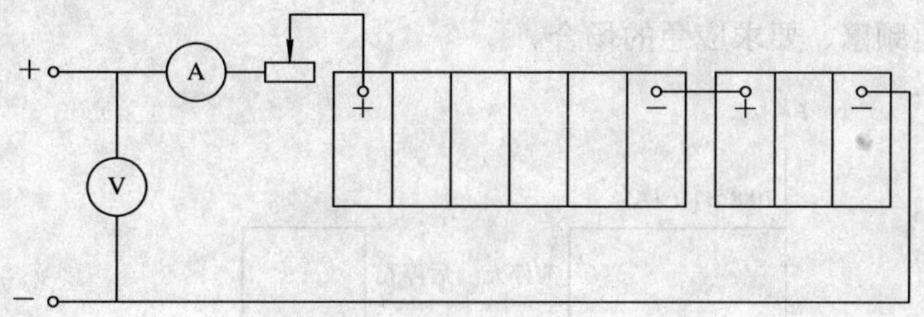

图 2.13　恒流充电接线方法

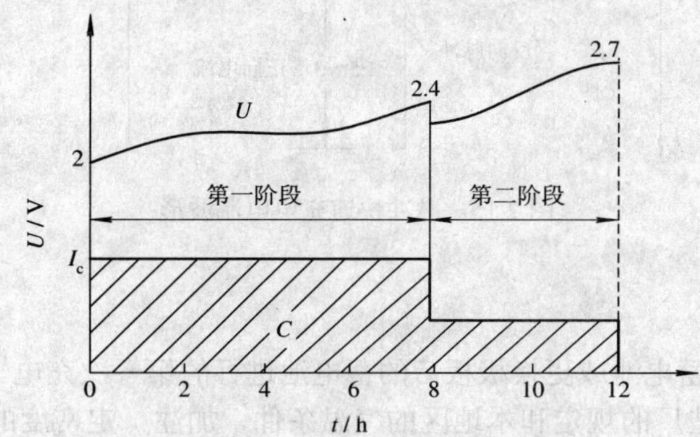

图 2.14　恒流充电特性曲线

恒流充电时，被充蓄电池采用串联连接。每个单格电池充足电时需 2.7 V，故串联的单格电池的数目＝充电机的额定电压/2.7(个)。充电电流应按小容量的蓄电池选择，待其充足后应及时摘出，再继续给大容量电池充电。

为缩短充电时间，充电过程通常分为两个阶段，其充电特性曲线如图 2.14 所示。第一阶段采用较大的充电电流，使蓄电池的容量得到迅速恢复。当蓄电池电量基本充足，单格电池电压达到 2.4 V，开始电解水产生气泡时，转入第二阶段，将充电电流减小一半，直到电解液密度和蓄电池端电压达到最大值且在 2～3 h 内不再上升，蓄电池内部剧烈冒出气泡时为止。

恒流充电的适应性强，可任意选择和调整充电电流的大小，有利于保持蓄电池的技术性能和延长使用寿命；其缺点是充电时间长，要经常调节充电电流。

3) 脉冲快速充电

脉冲快速充电必须用脉冲快速充电机进行，其充电电流波形如图 2.15 所示。脉冲快速充电的过程是：先用 0.8～1 倍额定容量的大电流进行恒流充电，使蓄电池在短时间内充至额定容量的 50%～60%。当单格电池电压升至 2.4 V，开始冒气泡时，由充电机的控制电路自动控制，开始脉冲快速充电：首先停止充电 25 ms(称为前停充)，接着放电或反向充电，使蓄电池反向通过一个较大的脉冲电流(脉冲深度一般为充电电流的 1.5～3 倍，脉冲宽度为 150～1000 μs)，然后再停止充电 40 ms(称为后停充)，以后的过程为正脉冲充电—前停充—负脉冲瞬间放电—后停充—正脉冲充电……此过程循环进行，直至充足电。

脉冲快速充电的优点是充电时间可大大缩短(新蓄电池充电仅需 5 h，补充充电需 1 h)；缺点是对蓄电池的寿命有一定的影响，并且脉冲快速充电机结构复杂、价格昂贵，适用于电池集中、充电频繁、要求应急的场合。

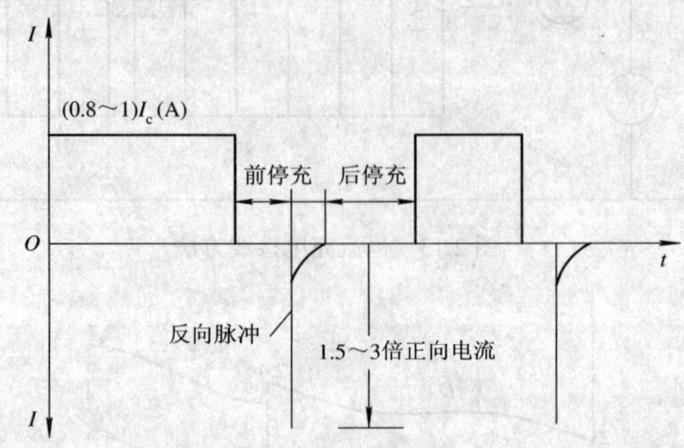

图 2.15　脉冲快速充电电流波形

3. 充电种类

1) *初充电*

初充电是指对新蓄电池或更换极板后的蓄电池进行的第一次充电。其操作步骤如下：

(1) 按蓄电池制造厂的规定和本地区的气温条件，加注一定密度的电解液(加注前，电解液温度不得超过 30℃)，放置 4～6 h，使极板浸透，并调整液面高度至规定值。

(2) 将蓄电池的正、负极分别与充电机的正、负极相连。

(3) 采用两阶段恒流充电法充电时，第一阶段充电电流为额定容量的 1/15，待电解液中有气泡冒出、单格电池电压达 2.4 V 时转入第二阶段，将电流减小一半，直至蓄电池充足电为止。

充电过程中应注意测量电解液的温度，当温度超过 40℃时应将电流减半，如温度继续上升达 45℃时应停止充电，待冷却至 35℃以下时再充电。

(4) 充好电的蓄电池应检查电解液的密度，如不符合规定，应用蒸馏水或 1.4 g/cm^3 的稀硫酸进行调整，并调整液面高度至规定值。调整后再充电 2 h，直到电解液密度符合规定为止。

不同型号铅蓄电池的初充电电流值见表 2.5。

表 2.5　蓄电池充电规范

蓄电池	额定容量	额定电压	初充电				补充充电			
			第一阶段		第二阶段		第一阶段		第二阶段	
型号	C_{20}/A·h	V	电流/A	时间/h	电流/A	时间/h	电流/A	时间/h	电流/A	时间/h
3—Q—75	75	6	5	30～40	2.5	25～30	7.5	10～12	3.75	3～5
3—Q—90	90	6	6	30～40	3	25～30	9	10～12	4.5	3～5
3—Q—105	105	6	7	30～40	3.5	25～30	10.5	10～12	5.25	3～5
6—Q—60	60	12	4	30～40	2	25～30	6	10～12	3	3～5
6—Q—75	75	12	5	30～40	2.5	25～30	7.5	10～12	3.75	3～5
6—Q—90	90	12	6	30～40	3	25～30	9	10～12	4.5	3～5

2) 补充充电

补充充电是指对使用中的蓄电池在无故障的前提下，为保持或恢复其额定容量而进行的正常的保养性充电。

一般汽车用蓄电池应每隔 1～2 个月从车上拆下来进行一次补充充电；使用中如发现下列现象之一时，也必须及时进行补充充电：

(1) 电解液相对密度降至 1.15 g/cm^3 以下时；

(2) 冬季放电量超过 25%，夏季超过 50%时；

(3) 前照灯灯光比平时暗淡，起动无力时；

(4) 单格电池电压降到 1.7 V 以下时。

补充充电可采用恒压充电或两阶段恒流充电。汽车上蓄电池的充电采用恒压充电法充电，充电室多采用两阶段恒流充电法充电。

采用两阶段恒流充电法进行补充充电时，应先用 C_{20} 为 10 A·h 的电流进行充电，当单格电池电压达到 2.4 V 以上时，改用 C_{20} 为 20 A·h 的电流充电至充足为止。不同型号铅蓄电池的补充充电电流值见表 2.5。

3) 间歇过充电

间歇过充电是为了避免使用中的铅蓄电池极板硫化的一种预防性充电，汽车用铅蓄电池应每隔三个月进行一次。

充电方法是：先按补充充电的方法将蓄电池充足电，停歇 1 h 后再以减半的充电电流值进行过充电至沸腾，再停歇 1 h 后重新接入充电，如此反复，直到蓄电池刚接入充电时立即沸腾为止。

4) 循环锻炼充电

循环锻炼充电是铅蓄电池为防止极板钝化而进行的保养性充电。铅蓄电池使用中常处于部分放电的状况，参加化学反应的活性物质有限，为避免活性物质长期不工作而收缩，应每隔三个月进行一次循环锻炼充电。

充电方法是：先按照补充充电或间歇过充电的方法将铅蓄电池充足电，再用 20 h 放电率的电流连续放电至单格电池电压降为 1.75 V 为止。其容量降低不得大于额定容量的 10%，否则应进行充、放电循环，直至容量达到额定容量的 90%为止方可使用。

5) 去硫化充电

去硫化充电是消除铅蓄电池极板轻度硫化的一种排故性充电。充电方法和步骤如下：

(1) 将铅蓄电池按 20 h 放电率放电至单格电池电压降至 1.75 V 为止。

(2) 倒出电解液，用蒸馏水反复冲洗几次，然后加入蒸馏水至规定的液面高度，用初充电第二阶段充电电流进行充电。当电解液密度增大到 1.15 g/cm^3 时再将电解液倒出，加入蒸馏水，继续充电，反复多次，直至电解液密度不再上升为止。

(3) 换用正常密度的电解液，按初充电的方法将蓄电池充足电。

(4) 用 20 h 放电率放电，检查容量，若其输出容量可达额定容量的 80%以上，则可装车使用，若达不到，应更换蓄电池或进行修理。

七、蓄电池常见的故障

蓄电池常见的故障可分为外部故障和内部故障。蓄电池的外部故障有外壳裂纹、封口胶干裂、极柱腐蚀或松动等。蓄电池的内部故障主要有极板硫化、活性物质脱落、极板栅架腐蚀、极板短路、自放电、单格电池极性颠倒等。各种内部故障的故障特征、产生原因和排除方法见表 2.6。

表 2.6 常见蓄电池内部故障

<table>
<tr><th>名称</th><th>项目</th><th>说明</th></tr>
<tr><td rowspan="3">极板硫化</td><td>故障特征</td><td>蓄电池极板上生成一层白色粗晶粒的 $PbSO_4$，在正常充电时不能转化为 PbO_2 和 Pb 的现象称为“硫酸铅硬化”，简称“硫化”。
(1) 硫化的电池放电时，电压急剧降低，过早降至终止电压，电池容量减小；
(2) 蓄电池充电时单格电压上升过快，电解液温度迅速升高，但密度增加缓慢，过早产生气泡，甚至充电就有气泡</td></tr>
<tr><td>故障原因</td><td>(1) 蓄电池长期充电不足或放电后没有及时充电，导致极板上的 $PbSO_4$ 有一部分溶解于电解液中，环境温度越高，溶解度越大。当环境温度降低时，溶解度减小，溶解的 $PbSO_4$ 就会重新析出，在极板上再次结晶，形成硫化。
(2) 蓄电池电解液液面过低，使极板上部与空气接触而被氧化，在汽车行驶过程中，电解液上下波动，与极板的氧化部分接触，会生成大晶粒 $PbSO_4$ 硬化层，使极板上部硫化。
(3) 长期过量放电或小电流深度放电，使极板深处活性物质的孔隙内生成 $PbSO_4$，平时充电不易恢复。
(4) 新蓄电池初充电不彻底，活性物质未得到充分还原。
(5) 电解液密度过高、成分不纯，外部气温变化剧烈</td></tr>
<tr><td>排除方法</td><td>轻度硫化的蓄电池可用小电流长时间充电的方法予以排除；硫化较严重者采用去硫化充电方法消除硫化；硫化特别严重的蓄电池应报废</td></tr>
<tr><td rowspan="3">活性物质脱落</td><td>故障特征</td><td>主要指正极板上的活性物质 PbO_2 的脱落。蓄电池容量减小，充电时从加液孔中可看到有褐色物质，电解液浑浊</td></tr>
<tr><td>故障原因</td><td>(1) 蓄电池充电电流过大，电解液温度过高，使活性物质膨胀、松软而易于脱落；
(2) 蓄电池经常过充电，极板孔隙中逸出大量气体，在极板孔隙中造成压力，而使活性物质脱落；
(3) 经常低温大电流放电使极板弯曲变形，导致活性物质脱落；
(4) 汽车行驶中的颠簸振动</td></tr>
<tr><td>排除方法</td><td>对于活性物质脱落的铅蓄电池，若沉积物较少时，可清除后继续使用；若沉积物较多时，应更换新极板和电解液</td></tr>
<tr><td rowspan="3">极板栅架腐蚀</td><td>故障特征</td><td>主要是正极板栅架腐蚀，极板呈腐烂状态，活性物质以块状堆积在隔板之间，蓄电池输出容量降低</td></tr>
<tr><td>故障原因</td><td>(1) 蓄电池经常过充电，正极板处产生的 O_2 使栅架氧化；
(2) 电解液密度、温度过高，充电时间过长，会加速极板腐蚀；
(3) 电解液不纯</td></tr>
<tr><td>排除方法</td><td>腐蚀较轻的蓄电池，电解液中如果有杂质，应倒出电解液，并反复用蒸馏水清洗，然后加入新的电解液，充电后即可使用；
腐蚀较严重的蓄电池，如果是电解液密度过高，可将其调整到规定值，在不充电的情况下继续使用；
腐蚀严重的蓄电池，如栅架断裂、活性物质成块脱落等，则需更换极板</td></tr>
</table>

续表

名称	项目	说　明
极板短路	故障特征	蓄电池正、负极板直接接触或被其他导电物质搭接称为极板短路； 极板短路的蓄电池充电时充电电压很低或为零，电解液温度迅速升高，密度上升很慢，充电末期气泡很少
	故障原因	(1) 隔板破损使正、负极板直接接触； (2) 活性物质大量脱落，沉积后将正、负极板连通； (3) 极板组弯曲； (4) 导电物体落入池内
	排除方法	出现极板短路时，必须将蓄电池拆开检查； 更换破损的隔板，消除沉积的活性物质，校正或更换弯曲的极板组等
自放电	故障特征	蓄电池在无负载的状态下，电量自动消失的现象称为自放电； 如果充足电的蓄电池在 30 天之内每昼夜容量降低超过 2%，称为故障性自放电
	故障原因	(1) 电解液不纯，杂质与极板之间及沉附于极板上的不同杂质之间形成电位差，通过电解液产生局部放电； (2) 蓄电池长期存放，硫酸下沉，使极板上、下部产生电位差引起自放电； (3) 蓄电池溢出的电解液堆积在电池盖的表面，使正、负极柱形成通路； (4) 极板活性物质脱落，下部沉积物过多使极板短路
	排除方法	自放电较轻的蓄电池，可将其正常放完电后倒出电解液，用蒸馏水反复清洗干净，再加入新电解液，充足电后即可使用；自放电较为严重时，应将电池完全放电，倒出电解液，取出极板组，抽出隔板，用蒸馏水冲洗之后重新组装，加入新的电解液重新充电后方可使用
单格电池极性颠倒	故障特征	单格电池原来的正极板变成负极板，负极板变成正极板。此时，蓄电池电压迅速下降，不能继续使用
	故障原因	没有及时发现有故障的单格电池(如极板短路、活性物质脱落等)，当蓄电池放电时，该单格电池由于容量小，首先放电至零，再继续放电时，其他单格电池的放电电流对它进行充电，使其极性颠倒
	排除方法	对极性颠倒的单格电池应更换新极板

八、蓄电池的使用与维护

1. 蓄电池的储存

1) 新蓄电池的储存

未启用的新蓄电池，其加液孔盖上的通气孔均已封闭，不要捅破。储存方法和储存时间应均以出厂说明为准。

保管蓄电池时应注意以下几点：

(1) 应存放在室温为 5～30℃，干燥、清洁及通风的地方。

(2) 不要受阳光直射，离热源(暖气片、火炉)距离不小于 2 m。

(3) 避免与任何液体和有害气体接触。

(4) 不得倒置或卧放，不得叠放，不得承受重压，相邻蓄电池之间应相距 10 cm 以上。

(5) 新蓄电池的存放时间不得超过两年(自出厂之日算起)。

2) 暂时不用的铅蓄电池的储存

对暂时不用的铅蓄电池，可采用湿储存法，即先将蓄电池充足电，再将电解液密度调至 1.24～1.28 g/cm^3，液面调至规定高度，然后将加液孔盖上的通气孔密封。存放条件与新蓄电池相同，存放期不得超过半年，期间应定期检查，如容量降低 25%，应立即补充充电，交付使用前也应先充足电。

3) 长期停用的铅蓄电池的储存

停用期长(超过 1 年)的铅蓄电池，应采用干储存法，即先将充足电的铅蓄电池以 20 h 放电率放完电，然后倒出电解液，用蒸馏水反复冲洗多次，直到水中无酸性，凉干后旋紧加液孔盖，并将通气孔密封后储存，存放条件与新蓄电池相同。重新启用时，以新蓄电池对待。

2. 启用新蓄电池

普通铅蓄电池启用时，首先擦净外表面，旋开加液孔盖，疏通通气孔，注入新电解液，静置 4～6 h 后，调节液面高度到规定值，按初充电规范进行充电后即可使用。

干荷电铅蓄电池在规定存放期(一般为两年)内，启用时可直接加入规定密度的电解液，静置 20～30 min 后，校准液面高度即可使用。若超期存放或保管不当损失部分容量，应在加注电解液后经补充充电方可使用。

3. 蓄电池的拆装

(1) 拆装、移动蓄电池时，应轻搬轻放，严禁在地上拖拽。

(2) 安装前应检查待用蓄电池型号是否和本车型相符，电解液密度和高度是否符合规定。

(3) 安装时必须将蓄电池固定在托架上，塞好防振垫，以免汽车行驶时蓄电池在框架中振动。

(4) 极柱上应涂上凡士林或润滑油，以防腐防锈。极柱卡子应紧固，与极柱之间要接触良好。

(5) 蓄电池搭铁极性必须与发电机一致，不得接错。

(6) 接线时先接正极后接负极，拆线时相反，以防金属工具搭铁，造成蓄电池短路。

4. 蓄电池的维护

(1) 保持蓄电池外表面的清洁干燥，及时清除极柱和电缆卡子上的氧化物，并确定蓄电池极柱上的电缆连接牢固。

清洗蓄电池时，最好从车上拆下蓄电池，用苏打水溶液冲洗整个壳体，如图 2.16 所示，然后用清水冲洗蓄电池并用纸巾擦干。对蓄电池托架，可先用腻子刀刮净厚腐蚀物，然后用苏打水溶液清洗托架，如图 2.17 所示，之后用水冲洗并使之干燥。托架干燥后，漆上防腐漆。

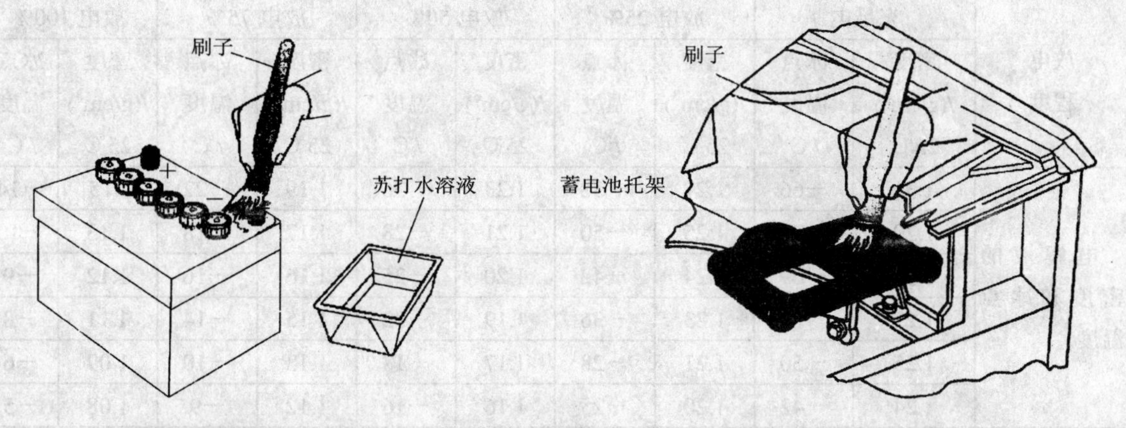

图 2.16　清洗蓄电池表面　　　　图 2.17　清洗蓄电池托架

对极柱和电缆卡子，可先用苏打水溶液清洗，再用专用清洁工具进行清洁，如图 2.18 所示。清洗后，在电缆卡子上涂上凡士林或润滑油防止腐蚀。

注意：清洗蓄电池之前，要拧紧加液孔盖，防止苏打水进入蓄电池内部。

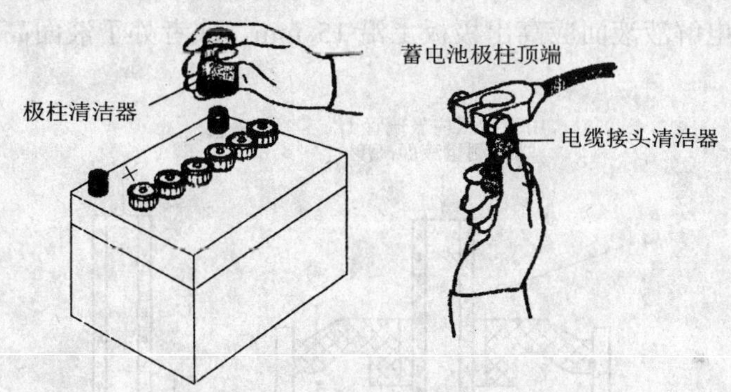

图 2.18　清洁蓄电池极柱和电缆卡子

(2) 保持加液孔盖上通气孔的畅通，定期疏通。

(3) 定期检查并调整电解液液面高度，液面不足时应补加蒸馏水。

(4) 汽车每行驶 1000 km 或夏季行驶 5～6 天，冬季行驶 10～15 天后，应用密度计或高率放电计检查一次蓄电池的放电程度，当冬季放电超过 25%，夏季放电超过 50%时，应及时将蓄电池从车上拆下进行补充充电。

(5) 根据季节和地区的变化及时调整电解液的密度。冬季可加入适量的密度为 1.40 g/cm^3 的电解液，以调高电解液的密度(一般比夏季高 0.02～0.04 g/cm^3 为宜)。

(6) 冬季向蓄电池内补加蒸馏水时，必须在蓄电池充电前进行，以免水和电解液混合不均而引起结冰。

(7) 冬季蓄电池应经常保持在充足电的状态，以防电解液密度降低而结冰，引起外壳破裂、极板弯曲和活性物质脱落等故障。蓄电池电解液密度、放电程度和冰点温度的关系见表 2.7。

表 2.7　蓄电池电解液密度、放电程度和冰点温度的关系

放电程度	充足电		放电 25%		放电 50%		放电 75%		放电 100%	
	密度/(g/cm^3) 25℃	冰点温度/℃	密度/(g/cm^3) 25℃	冰点温度/℃	密度/(g/cm^3) 25℃	冰点温度/℃	密度/(g/cm^3) 25℃	冰点温度/℃	密度/(g/cm^3) 25℃	冰点温度/℃
电解液的密度和冰点温度	1.31	−66	1.27	−58	1.23	−36	1.19	−22	1.15	−14
	1.29	−70	1.25	−50	1.21	−28	1.17	−18	1.13	−10
	1.28	−69	1.24	−42	1.20	−25	1.16	−16	1.12	−9
	1.27	−58	1.23	−36	1.19	−22	1.15	−14	1.11	−8
	1.25	−50	1.21	−28	1.17	−18	1.13	−10	1.09	−6
	1.24	−42	1.20	−25	1.16	−16	1.12	−9	1.08	−5

5. 蓄电池技术状况检查

1) 电解液液面的检查

电解液液面的检查见图 2.19，可用玻璃管测量液面高度。对于采用工程塑料容器的蓄电池，可从蓄电池容器侧面观察液面高度。为了观察方便，一些蓄电池容器侧面刻有液面高度指示线。一般电解液液面应高出极板上沿 15 mm，或者处于液面高度指示线规定的范围中。

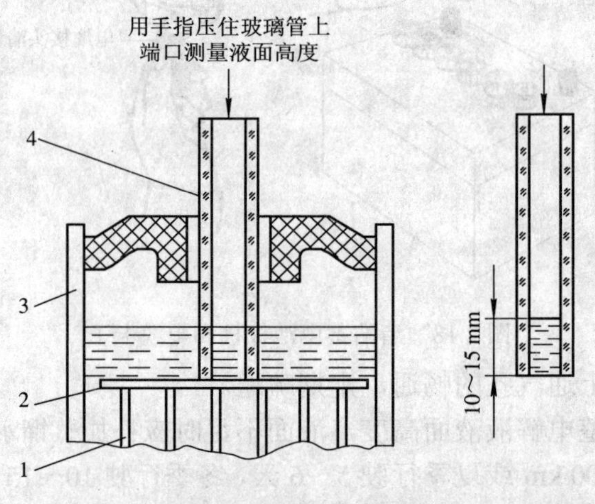

1—极板；2—极板防护片；3—容器壁；4—玻璃管

图 2.19　电解液液面高度的检查

2) 电解液密度的检查

通过测量电解液密度就可以得到蓄电池的放电程度。电解液的相对密度可用专用的密度计测量，见图 2.20。

在测量密度时，应同时测量电解液的温度，并将测得的密度值转换到 25℃进行修正。根据实际经验，相对密度每下降 0.01 g/cm^3，相当于蓄电池放电 6%。

通过测量每个单格电池的相对密度可以确定蓄电池是否失效。若单格电池之间的测量结果的最高值和最低值之间相差超过 0.05 g/cm^3，则该蓄电池失效。当所有的单格电池具有相同的相对密度值时，即使相对密度值都偏低，通常该蓄电池仍可通过补充充电后得到再生。

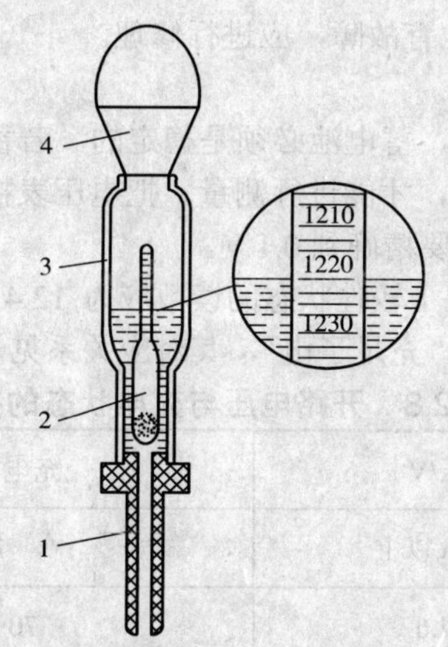

1—吸嘴；2—密度计；3—玻璃管；4—橡皮球

图 2.20　测量电解液密度

3) 用高率放电计测量放电电压

对于装有分体式容器盖的蓄电池，由于单格电池的极柱外露，还可以用高率放电计(见图 2.21)测量蓄电池各个单格在大电流放电时的电压值，即模拟接入起动机负荷，测量蓄电池在接近起动机起动电流放电时的端电压，用以判断蓄电池的放电程度和起动能力。

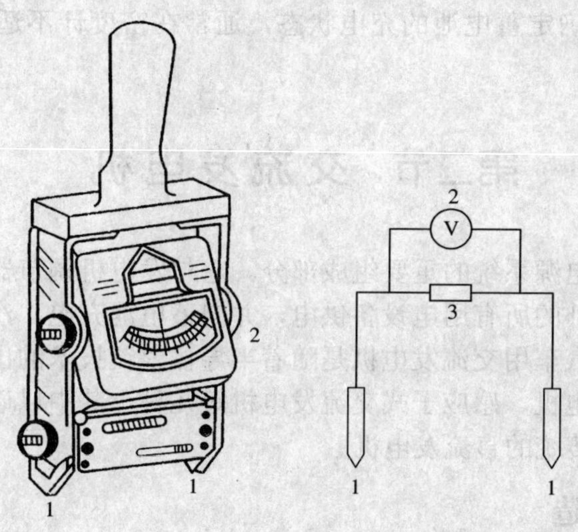

1—放电叉；2—电压表；3—放电电阻

图 2.21　高率放电计

测量时应将高率放电计的两个叉尖紧紧地压在单格电池的正、负极柱上，历时 5 s，电压表的读数就是大负荷放电情况下蓄电池所能保持的端电压。技术状况良好的蓄电池，用高率放电计测量时，单格电压在 1.5 V 以上，并在 5 s 内保持稳定。其中，读数在 1.75 V 以上的说明单格电池完好；读数在 1.5～1.7 V 的表明放电较多，应进行补充充电。如果在 5 s

内单格电池电压迅速下降到 1.5 V 以下，或者蓄电池中的一个单格电压比其余的单格电压低 0.1 V 以上，则说明该单格电池有故障，应进行修理。

4) 蓄电池开路电压的检查

要想获得准确的检测结果，蓄电池必须是稳定的。若蓄电池刚补充完电，至少应等待 10 min，让蓄电池的电压稳定，才能进行测量。把电压表接在蓄电池两电极柱，跨接时认准极性。测量开路电压，读数要精确到 0.1 V。

考虑到蓄电池在 25℃时处于较佳状态的读数应为 12.4 V 左右，若充电状态是 75%或 75%以上，就可以认为蓄电池“充足了电”，其对应关系见表 2.8。

表 2.8　开路电压与充电状态的关系

开路电压/V	充电状态/%
12.6 或 12.6 以上	100
12.4～12.6	70～100
12.2～12.4	50～75
12.0～12.2	25～50
11.7～12.0	0～25
11.7 或 11.7 以下	0

开路电压检测用来确定蓄电池的充电状态，通常在密度计不适用或不能用的情况下采用。

第二节　交流发电机

交流发电机是汽车电源系统的重要组成部分。它与发电机调节器互相配合工作，其主要任务是对除起动机以外的所有用电设备供电，并向蓄电池充电。汽车发电机有交流发电机和直流发电机两种。汽车用交流发电机是随着半导体整流技术的出现而发展起来的，目前主要有硅整流交流发电机、感应子式交流发电机等几种，其中以硅整流交流发电机的应用最为普遍，已取代了传统的直流发电机。

一、交流发电机的构造

汽车用交流发电机，多采用三相同步交流发电机，由 6 只二极管构成三相桥式全波整流器。各国生产的交流发电机都大同小异，主要由定子、转子、滑环、电刷、整流二极管、前后端盖、风扇及带轮等组成。有的还将调节器与发电机装在一起。

转子用来建立磁场，定子中产生的交变电动势，经过二极管整流器整流后输出直流电。JF132 型交流发电机的组件图见图 2.22。

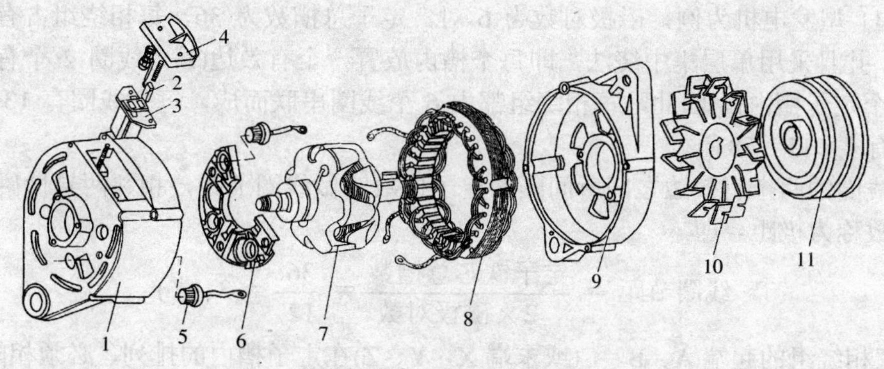

1—后端盖；2—电刷架；3—电刷；4—电刷弹簧压盖；5—硅二极管；6—散热板；

7—转子；8—定子总成；9—前端盖；10—风扇；11—带轮

图 2.22 JF132 型交流发电机的组件

1. 转子

交流发电机的转子是发电机的磁场部分，它主要由两块爪极、磁场绕组、滑环及轴等组成，见图 2.23。

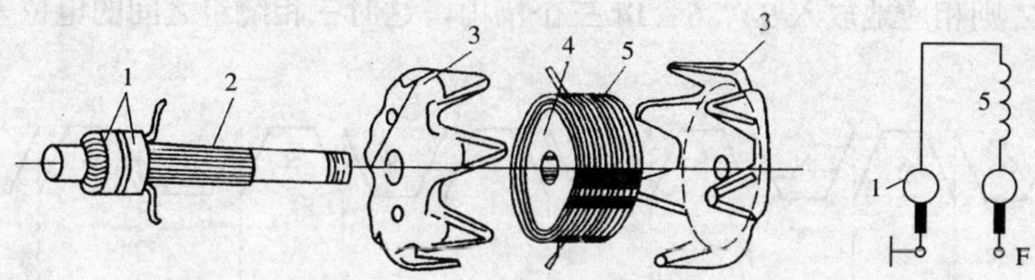

1—滑环；2—转子轴；3—爪极；4—磁轭；5—磁场绕组

图 2.23 交流发电机转子

两块爪极被压装在转轴上，且内腔装有磁轭，其上绕有磁场绕组。绕组两端的引线分别焊在与轴绝缘的两个滑环上。两个电刷装在与端盖绝缘的电刷架内，通过弹簧力使其与滑环保持接触。当发电机工作时，两电刷与直流电源连通，可为磁场绕组提供定向电流并产生轴向磁通，使两块爪极被分别磁化为 N 极和 S 极，从而形成犬牙交错的磁极对并沿圆周方向均匀分布。磁极对数为 4～7 对。国产发电机大多采用 6 对磁极。爪极凸缘的外形像鸟嘴，这种形状可以使定子感应的交流电动势近似于正弦波形。转子每转一周，定子的每相电路上就能产生周波个数等于磁极对数的交流电动势。

2. 定子

定子是产生和输出交流电的部件，又叫电枢，由定子铁芯和定子绕组组成。定子铁芯由相互绝缘的内圆带槽的环状硅钢片叠成。定子槽内置有三相对称绕组，三相绕组连接方法大多数为 Y 形(星形)，也有用△形连接的。

为使三相绕组中产生大小相等、相位差 120° (电角度)的对称电动势，三相绕组的绕法应遵循以下原则：

(1) 每相绕组的线圈个数、每个线圈的匝数和每个线圈的节距都必须完全相等。

以 JF11 型发电机为例，磁极对数为 6 对，定子总槽数为 36，每相绕组占有的槽数为 36/3＝12，并且采用单层集中绕法，即每个槽内放置一个有效边(1 个线圈 2 个有效边，分别放在 2 个定子槽内)。因此，每相绕组都由 6 个线圈串联而成，每个线圈有 13 匝，则每相绕组共有 6×13＝78 匝。

每个线圈的两个有效边之间所间隔的定子槽数叫做线圈节距，相邻两异性磁极中心线之间的槽数称为极距。即

$$线圈节距 = \frac{定子铁芯总槽数}{2\times 磁极对数} = \frac{36}{12} = 3(槽)$$

(2) 三相绕组的起端 A、B、C(或末端 X、Y、Z)在定子槽内的排列，必须相隔 120° 电角度。

转子旋转时，磁极的磁场不断和定子中的导体作相对运动，在定子绕组中产生交流电动势。每转过一对磁极，定子导体中的感应电动势就变化一个周期，即 360° 电角度。每个磁极在定子圆周上占有槽数为 36/12＝3 槽，即 180° 电角度，所以 2 个相邻的槽的中分线之间为 180°/3＝60° 电角度。为了使三相绕组各个起端之间相隔 120° 电角度，即线圈的节距为 3，各起端之间的距离则应为 2＋3n 个槽(n＝0，1，2，3，…)，即 2，5，8，11，…个槽均可。图 2.24 为三相绕组展开图。A、B、C 三个首端依次放入 1、9、17 三个槽中，而末端 X、Y、Z 则相应地放入 34、6、14 三个槽内，这时三相绕组之间的电位差仍为 120° 电角度。

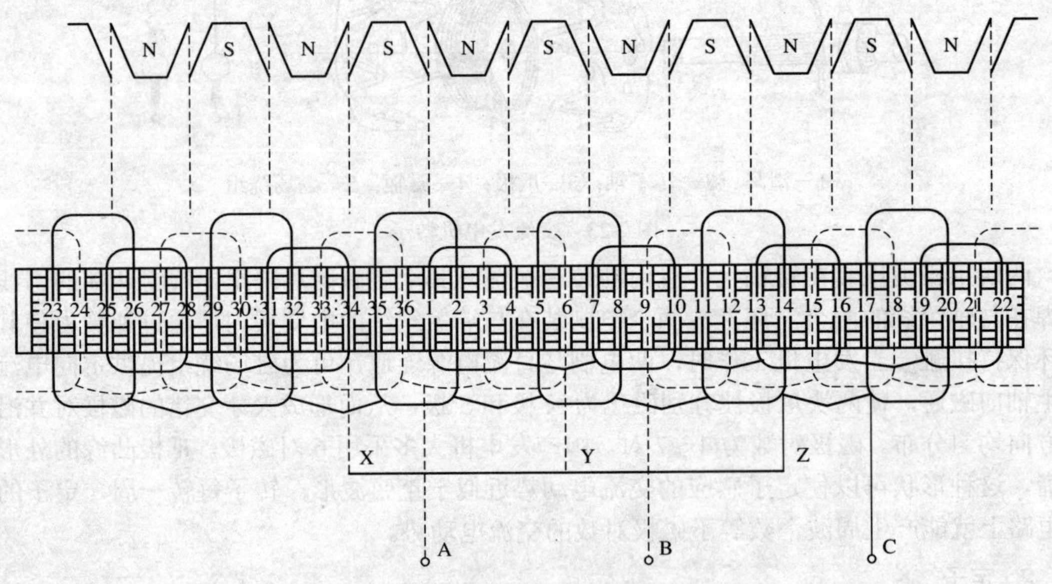

图 2.24　JF11 型交流发电机定子绕组的展开图

3. 整流器

交流发电机的整流器大多由 6 个硅二极管组成。近年来又生产了九管发电机，增加了 3 个小功率的磁场二极管。二极管的安装及整流板总成见图 2.25。外壳为正极、中心引线为负极的二极管，称为负极管，管壳底上注有黑色标记；壳体为负极，中心线为正极的二极管，称为正极管，管壳底上有红色标记。

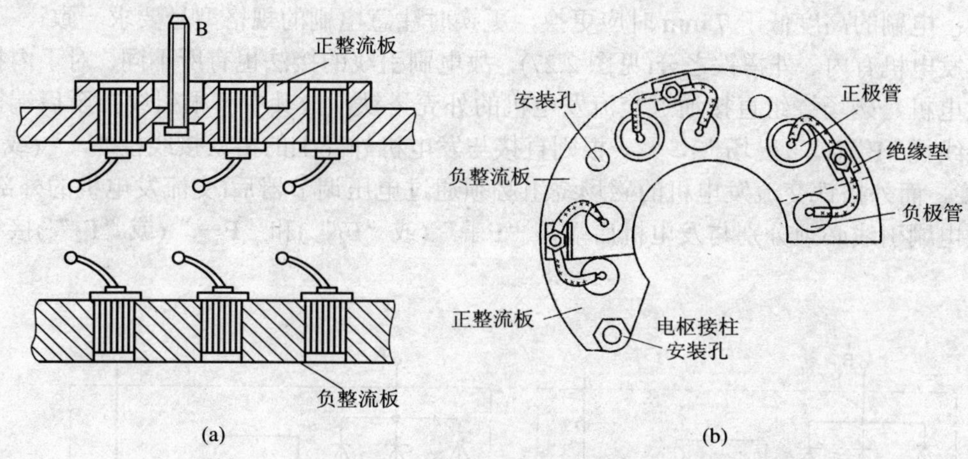

图 2.25　二极管的安装及整流板总成

(a) 二极管安装示意图；(b) 整流板总成

安装二极管的散热板称为整流板(也称元件板)，通常用合金制成以利散热。现代汽车用交流发电机都有两块整流板，安装三只正极管子的整流板(装在外侧)称为正整流板，安装三只负极管子的整流板(装在内侧)称为负整流板。两块板子绝缘地安装在一起，它与后端盖用尼龙或其他绝缘材料制成的垫片隔开且固定在后端盖上。

安装在正整流板上并与之绝缘的三个接线柱分别固装有正、负极管子的引线和来自三相绕组某一相的端头。与正整流板连接在一起的螺栓引至后端盖外部作为发电机的电源输出端，并标记为“B”(“+”、“A”或“电枢”)。

4. 端盖与电刷总成

端盖包括驱动端盖、整流端盖以及安装在其上的轴承、轴承盖等零部件。端盖由铝合金制成。因为铝合金为非导磁材料，可减少漏磁并具有轻便、散热性能良好等优点。为了提高轴承孔的机械强度，增加其耐磨性，在有的发电机端盖的轴承座内镶有钢套。

后端盖装有电刷架。两个电刷分别装在电刷架的孔内，借弹簧压力与滑环保持接触。目前国产交流发电机的电刷架有两种结构形式：一种电刷架可直接从发电机外部进行拆装，见图 2.26(a)；另一种则不能直接在发电机外部进行拆装，见图 2.26(b)。若需要更换电刷，必须将发电机拆开。

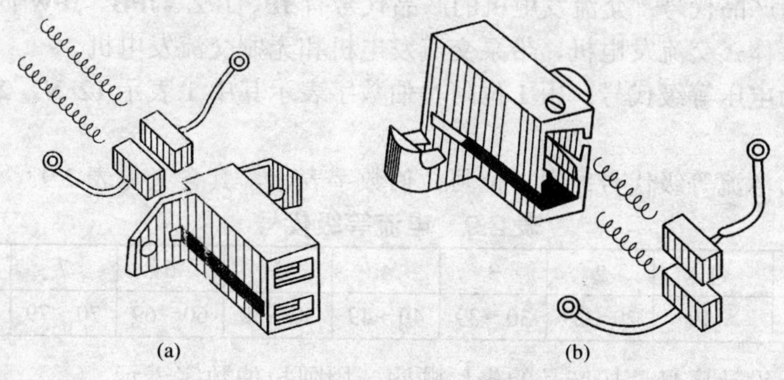

图 2.26　电刷架的结构

(a) 能从外部拆装；(b) 不能从外部拆装

提示：电刷的高度低于 7 mm 时应更换，更换时注意电刷的规格型号要求一致。

交流发电机有内、外搭铁之分(见图 2.27)，故电刷引线的接法也有所不同。对于内搭铁的交流发电机，磁场绕组直接通过交流发电机的外壳搭铁，故其中一根引线接至后端盖上的磁场接线柱“F”(或“磁场”)，另一根则直接与发电机外壳上的搭铁接线柱“－”(或“搭铁”)连接。而外搭铁交流发电机的磁场绕组必须通过电压调节器后(交流发电机的外部)再搭铁，故电刷引线必须分别与发电机后端盖“F＋”(或“F_1”)和“F－”(或“F_2”)接线柱相连。

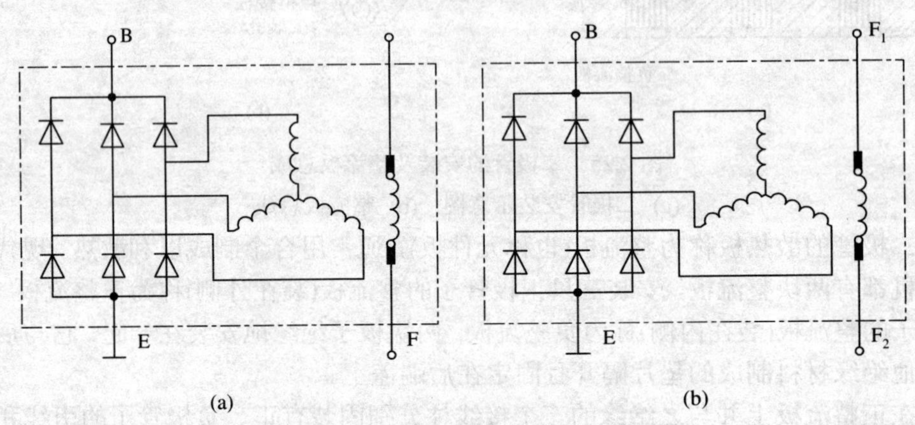

图 2.27　交流发电机的搭铁形式

(a) 内搭铁交流发电机；(b) 外搭铁交流发电机

发电机前端装有带轮，由发动机带轮驱动。在带轮后面装有风扇，靠风扇的离心作用给发电机强制通风。前后端盖用 3～4 个螺栓与定子紧固在一起。

5. 国产交流发电机的型号

根据中华人民共和国行业标准 QC/T73—93《汽车电气设备产品型号编制方法》的规定，汽车交流发电机的型号如下：

1	2	3	4	5

第 1 部分为产品代号：交流发电机的产品代号有 JF、JFZ、JFB、JFW 四种，分别表示交流发电机、整体式交流发电机、带泵交流发电机和无刷交流发电机。

第 2 部分为电压等级代号：用 1 位阿拉伯数字表示其中 1 表示 12 V，2 表示 24 V，6 表示 6 V。

第 3 部分为电流等级代号：用 1 位阿拉伯数字表示，其含义见表 2.9。

表 2.9　电流等级代号

电流等级代号	1	2	3	4	5	6	7	8	9
电流/A	≤19	20～29	30～39	40～49	50～59	60～69	70～79	80～89	≥90

第 4 部分为设计序号：按产品的先后顺序，用阿拉伯数字表示。

第 5 部分为变形代号：交流发电机以调整臂的位置作为变形代号。从驱动端看，在右边时用 Y 表示，在左边时用 Z 表示，在中间时不加标记。

例如，桑塔纳、奥迪 100 型轿车所使用的代号为 JFZ1913Z 型的交流发电机，其含义为：电压等级为 12 V、输出电流大于 90 A、第 13 次设计、调整臂位于左边的整体式交流发电机。

二、交流发电机的工作原理

1. 交流电动势的产生

交流发电机的工作原理见图 2.28。

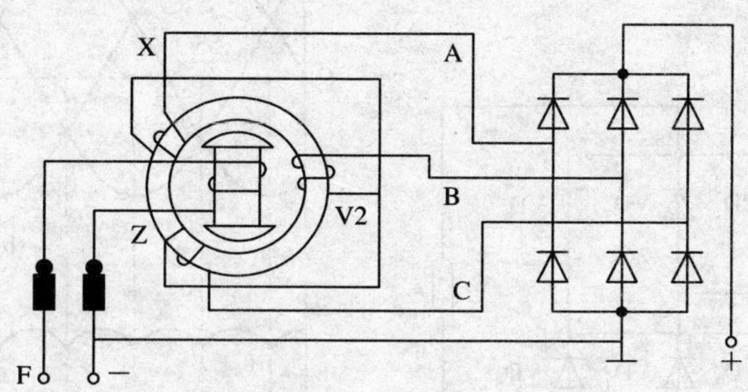

图 2.28　交流发电机工作原理图

交流发电机定子的三相绕组按一定的规律排列在发电机的定子槽内，依次相差 120° 电角度。

当磁场绕组接通直流电源时即被激励，转子的爪极被磁化为 N 极和 S 极。其磁力线由 N 极出发，穿过转子与定子之间很小的气隙进入定子铁芯，最后又通过气隙回到相邻的 S 极。

当转子旋转时，由于定子绕组与磁力线有相对的切割运动，所以在三相绕组中产生频率相同、幅值相等、相位相差 120° 的正弦电动势 e_A、e_B、e_C，见图 2.29(a)，其波形见图 2.29(b)。

三相绕组中所产生的感应电动势可用下列方程式表示：

$$e_A = E_m \sin \omega t = \sqrt{2} E_\varphi \sin \omega t$$

$$e_B = E_m \sin(\omega t - 120°) = \sqrt{2} E_\varphi \sin(\omega t - 120°)$$

$$e_C = E_m \sin(\omega t - 240°) = \sqrt{2} E_\varphi \sin(\omega t - 240°)$$

式中：E_m——相电动势的最大值；

E_φ——相电动势的有效值；

ω——电角速度($\omega = 2\pi f$)。

发电机每相绕组所产生的电动势的有效值为

$$E_\varphi = 4.44 K f N \Phi \ (\text{V})$$

式中：K——定子绕组系数，一般小于 1；

f——感应电动势的频率(Hz)，$f = Pn/60$(P 为磁极对数，n 为转速(r/min))；

N——每相绕组的匝数(匝)；

Φ——磁极的磁通(Wb)。

上式表明，使用中的交流发电机，其交变电动势的有效值取决于转速和转子的磁通量，这一性质将直接决定着交流发电机的输出电压值。

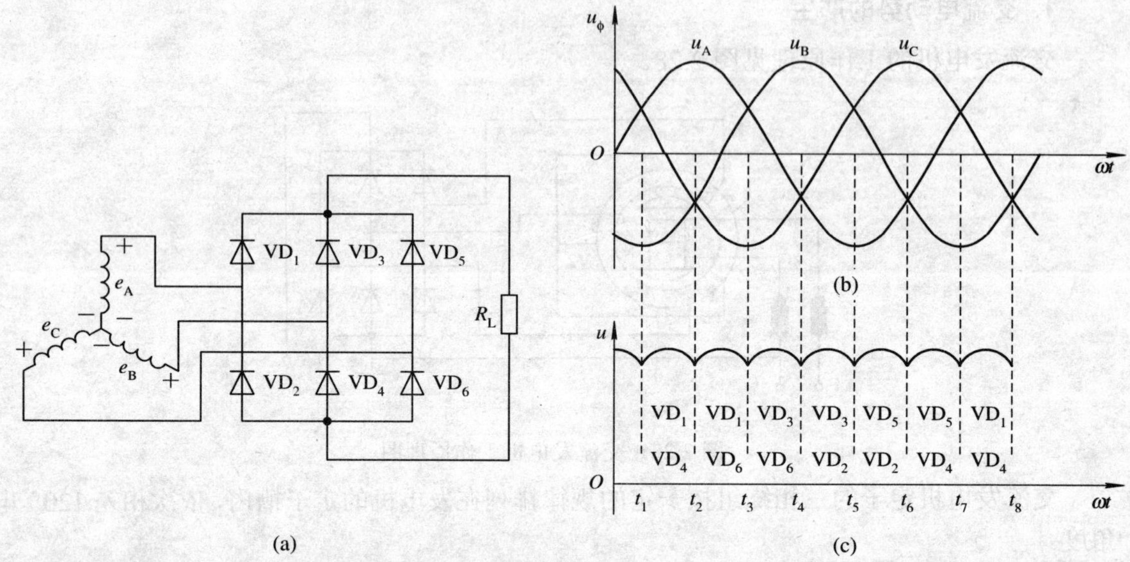

图 2.29 三相桥式整流电路中的电压、电流波形

(a) 电路；(b) 三相交流电动势；(c) 整流后的交流发电机输出电压波形

2. 整流原理

1) 六管交流发电机的整流原理

六管交流发电机的整流装置实际是一个由 6 只硅整流二极管组成的三相桥式整流电路(见图 2.29(a))。3 个二极管 VD_1、VD_3、VD_5 组成共阴极组接法，3 个二极管 VD_2、VD_4、VD_6 组成共阳极组接法。每个时刻有 2 个二极管同时导通，其中一个在共阴极组，另一个在共阳极组，同时导通的两个管子总是将发电机的电压加在负荷两端(见图 2.29(c))。

当 $t = 0$ 时，C 相电位最高，而 B 相电位最低，所对应的二极管 VD_5、VD_4 均处于正向导通。电流从绕组 C 出发，经 VD_5→负载 R_L→VD_4→绕组 B 构成回路。由于二极管的内阻很小，因而此时发电机的输出电压可视为 B、C 绕阻之间的线电压。

在 $t_1 \sim t_2$ 时间内，A 相的电位最高，而 B 相电位最低，故对应 VD_1、VD_4 处于正向导通。同理，交流发动机的输出电压可视为 A、B 绕阻之间的线电压。

在 $t_2 \sim t_3$ 时间内，A 相电位最高，而 C 相电位最低，故 VD_1、VD_6 处于正向导通。同理，交流发动机的输出电压可视为 A、C 绕阻之间的线电压。

依次类推，周而复始，在负载上便可获得一个比较平稳的直流脉动电压。交流发动机输出电压的平均值为

$$U = 2.34U_{\phi}$$

式中：U——输出直流电压平均值(V)；

U_{φ}——发电机相电压有效值(V)。

2) 九管交流发电机的整流原理

九管交流发电机的特点是除了常用的6个二极管外，又增加了3个功率较小的二极管，专门用来供给磁场电流，故又称之为磁场二极管。采用磁场二极管后，可以省去继电器，利用充电指示灯即可指示发电机工作情况的好坏。九管交流发电机充电系统的线路图见图2.30。

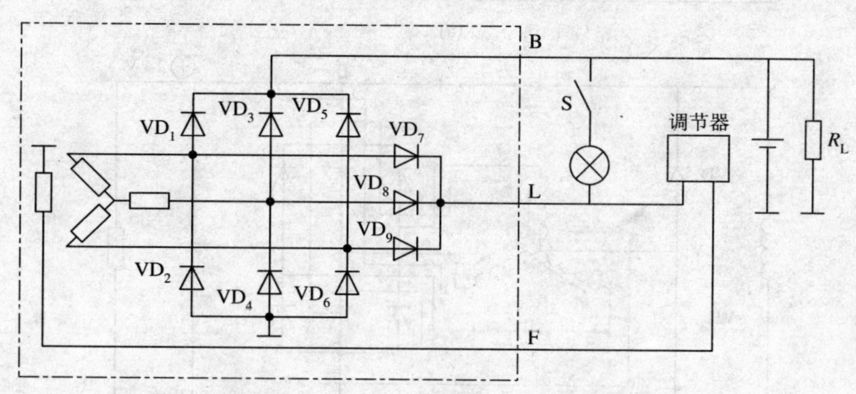

图2.30　九管交流发电机充电系统电路图

发电机工作时，定子三相绕组产生的三相交流电动势，经 VD_1～VD_6 6个二极管组成的三相桥式整流电路整流后，输出直流电压 U_B 向蓄电池充电和向用电设备供电。发电机的磁场电流由3个磁场二极管 VD_7、VD_8、VD_9 和3个共阳极组二极管 VD_2、VD_4、VD_6 组成的三相桥式整流电路整流后的直流电压供给。

发电机工作时，充电指示灯由蓄电池端电压与磁场二极管输出端L的电压 U_L 的差值所控制。随着发电机转速升高，U_L 增高，指示灯亮度减弱。当发电机电压达到蓄电池充电电压时，发电机开始自励，此时指示灯因两端的电位相等而熄灭，表示发电机已经正常工作。当发电机转速降低或发电机有故障时，U_L 降低，指示灯发亮。这样利用充电指示灯不仅可以在停车后发亮提醒驾驶员及时关断电源开关，又可以指示发电机的工作情况，同时还省去了结构复杂的继电器。

3) 八管交流发电机的工作原理

有的交流发电机除具有组成三相桥式整流电路的6个二极管外，还具有两个中性点二极管，其接线柱的记号为“N”。中性点对发电机外壳(即搭铁)之间的电压 U_N 是通过3个负极管三相半波整流得到的直流电压，所以 $U_N=(1/2)U$。中性点电压一般用来控制各种继电器如磁场继电器、充电指示灯继电器等。

有的交流发电机还利用中性点的输出提高发电机的输出功率，见图2.31。

当交流发电机输出电流时，中性点的电压含有交流成分，即中性点三次谐波电压，且幅值随发电机的转速而变化，见图2.32。

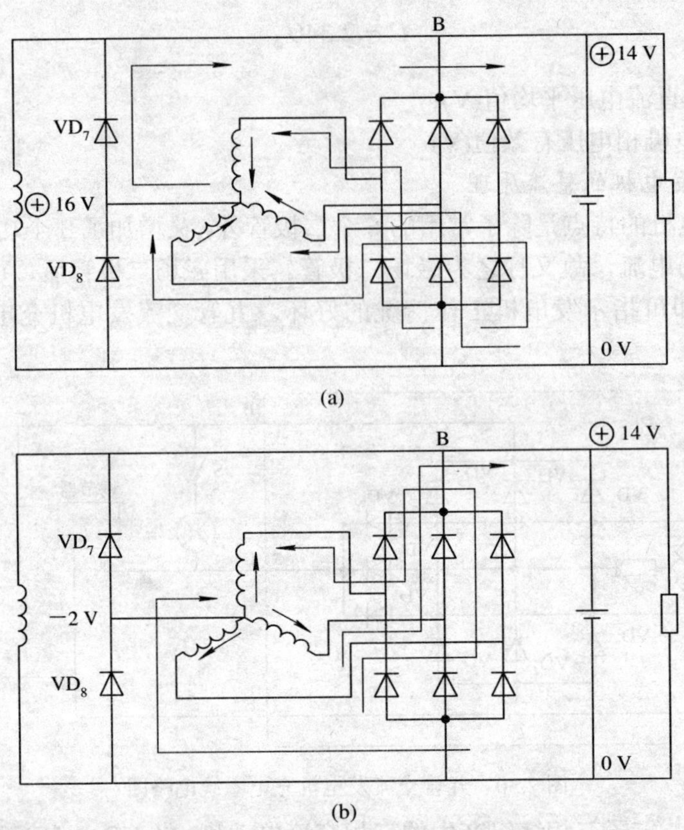

图 2.31　中性点二极管的电流流径

(a) 中性点电压的瞬时值高于输出电压时；(b) 中性点电压的瞬时值低于搭铁电位时

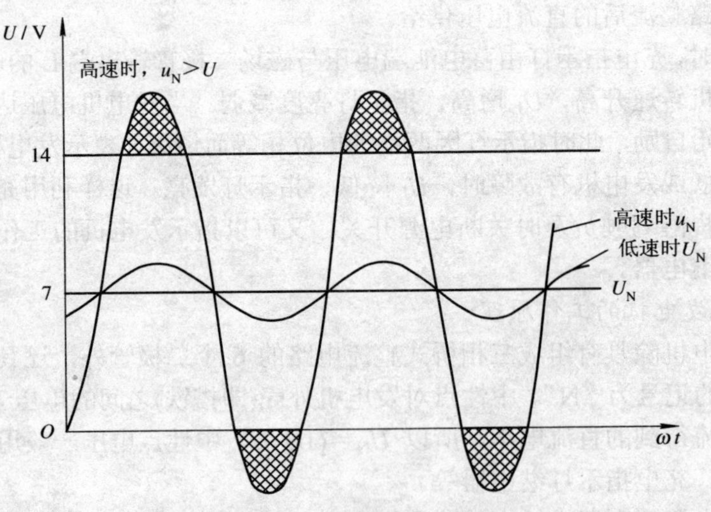

图 2.32　中性点三次谐波

如果发电机高速旋转，当中性点电压的瞬时值高于输出电压(平均电压 14 V)时，从中性点输出的电流见图 2.31(a)，其输出电路为：定子绕阻→中性点二极管 VD_7→负载(包括蓄电池)→负极管→定子绕阻。当中性点电压瞬时值低于搭铁电位时，流过中性点二极管 VD_8

的电流见图 2.31(b)，其输出电路为：定子绕阻→正极管→“B”接线柱→负载(包括蓄电池)→中性点二极管 VD_8→定子绕阻。

实验证明，加装中性点二极管后，在发电机转速超过 2000 r/min 时，其输出功率可提高 11%～15%。

4) 十一管交流发电机的工作原理

十一管交流发电机的整流器总成由 6 只整流二极管、3 只磁场二极管和 2 只中性点二极管组成，其线路图见图 2.33。桑塔纳、奥迪 100、丰田皇冠轿车等均装有此类交流整流发电机。十一管交流发电机兼有八管与九管交流发电机的特点和作用。

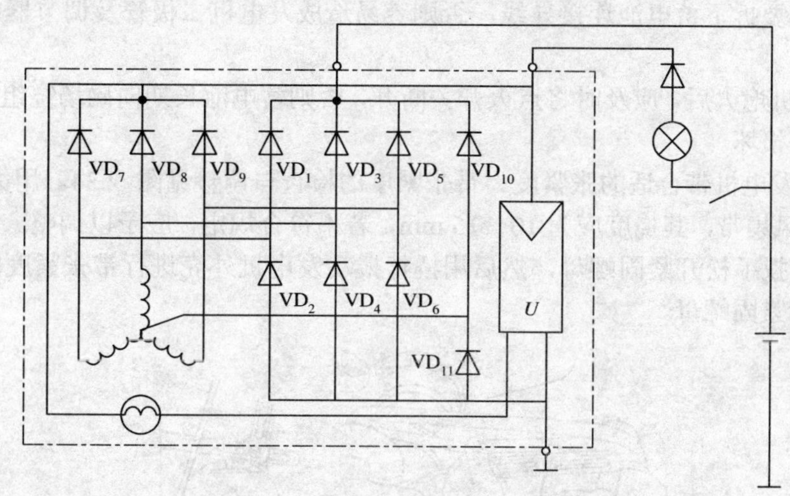

图 2.33　十一管交流发电机的线路

3. 励磁方式

汽车用交流发电机的励磁方法与一般工业用交流发电机不同。在无外接直流电源的情况下，也可利用磁极的剩磁自励发电，但由于交流发电机转子的剩磁较弱，发电机只有在较高转速时，才能自励发电，因而不能满足汽车用电的要求。为了使交流发电机在低速运转时的输出电压满足汽车上用电的要求，在发电机开始发电时，采用他励方式，即由蓄电池提供励磁电流，增强磁场，使电压随发电机转速很快上升。这就是交流发电机低速充电性能好的主要原因。当发电机输出电压高于蓄电池电压，一般发电机的转速达到 1000 r/min 左右时，励磁电流便由发电机自身供给，这种励磁方式称为自励。

由此可见，汽车交流发电机在输出电压建立前后分别采用他励和自励两种不同的励磁方式。

三、交流发电机的使用与检修

1. 交流发电机的使用注意事项

(1) 蓄电池的搭铁极性必须与发电机搭铁极性相同。国产及进口交流发电机均为负极搭铁，蓄电池必须负极搭铁；否则，蓄电池将通过二极管大电流放电，使二极管烧坏。

(2) 发电机运转时，不能使用“试火”的方法来检查发电机是否发电，否则容易损坏二极管及其他电子元件。

(3) 发现交流发电机不发电或者充电电流较小时，应及时找出故障予以排除。如长期带故障运行，发电机可能出现严重故障或损坏。一个二极管短路，将会使其他二极管和定子绕组烧坏。

(4) 绝对禁止用 200 V 以上的交流电压或兆欧表检查发电机的绝缘性能，否则将损坏整流二极管及调节器中的电子元件。

(5) 发电机正常运行时，切不可任意拆卸各电器的连接线，以防引起电路中的瞬时过电压损坏二极管及调节器中的电子元件或其他电子设备。

(6) 蓄电池可起到电容器的作用，即可在一定程度上吸收电路中的瞬时过电压，在发动机运行之中不要拆下蓄电池连接导线，否则容易造成发电机二极管及调节器中电子元件的损坏。

(7) 发电机熄火后，应及时将点火开关断开，否则蓄电池长期向磁场绕组放电，将使磁场绕组过热而损坏。

(8) 保持发电机带合适的张紧度。带张紧度的检查与调整见图 2.34。用大拇指下压(压力 30～40 N)风扇带，其挠度应为 10～15 mm，若不符合规定，应予以调整。调整方法见图 2.34(b)。先用扳手松开紧固螺母，然后用撬棒撬动发电机外壳进行带张紧度的调整，符合要求后再拧紧紧固螺母。

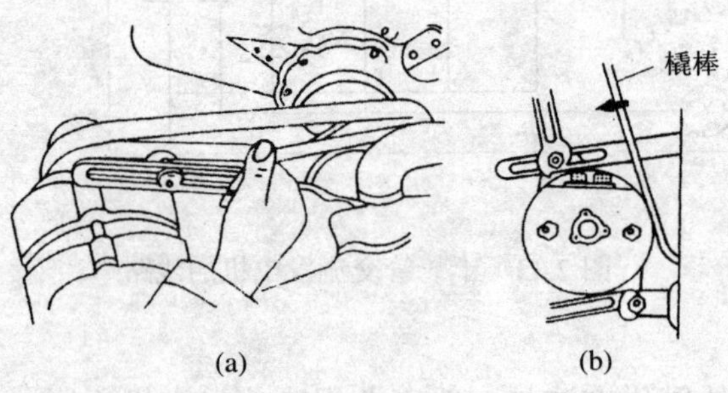

图 2.34　带张紧度的检查与调整

(a) 带张紧度的检查；(b) 带张紧度的调整

2. 交流发电机的检修

1) 从汽车上拆卸发电机

从汽车上拆卸发电机的方法如图 2.35 所示。步骤如下：

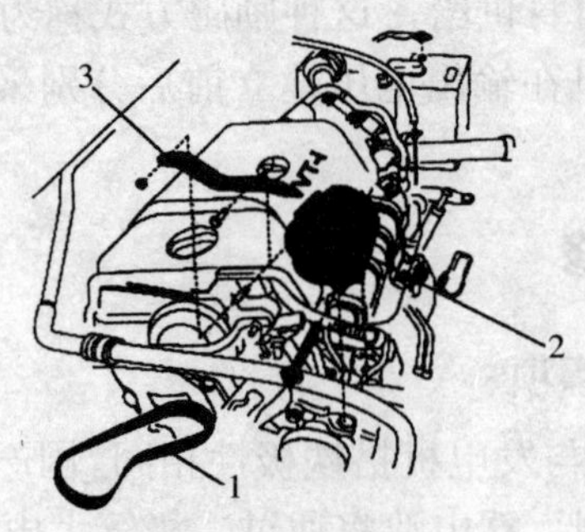

1—传动皮带；2—发电机；3—支架

图 2.35　从汽车上拆卸发电机的方法

(1) 脱开蓄电池负极(−)端子电缆。断开蓄电池负极(−)电缆之前，先对ECU等元件内保存的信息作一个记录。如：DTC(故障诊断码)，选择的收音机频道，座椅位置(带有记忆系统)，方向盘位置(带有记忆系统)等。

(2) 脱开发电机电缆和连接器。

(3) 拆卸发电机。

① 拧松发电机安装螺栓，然后拆卸传动皮带。注意：若拉动传动皮带来移动发电机，将损坏皮带。

② 拆卸所有的发电机安装螺栓，然后拆卸发电机。

由于发电机的安装零件带有用于定位的轴套(如图 2.36 所示)，所以连接比较紧密，可通过上下摇动发电机来进行拆卸。

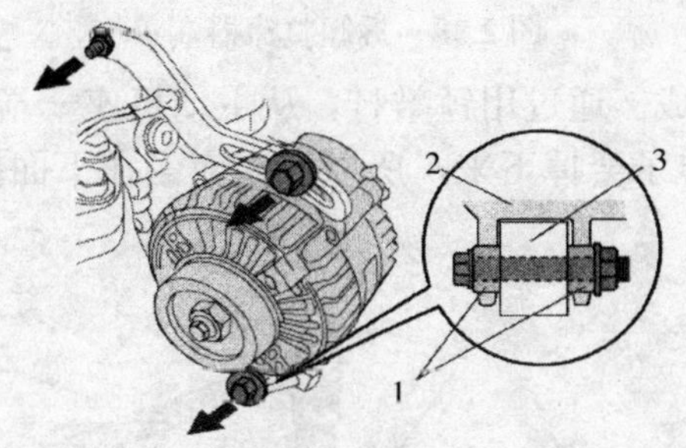

1—轴套；2—发电机；3—托架(发电机一侧)

图 2.36　发电机的安装零件

2) 发电机的解体

发电机的解体步骤为：首先从发电机上拆下皮带轮，然后分解转子、整流器和励磁线圈。

(1) 拆卸发电机皮带轮。使用专用工具和台钳拆卸发电机皮带轮，如图 2.37 所示。将发电机转子轴扳手 SST1—A 顺时针旋转来拧松皮带轮锁止螺母。

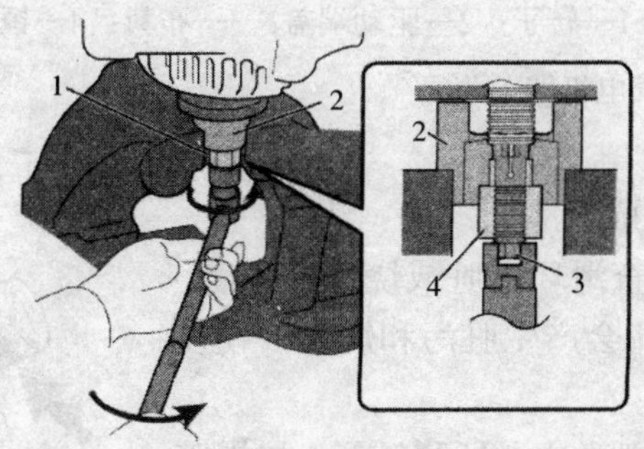

1—SST1(发电机转子轴扳手)；2—SST2(发电机皮带轮定位螺母扳手)；

3—SST1-A(发电机转子轴扳手—A)；4—SST1-B(发电机转子轴扳手—B)

图 2.37　拆卸发电机皮带轮

(2) 拆卸发电机转子总成。由于端机座和转子轴承是结合在一起的，因此需要专用工具来拆卸。

① 拆卸整流器端盖。使用卡爪来拆卸整流器端盖，如图 2.38 所示。

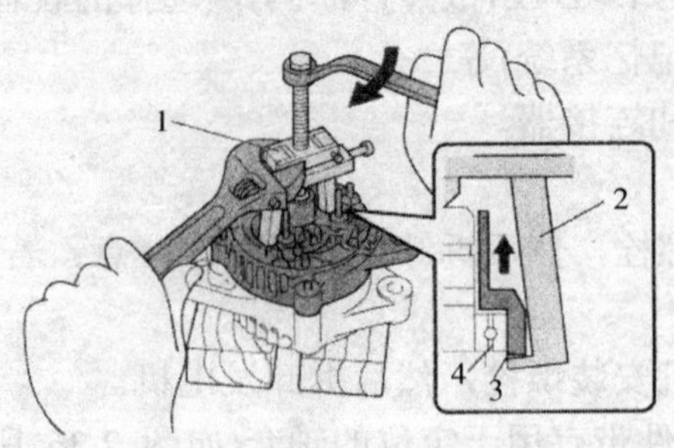

1—SST(喷油泵花键轴拉具)；2—SST 的卡爪；3—端机座；4—转子轴承

图 2.38　拆卸整流器端盖

② 拆卸发电机转子总成。通过用锤敲打，从主动机座一端拆卸转子，如图 2.39 所示。

注意：用锤子敲时，转子会掉下来，所以事先应当在下面摊开一块布料。

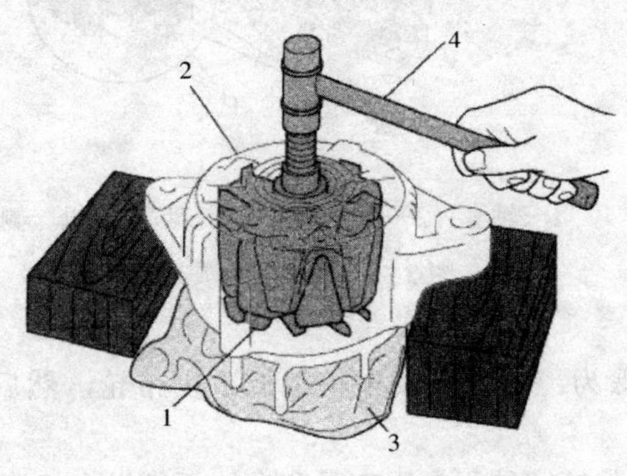

1—转子；2—驱动端盖；3—布料；4—锤

图 2.39　拆卸发电机转子总成

3) 发电机的检查

(1) 检查发电机转子总成。

① 目视检查。目视检查滑环变脏或烧蚀的程度，见图 2.40。电流产生的火花会产生脏污和烧蚀，使发电机的性能降低。

② 清洁。用布料和毛刷清洁滑环和转子。如果脏污和烧蚀明显，应更换转子总成。

③ 检查滑环之间是否导通。使用万用表的电阻挡，检查滑环之间是否导通，如图 2.41 所示。检查滑环之间是否导通可以用于探测线圈内部是否开路。如果发现不导通，应更换转子。

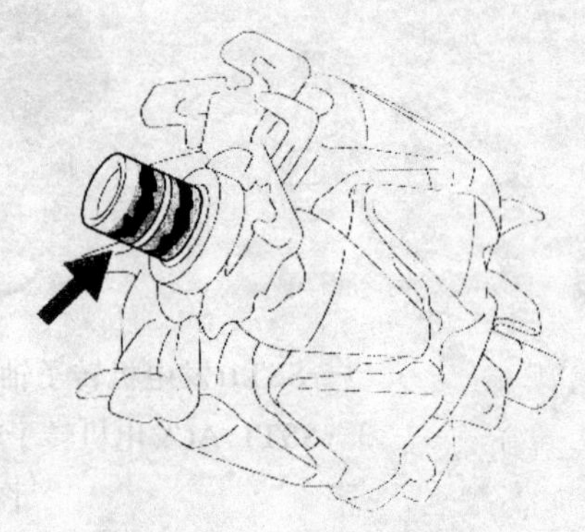

图 2.40　目视检查滑环

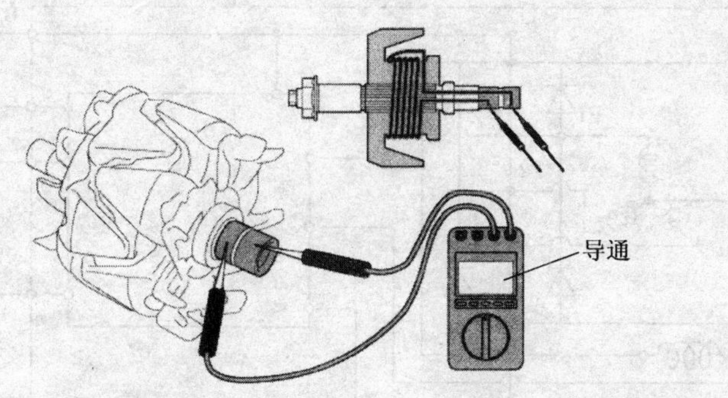

图 2.41　检查滑环之间是否导通

④ 检查滑环和转子之间的绝缘。用万用表检查滑环和转子之间的绝缘，如图 2.42 所示。检查滑环和转子之间的绝缘可以用来检测线圈内是否存在短路。如果发现在绝缘方面存在问题，应更换转子。

⑤ 测量滑环。用游标卡尺测量滑环的外径，见图 2.43。如果测量值超过规定的磨损极限，应更换转子。

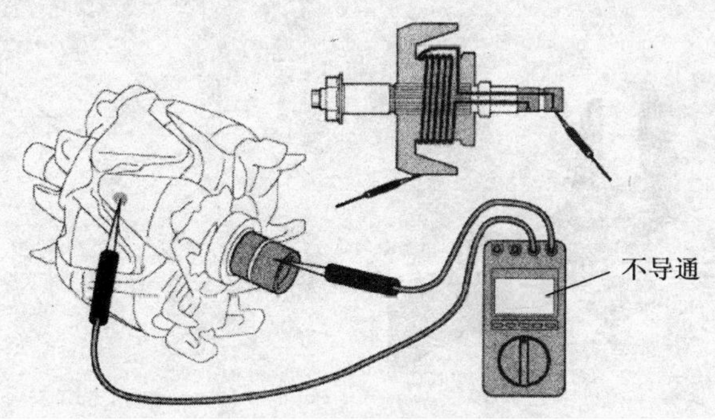

图 2.42　检查滑环和转子之间的绝缘

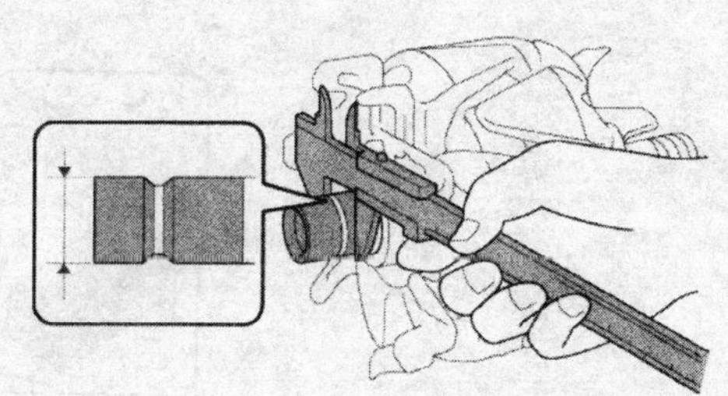

图 2.43　测量滑环

(2) 检查整流器的发电机座。

① 检查整流器的二极管。如图 2.44 所示，使用万用表的二极管测试模式，在整流器的端子 B 和端子 P1～P4 之间测量。交换测试导线时，检查是否只能单向导通。改变端子 B～E 的连接方式，测量过程同上。测量时可参照充电电路图 2.45。

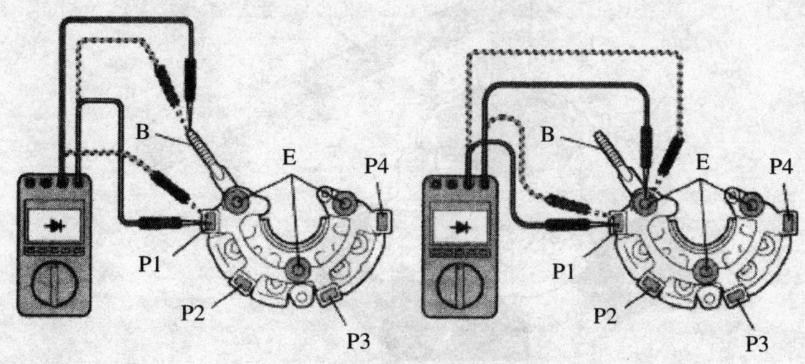

图 2.44　检查整流器的二极管

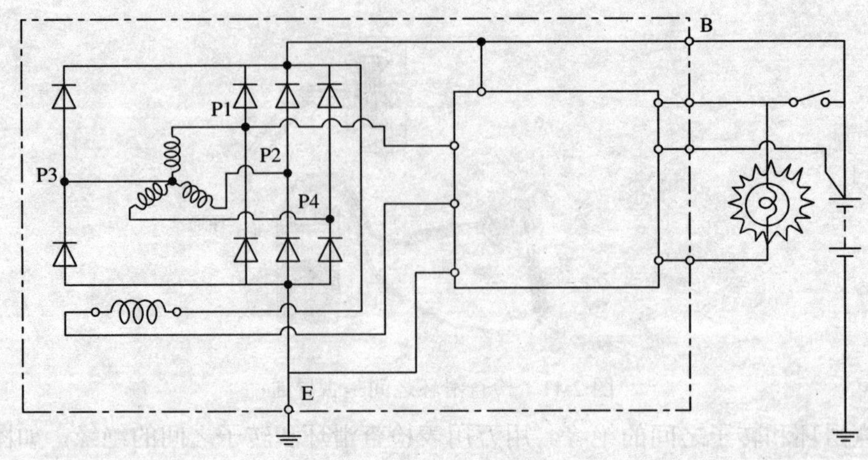

图 2.45　充电电路

② 检查发电机电刷座。如图 2.46 所示检查发电机电刷座，用游标卡尺在电刷的中部测量电刷的长度，因为这个地方磨损最严重。如果测量值小于标准值，应将电刷和电刷座一起更换。

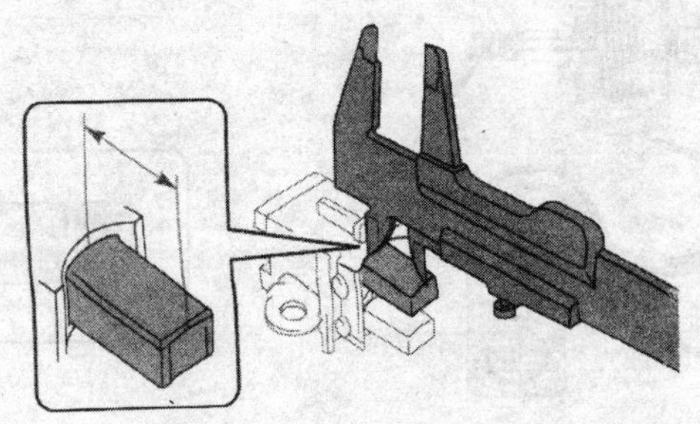

图 2.46　检查发电机电刷座

4) 重新组装发电机

重新组装发电机的步骤如下：

(1) 安装发电机转子总成。将转子安装到驱动端盖，如图 2.47 所示。

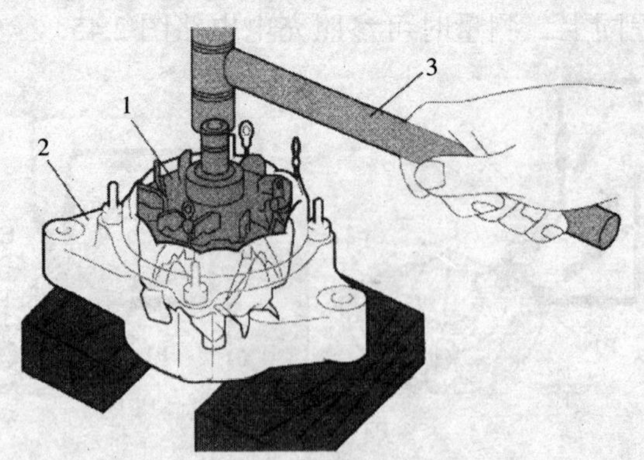

1—转子；2—驱动端盖；3—锤

图 2.47　安装发电机转子总成

(2) 安装整流器。如图 2.48 所示，用压机将整流器端盖压到驱动端盖内。将 29 mm 套筒扳手放在端机座的中心，这样压机不会压到转子轴。套筒扳手的尺寸可能会随着发电机的类型不同而不同。

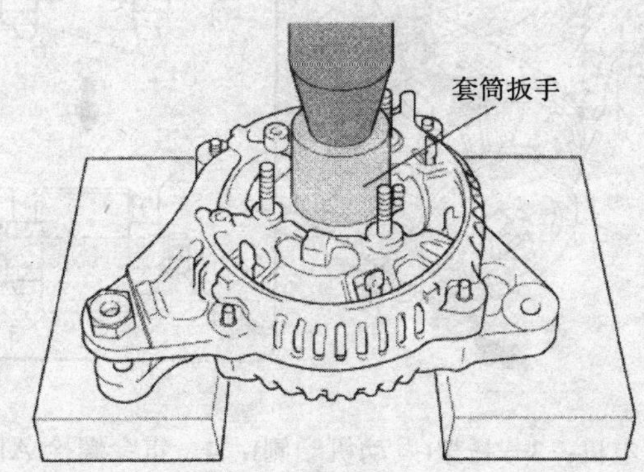

图 2.48　安装整流器

(3) 安装发电机调节器总成。

(4) 安装发电机电刷座总成。如图 2.49 所示，安装发电机电刷座尽可能使用最小的平头螺丝刀，将电刷压入电刷座，将电刷座安装到端机座内。拉出螺丝刀，目视检查电刷是否碰撞到滑环。注意：由于电刷比螺丝刀柔软，因此容易被损坏。为防止损坏，可在螺丝刀的末端包一些聚氯乙烯绝缘带。

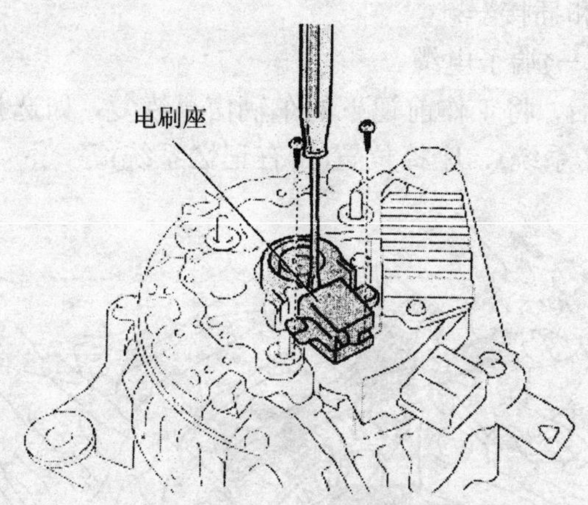

图 2.49　安装发电机电刷座总成

(5) 安装发电机皮带轮。当皮带轮锁止螺母拧紧后，它会随轴一起旋转。拧紧螺母时，使 SST 和螺母保持不动，转动轴。所用工具与拆卸时相同。

5) 将发电机安装到汽车上

安装发电机与拆卸时的顺序相反，即首先滑动轴套直到表面和托架平齐(管接头一端)，然后用锤子和铜棒将发电机安装部分的轴套向外滑动，以便安装发电机。安装发电机的方法如图 2.50 所示。安装步骤如下：

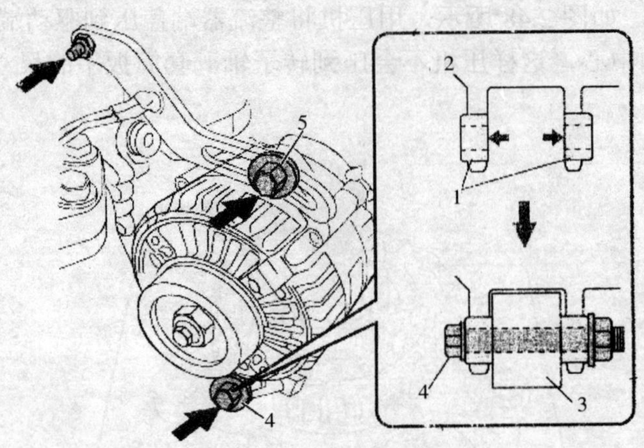

1—轴套；2—发电机；3—托架(发动机一侧)；4—贯穿螺栓(A)；5—螺栓(B)

图 2.50　将发电机安装到汽车上

(1) 初步安装发电机，使它通过贯穿螺栓(A)。

(2) 初步安装螺栓(B)。

(3) 安装传动皮带。

(4) 通过用锤子的手柄等物移动发电机来调整皮带的张紧度(见图 2.51)。

(5) 拧紧贯穿螺栓(A)和螺栓(B)以牢固地安装发电机。

(6) 连接发电机电缆和插接器。

(7) 连接蓄电池负极(−)端子电缆。

(8) 检查过程完成以后，将工作前记下的车辆信息恢复，如选择的收音机频道、时钟设置、方向盘位置(带有记忆系统)、座椅位置(带有记忆系统)等。

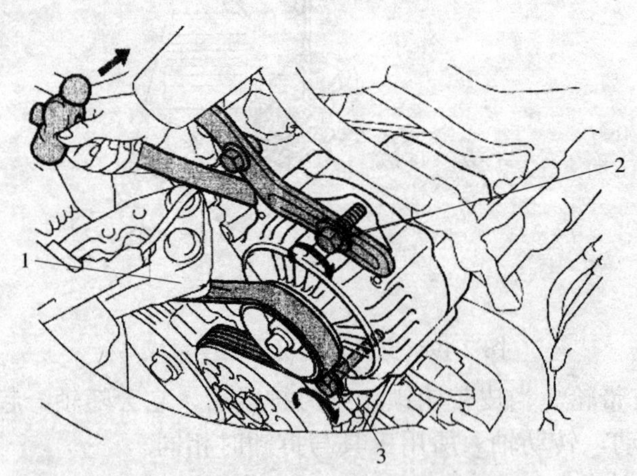

1—传动皮带；2、3—安装螺栓

图 2.51　调整皮带张紧度

3. 交流发电机的性能测试

交流发电机的检测结果可用于检修前的故障诊断或修理后的性能检查。

1) 单机静态测试

在发电机不解体时，用万用表测量各接线柱间的电阻值，可初步判断发电机是否有故障。其方法是用万用表的 $R\times1\ \Omega$ 挡测量发电机“F”与“E”之间的电阻值以及发电机“B”与“E”之间的电阻值。正常情况下，其电阻值应符合表 2.10 所示数值。

表 2.10　交流发电机各接线柱之间的电阻值

<table>
<tr><th colspan="2" rowspan="2">交流发电机型号</th><th rowspan="2">“F”与“E”间
/Ω</th><th colspan="2">“B”与“E”间</th><th colspan="2">“N”与“E”间</th></tr>
<tr><th>正向/Ω</th><th>反向/Ω</th><th>正向/Ω</th><th>反向/Ω</th></tr>
<tr><td rowspan="2">有刷</td><td>JF11、JF13、JF15、JF21</td><td>5～6</td><td rowspan="4">40～50</td><td rowspan="4">＞10 000</td><td rowspan="4">10</td><td rowspan="4">＞10 000</td></tr>
<tr><td>JF12、JF22、JF23、JF25</td><td>19.5～21</td></tr>
<tr><td rowspan="2">无刷</td><td>FJW14</td><td>3.5～3.8</td></tr>
<tr><td>JFW28</td><td>15～16</td></tr>
</table>

若“F”与“E”之间的电阻超过规定值，可能是电刷与滑环接触不良；若小于规定值，可能是励磁绕组有匝间短路或搭铁故障；若电阻为零，可能是两个滑环之间有短路或者“F”接线柱有搭铁故障。

用万用表的黑表笔接触后端盖，红表笔接触发电机“电枢”(B)接线柱，并以 $R\times1\ \Omega$ 挡测量电阻值。若示值在 40～50 Ω 以上，可认为无故障；若示值在 10 Ω 左右，说明有失效的整流二极管，需拆检；值为 0，则说明有不同极性的二极管击穿，需拆检。

若交流发电机有中性抽头(N)接线柱，则用万用表的 $R\times1\ \Omega$ 挡测量“N”与“E”以及“N”与“B”之间的正、反向电阻值，可进一步判断故障在正极管还是在负极管。

2) 试验台动态测试

可在汽车电器万能试验台上进行发电机空载试验和负荷试验，测出发电机在空载和满载情况下发出额定电压时对应的最小转速，从而判断发电机的工作是否正常。试验线路图见图 2.52。

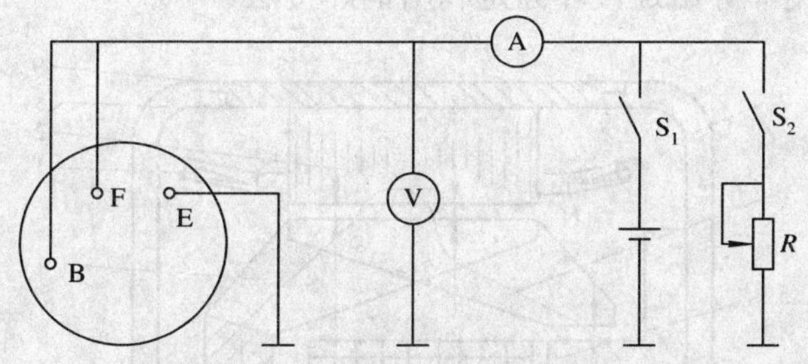

图 2.52　交流发电机试验线路图

(1) 空载试验。将待试发电机固定在试验台上，由另外的调速电动机拖动。合上开关 S_1，由蓄电池 G 供给发电机励磁电流进行他励，当发电机转速为 1000 r/min(用转速表测量)时，对 12 V 电系发电机电压应为 14 V，对 24 V 电系发电机电压应为 28 V。

(2) 负荷试验。首先断开开关 S_1，发电机转为自励，然后合上开关 S_2，调节可调电阻 R。在发电机转速为 1000 r/min 时，发电机电压应大于 12 V 或 24 V；在发电机转速为 2500 r/min 时，电压应达到 14 V 或 28 V，电流应达到或接近该发电机的额定电流。

3) 交流发电机的就车测试

还可以在汽车上对发电机进行试验。将蓄电池搭铁线暂时拆下，把一块 0～40 A 的电流表串接到发电机火线 B 接线柱与火线原接线之间，再把一块 0～50 V 的电压表接到 B 与 E 之间，再恢复蓄电池的搭铁线，以保证操作安全。起动发电机，并提高转速，当发电机转速为 2500 r/min 时，电压应在 14 V 或 28 V 以上，电流应为 10 A 左右。此时打开前照灯、雨刮器等负荷，电流应为 20 A 左右，则表明发电机工作正常。

四、无刷交流发电机

汽车用无刷交流发电机是指无电刷、无滑环的交流发电机。它结构新颖，性能优良，工作稳定，故障少。

无刷交流发电机的优点有：

(1) 没有电刷和滑环，不会因为电刷和滑环的磨损与接触不良造成励磁不稳定或发电机不发电等故障。

(2) 工作时不会产生火花，减少了无线电干扰。

无刷交流发电机有爪极式、励磁机式、永磁式和感应子式四种，其中爪极式和感应子式比较常见。

1. 爪极式无刷交流发电机

爪极式无刷交流发电机的结构与一般交流发电机大致相同，只不过其励磁绕组是静止的，不随转子转动，所以绕组两端可直接引出，不需要滑环和电刷。

爪极式无刷交流发电机的构造见图 2.53。励磁绕组 5 装在发电机中部的磁轭托架 10 上，磁轭托架用螺栓固定在端盖 7 上。这样尽管磁极 3、4 转动，励磁绕组并不转动。两爪极 3、4 中，只有爪极 4 固定在转子轴 6 上，另一爪极 3 则用非导磁材料将其与爪极 4 固定在一起。当带盘带动转子轴 6 旋转时，爪极 4 就带动另一爪极 3 一同在定子内转动。固定两爪极的常用方法有用非导磁连接环固定和用铜焊接法。

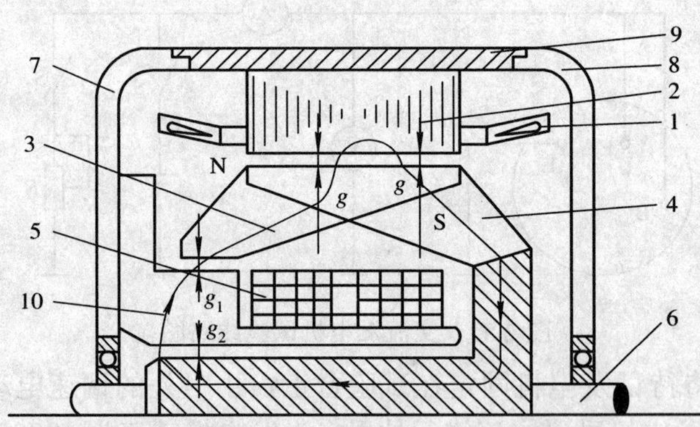

1—定子绕组；2—定子铁芯；3、4—爪形磁极；5—励磁绕组；6—转子轴；

7、8—端盖；9—机座；10—磁轭托架

图 2.53　爪极式无刷交流发电机的构造

在爪极 3 的轴向制有大圆孔，磁轭托架 10 由此圆孔伸入爪极 3 和 4 的腔室内。磁轭托架 10 与爪极 3 以及转子磁轭之间均需留出附加间隙 g_1 和 g_2 以便转子转动。

当磁场绕组 5 通过电流时，其主要磁通路径见图 2.35。主磁通由转子磁轭出发，经附加间隙 g_2→磁轭托架 10→附加间隙 g_1→左边爪极 3→主气隙 g→定子铁芯 2→主气隙 g→右边磁爪 4→转子磁轭，形成闭合回路。当转子旋转时，磁力线切割定子绕组，在三相绕组中产生三相交变电动势。

爪极式无刷交流发电机的缺点是：

(1) 两块磁极间的连接工艺困难。

(2) 主磁路中增加了两个附加气隙 g_1、g_2，要想获得同样大小(与有刷发电机相比)的输出功率，就必须加大励磁绕组的励磁能力。

(3) 两个爪极之间联接的制造工艺比较困难。

2. 感应子式交流发电机

感应子式交流发电机由定子、转子、整流器和机壳组成。它的转子由齿轮状硅钢片铆成，其上有若干个沿圆周均匀分布的齿形凸极，而没有励磁绕组。励磁绕组和电枢绕组均安放在定子槽内，发电机内没有滑环和电刷，见图 2.54。

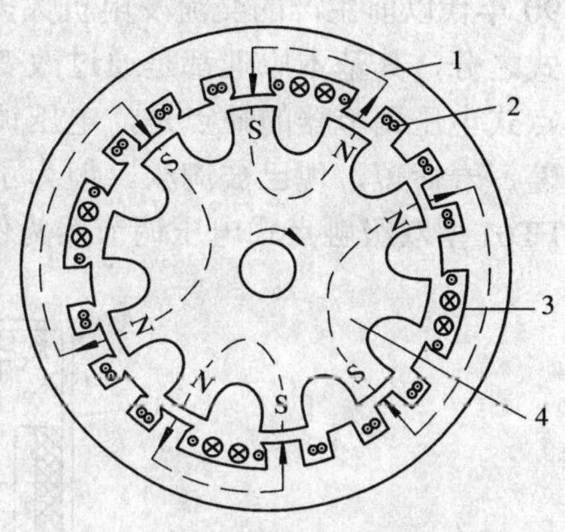

1—定子铁芯；2—电枢绕组；

3—励磁绕组；4—转子

图 2.54 感应子式无刷交流发电机

当励磁绕组 3 通入直流电后，在定子铁芯中产生固定磁场(右上部、左下部为 S 极，左上部、右下部为 N 极)。由于转子 4 凸齿部分磁通容易通过，磁感应强度最大，从而形成磁极。但转子的每个凸齿是没有固定极性的，当它对着定子右上部、左下部时就是 N 极，对着左上部、中右下部时就是 S 极。可见，定子上的每个电枢绕组只与同极性的凸极起作用。转子凸齿在不运动的磁场内旋转时，当凸齿对着定子凸齿时，磁通量最大，当转子槽对着定子凸齿时，磁通量最小。因此转子旋转时，定子凸齿内产生脉动磁通，在定子绕组中感应出交变电动势。将电枢绕组以一定的方式连接起来，并经整流，就可得到直流电。

感应子式交流发电机与同步交流发电机的本质区别在于其交流电动势的频率恒等于 $Zn/60$(Z 为转子齿数，n 为转速)，与定子上励磁绕组形成的磁极对数无关。此外，感应子式交流发电机在空载和满载时比功率较低。

第三节 电压调节器

交流发电机的硅二极管具有单向导电特性，有阻止反向电流的作用，所以不需另设逆电流截流继电器。另外，交流发电机具有自动限制最大电流的能力，不需要电流限制继电器。但交流发电机当转子转速及负载在很大范围内变化时，均可引起发电机的输出电压发生较大变化，因而不能满足用电设备的工作需要。基于上述原因，为了保证用电设备正常工作，防止蓄电池过充电，交流发电机必须配用电压调节器，使其输出电压保持稳定。

电压调节器的功用是当发电机转速变化时，自动调节发电机输出电压，使之保持恒定。

电压调节器调节发电机电压的基本原理是：当发电机转速变化时，自动改变发电机励磁电流，使其输出电压保持恒定。

交流发电机电压调节器按工作原理可分为触点式电压调节器和电子式电压调节器(简称电子调节器)两大类。

电子调节器按所匹配的交流发电机搭铁类型可分内搭铁型调节器和外搭铁型调节器两种。适用于内搭铁型交流发电机的电子调节器称为内搭铁型电子调节器，适用于外搭铁型交流发电机的电子调节器称为外搭铁型电子调节器。

一、触点式电压调节器

触点式电压调节器又称振动式电压调节器。触点式电压调节器应用较早，我国 20 世纪 90 年代以前生产的交流发电机大多数配用这种调节器。触点式电压调节器有双级式和单级式之分，其基本原理都是通过改变触点闭合或断开的时间长短来改变励磁电流的大小。触点式电压调节器的缺点是，电压调节精度低，触点易产生火花，对无线电干扰大，可靠性差，寿命短，现已被淘汰。但为了使读者更加直观地了解电压调节器的工作过程，下面以 FT61 型双级触点式电压调节器为例来介绍触点式电压调节器的构造与工作原理，见图 2.55。

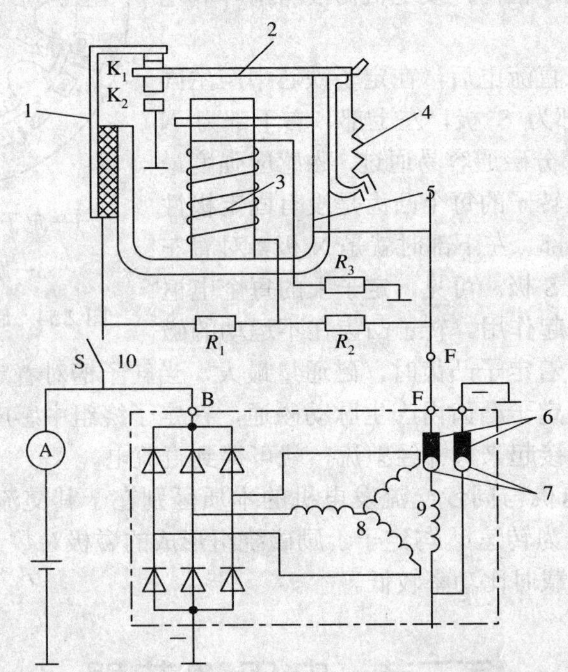

1—静触点支架；2—衔铁；3—磁化线圈；4—弹簧；5—磁轭；6—电刷；7—滑环；

8—磁场绕阻；9—三相定子绕组；10—点火开关；R_1—加速电阻(1 Ω)；R_2—调节电阻(8.5 Ω)；

R_3—补偿电阻(13 Ω)；K_1—低速触点；K_2—高速触点

图 2.55 FT61 型双级触点式调节器原理电路

1. 双级触点式电压调节器的构造

双级触点式调节器与单级式的区别在于多装了一对高速触点，而且高速触点是搭铁的。不同厂家生产的双级触点式调节器的具体结构虽然不同，但都具有两对触点，常闭的为低速触点，常开的为高速触点。活动触点在两个静触点的中间，可以进行两级电压调节。调节器对外部只有火线和磁场两个接线柱。

2. 双级触点式电压调节器的工作原理

交流发电机每相电压 $U_\varphi=4.44KfN\Phi$，而发电机经整流后输出的直流电压 $U=2.34U_\varphi$，所以得

$$U=2.34\times4.44KfN\Phi$$

因此，交流发电机端电压的高低，取决于转子的转速和磁极磁通。要保持电压 U 恒定，在转速 n 升高时，相应减弱磁通 Φ，这可以通过减少励磁电流来实现；在转速 n 降低时，相应增强磁通 Φ，这可以通过增大励磁电流来实现。

(1) 发动机起动并闭合点火开关时，发电机转速很低，其端电压低于蓄电池端电压，调节器低速触点闭合，由蓄电池向发电机提供他励励磁电流。此时的励磁电路为：蓄电池正极→电流表→点火开关→调节器火线接线柱 S→低速触点 K_1→衔铁→调节器磁场接线柱 F→发电机励磁绕组→搭铁→蓄电池负极。这种情况下，用电设备均由蓄电池供电，电流表指向“－”的一侧，调节器不工作。

(2) 当发电机转速升高，其端电压略高于蓄电池的端电压但低于 14 V 时，调节器低速触点仍闭合，发电机由他励转入自励而正常发电。励磁电路基本不变，只是蓄电池被发电机取代。从此开始，所有用电设备均由发电机供电，同时，发电机向蓄电池作补充充电。电流表指向“＋”的一侧，调节器处于准备工作状态，工作电路为：发电机正极→点火开关→调节器火线接线柱 S→R_1→R_3→搭铁→发电机负极。

(3) 当发动机升至较高转速，发电机的电压达到第一级调压值时，调节器线圈中的铁芯电磁力克服弹簧力，使低速触点 K_1 打开，但尚不能使高速触点 K_2 闭合。因为励磁电路中串入了 R_1 和 R_2，而 R_2 阻值比 R_1 大得多，使励磁电流减小，端电压下降，低速触点又闭合；低速触点 K_1 重新闭合后，切去电阻(R_1+R_2)，使励磁电流再次增大，端电压再次升高，低速触点再次打开。如此循环下去，在低速触点不断开合振动下实现第一级电压的调节工作。一级调压的励磁电路为：发电机正极→点火开关→调节器火线接线柱 S→R_1→R_2→调节器磁场接线柱 F→发电机励磁绕组→搭铁→发电机负极。

(4) 发动机作高速运转时，发电机的电压将超过第一级调压值，达到第二级调压值，调节器线圈中的铁芯电磁力远大于弹簧力，使高速触点 K_2 闭合，立即将励磁电路短接搭铁。于是励磁电流急速减小，电压下降，高速触点打开；高速触点打开之后，励磁电路又被接通，励磁电流又增大，电压又上升，高速触点又闭合。如此循环下去，在高速触点不断开合振动下实现第二级电压的调节工作。二级调压高速触点闭合时的励磁电路短接回路为：搭铁→高速触点 K_2→衔铁→磁轭→调节器磁场接线柱 F→发电机励磁绕组→搭铁。

(5) 发动机停转时，断开点火开关，发电机不发电，调节器恢复到不工作状态，即低速触点 K_1 常闭，高速触点 K_2 常开，电流表指针回到零位。

3. 调节器的性能

双级触点式调节器能调控两级电压，适合于高速旋转的交流发电机匹配使用。在汽车正常行驶中，调节器一般多工作在第二级电压调节状态。

双级触点式调节器的优点是：在设计制造时对所配电阻值作了合理的选择，触点火花小，触点开合频率有所改善，灵敏度较高，调压质量符合使用要求。其缺点是：① 触点间

隙太小，仅 0.2～0.3 mm，不便于保养和检查调整；② 第一级调节电压与第二级调节电压相差仅 0.5～1 V，在低速触点过渡到高速触点工作时，出现失调区，对充电性能有一定影响；③ 触点断开时仍有电火花产生，对无线电有一定干扰；④ 在脏污情况下会导致触点烧结故障。

二、电子式电压调节器

随着电子技术的发展，目前交流发电机几乎全部采用电子调节器。其优点是：电压调节精度高，且不产生火花，还具有质量轻、体积小、寿命长、可靠性高、电波干扰小等优点。

电子调节器有晶体管调节器和集成电路调节器两种。

晶体管调节器即分立元件式调节器，是由分立电子元件组成的调节器，如解放 CA1091 型载货汽车用 JFT106 型电子调节器和东风 EQ1090 型载货汽车用 JFT149 型电子调节器。

集成电路调节器即利用集成电路(IC)组成的调节器，目前大多数汽车(如捷达、桑塔纳、天津夏利、奥迪轿车等)都采用了集成电路调节器。

1. 电子调节器的组成和工作原理

电子式电压调节器的基本组成和工作原理见图 2.56。一般由分压电路、第一级开关电路、第二级开关电路和辅助元器件等构成。

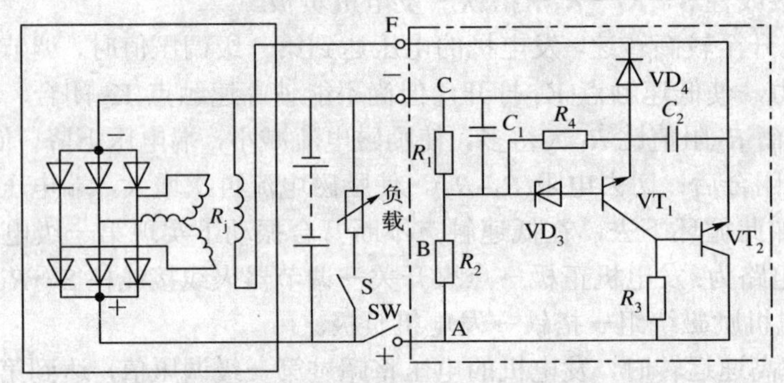

图 2.56　电子式电压调节器的组成和工作原理

1) 分压电路

分压电路即电压信号检测电路，一般由 2～3 只电阻串联或混联而成，接在调节器“＋”与“－”之间。图中电阻 R_1 和 R_2 即构成分压电路，其作用是将汽车电源施加于调节器“＋”与“－”之间的电压分成两部分，且所分电压与电源电压之间按正比例关系变化。

2) 第一级开关电路

第一级开关电路即信号放大和控制电路，它至少由一只稳压管和一只三极管组成。稳压管通常经三极管的发射结反向并接在分压电路的一端，三极管则串联在调节器“＋”与“－”之间。图中稳压管 VD_3 和三极管 VT_1 即构成第一级开关电路，其作用是灵敏地感受电源电压的变化，使三极管 VT_1 交替地导通和截止，以控制第二级开关电路的通断。第一级开关电路的通断完全取决于发电机输出电压的高低。

3) 第二级开关电路

功率开关三极管一般由一只大功率三极管或复合三极管构成。图中三极管 VT_2 即构成第二级开关电路，其作用是接通与切断发电机的励磁电路，以调节励磁电流，稳定发电机的输出电压。

4) 辅助元器件及电路

VD_4 为续流二极管，它与发电机磁场绕组反向并联，其作用是吸收 VT_2 截止时磁场绕组中产生的自感电动势，保护 VT_2，防止过电压击穿；C_1 为延时电容器，它与稳压管 VD_3 和电阻 R_1 并联，其作用是利用电容器的充、放电延时特性即电容器两端的电压不会跃变的特性，延迟稳压管 VD_3 的导通与截止时间，以降低三极管 VT_1、VT_2 的开关频率，减缓管子老化速度，延长调节器使用寿命；R_4、C_2 构成反馈电路，其作用是提高调节器的灵敏度，改善调压质量；R_3 既是 VT_2 的基极偏置电阻，也是 VT_1 的集电极限流电阻。

电子调节器的基本工作原理是利用串联在发电机励磁电路中大功率三极管的导通与截止(开关特性)来控制磁场电路的通、断，调节磁场电流的大小，使发电机的输出电压稳定在规定值范围内。

电子式电压调节器又分为内搭铁式调节器和外搭铁式调节器，如图 2.57 所示。

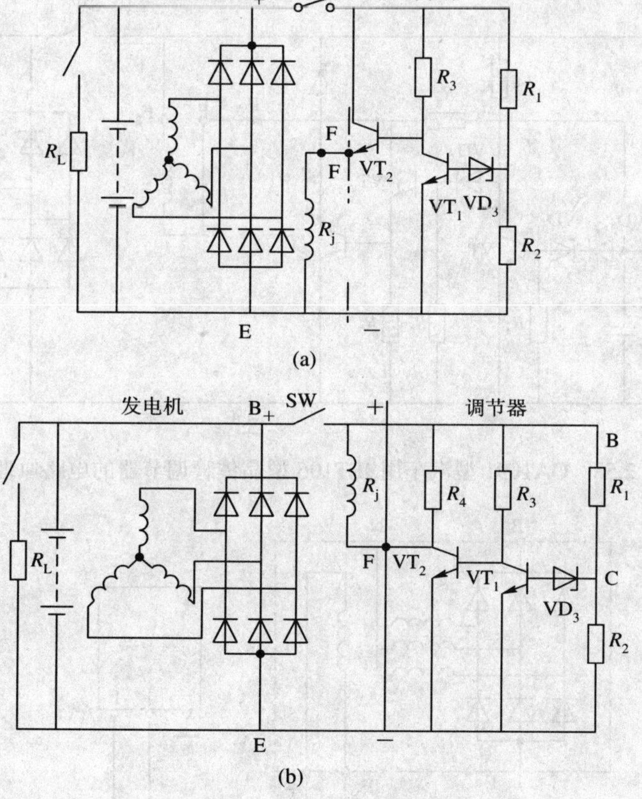

图 2.57 电子式电压调节器的搭铁形式

(a) 内搭铁式；(b) 外搭铁式

内搭铁式调节器的特点为：第二级开关电路中的三极管 VT_2 串联在调节器的“+”与

“F”之间。外搭铁式调节器的特点为：第二级开关电路中的三极管 VT_2 串联在调节器的“F”与“－”之间。内搭铁式调节器只能配用内搭铁式发电机，外搭铁式调节器只能配用外搭铁式发电机，两者不可随意互换。

2. 晶体管电压调节器

目前，国内外生产的晶体管调节器一般都是由 2～4 个三极管、1～2 个稳压管和一些电阻、电容、二极管等组成，再由印制电路板连接成电路，然后用轻而薄的铝合金外壳将其封闭。调节器对外伸出有“＋”(或“S”、“点火”)、“F”(或“磁场”)、E(或“搭铁”、“－”)等字样的接线柱或引出线，分别与交流发电机等连接构成整个汽车电气装置的充电系统。

1) JFT106 型晶体管电压调节器

JFT106 型晶体管电压调节器属于负极外搭铁式电压调节器，它可与 14 V、750 W 的九管交流发电机配套，也可与 14 V 功率小于 1000 W 的负极外搭铁式六管交流发电机配套。CA1091 型汽车用 JFT106 型晶体管电压调节器的电路原理图见图 2.58。该调节器共有“＋”、“F”和“－”三个接线柱，其中“＋”接线柱与发电机的“F_2”接线柱连接后经熔断器接至点火开关，“F”接线柱与发电机的“F_1”接线柱连接，“－”接线柱搭铁，不能接错。具体连接见图 2.59。

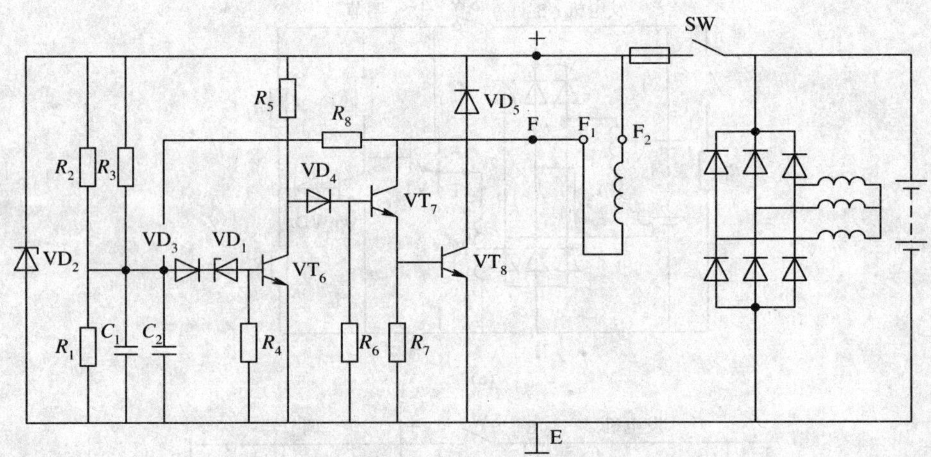

图 2.58　CA1091 型汽车用 JFT106 型晶体管调节器的电路原理图

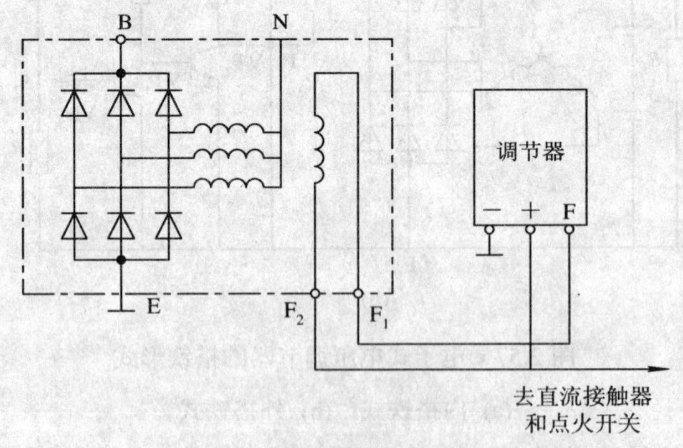

图 2.59　CA1091 汽车晶体管调节器的接线图

该调节器由电压敏感电路和二级开关电路组成。

R_1、R_2、R_3和稳压管 VD_1 构成了电压敏感电路。其中 R_1、R_2、R_3为分压器，将交流发电机的端电压进行分压后反向加在稳压管 VD_1 的两端；稳压管 VD_1 为稳压元件，随时感受着发电机端电压的变化。当交流发电机的端电压在稳压管 VD_1 上的分压低于稳压管 VD_1 的稳压值时，VD_1 稳压管截止；当交流发电机的端电压在稳压管 VD_1 上的分压高于稳压管 VD_1 的稳定电压时，稳压管 VD_1 导通。可见，电压敏感电路可以非常灵敏地感受出交流发电机端电压的变化，起到控制开关电路的作用。

晶体三极管 VT_6、VT_7、VT_8 组成复合大功率二级开关电路，利用其开关特性控制磁场电路的接通或断开。

(1) 起动发动机并闭合点火开关时，蓄电池通过分压器将电压加在稳压管 VD_1 两端，由于此电压低于稳压管 VD_1 的稳定电压值，VD_1 截止，使 VT_6 截止，VT_7、VT_8 导通，这时蓄电池经大功率三极管 VT_8 供给励磁电流，使发电机处于他励状态，建立电动势。

(2) 发动机带动发电机，转速逐渐升高。当发电机端电压高于蓄电池端电压时，发电机便由他励转为自励的正常发电工作。由于此时转速尚低，输出电压未达到调节电压值，VT_6 仍然截止，VT_7、VT_8 仍然导通，因此发电机的端电压可以随转速和自励电流的增大而升高，逐渐提高输出电压。

(3) 当转速升至一定值使输出电压达到调压值时，经分压器加至稳压管 VD_1 两端的反向电压达到稳定电压值，VD_1 反向击穿导通，使 VT_6 导通，VT_7、VT_8 截止，断开了励磁电路，发电机端电压便下降。当发电机端电压下降到调压值以下时，经分压器加至稳压管 VD_1 两端的反向电压又低于稳定电压值，使 VT_6 又截止，VT_7、VT_8 又导通，又一次接通了励磁电路，发电机端电压又上升。如此循环下去，就能自动调控发电机的端电压恒定在调压值上。

图 2.58 中晶体管调节器其他一些电子元件的作用如下：

电阻 R_4、R_5、R_6、R_7 为晶体管的偏置电阻。

稳压管 VD_2 起到过电压保护作用，利用稳压管的稳压特性，可对发电机负载突然减小或蓄电池接线突然断开时，发电机所产生的正向瞬变过电压起保护作用，并可以利用其正向导通特性，对开关断开时电路中可能产生的反向瞬变过电压起保护作用。

二极管 VD_3 接在电压敏感电路中的稳压管 VD_1 之前，以保证稳压管安全可靠地工作。当发电机端电压很高时，它能限制稳压管 VD_1 电流不致过大而烧坏；当发电机端电压降低时，它又能迅速截止，保证稳压管 VD_1 可靠截止。

二极管 VD_4 接在 VT_6 集电极与 VT_7 基极之间，提供一个 0.7 V 左右的阀电压，使 VT_7 导通时迅速导通，截止时可靠截止。

二极管 VD_5 反向并联于发电机励磁绕组两端，起续流作用，防止 VT_8 截止时磁场绕组中的瞬时自感电动势击穿 VT_8，保护三极管 VT_8。

反馈电阻 R_8 具有提高灵敏度、改善调压质量的作用。

电容器 C_1、C_2 能适当降低晶体管的开关频率。

2) JFT201 型晶体管调节器

该晶体管调节器线路图见图 2.60。由电阻 R_2、R_3、R_4 组成分压器，当接通点火开关时，蓄电池端电压较低，经分压器分压后不能击穿稳压管 VD_1，三极管 VT_1 截止，VT_2 导通，蓄电池向发电机励磁绕组提供励磁电流。

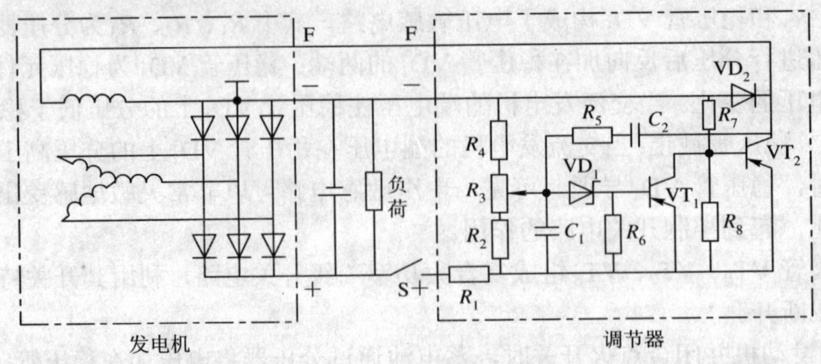

图 2.60 JFT201 型晶体管调节器线路图

当发电机端电压高于蓄电池端电压时，发电机由他励转为自励而正常发电工作。在发电机端电压略高于电压调节值时，稳压管 VD_1 击穿导通，三极管 VT_1 导通，VT_2 截止，切断了发电机励磁电路，使发电机端电压下降。当发电机端电压下降到低于调整值时，分压器分得的电压低于 VD_1 稳定电压值，稳压管 VD_1 和三极管 VT_1 又截止，VT_2 又导通，又一次接通发电机励磁电路，使发电机端电压又升高。如此循环下去，发电机电压便被稳定在调整范围之内。

图 2.60 中晶体管调节器其他一些电子元件的作用如下：

二极管 VD_2 与发电机励磁绕组并联，起续流作用。当三极管 VT_2 突然由导通转换为截止时，VD_2 与励磁绕组构成回路，保护 VT_2 集电极不被励磁绕组产生的自感电动势反向击穿。

电位器 R_3 可以改变加在稳压管 VD_1 上的分压比，实现所需要的电压值。

电阻 R_1 起稳压作用，可以减小负载变化对发电机输出电压的影响。因为当发电机负荷增大时，由于定子绕组压降增大及电枢反应增大，发电机的端电压也有所下降。增设 R_1 后，随着发电机端电压的下降，分压器两端的电压也降低，使 VD_1 两端的反向电压也减小，这就相对延长了 VT_1 管的截止时间与 VT_2 管的导通时间，使励磁电流有所增加，从而有效地补偿了发电机因内阻压降和电枢反应的增加而造成的电压降落，改善了发电机的负载特性，故 R_1 又称为稳压电阻。

电容器 C_1 并联在电位器 R_3 滑动触点下部与 R_2 的两端，可以降低三极管 VT_1 的开关频率、减少三极管的功率损耗。

电阻 R_5 和电容 C_2 组成正反馈电路，以提高晶体管调节器的灵敏度，改善电压波形。当 VT_2 趋向截止时，集电极电压下降，通过电阻 R_5 和电容 C_2 正反馈给稳压管 VD_1，使其左端电位降低，VT_1 基极电流增大而迅速导通，VT_2 可靠截止，发电机励磁电流迅速下降。因此，电阻 R_5 和电容 C_2 正反馈电路加快了 VT_2 管的截止速度，使调节电压更加稳定，同时也减少了 VT_2 管的过度损耗。

3. 集成电路电压调节器

集成电路电压调节器即 IC 调节器，其基本工作原理与晶体管电压调节器完全一样，也是利用晶体管组成开关电路，以控制磁场电流来调节发电机的输出电压。所不同的是，在集成电路电压调节器上，所有的晶体管都不再用外壳，而是把二极管、三极管的管心都集成在一块基片上，这样就实现了调节器的小型化，故可直接将其装在发电机内部或壳体上构成整体式发电机，这样可省去调节器与发电机间的连线，减少线路损耗，提高调节精度(可达±0.3 V)，耐高温，耐振，防潮，防尘性能好，寿命长。

例如，夏利轿车采用的集成电路调节器外形如图 2.61 所示。它安装在发电机内，接线柱“B”、“F”、“P”、“E”装配时用螺钉直接与发电机上相应接线柱相连接，插孔“IG”、“L”通过对应的插接器与充电系统的充电指示灯、点火开关、蓄电池相连。

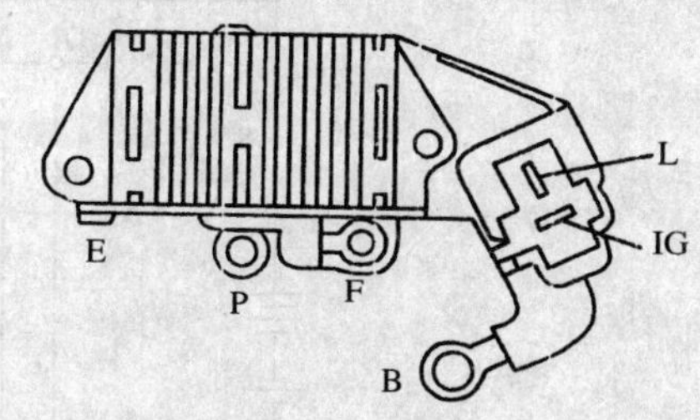

图 2.61 夏利轿车采用的集成电路调节器外形

集成电路调节器按结构可分为全集成电路式和混合集成电路式。目前国内外生产的集成电路调节器的结构大多采用混合式，即由混合电路加集成电路组成，并没有完全集成化，一般由一个集成块、一个三极管、一个稳压管、一个续流二极管和几个电阻等部分构成。引出线有 3 根和 4 根两种。例如，上海桑塔纳轿车采用的发电机调节器应用了混合电路加集成电路技术，集成电路和保护电阻共同贴在一块陶瓷基片上，封装在一个金属盒中，并和电刷架连成一体，便于安装和维修。

1) 集成电路电压调节器的电压检测方法

集成电路调节器采用的电压取样方法分为蓄电池电压检测法和发电机电压检测法两种。蓄电池电压检测法：检测点“P”测量的是蓄电池端的电压变化，其值与蓄电池端电压成正比；发电机电压检测法：检测点“P”测量的是发电机励磁二极管输出电压变化，即发电机端的电压变化，其值与发电机端电压成正比。

(1) 蓄电池电压检测法。蓄电池电压检测法的线路见图 2.62。加在分压器 R_1、R_2 上的电压为蓄电池端电压，由于通过检测点 P 加到稳压管 VD_1 上的反向电压与蓄电池端电压成正比，所以该线路称为蓄电池电压检测法线路。

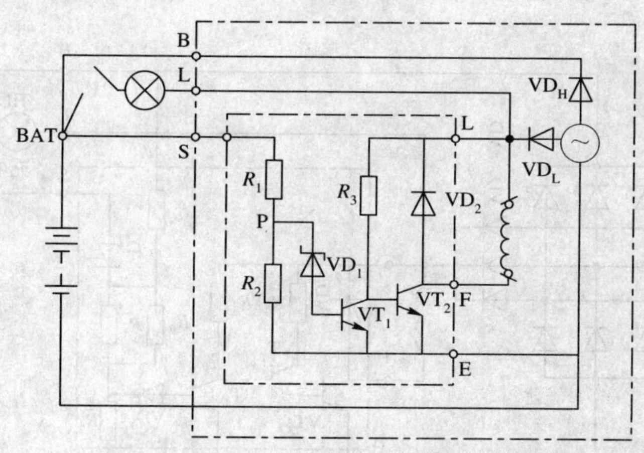

图 2.62 蓄电池电压检测法线路图

(2) 发电机电压检测法。发电机电压检测法的线路见图 2.63。加在分压器 R_1、R_2 上的电压是磁场二极管输出端 L 的电压 U_L，而硅整流发电机输出端 B 的电压为 U_B，由于 $U_L = U_B$，因此，调节器检测点 P 的电压加到稳压管 VD_1 两端的反向电压 U_P 与发电机的端电压 U_B 成正比，所以该线路称为发电机电压检测法线路。

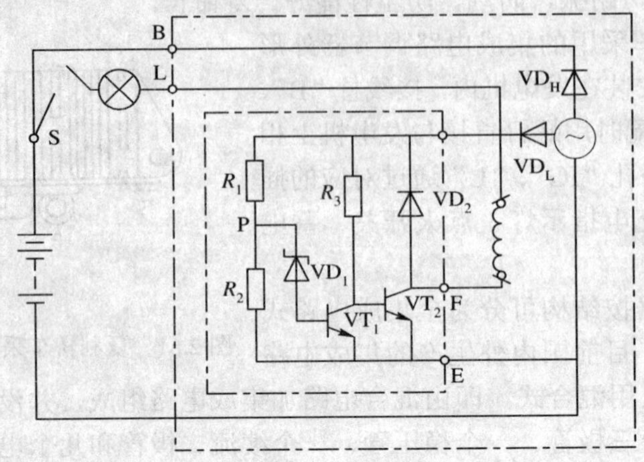

图 2.63　发电机电压检测法线路图

上述两种基本电路中，如果采用发电机电压检测法线路，发电机的引出线可以少一根，不足之处在于，当图 2.63 中 B 点到蓄电池正极之间的电压降较大时，蓄电池的充电电压将会偏低，使蓄电池充电不足。因此，一般大功率发电机要采用蓄电池电压检测法线路的调节器。

在采用图 2.62 所示的蓄电池电压检测法线路时，当 B 点与蓄电池正极之间或 S 点与蓄电池正极之间断线时，由于不能检测出发电机的端电压，发电机电压将会失控。为了克服这一不足，线路上应采取一定的措施。图 2.64 所示为实际采用的蓄电池电压检测法的线路。在这个线路中，在调节器的分压器与发电机 B 端之间增加了一个电阻 R_6 和一个二极管 VD_2，这样，当 B 与蓄电池正极之间或 S 与蓄电池正极之间出现断线时，由于 R_6 的存在，仍能检测出发电机的端电压 U_B，使调节器正常工作，可以防止发电机电压过高的现象。

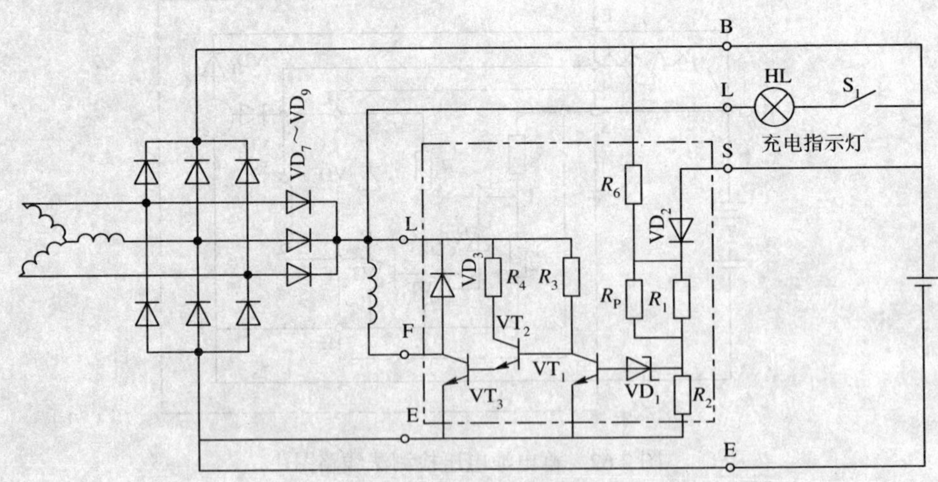

图 2.64　蓄电池电压检测法补救电路

2) JFT151 型电压调节器

国产 JFT151 型电压调节器为薄膜混合集成电路调节器，其外形尺寸为 38 mm×34 mm×10.5 mm，安装在 JF132E 型和 JF15 型交流发电机的外壳上。其线路图见图 2.65。

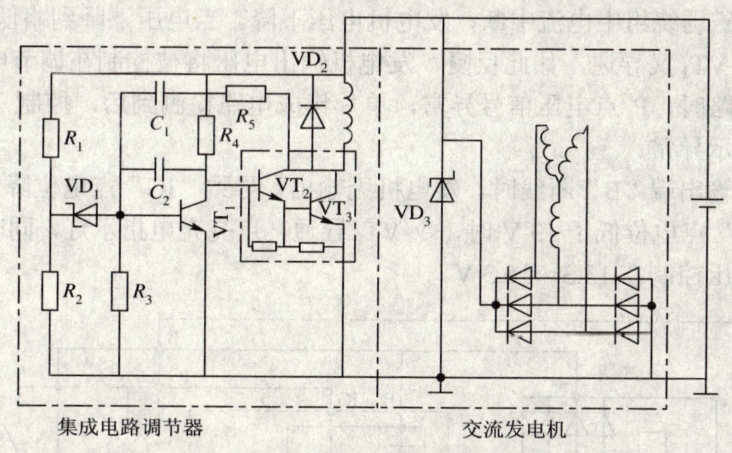

图 2.65　JFT151 型集成电路调节器线路图

在该调节器电路中，由分立元件 R_1、R_2 组成分压器，稳压管 VD_1 从分压器上获得比较电压。当发电机电压低于规定值时，稳压管 VD_1 和三极管 VT_1 截止，在 R_4 偏置下集成电路 VT_2 导通，此时发电机磁场绕组中有励磁电流通过，使发电机端电压升高。当发电机端电压高于规定值时，稳压管 VD_1 击穿导通，VT_1 导通，VT_2 截止，切断了发电机的磁场电路，使发电机端电压下降。当发电机端电压下降到低于规定值时，VD_1 和 VT_1 又截止，VT_2 和磁场电路又接通，发电机端电压又升高。如此循环下去，使发电机端电压保持稳定。

图 2.65 中其他电子元件的作用如下：

分流电阻 R_3 接在三极管 VT_1 的基极与发射极之间，可提高 VT_1 的耐压。

电阻 R_5、电容 C_1 组成正反馈电路，可以加速 VT_2 的翻转，并减小 VT_2 的过度损耗。

电容器 C_2 并联在 VT_1 集电极与基极之间，组成电压负反馈，可降低开关频率，进一步减小 VT_1 的管耗。

续流二极管 VD_2 反向并联在发电机励磁绕组两端，保护 VT_2。

稳压管 VD_3 与电源并联，起过电压保护作用。

3) 具有保护功能的集成电路电压调节器

夏利汽车发电机内装集成电路调节器，其充电系统电路见图 2.66。该发电机调节器是由一块单片集成电路和晶体管等元件组成的混合集成电路调节器，装于发电机内部，构成整体式交流发电机。

该调节器的工作过程如下：

点火开关接通且发电机未转动时，蓄电池端电压经接线柱“IG”输入单片集成电路，使三极管 VT_1、VT_2 均有基极电流流过，于是 VT_1、VT_2 同时导通。VT_1 导通时，发电机由蓄电池进行他励，磁场绕组中有电流流过，电流流向为：蓄电池正极→接线柱“B”→磁场绕组→VT_1→搭铁→蓄电池负极；导通时，充电指示灯亮，表示发电机不发电。

发电机运转后，其端电压高于蓄电池电动势而小于调节电压时，VT_1 仍导通，但发电机由他励转为自励，并向蓄电池充电。同时，由于 P 点电压输入单片集成电路使 VT_2 截止，故充电指示灯会熄灭，表示发电机工作正常。

当发电机电压随转速升高而到调节电压时，单片集成电路检测出该电压，于是 VT_1 由导通变为截止，磁场绕组中电流中断，发电机电压下降。当电压下降到略低于调节电压时，单片集成电路使 VT_1 又导通，如此反复，发电机输出电压将被控制在调节电压范围内。

磁场电路断路时，P 点电压信号异常，单片集成电路检测到后，控制 VT_2 导通，点亮充电指示灯，以示异常。

当发电机的输出端“B”断线时，发电机无输出，导致“IG”点电位降低。当单片集成电路检测到“IG”点电位低于 13 V 时，令 VT_2 导通，点亮充电指示灯，同时可根据 P 点电位将发电机端电压控制在 13.3～16.3 V。

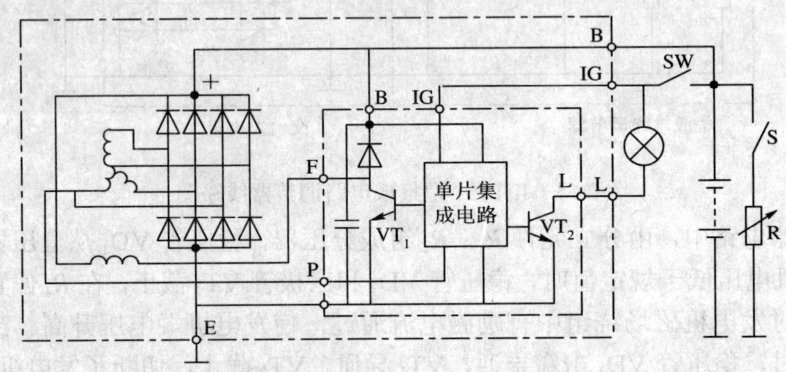

图 2.66　夏利轿车用整体式交流发电机电路原理图

三、电压调节器的使用与检修

1. 电压调节器的使用注意事项

(1) 调节器与交流发电机的搭铁形式必须一致。内搭铁型调节器只能与内搭铁型发电机配合使用，外搭铁型调节器只能与外搭铁型发电机配合使用；否则，发电机无磁场电流而不能输出电压。

(2) 调节器与交流发电机的电压等级必须一致，否则充电系统不能正常工作。

(3) 调节器的调节电压不能过高或过低，避免损坏用电设备或引起蓄电池充电不足。

2. 电压调节器的维护

1) 晶体管电压调节器的检查

对晶体管电压调节器进行检查前，应先了解调节器的电路特点及搭铁极性，再确定相应的测试方法。

(1) 内搭铁式晶体管电压调节器的测试。将可调直流电源与调节器按图 2.67 所示的线路接好，再逐渐提高电源电压。当电压达到 6 V 左右时，指示灯点亮。继续提高电源电压，当电压达到

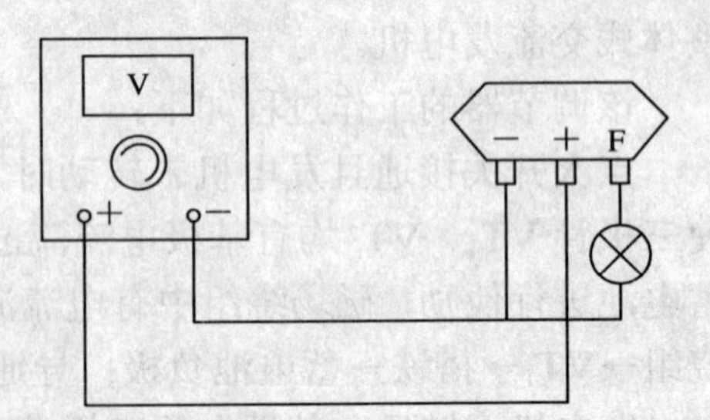

图 2.67　内搭铁式晶体管电压调节器的测试

13.5～14.5 V 时，指示灯应熄灭，此时电压即为调节器的调节电压。若灯不亮或发电机电压超过规定值后，灯仍不熄灭，则调节器有故障。

(2) 外搭铁式晶体管电压调节器的测试。外搭铁交流发电机工作时，磁场绕组通过调节器搭铁，具体测试线路连接见图 2.68。由于其测试方法与内搭铁式晶体管电压调节器的测试方法完全相同，因此不再赘述。

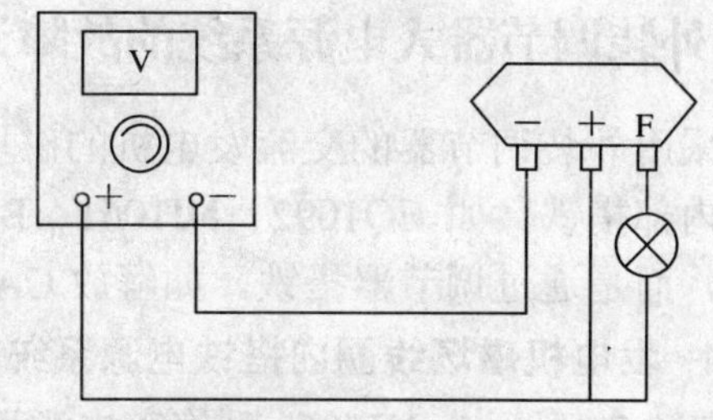

图 2.68　外搭铁式晶体管电压调节器的测试

2) 集成电路电压调节器的检查

在检查集成电路电压调节器之前，必须弄清楚集成电路电压调节器引出线的根数以及接线方法，以防将电源极性接错。否则加上测试电压以后，调节器会瞬时短路而损坏。有条件的应使用集成电路检查仪测试集成电路调节器。一般情况下可以按下述方法测试集成电路电压调节器。

(1) 3 引线集成电路电压调节器的测试。3 引线集成电路电压调节器采用发电机电压检测法。测试电路见图 2.69。3 根引线要连接正确。图中 R 为一个 3～5 Ω 的电阻，可变直流电源 G 的调节范围为 0～30 V。按图连好线以后，逐渐增加直流电源电压，该直流电压值由电压表 V_2 指示。当 V_2 指示值小于调节器调节电压值时，V_1 电压表上的电压值应在 0.6～1 V 的范围内；当 V_2 指示值大于调节器调节电压值时，V_1 表上的电压值应为 V_2 的值。调节时，注意 V_1 调节电压值不能超过 30 V。调节器的调节电压值：14 V 系列的为 14～25 V，28 V 系列的为 28～30 V。

(2) 4 引线集成电路电压调节器的测试。4 引线集成电路电压调节器采用蓄电池电压检测法。测试电路见图 2.70。图中元件参数与 3 引线集成电路电压调节器的测试电路中的元件参数相同，测试方法也相同。V_2 小于调节电压值时，V_1 读数为 0.6～1 V；V_2 大于调节电压值时，V_1 读数与 V_2 一致。

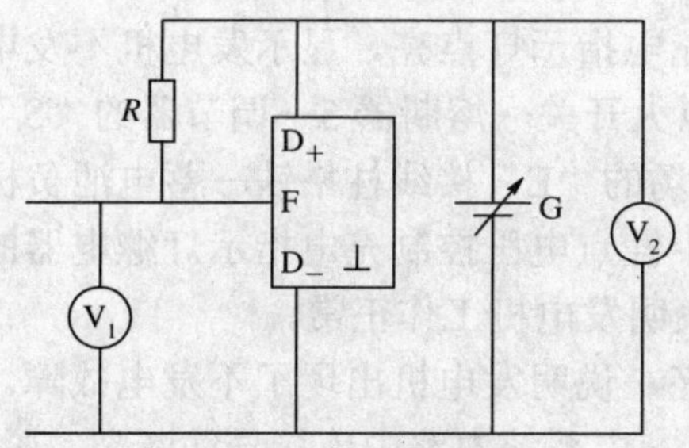

图 2.69　3 引线集成电路调节器的测试

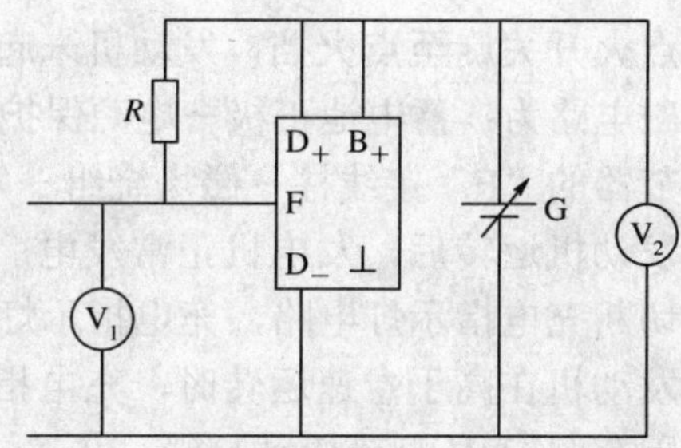

图 2.70　4 引线集成电路调节器的测试

要指出的是，图中调节器的引出线字母符号多为国外生产厂家采用，对应到实际接线，"B_+"与发电机输出端引线相连，"D_+"与点火开关引出线相连，"D_-"相当于搭铁线，"F"与发电机磁场绕组相连。

在上述两种测试中，如果电压表的读数不符合上述规定范围，说明集成电路调节器内部存在故障，这时必须更换调节器。

第四节　电源系统的故障诊断

一、外装调节器式电源系统的故障诊断

采用外装调节器的交流发电机的磁场线圈搭铁方式有两种：一种是磁场线圈直接在发电机内部搭铁，如 EQ1092、NJ1061、BJ2020 型汽车；另一种是磁场线圈不在发电机内部搭铁，而是通过调节器搭铁，如解放 CA1092 型汽车。

1. 发电机磁场线圈内搭铁电源系统

图 2.71 所示为 NJ1061 型汽车电源系统电路。

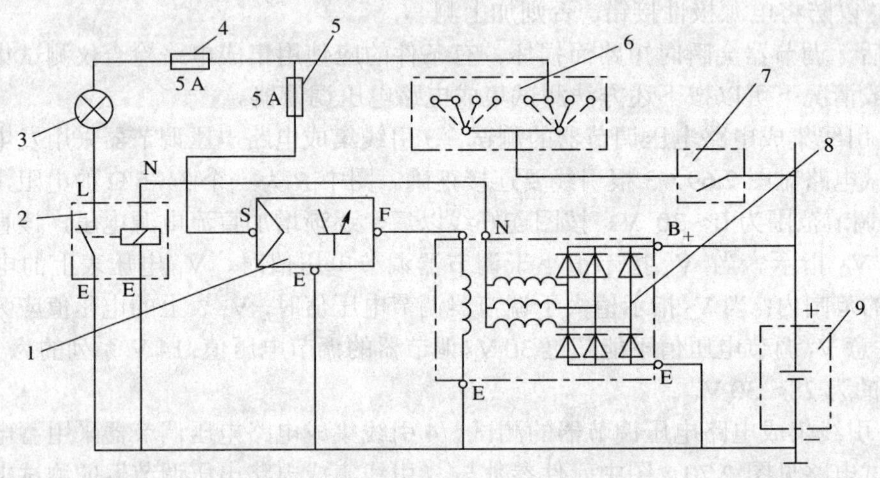

1—电压调节器；2—充电指示灯继电器；3—充电指示灯；4、5—熔断器；

6—点火开关；7—电源保护开关；8—交流发电机；9—蓄电池

图 2.71　NJ1061 型汽车电源系统电路图

当点火开关旋至点火挡，发动机未起动时，充电指示灯点亮，显示发电机不发电。发电机励磁电路为：蓄电池正极→电源保护开关→点火开关→熔断器 5→调节器的“S”接线柱→调节器的“F”接线柱→磁场绕组→发电机磁场的“E”接线柱搭铁→蓄电池负极。

当发动机运转后，发电机正常发电，发电机中性点电压控制充电指示灯继电器的触点断开，切断充电指示灯电路，充电指示灯熄灭，表明发电机工作正常。

当发动机在高于怠速运转时，充电指示灯点亮，说明发电机出现了不发电故障。可能故障原因有：① V 型带松动打滑；② 线路故障，充电系统电路中连接导线断裂、脱落等；③ 发电机故障，可能是硅二极管短路、断路，定子绕组或磁场绕组有短路、断路故障，电刷在电刷架内卡住等；④ 电压调节器有故障。在故障诊断时，首先检查 V 型带是否过松打滑，各部分导线连接是否牢靠，发电机接线是否正确。如正常，则在调节器上用导线将“S”和“F”两接线柱短接，并起动发动机，保持怠速(中速以下)状态运转。如果充电指示灯熄灭，说明电压调节器有故障。

2. 磁场线圈外搭铁发电机电源系统电路

图 2.72 所示为 CA1092 型汽车电源系统电路。

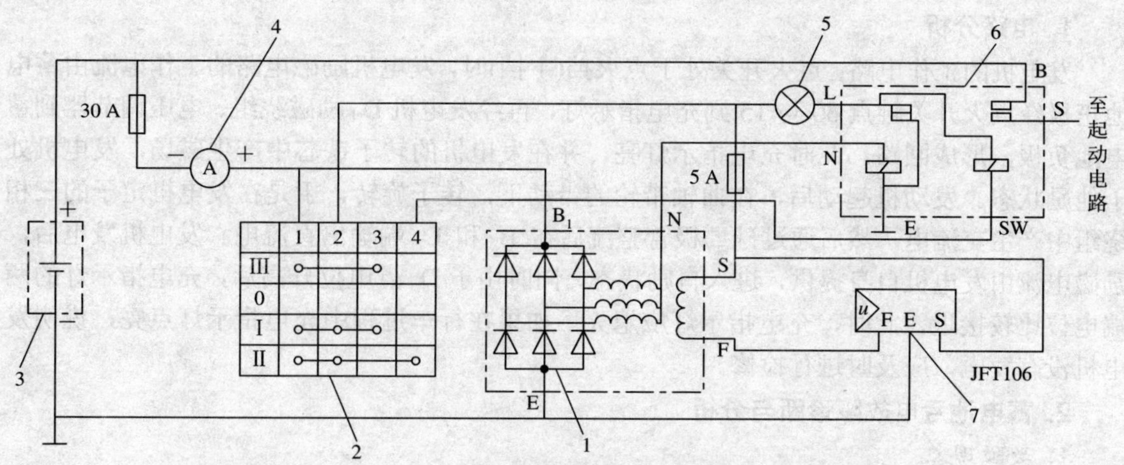

1—交流发电机；2—点火开关；3—蓄电池；4—电流表；5—充电指示灯；

6—组合继电器；7—电压调节器

图 2.72　CA1092 型汽车电源系统电路图

发电机励磁电路为：蓄电池正极→30 A 熔断器→电流表→点火开关→5 A 熔断器→磁场绕组→调节器的 F 接线柱→调节器的 E 接线柱搭铁→蓄电池负极。

当发动机运转后，发电机正常发电，发电机中性点电压控制组合继电器的常闭触点断开，切断充电指示灯电路，充电指示灯熄灭，表明发电机工作正常。

二、整体式交流发电机电源系统的故障诊断

整体式交流发电机将电压调节器安装在发电机内部，其电源系统电路多采用充电指示灯代替电流表。为了使发电机正常发电，也由点火开关控制输入他励电流，但其数值大小受充电指示灯的限制。由于指示灯泡(或发光二极管)电流过小，可以将指示灯与适当电阻并联，此方案多见于德国大众车系和日本尼桑车系。

图 2.73 所示为捷达轿车电源系统电路。

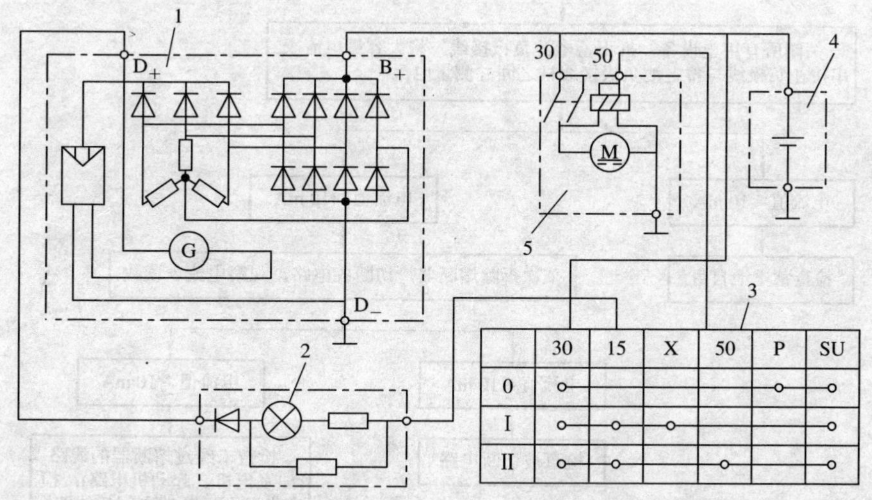

1—发电机及调节器；2—充电指示灯；3—点火开关；4—蓄电池；5—起动机

图 2.73　捷达轿车电源系统电路

1. 电路分析

发电机的工作电路：点火开关处于点火挡(Ⅰ挡)时，发电机励磁电路的工作电流由蓄电池正极经点火开关触点 30 与 15 到充电指示灯，再经发电机 D_+励磁绕组、电压调节器到蓄电池负极，形成回路。此时充电指示灯亮，并在发电机的转子铁芯中产生磁场，发电机处于他励状态。发动机起动后，在曲轴带轮的带动下，转子旋转，于是在发电机定子的三相绕组中产生交流电，然后通过硅二极管整流后在 B_+和 D_+端输出直流电。发电机发电后，励磁电流由发电机自身提供，进入自励状态，同时由于 D_+点电位升高后，充电指示灯的两端电位比较接近，此时，充电指示灯应熄灭。如果在行车过程中充电指示灯点亮，说明发电机没有发电，应及时进行检修。

2. 蓄电池亏电故障诊断与分析

1) 故障现象

蓄电池亏电故障表现为：蓄电池经常亏电，起动无力。

2) 故障原因

(1) 蓄电池自身故障；

(2) 发电机不发电；

(3) 线路有导线擦破搭铁处；

(4) 线路连接点锈蚀或污染。

3) 故障诊断与分析

在使用中出现蓄电池亏电，首先要排除发电机不发电故障。发电机不发电可通过仪表板上的充电指示灯判断。在发动机运转时，电源充电指示灯亮，说明发电机不发电。对于线路连接点，特别是蓄电池接线柱，要定期清洁，且保持连接可靠。这些方面都检修过以后，蓄电池还出现亏电，可怀疑线路中有搭铁短路放电处。在蓄电池电量正常的情况下，短路放电故障的诊断方法如图 2.74 所示。

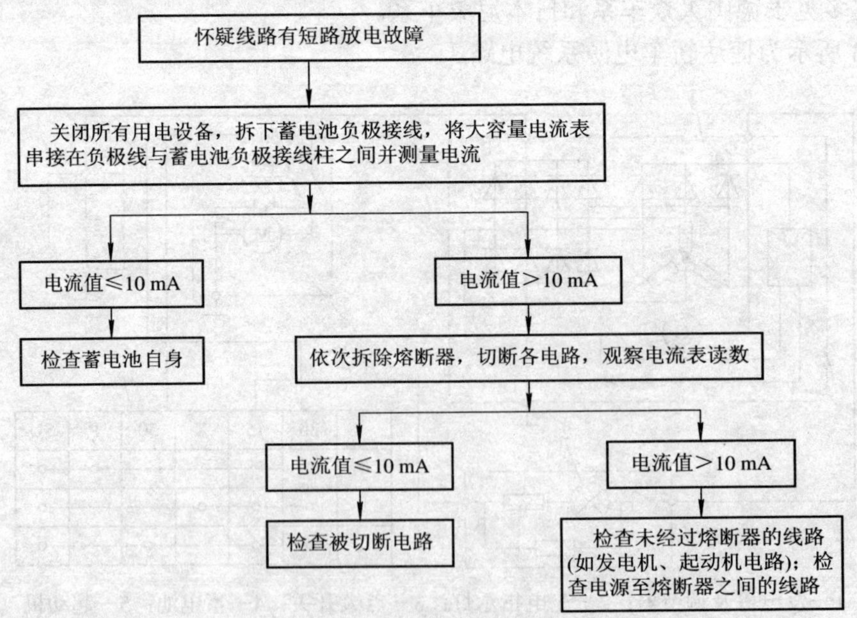

图 2.74 线路中有搭铁短路放电故障的诊断方法

3. 充电指示灯常亮故障

1) 故障现象

充电指示灯常亮故障表现为：发动机运转，充电指示灯常亮，即使提高发动机转速也不熄灭。

2) 故障原因

(1) 发电机或调节器故障；

(2) 线路有短路；

(3) 继电器盒故障；

(4) 发电机带断裂。

3) 诊断方法

出现充电指示灯常亮故障时，首先要检查V型带的工作是否正常，在V型带工作正常的情况下，拆下发电机的D_+接线，打开点火开关，如果充电指示灯熄灭，说明发电机或电压调节器有故障；若充电指示灯仍不熄灭，则说明发电机D_+和充电指示灯之间的导线有搭铁处。

练习与思考题

2-1 汽车电源系统由哪些部件组成，其作用是什么？

2-2 免维护蓄电池有何特点？

2-3 蓄电池的充电方法有哪些？如何进行正确的充电操作？

2-4 交流发电机由哪几部分组成，其作用如何？

2-5 交流发电机的中性点输出有何功用？

2-6 如何对发电机进行检修？

2-7 试分析 JFT106 型晶体管电压调节器的工作原理，并说明各主要电子元件的作用。

2-8 交流发电机与电压调节器在使用中应注意哪些事项？

2-9 如何对晶体管电压调节器进行测试？

2-10 如何对发电机不发电故障进行诊断？

第三章 起动系统

【学习目标】

知识点：起动系统的功用与组成；起动机的构造与工作原理；电磁操纵式起动系统的工作过程；起动机常见故障部位；起动系统电路与故障分析方法。

技能点：实车上能够识别起动系统各部件的安装位置，能够判断起动系统的常见故障，能够更换起动机和正确地进行线路连接，能够判断起动机各部件的好坏，能够进行起动机的大修。

第一节 起动系统的构造

一、起动系统的功用与组成

发动机在燃料供给系统、点火系统(汽油机)、汽缸压力正常的情况下，设法使曲轴转速达到一定值即可被起动。起动系统(简称起动系)的功用就是通过转动曲轴起动发动机，发动机起动之后，起动系便立即停止工作。

发动机常用的起动方式有人力起动、辅助汽油机起动和电力起动机起动三种。目前大多数运输车辆都已采用电力起动机起动，电力起动机起动方式是由直流电动机通过传动机构将发动机起动，它具有操作简单、体积小、质量轻、安全可靠、起动迅速并可重复起动等优点。

电力起动系一般由蓄电池、起动机、起动继电器、点火开关等组成，见图 3.1。起动机安装在汽车发动机飞轮壳前端的座孔上。

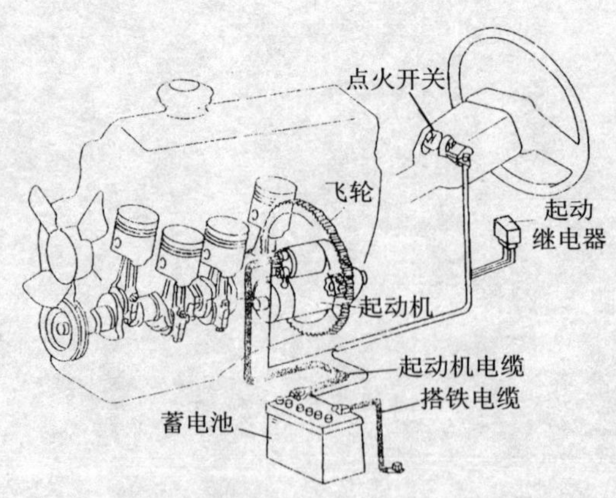

图 3.1 起动机在发动机上的安装

二、起动机的结构与类型

1. 起动机的组成

起动机由直流电动机、传动机构和操纵机构三部分组成，见图3.2。

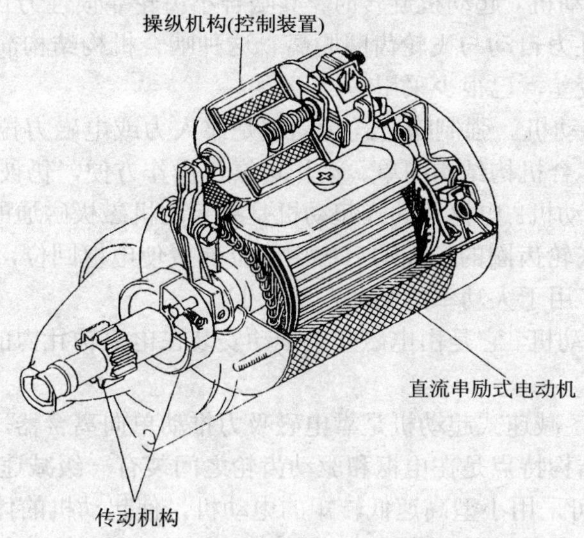

图3.2 起动机的构造

1) 直流电动机

电动机的作用是将蓄电池输入的电能转换为机械能，产生电磁转矩。

2) 传动机构

传动机构又称起动机离合器或啮合器。传动机构的作用是在发动机起动时使起动机轴上的小齿轮啮入飞轮齿圈，将起动机的转矩传递给发动机曲轴；在发动机起动后又能使起动机小齿轮与飞轮齿圈自动脱开。

3) 操纵机构(控制装置)

操纵机构的作用是用来接通和断开电动机与蓄电池之间的电路。对于传统点火系，起动机工作时操纵机构还能短接点火线圈的附加电阻，以增加起动时的点火能量。

2. 起动机的类型

1) 按电动机磁场产生方式分类

(1) 励磁式起动机。励磁式起动机一般采用串励直流电动机，各型号的结构相差不大。

(2) 永磁式起动机。永磁式起动机以永磁材料为磁极，由于电动机中无磁极绕组，故可使起动机结构简化，体积和质量都可相应减小。

2) 按操纵机构分类

(1) 直接操纵式起动机。直接操纵式起动机是由脚踏或手拉杠杆联动机构直接控制起动机的主电路开关来接通或切断主电路，也称机械式起动机。这种方式虽然结构简单、工作可靠，但由于要求起动机、蓄电池靠近驾驶室而受安装布局的限制，而且操作不便，已很少采用。

(2) 电磁操纵式起动机。电磁操纵式起动机是由按钮或点火开关控制继电器，再由继电器控制起动机的主开关来接通或切断主电路，也称电磁控制式起动机。这种方式可实现远距离控制，操作方便，在现代汽车上广泛采用。

3) 按传动机构的啮合方式分类

(1) 惯性啮合式起动机。起动机旋转时，其啮合小齿轮靠惯性力自动啮入飞轮齿圈。起动后，小齿轮又借惯性力自动与飞轮齿圈脱离。这种啮合机构结构简单，但不能传递较大的转矩，而且可靠性较差，已很少采用。

(2) 强制啮合式起动机。强制啮合式起动机是靠人力或电磁力拉动杠杆强制小齿轮啮入飞轮齿圈的。这种啮合机构结构简单、动作可靠、操作方便，仍被现代汽车所采用。

(3) 电枢移动式起动机。电枢移动式起动机是靠起动机磁极磁通的吸力，使电枢沿轴向移动而使小齿轮啮入飞轮齿圈的，起动后再由回位弹簧使电枢回位，让驱动齿轮退出飞轮齿圈。这种啮合机构多用于大功率的柴油发动机上。

(4) 齿轮移动式起动机。它是由电磁开关推动安装在电枢轴孔内的啮合杆，使小齿轮啮入飞轮齿圈的。

(5) 减速式起动机。减速式起动机是靠电磁吸力推动单向离合器，使小齿轮啮入飞轮齿圈的。减速起动机的结构特点是在电枢和驱动齿轮之间装有一级减速齿轮(一般速比为 3～4)，它的优点是：① 可采用小型高速低转矩的电动机，使起动机的体积减小、质量约减少35%，并便于安装；② 提高了起动机的起动转矩，有利于发动机的起动；③ 电枢轴较短，不易弯曲；④ 减速齿轮的结构简单、效率高，保证了良好的机械性能。

三、直流电动机的构造

1．直流电动机的工作原理

直流电动机是根据载流导体在磁场中受力运动的原理设计而成。图 3.3 表示的是串励式起动机的工作原理。当电路接通时，蓄电池的电流经励磁线圈和转子线圈形成回路。励磁绕组通电后形成电磁场，转子绕组通电后受到电磁作用力产生旋转运动。换向片和电刷保证旋转的转子线圈某有效导体从一个磁极范围转到另一个异性磁极范围时，导体中的电流方向能够同时改变。

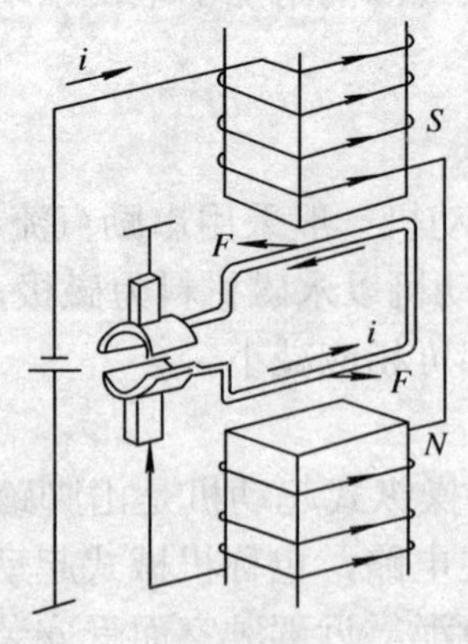

图 3.3　串励式起动机的工作原理

2．串励直流电动机的构造

串励直流电动机主要由电枢(转子)、磁极(定子)、电刷架与电刷等主要部件构成，见图 3.4。

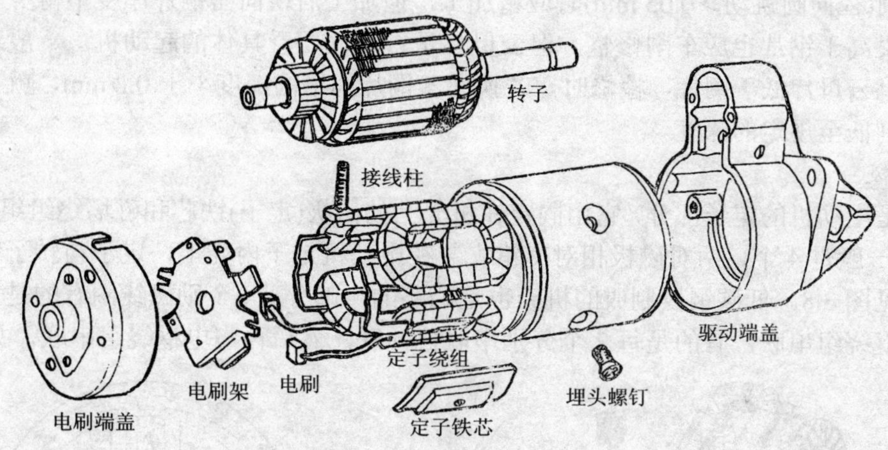

图 3.4　串励直流电动机的构造

1) 电枢

电枢是直流电动机的旋转部分，包括电枢轴、换向器、电枢铁芯和电枢绕组，见图 3.5。为了获得足够的转矩，通过电枢绕组的电流一般为 200～600 A，因此电枢绕组采用较粗的矩形裸铜线绕制成成型绕组。

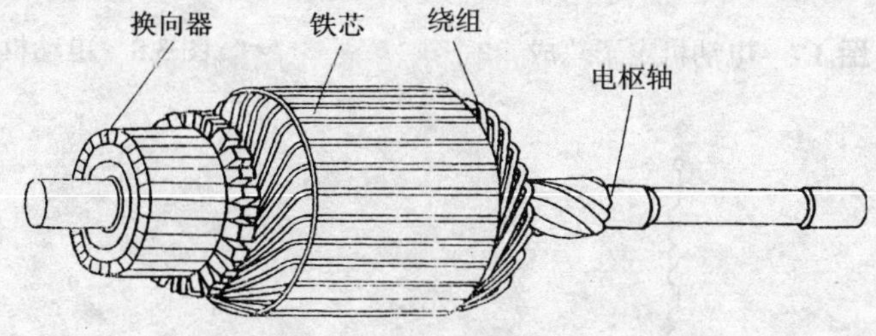

图 3.5　电枢总成

电枢绕组的常见故障有匝间短路、断路或搭铁等。可用万用表检查电枢绕组是否搭铁，检查方法见图 3.6。

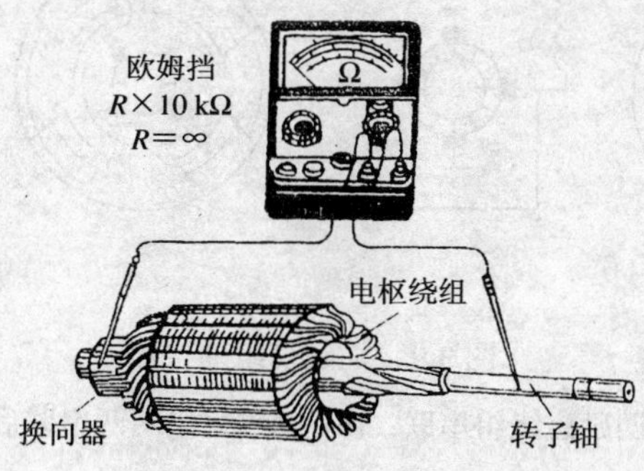

图 3.6　电枢绕组搭铁检查

换向片和云母片叠压成换向器，电枢绕组各线圈的端头均焊接在换向器片上，通过换向器和电刷将蓄电池的电流引进来。

换向器故障多为表面烧蚀、云母片突出等。轻微烧蚀用“00”号砂纸打磨即可，严重烧蚀或失圆(径向圆跳动＞0.05 mm)时应精加工，但加工后换向器铜片厚度不得少于 2 mm。云母片如果高于钢片也应车削修整，但云母片是否割低要看具体的起动机。一般进口小汽车用起动机云母片低于钢片，检修时，若换向器铜片间槽的深度小于 0.2 mm，就需用锯片将云母片割低至规定的深度。

2) 磁极

磁极是电动机的定子部分，它由固定在机壳上的磁极(定子)铁芯和磁场绕组组成，见图 3.7。磁极一般是 4 个，两对磁极相对交错安装在电动机定子内壳上，定子与转子铁芯形成的磁回路见图 3.8。低碳钢板制成的机壳也是磁路的一部分。4 个励磁线圈有的是互相串联后再与电枢绕组串联，有的是每 2 个分别串联再并联，然后再与电枢绕组串联，见图 3.9。

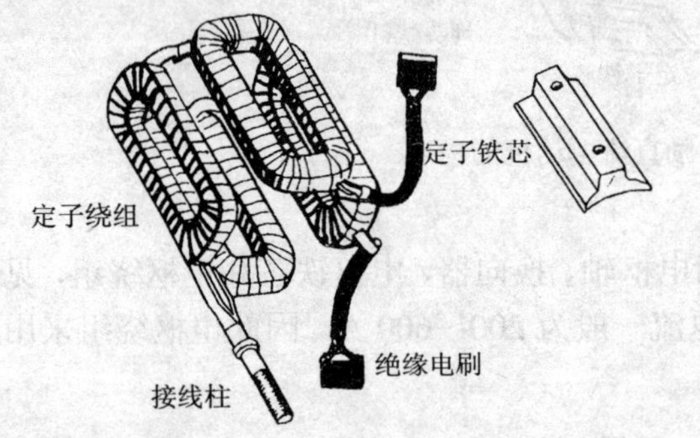

图 3.7 电动机定子总成

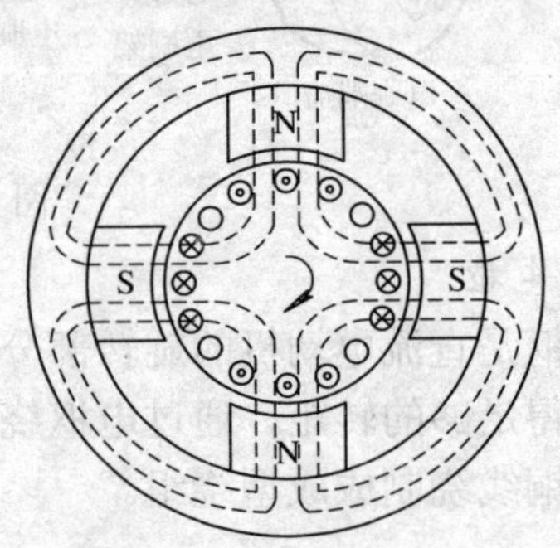

图 3.8 电动机的磁路

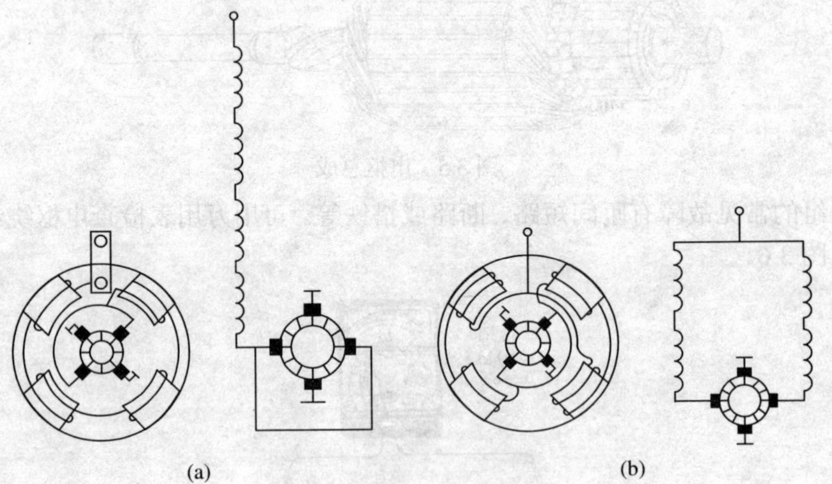

图 3.9 励磁绕组的接法

(a) 四励磁绕组串联；(b) 励磁绕组两两串联后并联

起动机内部接线见图 3.10。励磁绕组一端接在外壳的绝缘接线柱上，另一端与两个非搭铁电刷相连。当起动开关接通时，起动机的电路为：蓄电池正极→接线柱 1→励磁绕组 4

→电刷 6→电枢绕组→搭铁电刷 5→搭铁→蓄电池负极。

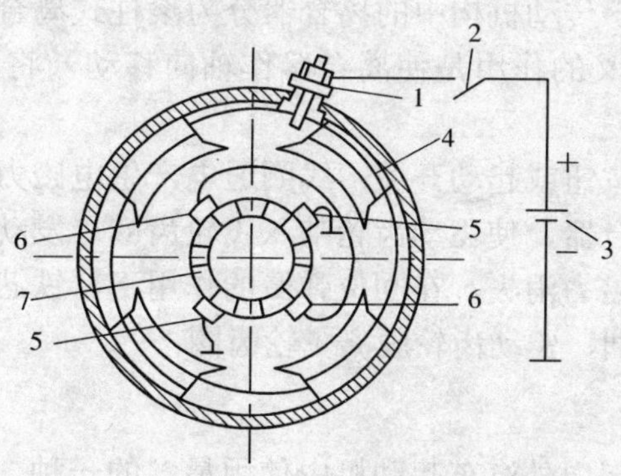

1—接线柱；2—起动开关；3—蓄电池；4—励磁绕组；5—搭铁电刷；6—非搭铁电刷；7—换向器

图 3.10　起动机接线图

励磁绕组的常见故障有接头脱焊、绕组短路、断路或搭铁等。接头松脱故障，解体后可直接看到，绕组搭铁与否可用万用表的欧姆挡测量绕组端子与外壳之间的电阻。电动机定子的检查见图 3.11。

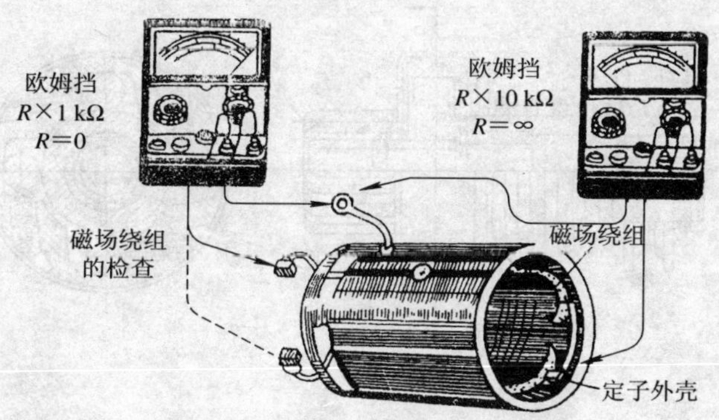

图 3.11　定子检查

3) 电刷架与电刷

电刷架一般为框式结构，其中正极刷架与端盖绝缘地固装，负极刷架直接搭铁，见图 3.12。电刷置于电刷架中，电刷由铜粉与石墨粉压制而成，呈棕红色。电刷架上装有弹性较好的盘形弹簧。

电刷的高度一般不应低于标准的 2/3，电刷的接触面积不应少于 75%，并且要求电刷在电刷架内无卡滞现象，否则需进行修磨或更换。用万用表的欧姆挡或试灯法可检查绝缘电刷架的绝缘性。最后用弹簧秤测电刷弹簧的弹力，若不符合要求应予以更换或修理。

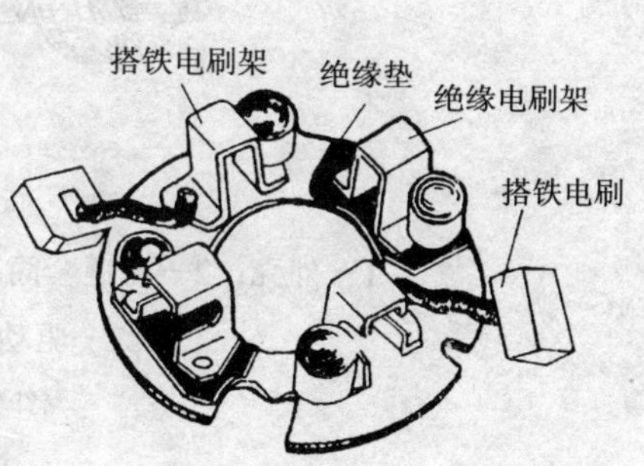

图 3.12　电刷架与电刷

四、起动机的传动机构

起动机的传动机构是起动机的主要组成部件，它包括离合器和拨叉两个部分。离合器的作用是将电动机的电磁转矩传递给发动机使之起动，同时又能在发动机起动后自动打滑，保护起动机不致飞散损坏。传动机构中的离合器分为滚柱式离合器、摩擦片式离合器、弹簧式离合器等几种。而拨叉的作用是使离合器作轴向移动，将驱动齿轮啮入和脱离飞轮齿圈。

发动机起动时，按下按钮或起动开关，线圈通电产生电磁力将铁芯吸入，于是带动拨叉转动，由拨叉头推出离合器，使驱动齿轮啮入飞轮齿圈。发动机起动后，只要松开按钮或开关，线圈即断电，电磁力消失，在回位弹簧的作用下，铁芯退出，拨叉返回，拨叉头将打滑工况下的离合器拨回，驱动齿轮脱离飞轮齿圈。

1. 滚柱式离合器

滚柱式离合器是目前国内外汽车起动机中使用最多的一种，我国解放牌汽车、东风牌汽车、北京牌吉普车等均使用滚柱式离合器。滚柱式离合器的构造见图 3.13。其中，驱动齿轮采用 40 号中碳钢经加工淬火而成，与外壳连成一体。外壳内装有十字块和 4 套滚柱及弹簧，十字块与花键套筒固定连接，壳底与外壳相互折合密封。花键套筒的外面装有缓冲弹簧及衬圈，末端固装着拨环与卡圈。整个离合器总成利用花键套筒套在起动机轴的花键部位上，可以作轴向移动和随轴移动。

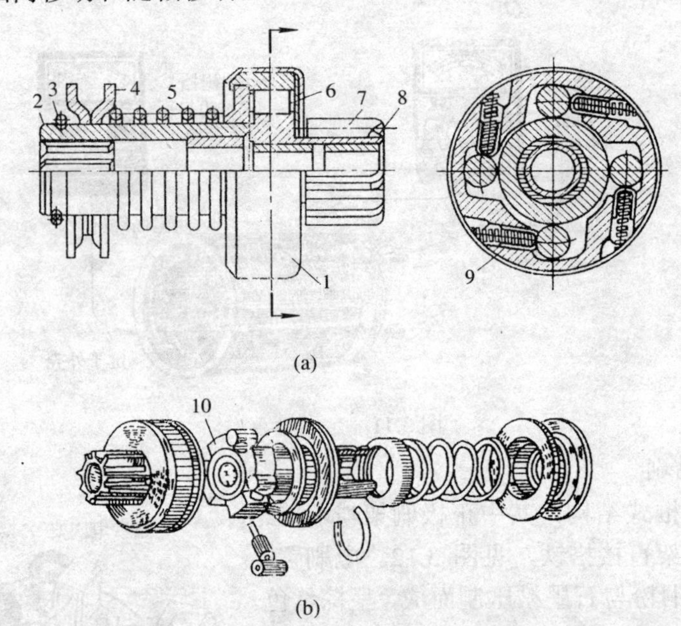

1—外壳；2—花键套筒；3—卡圈；4—拨环；5、9—弹簧；6—滚柱；

7—驱动齿轮；8—铜衬套；10—十字块

图 3.13　滚柱式离合器的结构

(a) 总成；(b) 构件

滚柱式离合器的工作原理如下：在图 3.14(a)中，发动机起动时，经拨叉将离合器沿花键推出，驱动齿轮啮入发动机飞轮齿圈。由于十字块处于主动状态，随电动机电枢一起旋转，促使 4 套滚柱进入槽的窄端，将花键套筒与外壳挤紧，于是电动机电枢的转矩就可由十字块经滚柱离合器外壳传给驱动齿轮，从而达到驱动发动机飞轮齿圈旋转、起动发动机运转的目的。在图 3.14(b)中，发动机起动后，飞轮齿圈的转速高于驱动齿轮，十字块处于被动状态，促使滚柱进入槽的宽端而自由滚动，只有驱动齿轮随飞轮齿圈作高速旋转，起动机转速并不升高，在这种离合器打滑的功能下，防止了电枢超速飞散的危险。起动完毕，由于拨叉回位弹簧的作用，经拨环使离合器退回，驱动齿轮完全脱离飞轮齿圈。

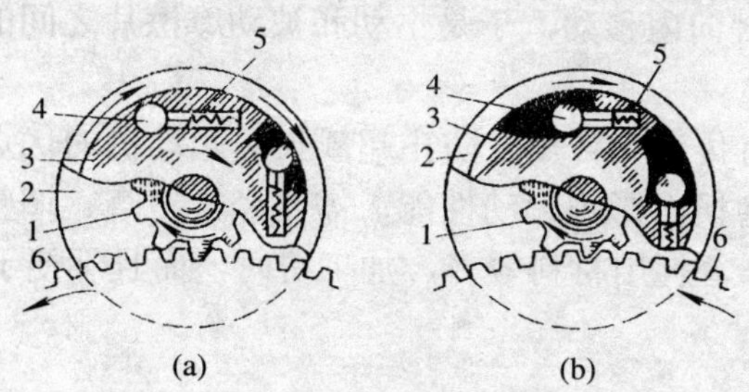

1—驱动齿轮；2—外壳；3—十字块；4—滚柱；5—弹簧；6—飞轮齿圈

图 3.14 滚柱式离合器的工作原理

(a) 发动机起动时；(b) 发动机起动后

滚柱式离合器具有结构简单、坚固耐用、体积小、质量轻、工作可靠等优点，因此得到了广泛采用。其不足是不能用于大功率起动机上。

2. 摩擦片式离合器

摩擦片式离合器的驱动齿轮与外接合鼓做成一个整体，见图 3.15。在外接合鼓的内壁有 4 道轴向槽沟，钢质被动摩擦片利用外围 4 个齿插装其中。在花键套筒的一端表面有 3 条螺旋花键，其上套着内接合鼓。内接合鼓的表面也有 4 条轴向槽沟，用钢或青铜制造的主动摩擦片利用内圆 4 个齿套装在沟槽内。主动摩擦片和被动摩擦片彼此相间地排列组装。内接合鼓的外面装有缓冲弹簧，端部固装着拨环。

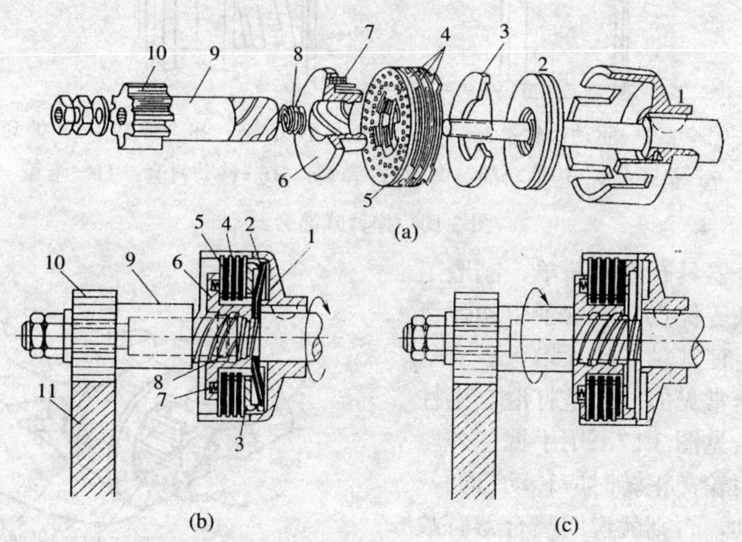

1—外接合鼓；2—弹性圈；3—压环；4—主动片；5—被动片；6—内接合鼓；

7—小弹簧；8—减振弹簧；9—齿轮柄；10—驱动齿轮；11—飞轮

图 3.15 摩擦片式离合器

(a) 结构；(b) 压紧；(c) 放松

离合器总成在起动机不工作时，主、被动摩擦片之间处于放松无摩擦力状态。发动机起动时，通过拨叉推动拨环使内接合鼓沿 3 条螺旋花键向外移动，主动和被动摩擦片相互压紧，从而具有了摩擦力。当驱动齿轮啮入飞轮齿圈时，就能利用起动机转矩驱动曲轴旋转。发动机起动后，驱动齿轮被飞轮齿圈带动作高速旋转，在惯性力和拨叉返回的作用下，内接合鼓沿 3 条螺旋花键向内移动，于是主动和被动摩擦片之间的摩擦力消失而打滑，防止了电枢超速飞散的危险。

摩擦片式离合器具有传递大转矩，防止超载损坏起动机的优点，多用在大功率起动机上。但由于摩擦片容易磨损而影响起动性能，需要经常检查、调整或更换摩擦片。此外，这种离合器结构比较复杂，耗用材料较多，加工费时，而且不便于维修。

3. 弹簧式离合器

弹簧式离合器的主动套筒套装在电枢轴的花键上，见图 3.16。小齿轮套筒套在电枢轴的光滑部分，在小齿轮套筒与主动套筒外圆上装有驱动弹簧，驱动弹簧内径略大于两套筒的外径。起动发动机时，传动叉拨动滑环，并压缩弹簧，推动离合器移向飞轮齿圈一端，使小齿轮啮入飞轮齿圈。电枢旋转时带动主动套筒，在摩擦力的作用下，驱动弹簧被扭紧，将两个套筒抱死，起动机转矩便由此传给飞轮。起动机起动后，驱动小齿轮和飞轮齿圈的主动与从动关系改变，啮合器因驱动弹簧被放松而打滑，从而使电枢轴避免了超速运转的危险。

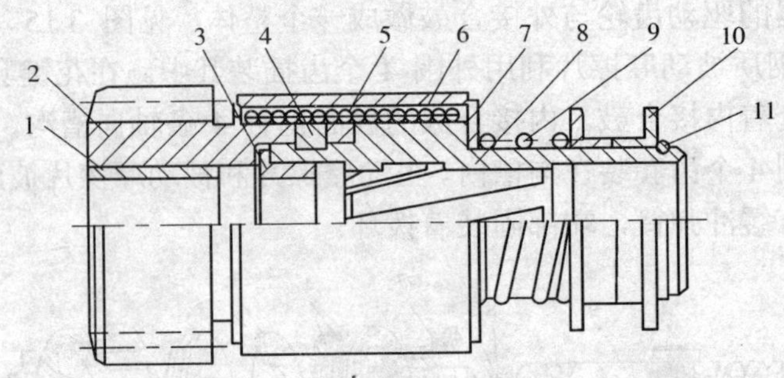

1—衬套；2—驱动齿轮；3—挡圈；4—月形圈；5—扭力弹簧；6—护套；
7—垫圈；8—传动套筒；9—缓冲弹簧；10—移动衬套；11—卡簧

图 3.16 弹簧式离合器

弹簧式离合器具有结构简单、制造工艺简单、成本低等优点，但由于驱动弹簧所需圈数较多，使其轴向尺寸增大。

单向离合器常见的故障是打滑。滚柱式离合器的检查见图 3.17，用手握住外座圈，转动驱动齿轮，正转时应转动自如，反转时不能转动，否则就说明离合器有故障。对于摩擦片式单向离合器，如果转矩偏小，可以通过调整压环前的垫圈厚度使其达到要求。

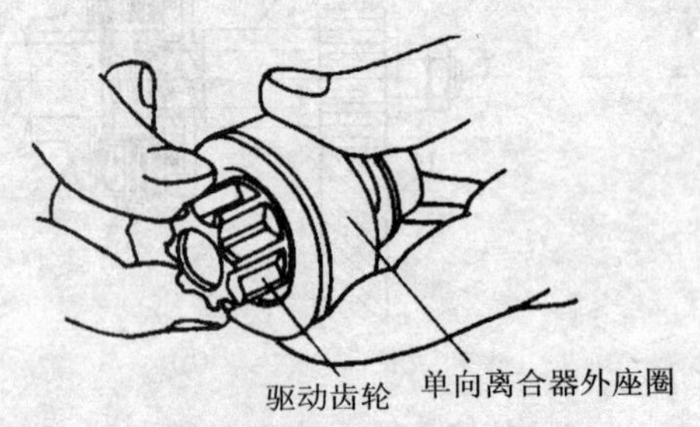

图 3.17 滚柱式离合器的检查

五、起动机的操纵机构

起动机的电磁开关与电磁式拨叉合装在一起，利用衔铁控制，分为直接控制式电磁开关和带起动继电器控制的电磁开关。

1. 直接控制式电磁开关

直接控制强制啮合式起动机采用电磁控制电路。在电路中采用起动机的电磁开关作为控制电路的一部分。在各种控制电路中，电磁开关的作用和工作原理都是相同的，图 3.18 是基本的电磁控制电路。

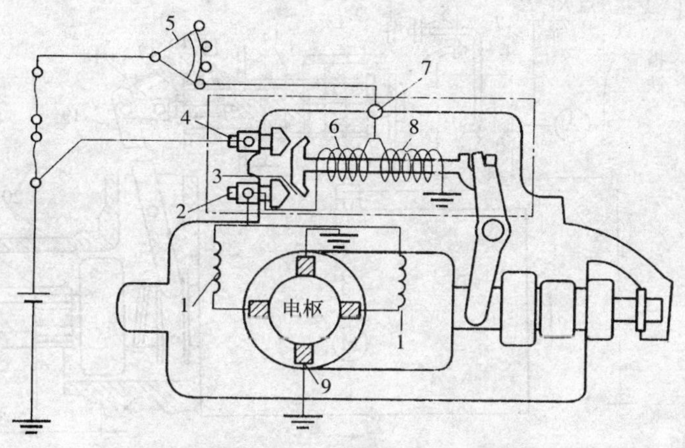

1—励磁线圈；2—C 接线柱；3—旁通接柱；4—30 接线柱；5—点火开关；
6—吸拉线圈；7—50 接线柱；8—保持线圈；9—电刷

图 3.18　起动机电磁控制电路

起动时，点火钥匙打到“ST”位，电流由蓄电池正极→“50”端子 7→吸拉线圈 6→导电片→“C”端子 2→起动机励磁绕组→电枢→搭铁→蓄电池负极，起动机慢慢转动，同时电流由电磁开关“50”端子 7 经保持线圈 8，回到蓄电池负极。吸拉线圈与保持线圈产生同方向的电磁力，在电磁力作用下，铁芯压缩回位弹簧，向左移动，带动拨叉，使驱动小齿轮与发动机飞轮啮合，电磁开关内的接触盘此时将“C”与“30”、旁通接柱相继接通，电流由蓄电池正极→“30”端子 4→接触盘→“C”端子 2→起动机励磁绕组→电枢→搭铁→蓄电池负极，起动机主电路接通，起动机电枢产生电磁转矩，起动机发动机，此时吸拉线圈 6 被短路，保持线圈 8 的电磁力使驱动小齿轮与飞轮保持啮合，保证发动机运转。起动后，发动机飞轮转速超过起动机电枢时，单向离合器切断飞轮与小齿轮之间的动力传递，保护起动机。松开点火钥匙，“50”端子断电，由于机械惯性，短时间内接触盘仍将“30”端子 4 与“C”端子 2 接通，蓄电池电流经接触盘→吸拉线圈 6→保持线圈 8→搭铁→蓄电池负极，吸拉线圈与保持线圈产生相反方向的电磁力，接触盘接触不牢，在回位弹簧的作用下，铁芯迅速回位，接触盘与“C”、“30”端子分开，起动主电路被断开，起动完毕。

图中旁通接柱接点火线圈附加电阻接柱(起动开关接柱)，由于起动机工作时电流很大，为保证点火系统的火花能量，电磁开关上的旁通接柱是在起动时将附加电阻短路的。目前，汽车较多采用电子点火，点火系统已不再设置附加电阻，在这种类型的车上，起动机电磁开关也没有旁通接柱。

2. 带起动继电器控制的电磁开关

QD124 型起动机采用带起动继电器控制的电磁开关，其接线见图 3.19。

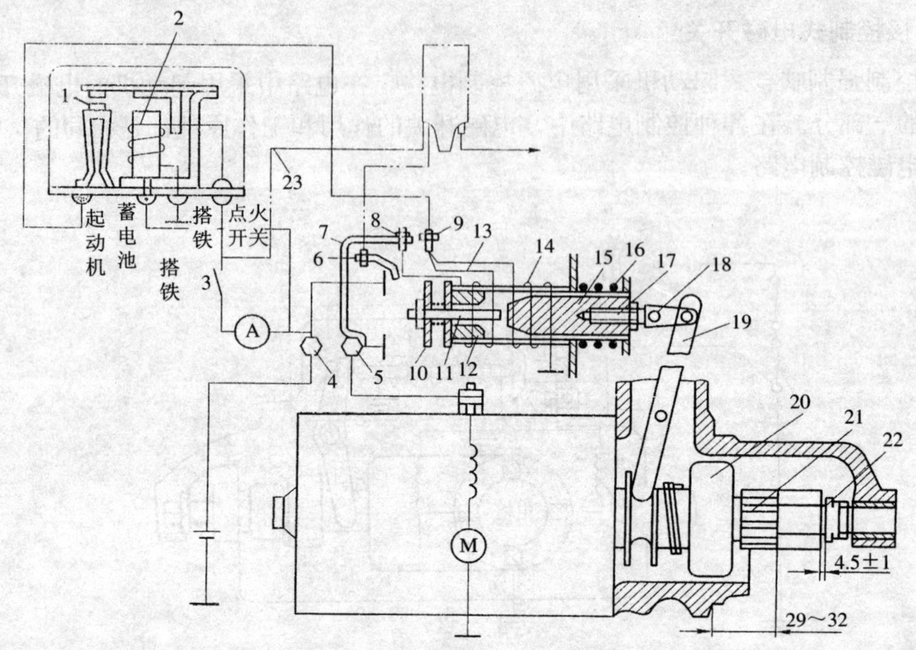

1—起动继电器触点；2—起动继电器线圈；3—点火开关；4、5—主接线柱；6—辅助接线柱；7—导电片；8—吸引线圈接线柱；9—电磁开关接线柱；10—触盘；11—活动杆；12—固定铁芯；13—吸引线圈；14—保持线圈；15—电磁铁芯；16—回位弹簧；17—螺杆；18—连接头；19—拨叉；20—滚柱式离合器；21—驱动齿轮；22—止推螺母；23—点火线圈附加电阻线

图 3.19　QD124 型起动机控制电路

发动机起动时，将点火开关钥匙旋至起动挡位，起动继电器通电后，吸下可动臂使触点闭合，接通电磁开关线圈电路，起动机投入工作。发动机起动后，只需松开点火开关钥匙，点火开关便自动转回到点火工作挡位，起动继电器线圈断电触点打开，电磁开关也随即断开，起动机停止工作。

利用起动继电器控制电磁开关，能减小通过点火开关起动触点的电流，避免烧蚀触点，延长使用寿命。有些汽车上的起动继电器在改进控制电路以后，还能起到自动停止起动机工作及安全保护的作用。

六、减速起动机

减速起动机根据减速机构可分为外啮合式、内啮合式和行星齿轮啮合式三种类型。

外啮合式减速机构在电枢轴和起动机驱动齿轮之间利用惰轮作中间传动，且电磁开关铁芯与驱动齿轮同轴心，直接推动驱动齿轮进入啮合，无需拨叉，见图 3.20。减速起动机的外形与普通起动机有较大差别。但有些外啮合式减速机构中间不加惰轮，驱动齿轮必须通过拨叉拨动才能进行啮合。

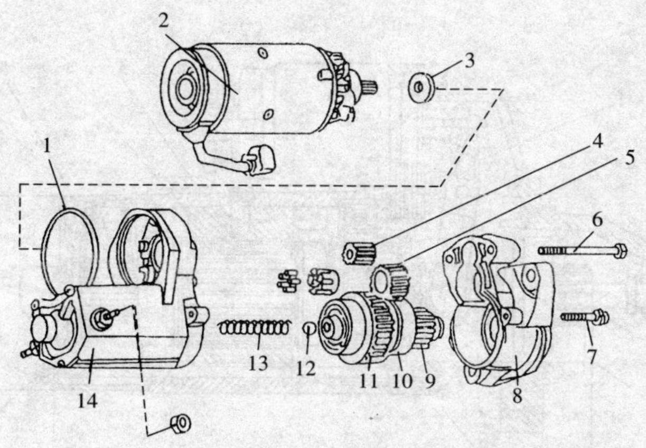

1—O 型橡胶圈；2—电动机；3—毡垫圈；4—主动齿轮；5—惰轮；6—拉紧螺栓；
7—螺栓；8—传动外壳；9—驱动齿轮；10—单向离合器；11—从动齿轮；12—钢球；
13—回位弹簧；14—电磁开关

图 3.20　外啮合式减速起动机

外啮合式减速机构的传动中心距较大，因此受起动机结构的限制，其减速比不能太大，一般用在小功率的起动机上。

内啮合式减速机构的传动中心距小，可有较大的减速比，故适用于较大功率的起动机。但内啮合式减速机构的驱动齿轮仍需用拨叉拨动进行啮合，因此，内啮合式减速起动机的外形与普通起动机相似。图 3.21 是国产 QD254 型减速起动机原理图。

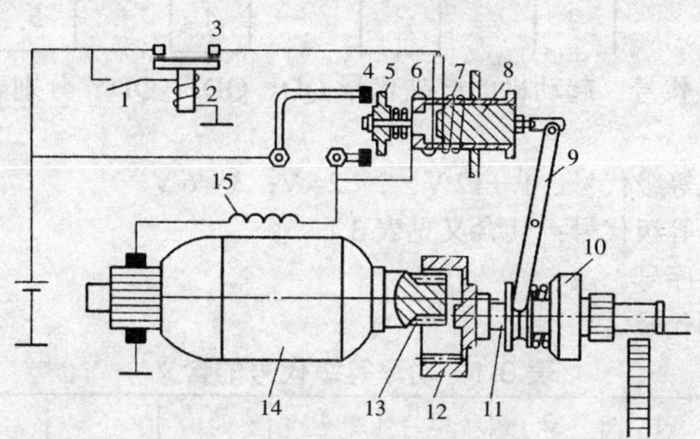

1—起动开关；2—起动继电器；3—起动继电器触点；4—主触点；5—接触盘；6—吸拉线圈；
7—保持线圈；8—活动铁芯；9—拨叉；10—单向离合器；11—螺旋花键轴；12—内啮合减速齿轮；
13—主动齿轮；14—电枢绕组；15—励磁绕组

图 3.21　QD254 型内啮合式减速起动机原理图

行星齿轮减速机构结构紧凑，传动比大，效率高。由于输出轴与电枢轴同心、同旋向，电枢轴无径向载荷，可使整机尺寸减小。除了结构上增加行星齿轮减速机构之外，由于行星齿轮式减速起动机的轴向位置结构与普通起动机相同，因此配件可通用。行星齿轮啮合式减速机构见图 3.22。

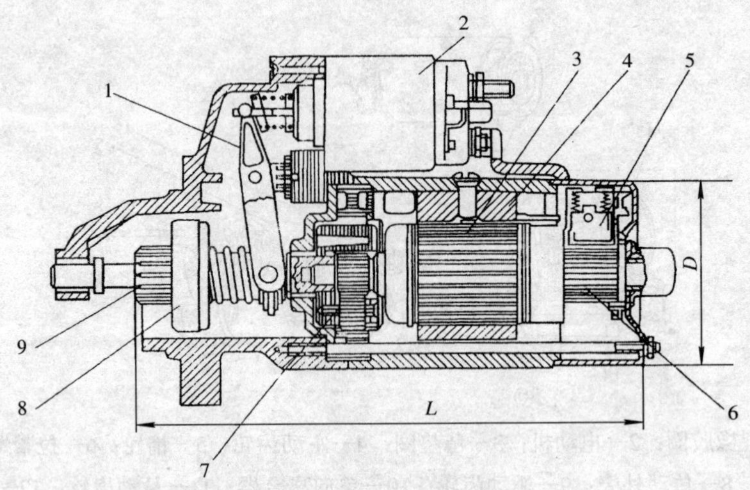

1—拨叉；2—电磁开关；3—电枢；4—磁铁；5—电刷；6—换向器；

7—行星齿轮减速机构；8—单向离合器；9—驱动齿轮

图 3.22 行星齿轮啮合式减速机构

七、起动机的型号

根据中华人民共和国行业标准 QC/T73—93《汽车电气设备产品型号编制方法》的规定，汽车起动机的型号如下：

1	2	3	4	5

第 1 部分为产品代号：起动机的产品代号 QD、QDJ、QDY 分别表示起动机、减速起动机及永磁起动机。

第 2 部分为电压等级代号：1—12 V；2—24 V；3—6 V。

第 3 部分为功率等级代号：其含义见表 3.1。

第 4 部分为设计序号。

第 5 部分为变形代号。

表 3.1 功率等级代号的含义

功率等级代号	1	2	3	4	5	6	7	8	9
功率/kW	<1	1～2	2～3	3～4	4～5	5～6	6～7	7～8	8～9

例如，QD124 表示额定电压为 12 V、功率为 1～2 kW、第四次设计的起动机。

第二节 起动机的使用与检修

一、起动机的使用

(1) 起动机每次起动时间不超过 5 s，再次起动时应停止 2 min，使蓄电池得以恢复。如果有连续第三次起动，应在检查与排除故障的基础上停歇 15 min 以后进行。

(2) 在冬季或低温情况下起动时，应采取保温措施。

(3) 发动机起动后，必须立即切断起动机控制电路，使起动机停止工作。

(4) 起动机外部应经常保持清洁，各连接导线，特别是与蓄电池相连接的导线，都应保证连接牢固可靠。

二、起动机的更换

1．拆卸起动机

注意：在断开蓄电池的负极电缆之前，应对存储在ECU等器件内的信息做好记录，如诊断故障代码、选择收音机频道、座椅位置(带有记忆系统)、转向盘位置等。

(1) 断开蓄电池的负极电缆，见图3.23。

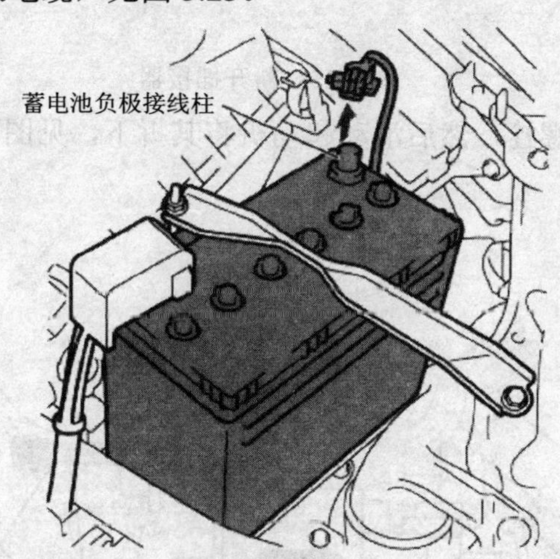

图3.23　断开蓄电池的负极电缆

(2) 拆卸起动机。

① 拆卸起动机电缆，见图3.24。首先拆卸防短路盖，然后拆卸起动机电缆定位螺母，最后拆下起动机端子30的起动机电缆。

1—电缆定位螺母；2—端子30的起动机电缆；3—防短路

图3.24　拆卸起动机电缆

② 按压插接器的卡销，然后握住插接器机身断开插接器，见图 3.25。

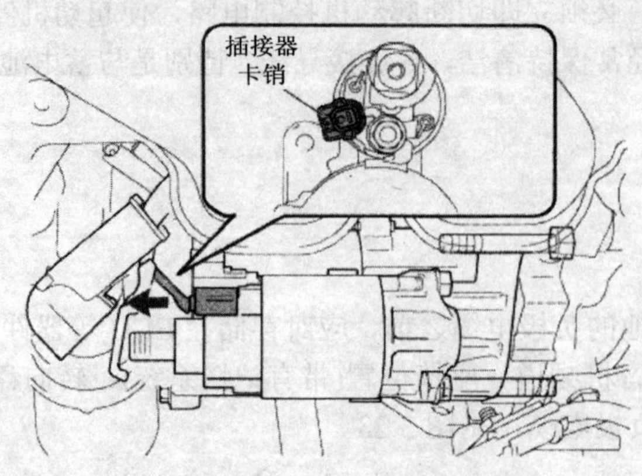

图 3.25　断开插接器

③ 拆下起动机安装螺栓，然后滑动起动机将其拆下，见图 3.26。

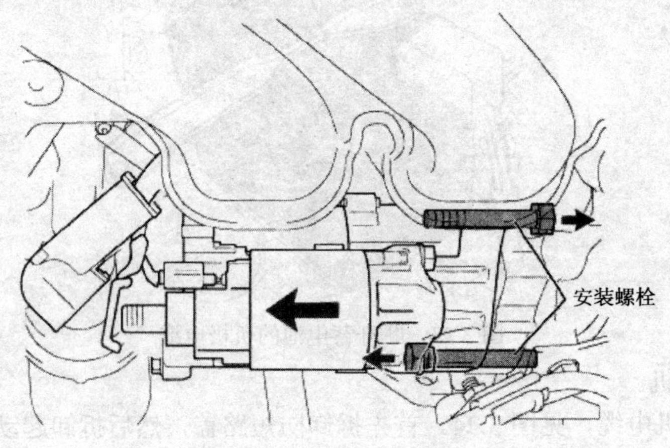

图 3.26　拆下起动机

2．安装起动机

安装起动机的步骤与拆卸起动机的顺序相反。接通蓄电池的负极电缆，完成检查后要注意复原所记录的车辆信息，并进行时钟设置。

三、起动机大修

1．起动机的解体

1) 拆卸电磁起动机开关总成(见图 3.27)

(1) 拆卸定位螺母并断开引线。

(2) 拆卸电磁起动机开关总成。拆卸 2 颗螺母并将电磁起动机开关拉到后侧，向上拉电磁起动机开关的顶端，从驱动杆中取出柱塞钩，拆卸电磁开关。

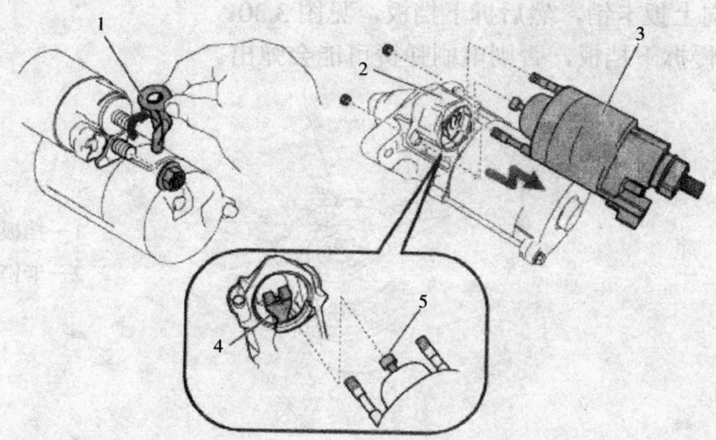

1—引线；2—起动机外壳；3—电磁开关；4—驱动杆；5—柱塞钩

图 3.27　拆卸电磁起动机开关总成

2) 拆卸起动机磁轭总成(见图 3.28)

(1) 拆卸 2 个螺栓。

(2) 拆卸换向器端盖。

(3) 从起动机外壳分开起动机磁轭。

(4) 拆卸驱动杆。

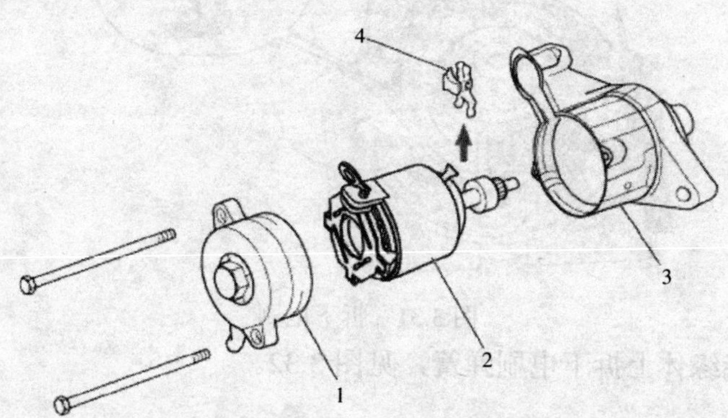

1—端盖；2—起动机磁轭；3—起动机外壳；4—驱动杆

图 3.28　拆卸起动机磁轭总成

3) 拆卸起动机电刷弹簧

(1) 用台钳将电枢轴固定在两块铝板或布之间，见图 3.29。

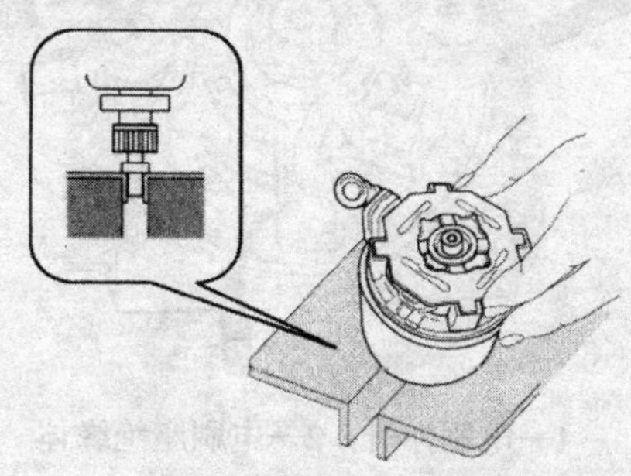

图 3.29　固定电枢轴

(2) 用手指向上扳卡销，然后拆下挡板，见图 3.30。

注意：请缓慢拆下挡板，否则电刷弹簧可能会弹出。

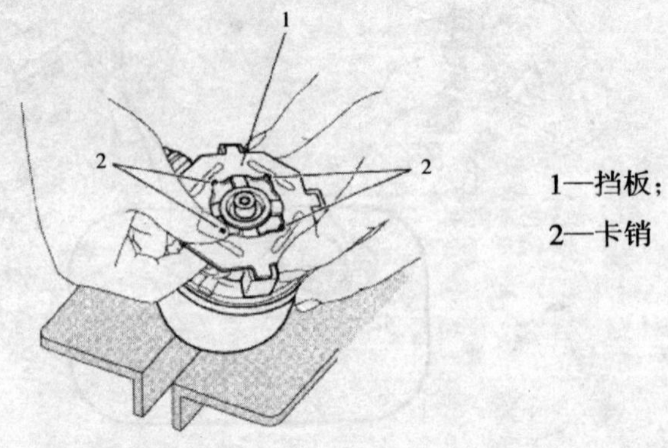

图 3.30 拆下挡板

(3) 用平头螺丝刀(或其他工具)压住弹簧，然后拆下电刷，见图 3.31。

注意：操作时请用胶带缠住螺丝刀。为防止弹簧弹出，请用一块布盖在电刷座上。

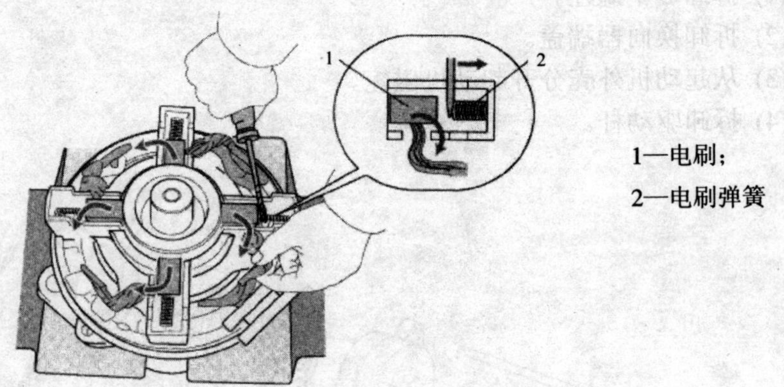

图 3.31 拆下电刷

(4) 从电刷座绝缘体上拆下电刷弹簧，见图 3.32。

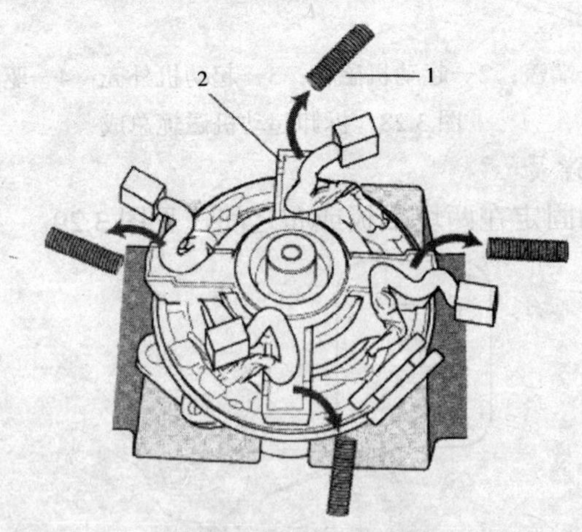

1—电刷弹簧；2—电刷座绝缘体

图 3.32 拆下电刷弹簧

(5) 拆卸电刷座绝缘体，见图 3.33。

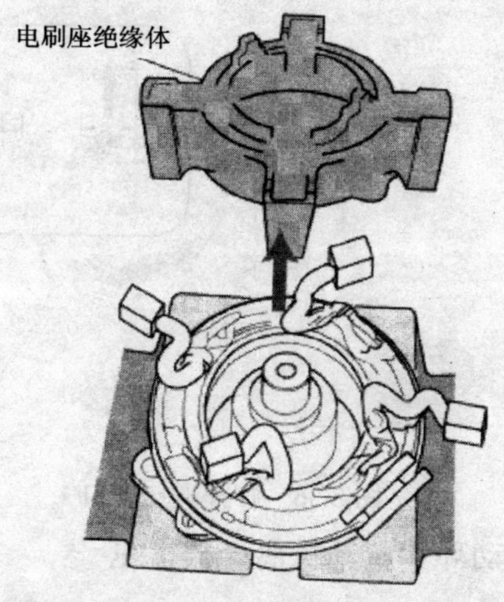

图 3.33　拆卸电刷座绝缘体

4) 拆卸起动机离合器

(1) 从起动机磁轭拆下起动机电枢总成，然后用台钳将电枢固定在两块铝板或布之间，见图 3.34。

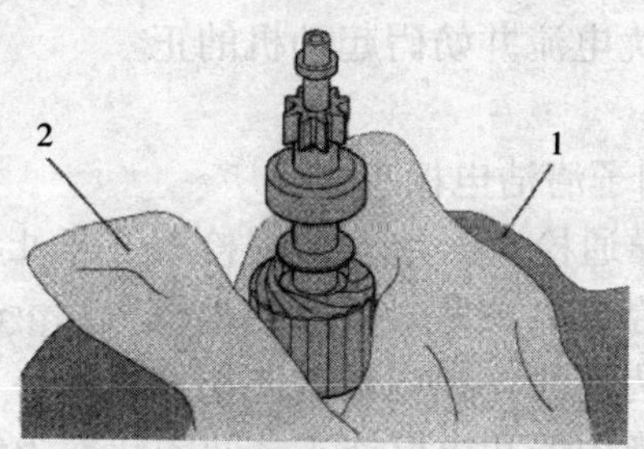

1—台钳；2—布

图 3.34　固定电枢

(2) 用平头螺丝刀轻敲止动环，使其向下滑动，见图 3.35。

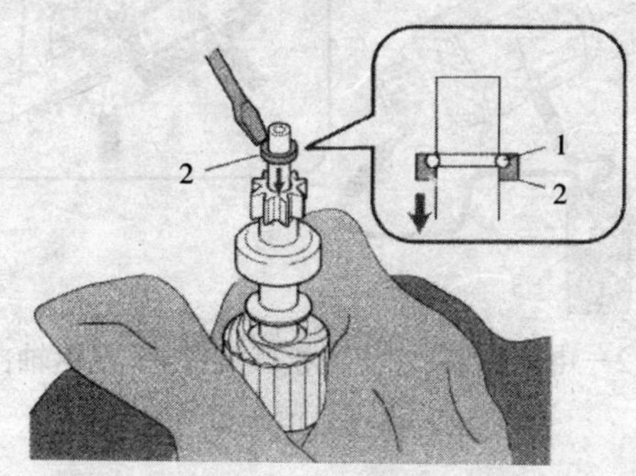

1—卡环；2—止动环

图 3.35　敲开止动环

(3) 用平头螺丝刀打开卡环的开口，拆卸卡环，见图 3.36。

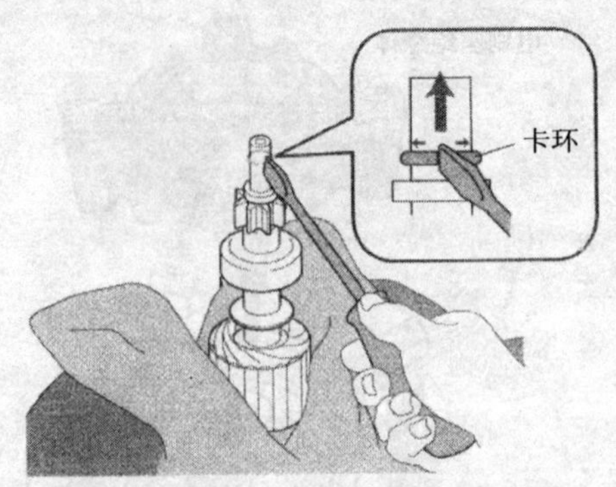

图 3.36　打开卡环开口

(4) 从电枢轴上拆下止动环和起动机离合器，见图 3.37。

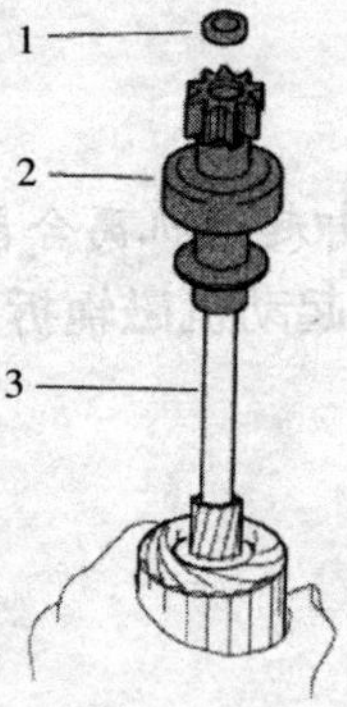

1—止动环；2—起动机离合器；3—电枢轴

图 3.37　拆下止动环和起动机离合器

2．起动机的检查

1) 检查起动机电枢总成

(1) 目测检查。检查电枢线圈和换向器变脏的程度或是否烧坏。起动机的换向器很容易变脏和烧坏。换向器变脏和烧坏之后会干扰电流并妨碍起动机的正常运转。

(2) 清洁。用抹布或者刷子清洁电枢总成。

(3) 起动机电枢绝缘和导通检查。用万用表检查换向器和电枢铁芯之间的绝缘情况，见图 3.38。电枢铁芯和电枢线圈之间的状态为绝缘，换向器与电枢线圈相连。如果零部件正常，换向器和电枢铁芯之间的状态为绝缘。

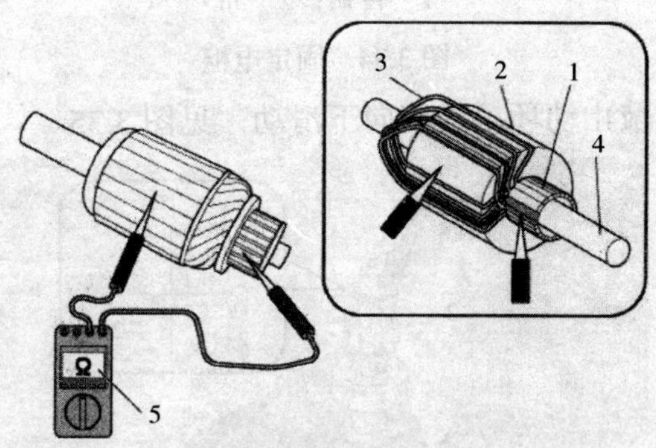

1—换向器；2—电枢铁芯；3—电枢线圈；4—电枢轴；5—不导通

图 3.38　起动机电枢绝缘检查

用万用表检查换向器片之间的导通情况，见图 3.39。每个换向器片通过电枢线圈连接。如果零部件正常，换向器片之间的状态为导通。

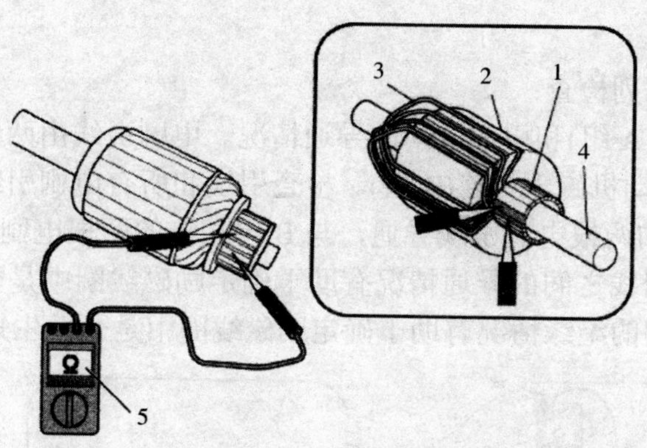

1—换向器；2—电枢铁芯；3—电枢线圈；4—电枢轴；5—导通

图 3.39　起动机电枢导通检查

(4) 换向器圆跳动检查。用千分表检查换向器的跳动水平，见图 3.40。由于换向器的跳动量变大，换向器与电刷的接触不良，可能会出现起动机无法运转故障。

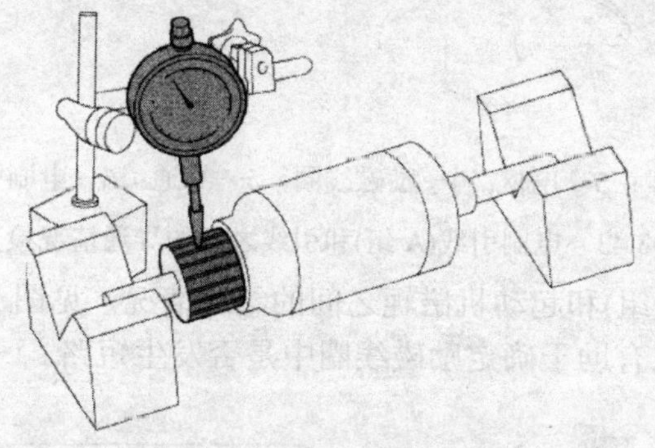

图 3.40　换向器圆跳动检查

(5) 用游标卡尺测量换向器的外径，见图 3.41。由于换向器在转动时要与电刷接触，因此会受到磨损。如果测量值超出规定的磨损范围，与电刷的接触将变差，这可能会导致起动机无法转动和其他故障。

(6) 检查凹槽深度。用游标卡尺的深度杆测量换向器片之间的深度，见图 3.42。

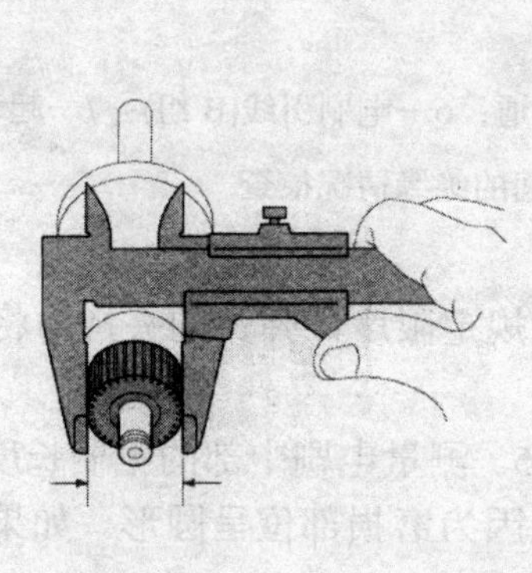

图 3.41　测量换向器的外径

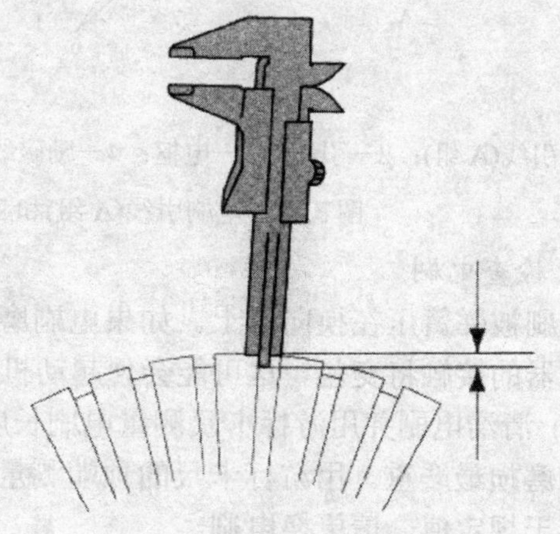

图 3.42　检查凹槽深度

2) 检查励磁线圈

使用万用表进行下列检查：

(1) 检查电刷引线(A 组)和引线之间的导通情况。电刷引线由两组组成：一组与引线相连(A 组)，另一组与起动机磁轭相连(B 组)。检查引线和所有电刷引线之间的导通情况，见图 3.43。与 A 组相连的两根电刷引线导通，与 B 组相连的两根电刷引线不导通。

检查电刷引线和引线之间的导通情况有助于确定励磁线圈中是否发生开路；检查电刷引线和起动机磁轭之间的绝缘情况有助于确定励磁线圈中是否发生短路。

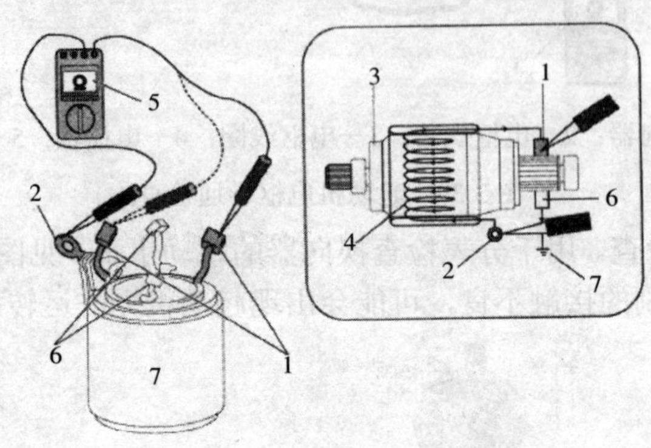

1—电刷引线(A 组)；2—引线；3—电枢；4—励磁线圈；5—导通；6—电刷引线(B 组)；7—起动机磁轭

图 3.43 电刷引线(A 组)和引线之间的导通情况检查

(2) 检查电刷引线(A 组)和起动机磁轭之间的绝缘情况，见图 3.44。检查电刷引线和起动机磁轭之间的绝缘情况有助于确定励磁线圈中是否发生短路。

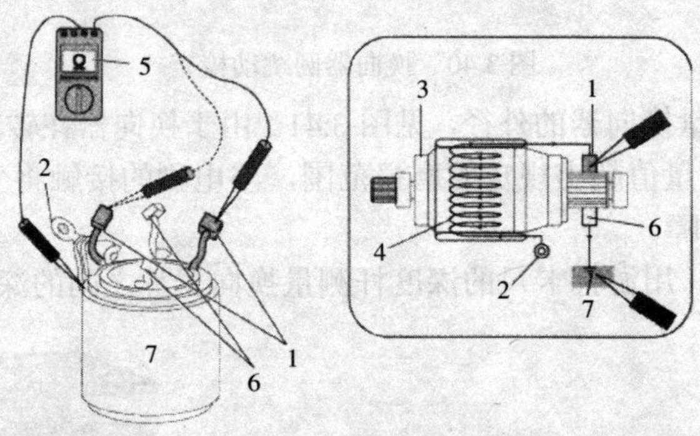

1—电刷引线(A 组)；2—引线；3—电枢；4—励磁线圈；5—不导通；6—电刷引线(B 组)；7—起动机磁轭

图 3.44 电刷引线(A 组)和起动机磁轭之间的绝缘情况检查

3) 检查电刷

电刷被弹簧压在换向器上。如果电刷磨损程度超过规定限度，弹簧的夹持力将降低，与换向器的接触将变差。这可能会使起动机无法转动。

(1) 清洁电刷并用游标卡尺测量电刷长度，见图 3.45。测量电刷中部的电刷长度，因为此部分磨损最严重。用游标卡尺的顶端测量电刷长度，因为磨损部位呈圆形。如果上述测量值低于规定值，请更换电刷。

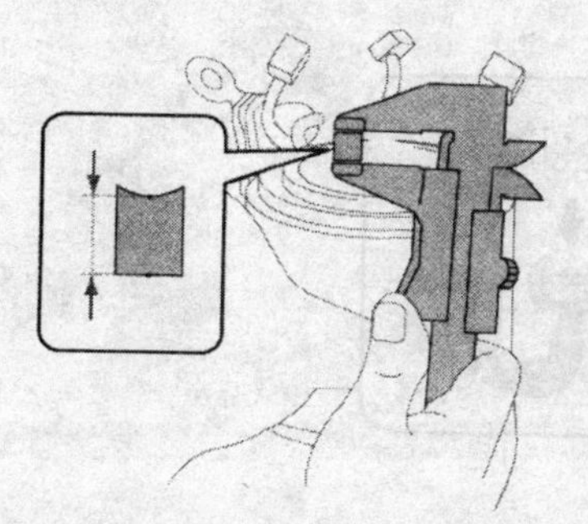

图 3.45　用游标卡尺测量电刷长度

(2) 更换电刷。

① 切断起动机磁轭侧连接位置的电刷引线，见图 3.46。

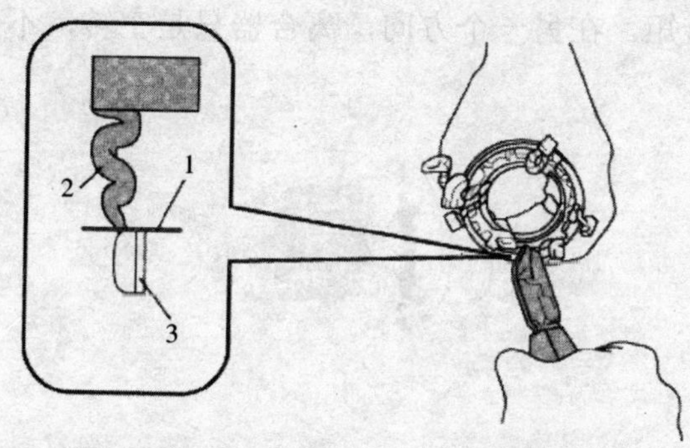

1—切断；2—电刷引线；3—起动机磁轭侧

图 3.46　切断起动机磁轭侧连接位置的电刷引线

② 用锉或者砂纸整形起动机磁轭的焊接面，见图 3.47。

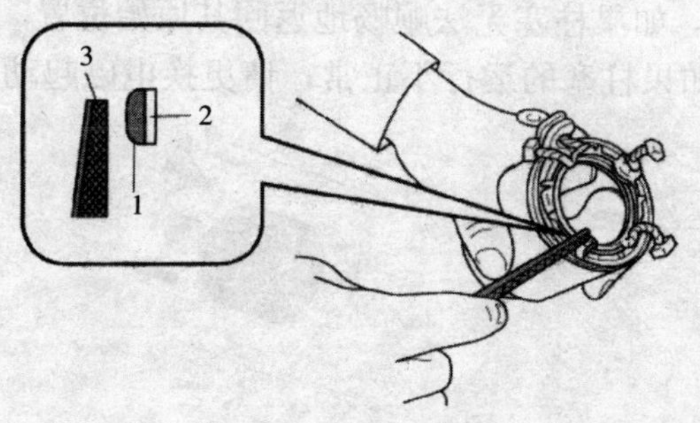

1—整形区；2—起动机磁轭侧；3—木锉

图 3.47　整形起动机磁轭的焊接面

③ 将带板的新电刷安装到起动机磁轭上，稍稍用力压一下，使其互相连接，见图 3.48。

④ 将新电刷焊接在连接部位，见图 3.49。

提示：焊接时请使用适量的焊料，注意不要接触到目标区域以外的地方。

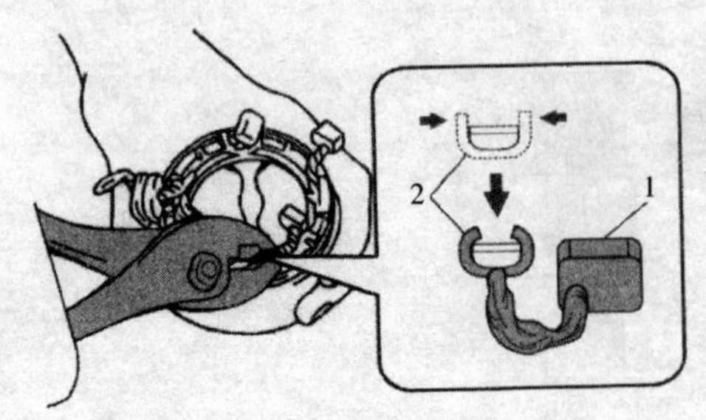

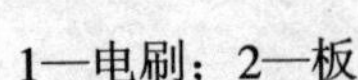
1—电刷；2—板

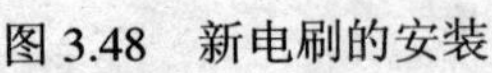
图 3.48　新电刷的安装

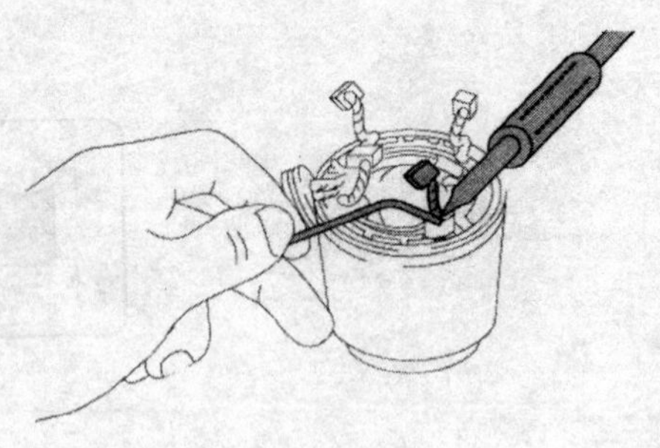

图 3.49　将新电刷焊接在连接部位

4) 检查起动机离合器分总成

用手转动起动机离合器，检查单向离合器是否处于闭锁状态，见图 3.50。单向离合器仅向一个旋转方向传送转矩。在另一个方向，离合器只是空转，不会传送转矩。

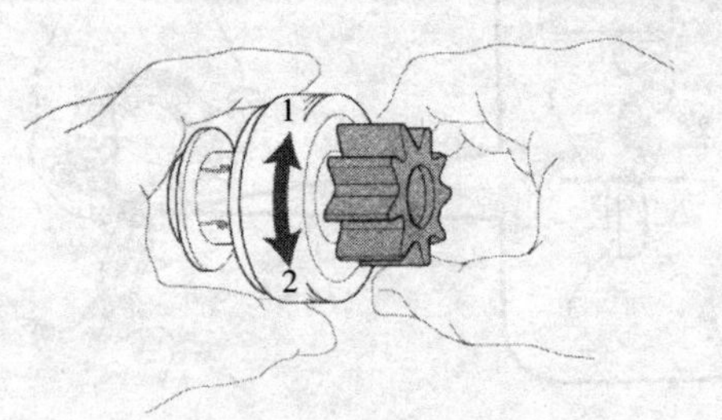

1—自由；2—闭锁

图 3.50　检查起动机离合器

5) 检查电磁起动机开关总成

(1) 用手指按住柱塞，松开手指之后，检查柱塞是否很顺畅地返回其原来位置，见图 3.51。由于开关在柱塞中，如果柱塞无法顺畅地返回其原始位置，开关的接触将变差，因此无法打开/关闭起动机。如果柱塞的运行不正常，请更换电磁起动机开关总成。

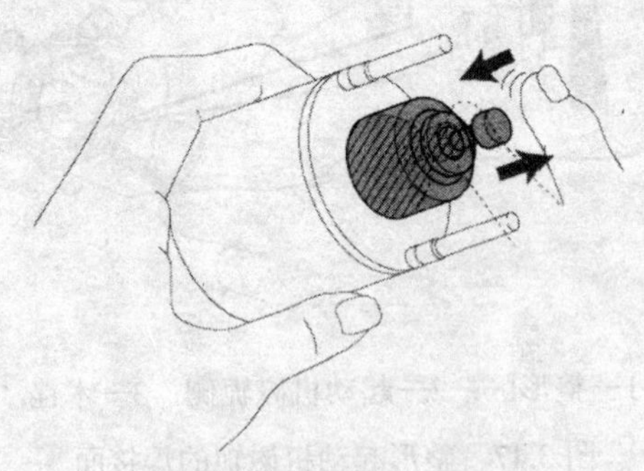

图 3.51　检查柱塞

(2) 检查电磁起动机开关的导通情况，见图 3.52。用万用表测量端子 50 和端子 C 之间的导通情况(吸拉线圈的导通检查)。如果吸拉线圈正常，则两个端子之间为导通。如果吸拉线圈断开，则柱塞无法被吸动。

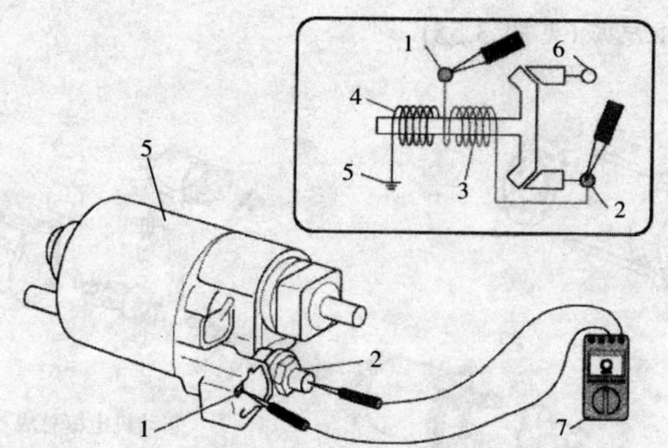

1—端子 50；2—端子 C；3—吸拉线圈；4—保持线圈；5—壳体；6—端子 30；7—导通

图 3.52　检查电磁起动机开关的导通情况

(3) 检查端子 50 和开关壳体之间的导通情况(保持线圈中的导通检查)，见图 3.53。如果保持线圈正常，则端子 50 和开关壳体之间为导通。如果保持线圈断开，可牵引柱塞，但无法保持，因此小齿轮反复伸出和返回。

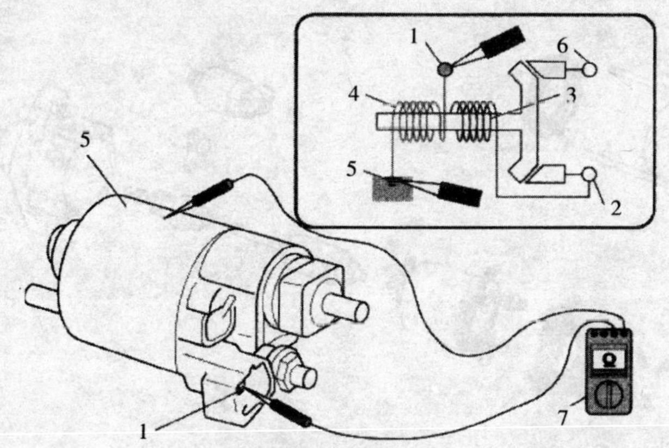

1—端子 50；2—端子 C；3—吸拉线圈；4—保持线圈；5—壳体；6—端子 30；7—导通

图 3.53　检查保持线圈中的导通情况

3. 起动机的组装

1) 安装起动机离合器分总成(见图 3.54)

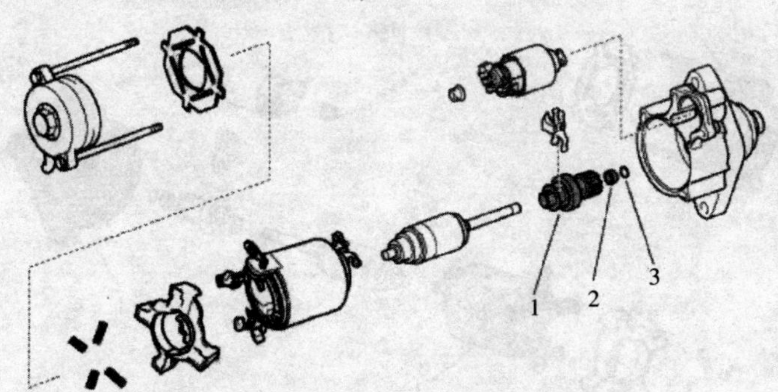

1—起动机离合器；2—止动环；3—卡环

图 3.54　安装起动机离合器分总成

2) 安装起动机电枢总成(见图 3.55)

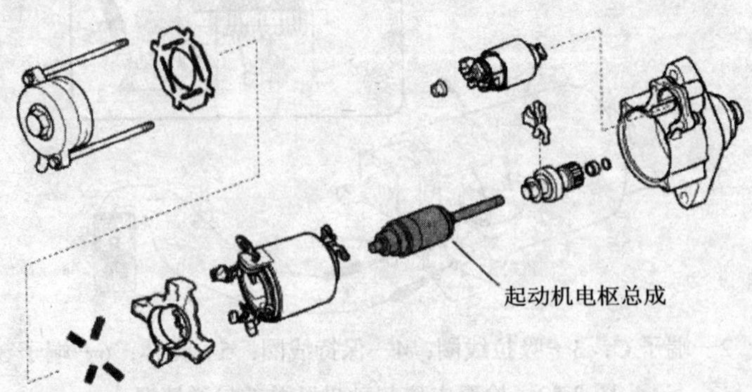

图 3.55 安装起动机电枢总成

3) 安装起动机电刷弹簧(见图 3.56)

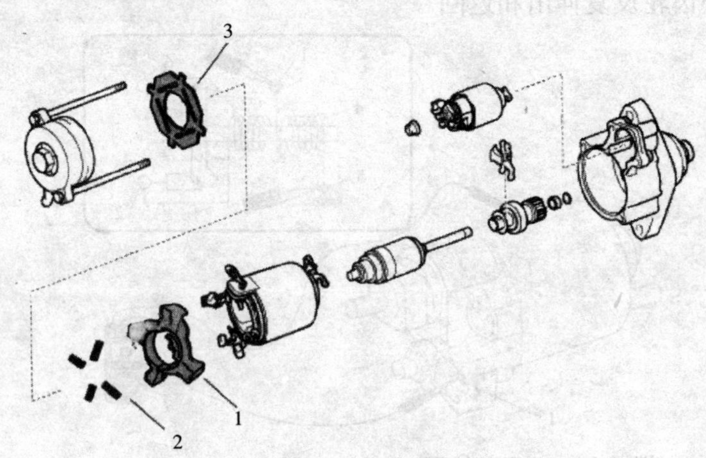

1—电刷座绝缘体；2—弹簧；3—板

图 3.56 安装起动机电刷弹簧

4) 安装起动机磁轭总成(见图 3.57)

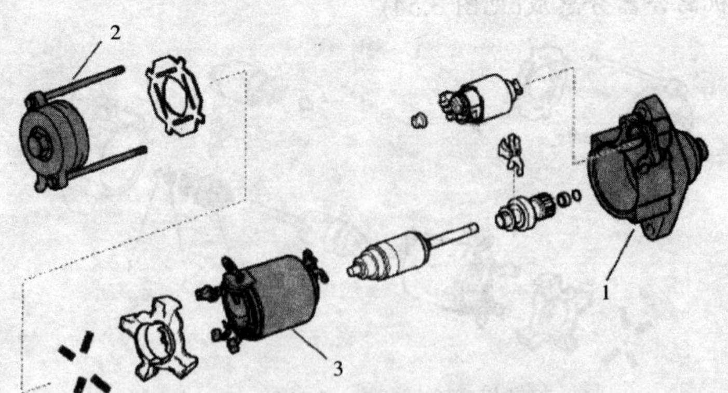

1—起动机外壳；2—端盖；3—起动机磁轭

图 3.57 安装起动机磁轭总成

5) 安装电磁起动机开关总成(见图 3.58)

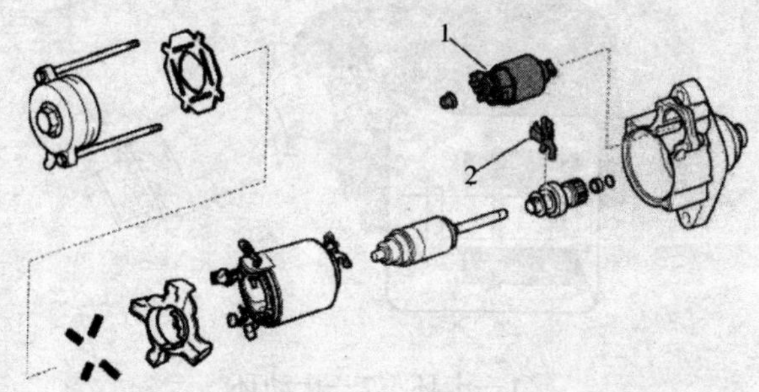

1—电磁起动机开关；2—驱动杆

图 3.58 安装电磁起动机开关总成

6) 安装起动机离合器分总成

(1) 在起动机离合器花键上涂一些润滑脂，见图 3.59。

(2) 将起动机离合器安装到电枢轴上，见图 3.60。

图 3.59 在离合器花键上涂润滑脂

图 3.60 将起动机离合器安装到电枢轴上

(3) 将止动环安装到轴上，较小的内径应指向下方，见图 3.61。

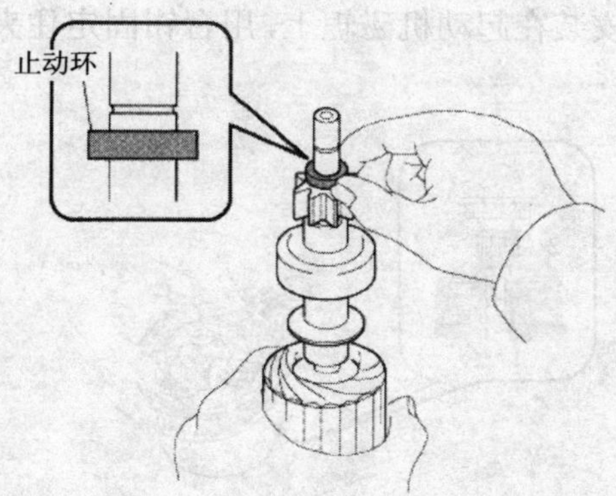

图 3.61 将止动环安装到轴上

(4) 将卡环对齐轴上的凹槽，用台钳拧紧，将其固定在轴上，见图 3.62。

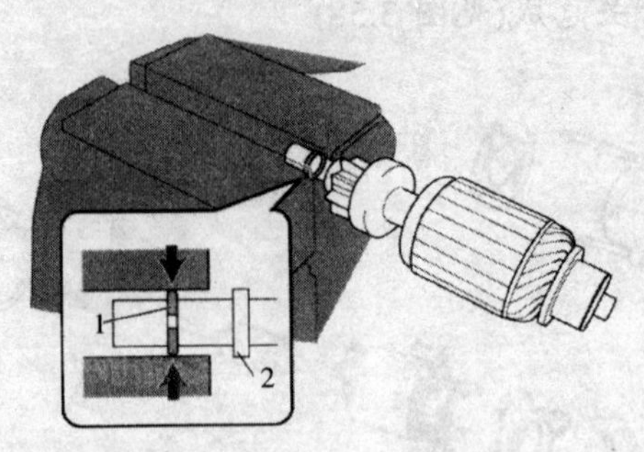

1—卡环；2—止动环

图 3.62 将卡环固定在轴上

(5) 抬起起动机离合器，将其保持在该位置，然后用塑料锤敲打轴，将卡环装入止动环中，见图 3.63。

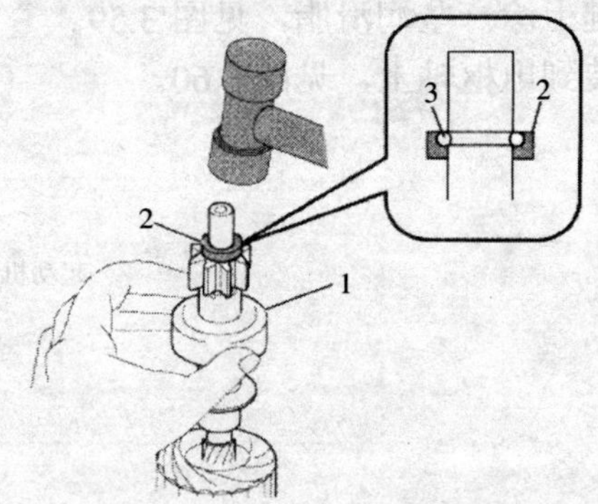

1—起动机离合器；2—止动环；3—卡环

图 3.63 将卡环装入止动环中

7) 安装起动机电刷弹簧

(1) 将起动机电枢总成安装在起动机磁轭上，用台钳固定住夹在两块铝板或布之间的电枢轴，见图 3.64。

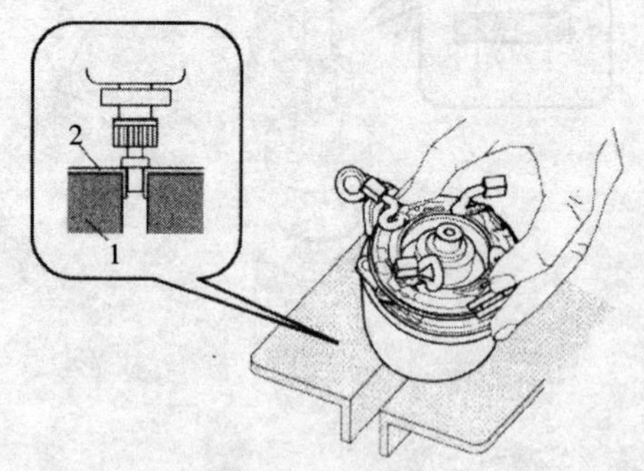

1—台钳；2—铝板

图 3.64 固定住电枢轴

(2) 安装电刷座绝缘体，见图 3.65。

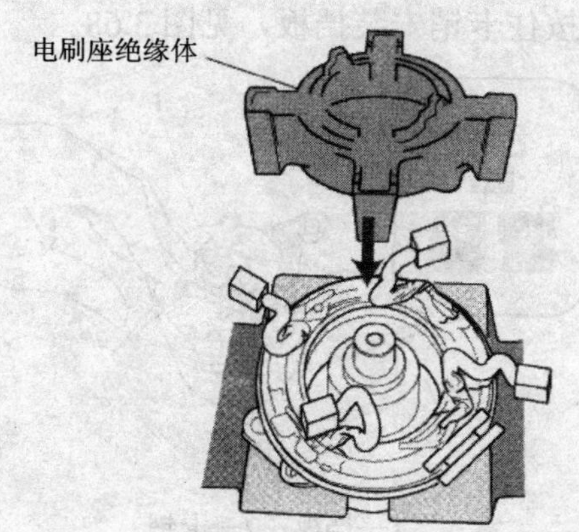

图 3.65　安装电刷座绝缘体

(3) 将弹簧安装在电刷座绝缘体上，见图 3.66。

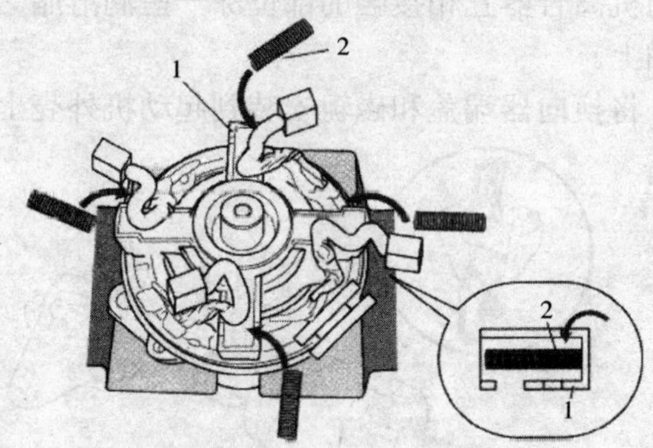

1—电刷座绝缘体；2—电刷弹簧

图 3.66　将弹簧安装在电刷座绝缘体上

(4) 压住弹簧，同时将电刷装到电刷座绝缘体上，见图 3.67。

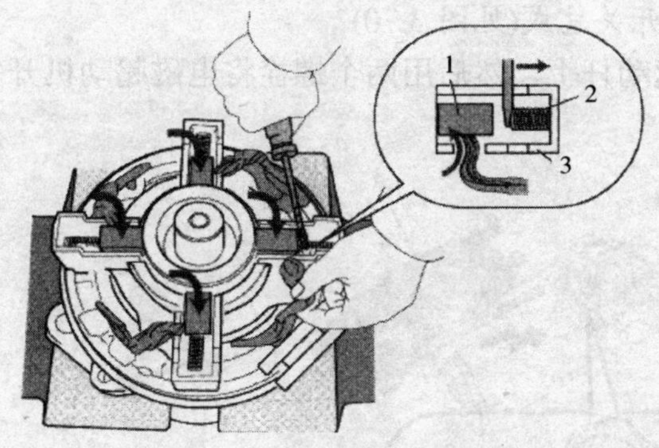

1—电刷；2—电刷弹簧；3—电刷座绝缘体

图 3.67　将电刷装到电刷座绝缘体上

注意：由于电刷受弹簧的推动，操作时请务必小心，不要让弹簧弹出来。用螺丝刀可以比较方便地压住弹簧，但是需用胶带缠绕螺丝刀的顶端。

(5) 安装挡板。用手指按住卡销安装挡板，见图 3.68。

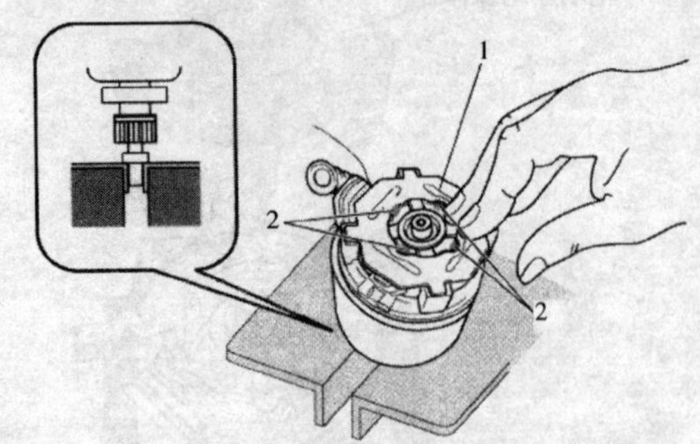

1—挡板；2—卡销

图 3.68 安装挡板

8) 安装起动机磁轭总成(见图 3.69)

(1) 在驱动杆和起动机离合器互相接触的部位涂一些润滑脂。

(2) 将驱动轴放到轴上。

(3) 拧紧两个螺栓，将换向器端盖和磁轭安装到起动机外壳上。

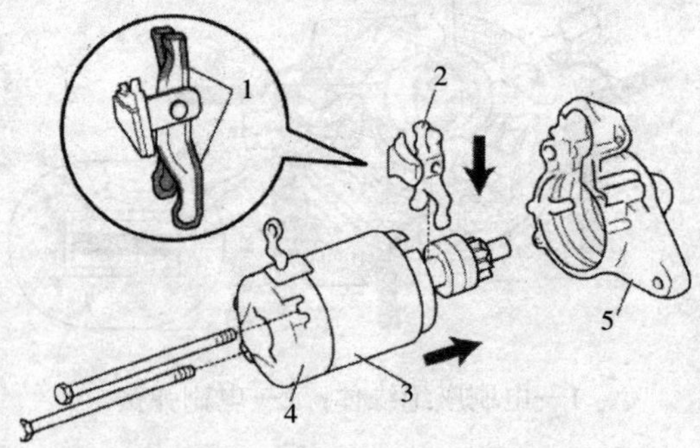

1—润滑脂；2—驱动杆；3—起动机磁轭；4—端盖；5—起动机外壳

图 3.69 安装起动机磁轭总成

9) 安装电磁起动机开关总成(见图 3.70)

(1) 将柱塞钩钩到驱动杆上，然后用两个螺栓将电磁起动机开关安装到起动机外壳上。

(2) 连接引线。

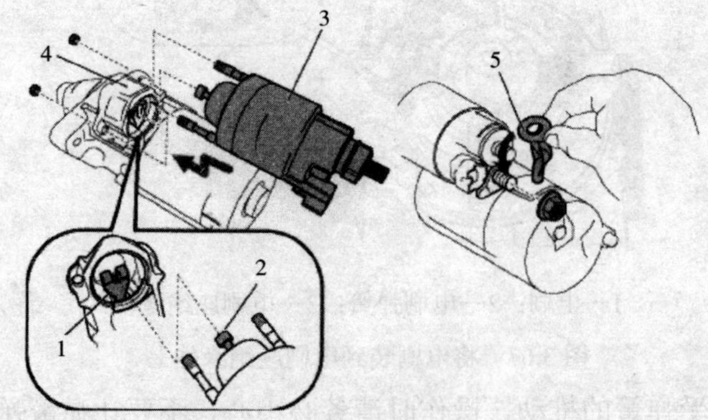

1—驱动杆；2—柱塞钩；3—电磁起动机开关；4—起动机外壳；5—引线

图 3.70 安装电磁起动机开关总成

4．起动机的测试

检查起动机操作时可直接用蓄电池供电，然后检查起动机的各项功能。

注意：用蓄电池给起动机长时间供电会烧坏线圈，因此每次检查的时间应限定为3～5 s。

1) 牵引测试

牵引测试用于检查电磁起动机开关是否正常。测试方法见图3.71。

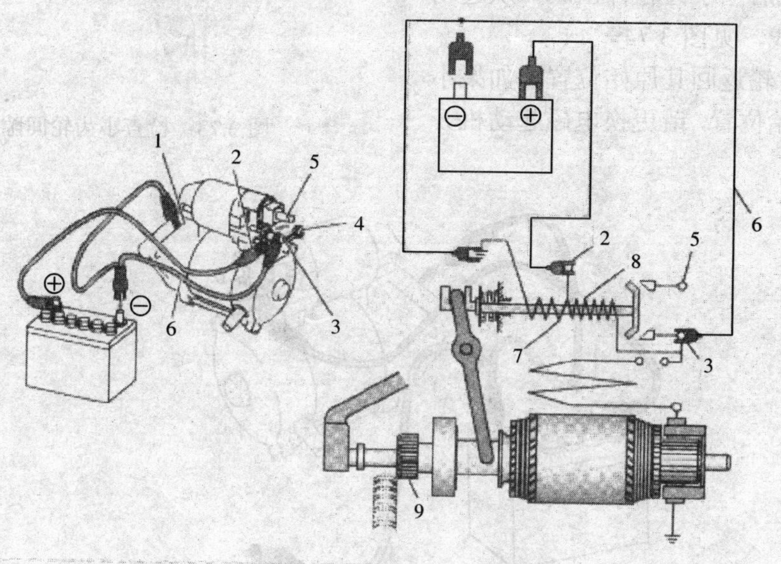

1—起动机壳体；2—端子50；3—端子C；4—励磁线圈引线；5—端子30；
6—测试引线A；7—保持线圈；8—吸拉线圈；9—小齿轮

图3.71　牵引测试

(1) 为防止起动机转动，从端子C断开励磁线圈引线。

(2) 将蓄电池正极(+)端子连接到端子50上。

(3) 将蓄电池负极(−)端子连接到起动机体和端子C(测试引线A)上，检查小齿轮是否露出。如果小齿轮没有伸出，应更换电磁起动机开关总成。

2) 保持测试

保持测试的目的是检查保持线圈是否正常。测试方法见图3.72。

(1) 牵引测试之后，当小齿轮伸出时，从端子C断开测试引线A。

(2) 检查小齿轮是否保持伸出状态。

断开测试引线A(该引线连接蓄电池负极端子和端子C)，从端子C断开流入吸拉线圈的电流，让电流仅流入保持线圈。如果小齿轮无法保持伸出状态，请更换电磁起动机开关总成。

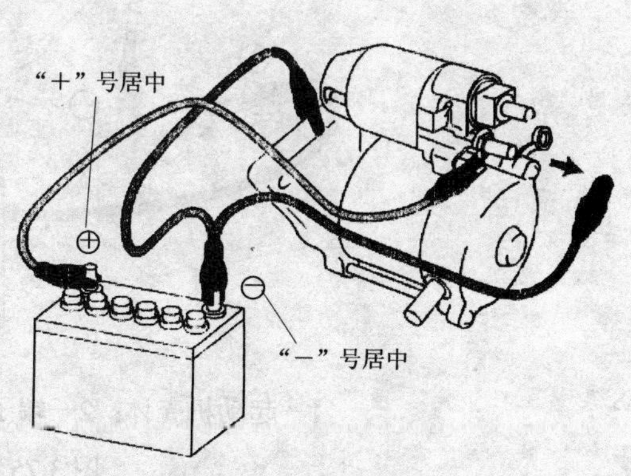

图3.72　保持测试

3) 检查小齿轮间隙

在保持测试状态下，测量小齿轮和止动环之间的间隙。如果间隙超出规定值范围，请更换电磁起动机开关总成。测量方法见图 3.73。

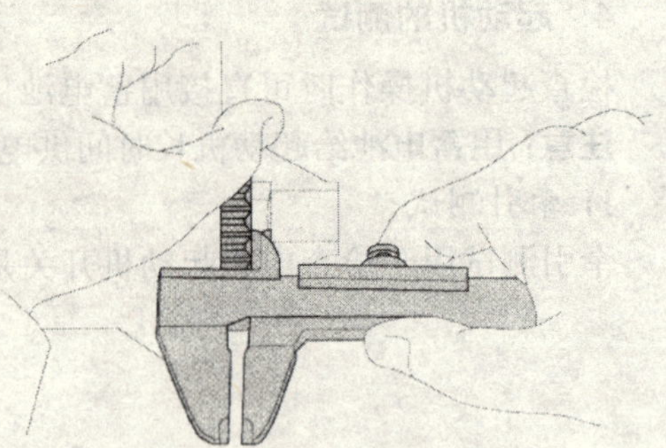

图 3.73　检查小齿轮间隙

4) 小齿轮回位测试

(1) 保持测试后当小齿轮伸出时，从起动机壳体断开接地线，见图 3.74。

(2) 确认小齿轮返回其原始位置。如果小齿轮未返回其原始位置，请更换电磁起动机开关总成。

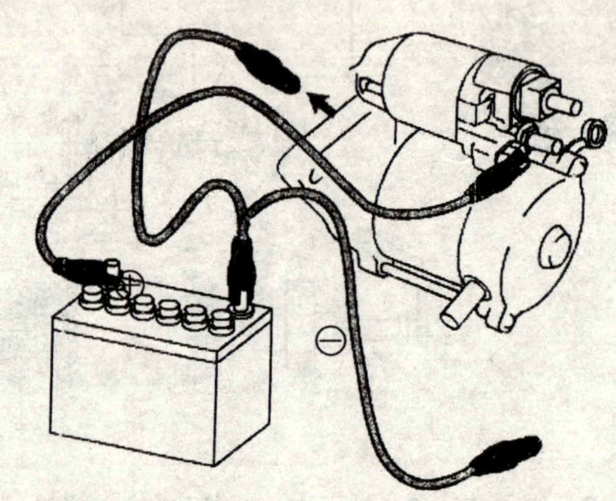

图 3.74　小齿轮回位测试

5) 无负荷测试

无负荷测试用于检查起动机电磁开关的接触点以及换向器和电刷之间的接触状况。测试方法见图 3.75。

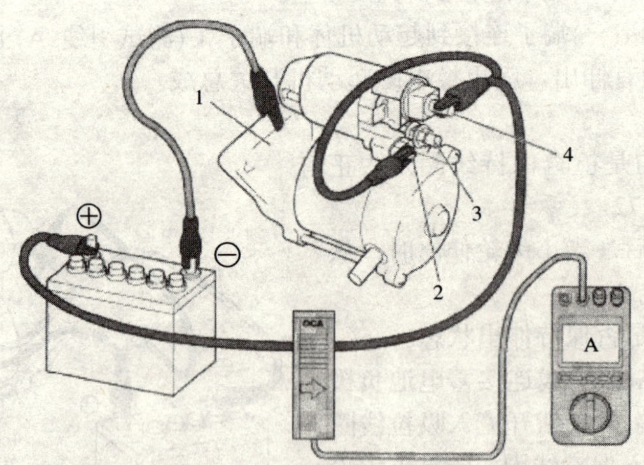

1—起动机壳体；2—端子 50；3—端子 C；4—端子 30

图 3.75　无负荷测试

(1) 用台钳固定住夹在铝板或者布之间的起动机。

(2) 将拆下的励磁线圈引线连接到端子 C。

(3) 将蓄电池正极(+)端子连接到端子 30 和端子 50 上。

(4) 将测试仪连接在蓄电池正极(+)端子和端子 30 之间。

(5) 将蓄电池负极(−)端子连接到起动机壳体上，然后转动起动机。

(6) 测量流入起动机的电流。

规定电流：一般低于 50 A，但电流值会随起动机电机的不同而不同，有时甚至会用到 200～300 A 的电流。可预先查阅维修手册，务必使用容量足够大的安培计和引线。

第三节　起动系统的故障诊断

一、起动机的接线

1) 点火开关直接控制起动系统的接线(见图 3.76)

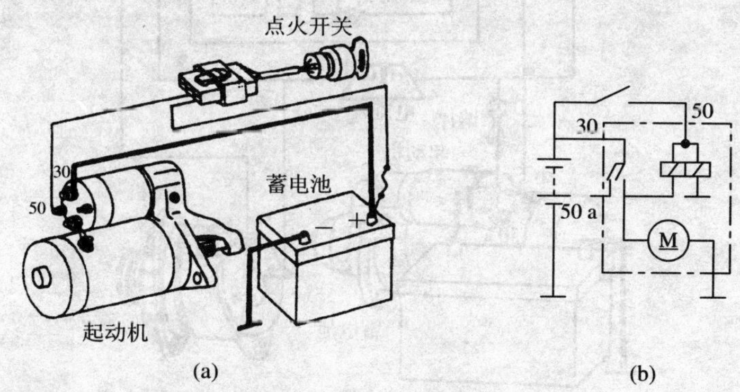

图 3.76　点火开关直接控制起动系统接线

(a) 接线图；(b) 电原理图

2) 单继电器控制起动系统的接线(见图 3.77)

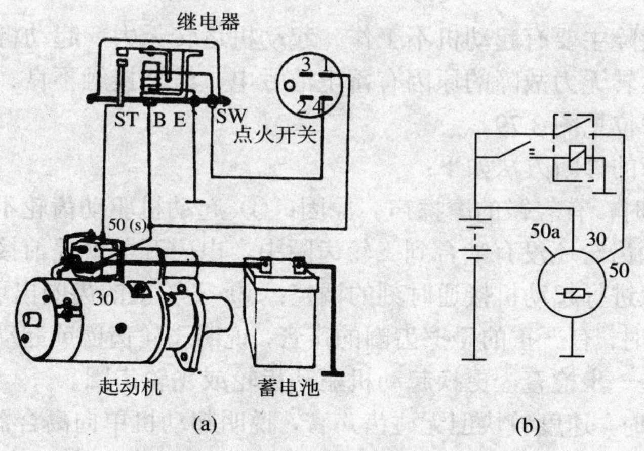

图 3.77　单继电器控制起动系统接线

(a) 接线图；(b) 电原理图

3) 带起动保护继电器控制起动系统的接线(见图 3.78)

在发动机未起动时，硅整流发电机未发电，中性抽头(N)接线柱电压为零，充电指示灯继电器线圈无电流通过，起动机继电器线圈电流经充电指示灯继电器动断触点搭铁。当点火开关转到起动(ST)挡时，起动机可以正常通电工作。发动机起动后，发电机中性抽头(N)接线柱输出电压，作用于充电指示灯继电器线圈上，使其动断触点断开，充电指示灯和起动继电器线圈搭铁回路被切断，充电指示灯熄灭，此时在起动(ST)挡即使没有及时放松点火开关钥匙，或误将点火开关钥匙重新转到起动(ST)挡位置，起动机也不会工作，从而起到保护作用。

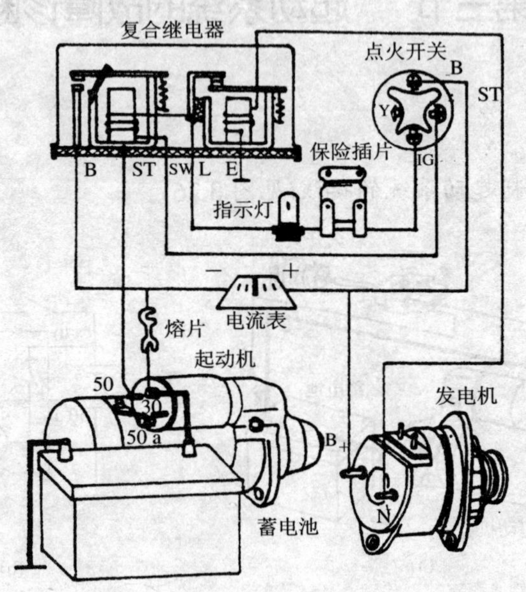

图 3.78　带起动保护继电器控制起动系统接线

二、起动系统常见故障

起动系统常见故障主要有起动机不工作、起动机运转无力、起动机空转等。产生起动机不工作或起动机运转无力故障的原因有蓄电池亏电、线路接触不良、起动机自身故障。起动机自身故障的部位见图 3.79。

起动机空转故障的诊断方法如下：

(1) 起动机空转时，有轻微的摩擦声。原因：① 起动机驱动齿轮不能与飞轮齿圈啮合而产生空转，即驱动齿轮还没有啮合到飞轮齿圈中，电磁开关就提前接通，说明主回路的接触盘行程过短，应进行起动机接通时刻的调整；② 飞轮上的齿圈出现滑转。

(2) 起动机空转时，有严重的碰擦齿圈的声音，说明飞轮齿圈或起动机驱动齿轮严重磨损，应拆下起动机进一步检查，更换起动机驱动齿轮或飞轮齿圈。

(3) 起动机空转时，速度较快但无碰齿声音，说明起动机单向离合器打滑，应更换单向离合器总成。

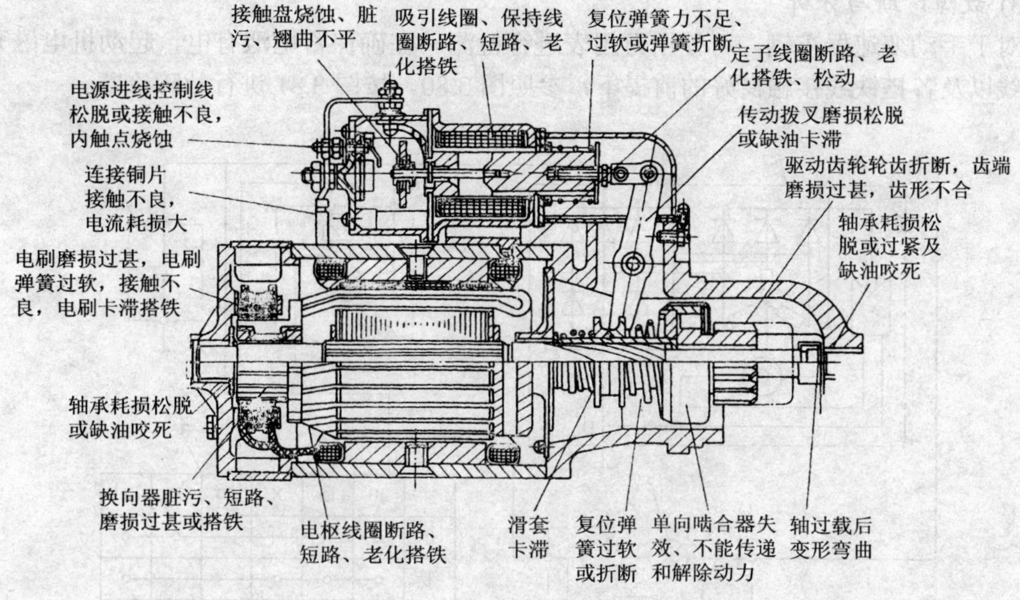

图 3.79　起动机自身故障的部位

三、由点火开关直接控制的起动系统

在一些起动机功率小于 1.2 kW 的轿车电路中，能够见到由点火开关直接控制的起动电路，点火开关在起动挡直接控制起动机的吸拉线圈和保持线圈，见图 3.76。

为了防止发动机在运转中误操作起动机，在点火锁中设有防重复起动的锁定装置。点火开关打至起动挡一次后，欲重新起动发动机，必须把钥匙转回到点火开关的关闭位置后方可进行。

提示：对于装有自动变速器的车辆，如果点火开关打至起动挡，起动机没有反应，首先要确认自动变速器的操纵杆是否处在 N 或 P 挡，只有在 N 或 P 挡才允许起动机工作。

1．起动机不工作

1) 故障现象

起动机不工作的故障表现为：点火开关打至起动挡，起动机没有反应。

2) 故障原因

(1) 蓄电池严重亏电；

(2) 蓄电池接线柱氧化严重；

(3) 线路接触不良或有断路；

(4) 点火开关故障；

(5) 起动机电磁开关故障；

(6) 起动电动机有故障；

(7) 自动变速器不在 N 或 P 挡(自动变速器车辆)；

(8) 自动变速器多功能开关有故障(自动变速器车辆)；

(9) 自动变速器控制单元有故障(自动变速器车辆)。

3) 故障诊断与分析

对于手动变速器车辆，可使用万用表进行检测。在确保蓄电池有电，起动机电磁开关各接线以及各搭铁线接触良好的前提下，参照图 3.80，按图 3.81 进行故障诊断。

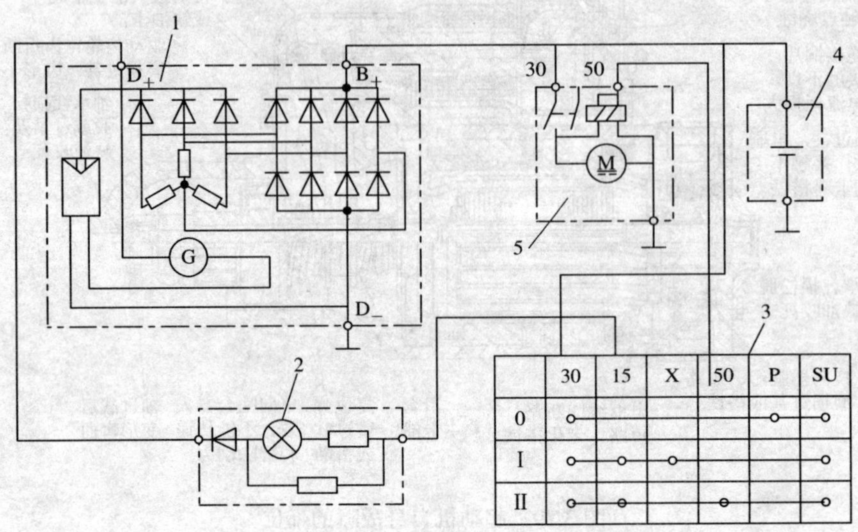

1—发电机及调节器；2—充电指示灯；3—点火开关；4—蓄电池；5—起动机

图 3.80 点火开关直接控制的起动系统电路

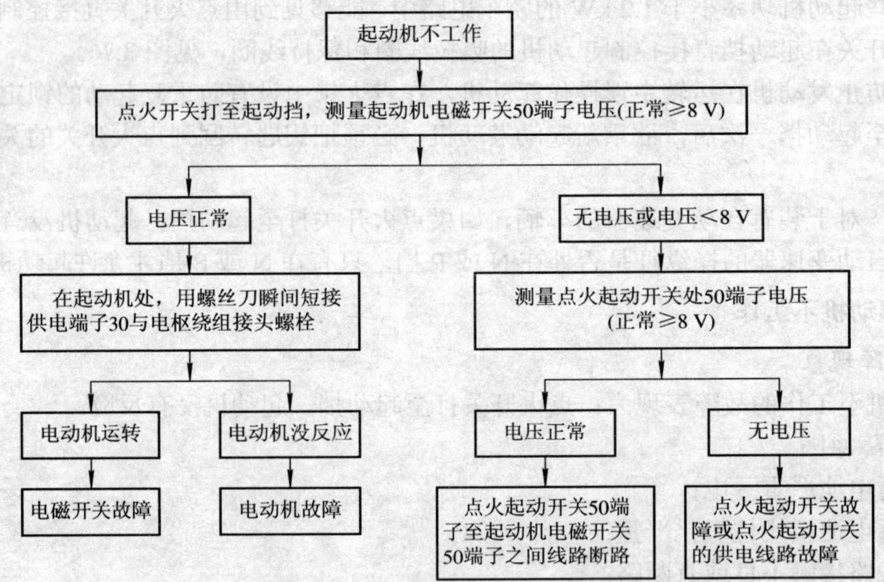

图 3.81 手动变速器车辆起动机不工作故障的诊断方法

对于自动变速器车辆，首先要确认自动变速器是否处在 N 或 P 挡，在蓄电池有电，起动机电磁开关各接线以及各搭铁线接触良好的前提下，可在起动机处用导线短接 30 与 50 端子，若起动机不工作，则说明故障在起动机自身(此时可进一步进行诊断，用较粗导线在起动机处瞬间短接 30 端子与电枢接头，若电机运转，则说明故障在电磁开关，否则说明故障在电机内部)；若起动机工作，需在起动继电器处进一步进行诊断，在确认各接线良好且点火开关起动供电正常的前提下，借助专用仪器(如大众车系使用 VAG1551 或 VAG1552)对自动变速器的多功能开关和控制单元进行诊断，若无故障，说明故障在起动继电器。

2. 起动机运转无力故障

1) 故障现象

起动机运转无力的故障表现为：起动时，发动机转速太低，不能起动。

2) 故障原因

(1) 蓄电池亏电；

(2) 线路接触不良或接线柱被氧化；

(3) 起动机自身故障；

(4) 发动机转动阻力太大。

3) 故障诊断方法

在正确使用发动机机油和具有合适的 V 型皮带张紧度的情况下，可按图 3.82 进行故障诊断。

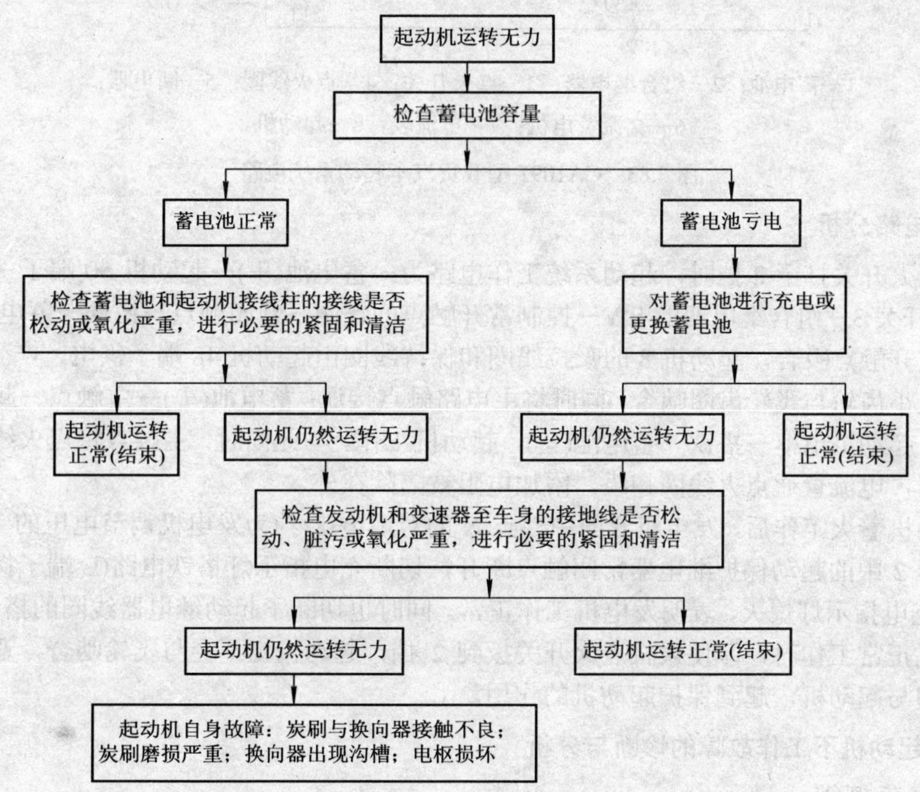

图 3.82 起动机运转无力故障的诊断方法

四、带起动保护的起动控制系统

带起动保护的起动控制电路在载货汽车上较为常见，图 3.83 所示为 CA1091 型载货汽车的起动系统电路。

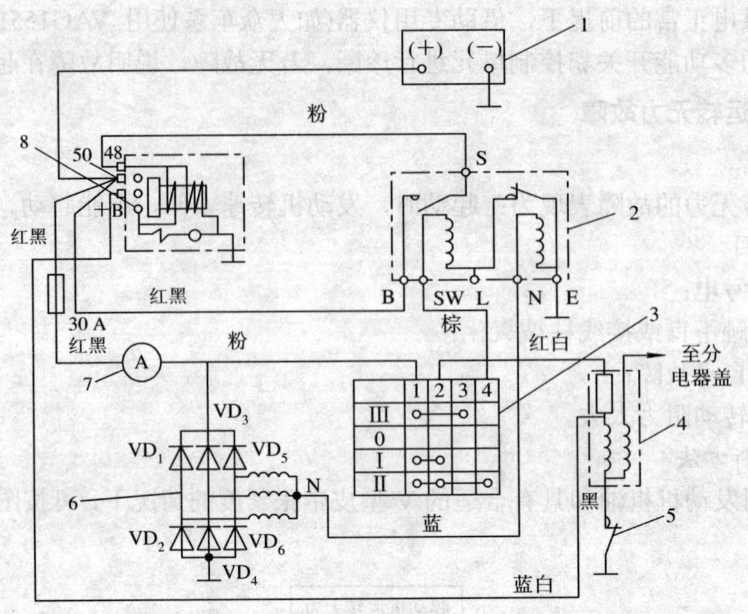

1—蓄电池；2—组合继电器；3—点火开关；4—点火线圈；5—断电器；

6—交流发电机；7—电流表；8—起动机

图 3.83　CA1091 型载货汽车起动系统电路

1．电路分析

当点火开关打至 2 挡时，起动系统工作电路为：蓄电池(+)→起动机 50 端子→电流表 7→点火开关 3→组合继电器的 SW→控制常开触点的线圈→常闭触点→搭铁→蓄电池(−)。结果是常开触点吸合，起动机 8 的吸拉线圈和保持线圈由起动机 48 端子供电，产生吸力，使起动机小齿轮与飞轮齿圈啮合，同时将主电路触点接通：蓄电池(+)→主触点→起动机磁场线圈→起动机电枢→搭铁→蓄电池(−)，起动机工作。与此同时，主触点将点火线圈旁路触点接通，电流直通点火线圈初级，附加电阻被隔除在外。

发动机着火工作后，发电机 6 的中性点 N 的对地电压(约为发电机调节电压的 1/2)使组合继电器 2 中的起动保护继电器常闭触点断开，切断充电指示灯搭铁电路(L 端子接充电指示灯)，充电指示灯熄灭，表明发电机工作正常。同时也切断了起动继电器线圈的搭铁通路，当发动机正常工作时，即使误将点火开关扳到 2 挡，起动机也不会与飞轮啮合，避免打坏飞轮齿圈与起动机，起到保护起动机的作用。

2．起动机不工作故障的诊断与分析

1) 故障现象

起动机不工作的故障表现为：点火开关打至起动挡时，起动机不转动。

2) 故障原因

(1) 供电系统故障：蓄电池储电量严重不足，亏电太多；起动机电缆线与蓄电池接线柱连接松动或接线柱氧化。

(2) 起动机故障：起动机电磁开关吸拉线圈或保持线圈出现搭铁、断路、短路故障，电磁开关触点烧蚀，或因调整不当使接触盘与触点接触不良；磁场绕组或电枢绕组断路、短路或搭铁；电刷在电刷架内卡死、弹簧折断等；换向器油污、烧蚀、磨损产生沟槽。

(3) 组合继电器故障：起动继电器线圈断路、短路、搭铁；起动继电器触点烧蚀、油污。铁芯与触点臂气隙过大；保护继电器触点烧蚀、油污。

(4) 点火开关故障：起动挡失灵。

3) 诊断方法

在未接通起动开关前，打开前照灯，观察灯光亮度。如果灯光暗淡，则可能是蓄电池亏电过多或连接线松脱所致。在蓄电池正常的情况下，起动机不工作故障可参照图 3.83 按图 3.84 进行诊断。

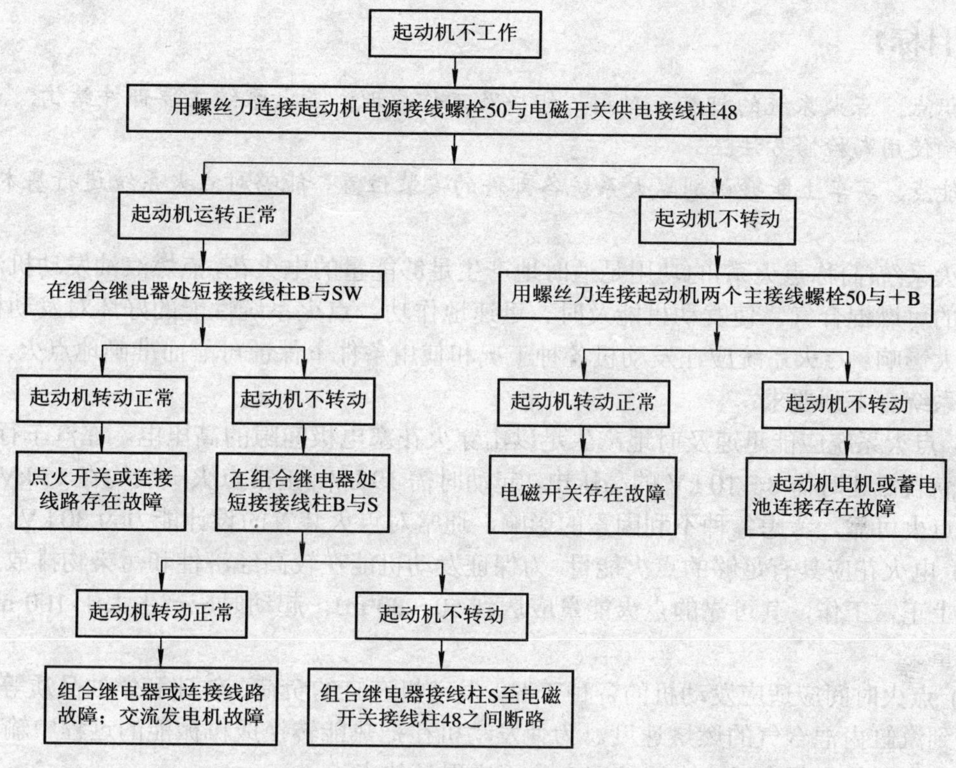

图 3.84 起动机不工作故障的诊断方法

练习与思考题

3-1 电磁控制式起动机由几部分组成？各部分的功用是什么？

3-2 电磁控制强制啮合式起动机电磁开关中的吸拉线圈和保持线圈，在起动前后其电流方向有无变化？为什么？

3-3 怎样合理使用起动机？

3-4 如何对起动机进行检修？

3-5 如何诊断起动机不工作故障？

第四章　点火系统

【学习目标】

知识点：点火系统的种类、功用、组成及工作原理；点火系统主要部件结构；点火系统的正确使用与检修方法。

技能点：实车上能够识别点火系统各部件的安装位置，能够对点火系统进行基本检修。

点火系统(简称点火系)的功用是适时地产生足够能量的电火花，点燃汽油发动机汽缸内已压缩的可燃混合气，使发动机能及时、迅速地作功。点火系统性能的好坏对发动机的工作有很大影响。点火系统应在发动机各种工况和使用条件下保证可靠而准确地点火，为此，对点火系统有下列要求：

(1) 点火系统应能迅速及时地产生足以击穿火花塞电极间隙的高压电。在汽车行驶中，发动机满载低速时需 8～10 kV 的高压电，起动时需 19 kV，正常点火一般均在 15 kV 以上。为保证点火可靠，考虑各种不利因素的影响，通常对点火装置的设计能力为 30 kV。

(2) 电火花应具有足够的点火能量。为保证发动机能在较高经济性和污染物排放量指标的基础上正常工作，其可靠的点火能量应达到 50～80 mJ，起动时应产生大于 100 mJ 的电火花能量。

(3) 点火时间应适应发动机的各种工况。发动机汽缸的负荷、转速和燃油品质等，都直接影响到汽缸内混合气的燃烧速度。为使发动机在把热能转换成机械能的过程中输出最大功率，点火系统必须在适应上述情况变化下实现最佳点火。

在汽车上使用的点火系统种类较多，主要有：传统触点点火系统，无触点电子点火系统，计算机控制点火系统等。随着发动机电控技术的发展，现代汽车普遍采用计算机控制点火系统。

第一节　点火系统的构造

一、传统点火系统

1. 传统点火系的组成

传统点火系的组成见图 4.1。主要包括：

(1) 电源。它供给点火系统所需的电能，由蓄电池和发电机提供。

(2) 点火线圈。其作用是将电源 12 V 的低压电变成 15～20 kV 的高压电。

(3) 分电器。它包括断电器、配电器、电容器和点火提前机构等部分。各部分作用如下：

① 断电器：接通与切断点火线圈初级电路。

② 配电器：将点火线圈产生的高压电按汽缸的工作顺序送至各缸火花塞。

③ 电容器：减小断电器触点火花，延长触点使用寿命并提高次级电压。

④ 点火提前机构：随发动机转速、负荷和汽油辛烷值的变化而改变点火提前角。

(4) 火花塞。其作用是将高压电引入汽缸燃烧室，产生电火花来点燃混合气。

(5) 点火开关。其作用是控制点火系统的初级电路。

(6) 附加电阻。其作用是改善点火性能和起动性能。

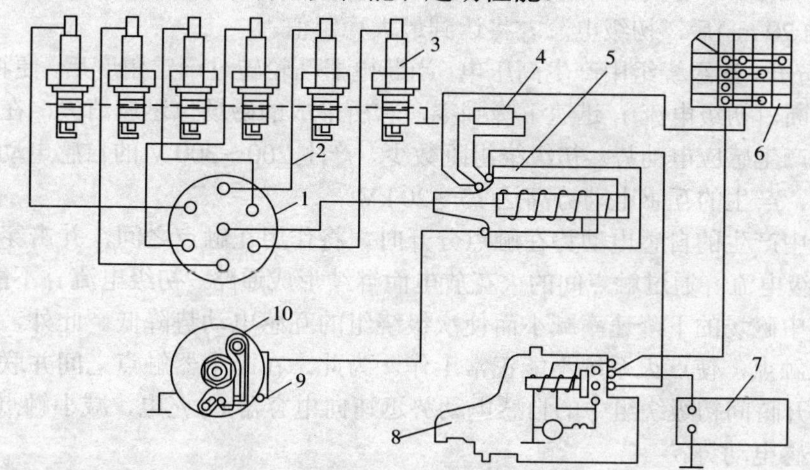

1—配电器；2—高压导线；3—火花塞；4—附加电阻；5—点火线圈；6—点火开关；7—蓄电池；8—起动机；9—电容器；10—断电器

图 4.1　传统点火系的组成

2. 传统点火系的工作原理

在传统点火系中，蓄电池或发电机供给的 12 V 低压电，经点火线圈和断电器转变为高压电，再经配电器分送到各缸火花塞，使其电极间产生电火花。其工作原理见图 4.2。

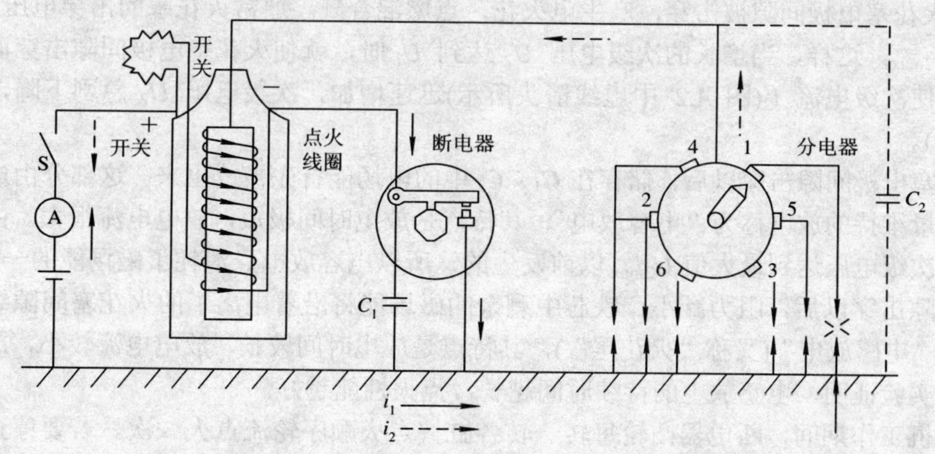

图 4.2　传统点火系的工作原理

发动机工作时，断电器轴连同凸轮一起在发动机凸轮轴的驱动下旋转。凸轮转动时，断电器触点交替地闭合和打开。当触点闭合时，接通点火线圈初级绕组的电路；当触点分开时，切断初级绕组的电路，使点火线圈的次级绕组中产生高压电。当火花塞的电极间隙被击穿时，产生电火花，点燃混合气。其工作过程可分为以下三个阶段。

(1) 触点闭合，初级电流增长。在点火开关接通的情况下，当触点闭合时，点火线圈初级绕组中有电流通过，流过初级绕组的电流称为初级电流 i_1(图 4.2 中实线箭头所示)，其电路是：蓄电池正极→电流表→点火开关→点火线圈“＋”开关接线柱→附加电阻→“开关”接线柱→点火线圈初级绕组→“－”接线柱→断电器触点→搭铁→蓄电池负极。此时初级电流 i_1 增长，但由于初级绕组中产生了一个与初级电流 i_1 方向相反的自感电动势，它阻碍了初级电流的迅速增长，使初级电流 i_1 按指数规律增长，见图 4.3(a)。如果触点不分开，经过一段时间(约 20 ms)后，初级电流 i_1 将达到最大稳定值。

(2) 触点分开，次级绕组中产生高压电。当断电器凸轮转过一定角度后，便将触点顶开，初级电路被切断，初级电流 i_1 迅速下降到零，它所形成的磁场也迅速消失，在初级绕组和次级绕组中都产生感应电动势。初级绕组匝数少，产生 200～300 V 的自感电动势；次级绕组由于匝数多，产生的互感电动势高达 15～20 kV。

初级绕组中产生的自感电动势在触点分开时，将作用在触点之间，并击穿触点间隙形成火花，使初级电流 i_1 通过触点间的火花放电而继续形成通路。初级电流 i_1 不能迅速断流，就会造成铁芯中磁场的下降速率减小而使次级绕组的互感电动势降低。此外，触点间的火花会很快烧蚀触点，使点火系统不能正常工作。为此，在断电器触点之间并联一个电容器 C_1，使触点分开瞬间初级绕组中的自感电动势迅速向电容器 C_1 充电，减小触点火花，提高次级绕组的互感电动势。

同时，次级绕组中产生的互感电动势将向分布在次级电路中的分布电容 C_2 充电。分布电容 C_2 是分布在高压导线与高压导线之间、高压导线与机体之间、火花塞中心电极与侧电极之间的电容，它相当于一个并联在次级绕组两端的电容器 C_2。如果火花塞电极间隙很大，不能击穿，则次级电压将达到最大值 U_{2max}，铁芯中积蓄的磁场能全部转变为 C_1、C_2 的电场能。次级电压达到最大值以后，将随初级电流的变化进行衰减振荡，如图 4.3(b)中虚线所示。

(3) 火花塞电极间隙被击穿，产生电火花，点燃混合气。通常火花塞的击穿电压 U_j 总是低于 U_{2max}，这样，当增长的次级电压 U_2 达到 U_j 时，就使火花塞电极间隙击穿而形成电火花，使次级电流 i_2(图 4.2 中虚线箭头所示)迅速增加，次级电压 U_2 急剧下降，见图 4.3(b)、(c)。

火花塞电极间隙击穿以后，储存在 C_1、C_2 中的电场能首先被放出来。这部分由电容器储存的能量维持的放电称为“电容放电”，其特点是放电时间极短，放电电流很大。由于电火花是在次级电压达到最大值 U_{2max} 以前发生的，所以电容放电只消耗了磁场能的一部分。火花塞间隙击穿以后，阻力减小，铁芯中剩余的磁场能将沿着电离了的火花塞间隙缓慢放电，形成“电感放电”(又称“火花尾”)，其特点是放电时间较长，放电电流较小，放电电压较低。实验证明，电感放电的持续时间越长，点火性能越好。

发动机工作期间，断电器凸轮每转一转各缸按点火顺序轮流点火一次。若要停止发动机的工作，只要断开点火开关，切断初级电路即可。

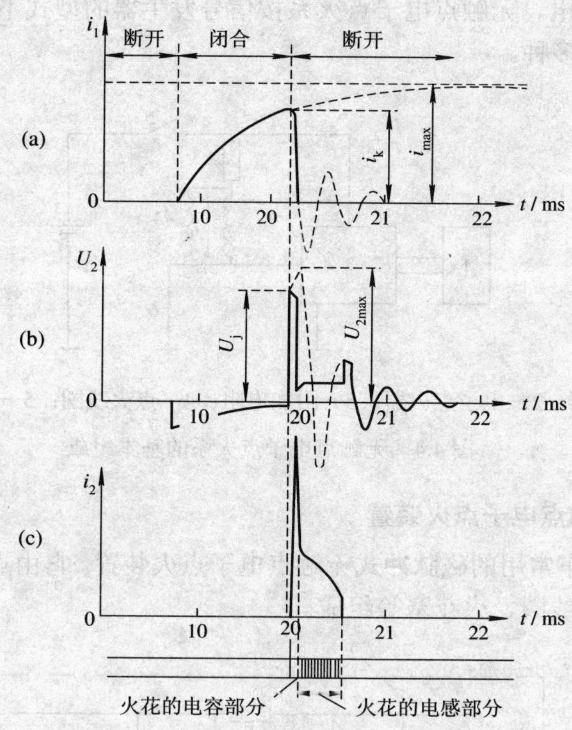

图 4.3　传统点火系统工作过程波形图

(a) 初级电流的变化；(b) 次级电压的变化；

(c) 次级电流的变化(触点打开后，时间坐标的比例放大 10 倍)

3. 影响击穿电压的因素

火花塞电极之间产生火花的电压称为击穿电压，影响击穿电压的因素有：

(1) 火花塞电极间隙；

(2) 汽缸内混合气的压力与温度；

(3) 电极的温度与极性；

(4) 发动机的工作情况。

二、无触点电子点火系统

无触点电子点火系统取消了断电器的触点，用点火信号发生器产生点火信号，控制点火系统工作。它可以避免由触点引起的各种故障，减少了保养和维护工作；还可以增大初级电流，提高次级电压和点火能量；同时可改善混合气的燃烧状况，提高发动机的动力性和经济性，并减少排气污染。

无触点电子点火系一般由点火信号发生器、电子点火器、点火线圈、火花塞等组成，见图 4.4。其基本工作原理为：转动分电器使点火信号发生器产生脉冲电压信号，此脉冲电压信号经电子点火器大功率晶体管前置电路的放大、整形等处理后，控制串联于点火线圈初级回路的大功率晶体管的导通和截止。大功率晶体管导通时，点火线圈初级通路，点火系统储能；当输入电子点火器的点火信号脉冲使大功率晶体管截止时，点火线圈初级断路，次级绕组便产生高压电。无触点电子点火系按信号发生器的型式不同可分为磁脉冲式、霍尔效应式、光电式等多种。

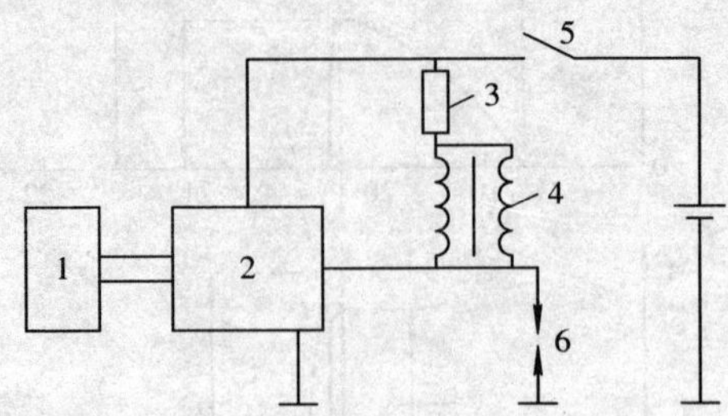

1—点火信号发生器；2—电子点火器；3—附加电阻；4—点火线圈；5—点火开关；6—火花塞

图 4.4　无触点电子点火系的基本组成

1. 磁脉冲式无触点电子点火装置

图 4.5 是丰田汽车常用的磁脉冲式无触点电子点火装置。它由点火信号发生器、电子点火器、分电器、点火线圈、火花塞等组成。

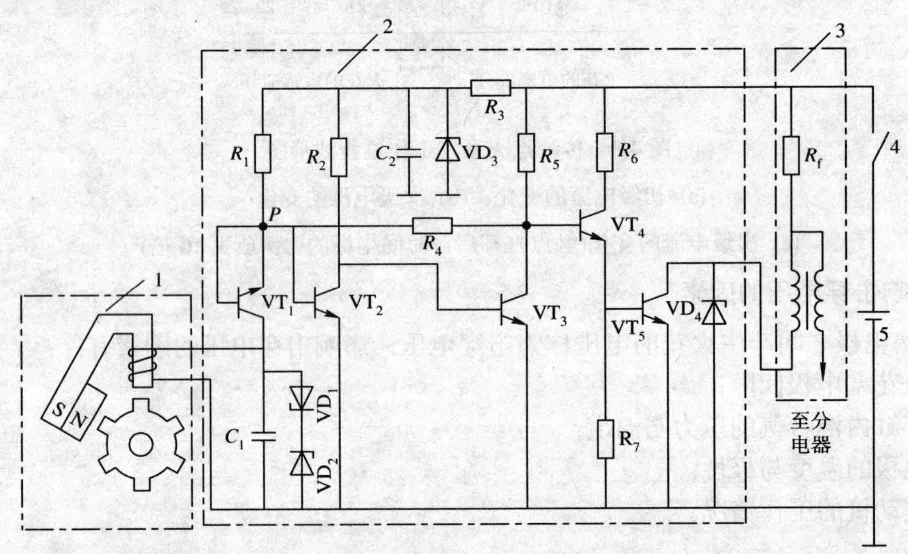

1—信号发生器；2—电子点火器；3—点火线圈；4—点火开关；5—蓄电池

图 4.5　磁脉冲式无触点电子点火装置

1) 磁脉冲式点火信号发生器的工作原理

该点火信号发生器(或叫传感器)是一个磁脉冲式信号发生器，用来产生点火信号，控制电子点火器的工作。它安装在分电器内，由分电器轴带动的信号转子、永久磁铁和绕在支架上的传感线圈等组成，见图 4.6(a)、(b)。其信号转子上的凸齿数与发动机的汽缸数相同。永久磁铁的磁通经信号转子凸齿、线圈铁芯构成回路。当信号转子由分电器轴带动旋转时，转子凸齿与线圈铁芯间的空气间隙将发生变化，磁路的磁阻随之改变，使通过传感线圈的磁通量发生变化，因而在传感线圈内感应出交变电动势，见图 4.6(c)。

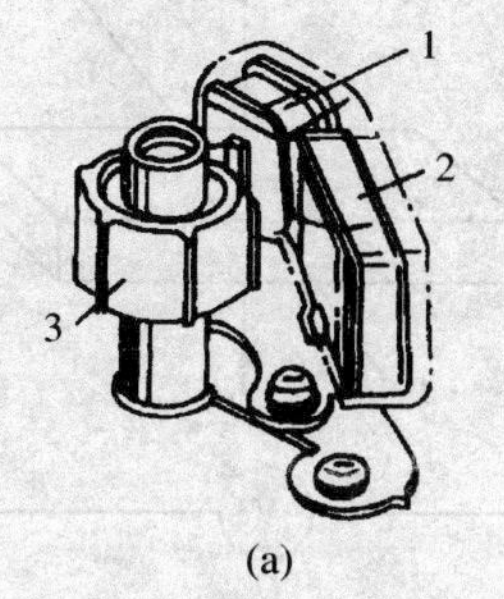

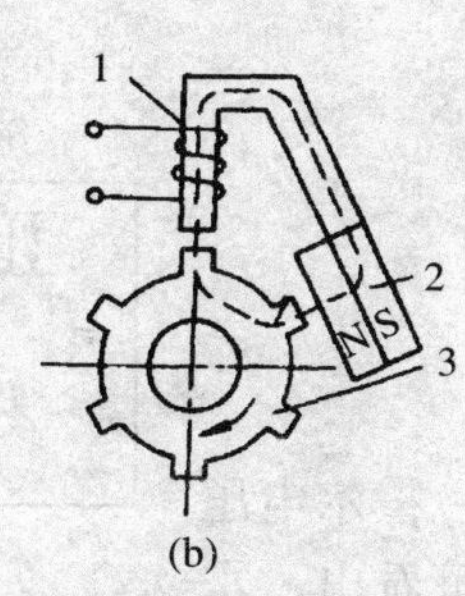

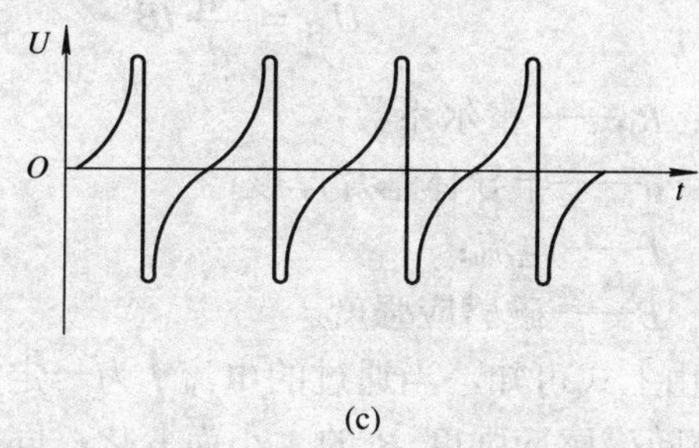

1—传感线圈；2—永久磁铁；3—信号转子

图 4.6　磁脉冲式点火信号发生器的工作原理

(a) 点火信号发生器的结构；(b) 原理示意图；(c) 输出信号

该点火信号发生器具有点火信号电压的大小随发动机转速的变化而变化的特点。发动机转速升高时，点火信号发生器磁路的磁阻变化速率提高，相应磁通量的变化速率也提高，传感线圈产生的信号电压也就随之增大，从而使得点火的击穿电压提前到达，点火相应提前。利用这一特点，若将其结构设计合理，使点火提前角随发动机转速的变化正好满足发动机转速变化对点火提前角的实际需要，就可以省去离心点火提前调节器。

2) 电子点火器的工作原理

电子点火器(见图 4.5)将从点火信号发生器得到的信号进行整形、放大以控制点火线圈初级电路的通断。它由点火信号检出电路(三极管 VT_2)、信号放大电路(三极管 VT_3、VT_4)和功率放大电路(大功率三极管 VT_5)等组成。其工作原理如下：

VT_2 为触发管，当它导通时，其集电极的电位降低，使 VT_3 截止。VT_3 截止时，蓄电池通过 R_5 向 VT_4 提供偏流，使 VT_4 导通。VT_4 导通时 R_7 上的电压降又加在 VT_5 的发射极上，使 VT_5 导通。这样初级绕组便有电流通过，其电路是：蓄电池正极→点火开关 SW→附加电阻 R_f→点火线圈初级绕组→大功率三极管 VT_5→搭铁→蓄电池负极。

当 VT_2 截止时，蓄电池通过 R_2 向 VT_3 提供偏流，使 VT_3 导通。VT_3 导通则 VT_4 截止，VT_5 也截止，于是，点火线圈的初级电流被切断，次级绕组产生高压电，击穿火花塞间隙，点燃混合气。

电路中三极管 VT_1 的基极和发射极相联，相当于发射极为正、集电极为负的二极管，起温度补偿作用。其工作原理为：当温度升高时，VT_2 的导通电压会降低，使 VT_2 导通提前而截止滞后，从而导致点火推迟。VT_1 与 VT_2 型号相同，具有同样的温度特性系数，故在温度升高时，VT_1 的正向导通电压也会降低，使 P 点电位 U_P 下降，正好补偿了温度升高对 VT_2 工作电位的影响，而使 VT_2 的导通和截止时间与常温时相同。

2. 霍尔效应式无触点电子点火装置

1) 霍尔效应原理

霍尔效应的原理见图 4.7。当电流 I 通过放在磁场中的半导体基片(即霍尔元件)且电流方向和磁场方向垂直时，在垂直于电流和磁场的半导体基片的横向侧面上会产生一个电压，这个电压称为霍尔电压 U_H。霍尔电压的高低与通过的电流和磁感应强度成正比，可用下式表示：

$$U_{\mathrm{H}} = \frac{R_{\mathrm{H}}}{d} IB$$

式中：R_{H}——霍尔系数；

d——半导体基片厚度；

I——电流；

B——磁感应强度。

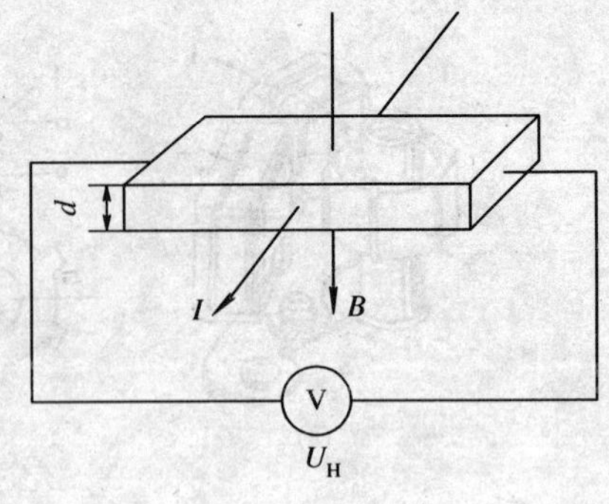

图 4.7　霍尔效应原理

由上式可知，当通过的电流 I 为一定值时，霍尔电压 U_{H} 将随磁感应强度 B 的大小而变化；同时也可看出，霍尔电压 U_{H} 的高低与磁通的变化速率无关。

2) **霍尔效应式点火信号发生器**

霍尔效应式点火信号发生器是根据霍尔效应原理制成的，它装在分电器内。其基本结构见图 4.8(a)，它由触发叶轮和信号触发开关等组成。

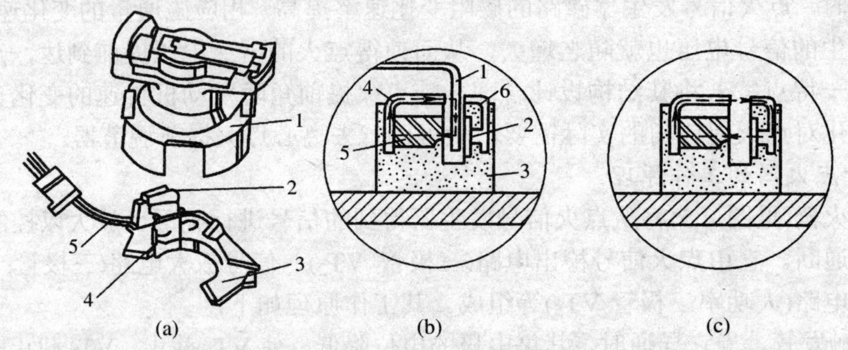

1—触发叶轮；2—霍尔集成块；3—信号触发开关；4—永久磁铁；5—导磁板；6—导线

图 4.8　霍尔效应式点火信号发生器的组成和原理

(a) 结构；(b) 触发叶轮的叶片进入空气隙；(c) 触发叶轮的叶片离开空气隙

触发叶轮 1 与分火头制成一体由分电器轴带动，其叶片数与汽缸数相等。信号触发开关 3 由霍尔集成块 2 和带导磁板的永久磁铁 4 组成。霍尔集成块 2 的外层为霍尔元件，同一基板的其它部分制成集成电路。由于霍尔信号发生器工作时，霍尔元件产生的霍尔电压 U_{H} 是 mA 级，信号很微弱，还需要信号处理，这一任务由集成电路完成。这样霍尔元件产生的霍尔电压 U_{H} 信号经过放大、脉冲整形，最后以整齐的矩形脉冲(方波)信号输出。

其工作原理如图 4.8(b)、(c)所示。触发叶轮 1 的叶片在霍尔集成块 2 和永久磁铁 4 之间转动时，每当叶片进入永久磁铁与霍尔元件之间的空气隙时，磁场即被叶片旁路，霍尔元件上不产生霍尔电压。当触发叶轮的叶片离开空气隙时，永久磁铁的磁通便通过霍尔元件经导磁板构成回路，霍尔元件产生霍尔电压。电子点火器就是依靠信号发生器输出的方波信号进行触发并控制点火系统工作的。

3) **电子点火器**

霍尔效应式无触点电子点火器一般由专用点火集成块 IC 和一些外围电路组成。该点火器除具有开关功能(即接通和切断初级电路)外，还具有许多功能，如限流控制、闭合角控制、停车断电保护等功能。这使该点火系显示出了更多的优越性，如点火能量高，在发动机转速范围内基本保持恒定，高速不断火，低速耗能少，起动可靠等。图 4.9 是霍尔效应式无触点电子点火装置的原理图。

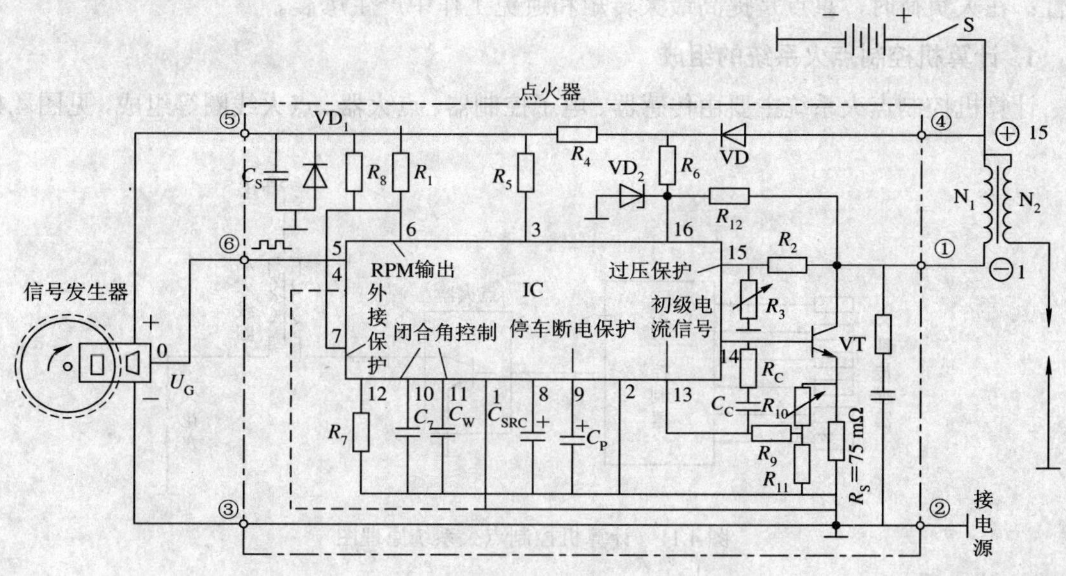

图 4.9　霍尔效应式无触点电子点火装置原理图

3. 光电式无触点电子点火装置

光电式无触点电子点火装置是采用光电式点火信号发生器产生点火信号，控制电子点火器和点火系的工作。光电式点火信号发生器也安装在分电器内，它由安装在分电器轴上的转盘和安装在分电器底板上的光触发器组成。转盘的外缘开有与发动机汽缸数相对应的缺口。光触发器由发光二极管和光敏三极管组成，当发光二极管的光线照射光敏三极管时，光敏三极管导通，产生与曲轴位置相对应的电压脉冲，即点火信号，见图 4.10。

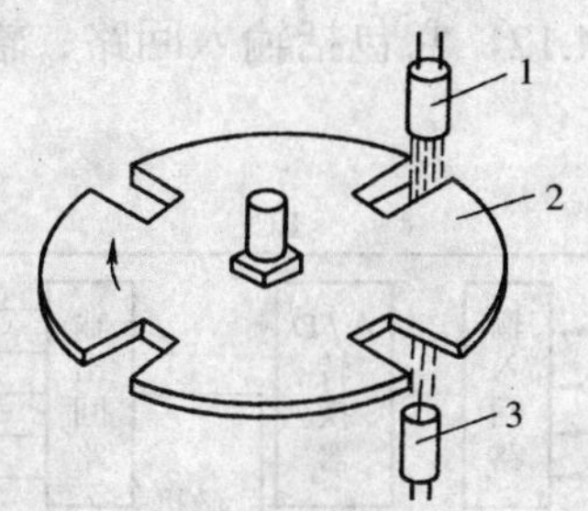

1—发光二极管；2—转盘；3—光敏三极管

图 4.10　光电式点火信号发生器示意图

光电式点火信号发生器的缺点是抗污能力差，发光元件和光敏元件上一旦沾上灰尘和油污就会影响正常的信号电压的产生，故这种点火信号发生器对分电器的密封性要求高。因此，光电式点火信号发生器的应用不如磁脉冲式和霍尔效应式的广泛。

三、计算机控制点火系统

采用计算机控制点火系统，可使发动机实际点火提前角接近理想点火提前角。在各种运转条件下，点火提前角可获得复杂而精确的控制。在怠速时，最佳点火提前角的主要目标是运转平稳、排放污染最低、油耗最小；在部分负荷时，主要要求降低油耗和提高行驶特性；在大负荷时，重点是提高最大转矩和避免工作中产生爆震。

1. 计算机控制点火系统的组成

计算机控制点火系统主要由传感器、电子控制器、点火器、点火线圈等组成，见图 4.11。

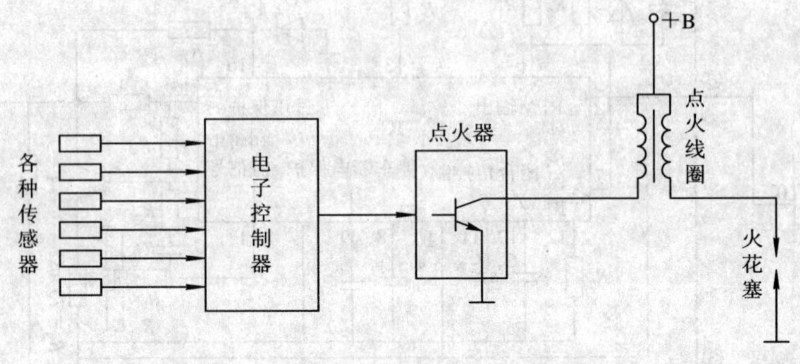

图 4.11 计算机控制点火系统原理图

1) 传感器

传感器(包括各种开关)主要有：曲轴位置传感器、空气流量计(或绝对压力传感器)、水温传感器、进气温度传感器、氧(O_2)传感器、节气门位置传感器、车速传感器、爆震传感器、空调开关信号等。

2) 电子控制器

电子控制器的作用是根据发动机各传感器输入的信息及内存的数据，进行运算、处理、判断，然后输出指令(信号)控制有关执行器(如点火器)的动作，达到快速、准确控制发动机工作的目的。

电子控制器的基本组成见图 4.12，它包括输入回路、输出回路、A/D 转换器、微型计算机以及电源电路、备用电路等。

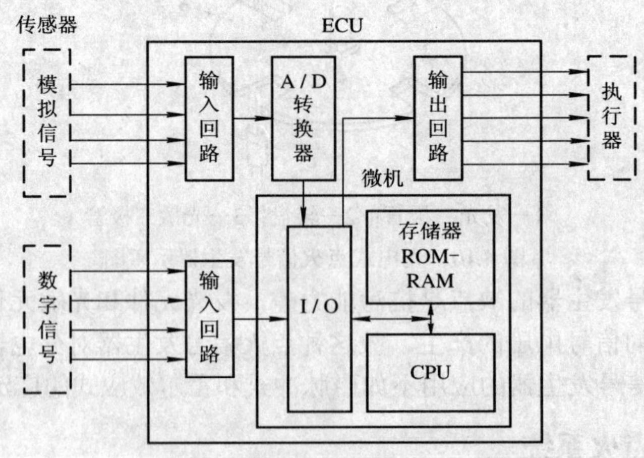

图 4.12 电子控制器的基本组成

在计算机的只读存储器 ROM 中，存放着各种程序和该车在各种工况下最优化的点火提前角等数据。发动机工作时，计算机根据各传感器及开关信号输入的发动机信息，时刻检测曲轴位置及发动机负荷和转速。根据此时的发动机负荷和转速，查出此时此刻的基本点火提前角，并根据此时的工况进行修正，计算出最佳点火提前角。计算机适时按最佳点火提前角向输出回路发出指令，控制点火器切断点火线圈初级电流，产生高压电，并按发动机的点火顺序分配到各缸火花塞进行点火。

3) 点火器

点火器即执行器。它的作用是根据电子控制器输出的指令，通过内部的大功率三极管的导通和截止，控制初级电流的通断，完成点火工作。

2. 计算机对点火时刻的控制方式

1) 开环控制方式

开环控制是指计算机检测发动机的各种工作状态信息，并根据这些信息从内部存储器中查出相应的点火提前角，然后输出控制信号对点火时刻进行控制。这种控制方法对控制结果不予以反馈。开环控制所用的控制数据是经过大量的试验优化的结果，是综合考虑到经济性、动力性、排放等要求而确定的。

2) 闭环控制方式

闭环控制是指计算机以一定的点火提前角控制发动机工作时，同时还不断地检测发动机的有关工作状态，然后根据检测到的信息(反馈信号)再对点火提前角进行控制(修正)。在进行闭环控制时，反馈信号可以有多种，如爆震信号、转速信号、汽缸压力信号等，但目前汽车上最实用的是使用爆震传感器检测发动机是否有爆震信号，对点火提前角实现最佳控制。

3. 无分电器电子点火系统

无分电器电子点火系统分为两种：一种方式为每两缸共用一个点火线圈，两缸同时点火，见图 4.13；另一种方式为每缸一个点火线圈，各缸独立进行控制，见图 4.14。

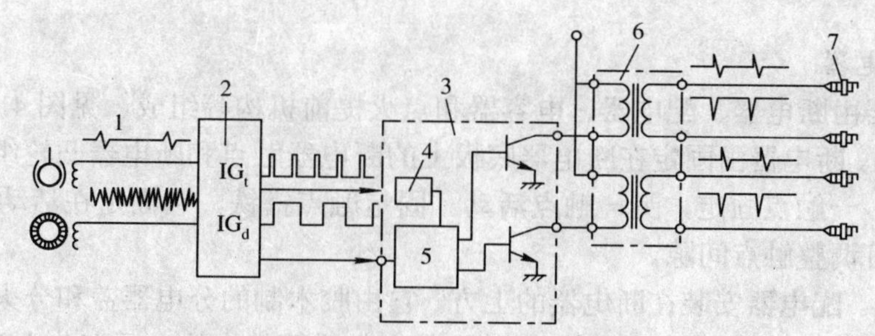

1—曲轴位置传感器；2—电子控制装置；3—点火器；4—点火基准判断；
5—点火分配器；6—点火线圈；7—火花塞

图 4.13　两缸共用一个点火线圈的点火系统

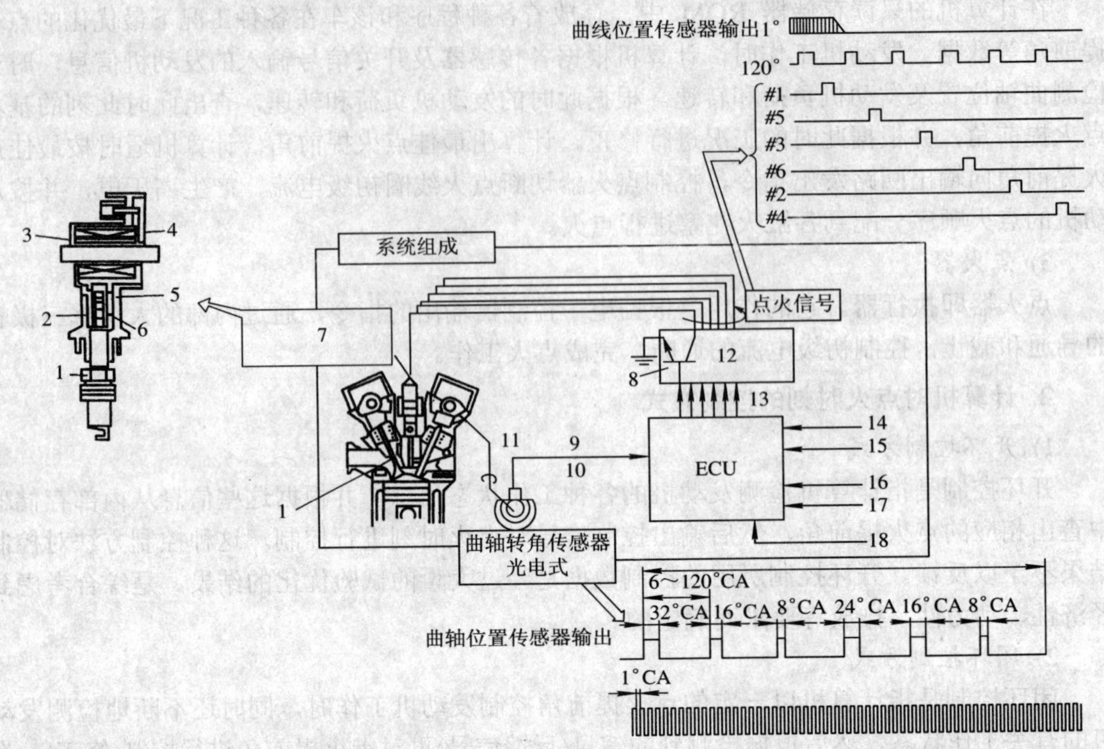

1—火花塞；2—护套；3—初级绕组；4—次级绕组；5—弹簧；6—高压接点；
7—点火线圈(每缸一个)；8—点火控制器；9—转速信号；10—曲轴转角信号；
11—直接接凸轮；12—功率管；13—点火正时控制信号；14—空气流量信号；15—水温信号；
16—起动信号；17—爆震信号；18—节气门开度信号

图 4.14　每缸一个点火线圈的点火系统

四、点火系统的主要部件

1. 分电器

1) 传统分电器

传统分电器由断电器、配电器、电容器和点火提前机构等组成，见图 4.15。

(1) 断电器。断电器由固定在断电器底板上的断电器触点和断电器凸轮组成。断电器的触点由钨制成，一触点固定，另一触点活动。固定触点搭铁，它固定在活动底板上，可借助转动偏心螺钉调整触点间隙。

(2) 配电器。配电器安装在断电器的上方，它由胶木制的分电器盖和分火头组成。分电器盖的中央有一高压线座孔(中央电极)，其内装有带弹簧的炭柱，压在分火头的导电片上。分电器盖的四周均布有与发动机汽缸数相等的旁电极，可通过高压分线与各缸火花塞相联。分火头装在分电器凸轮的顶端，随凸轮一起旋转，当断电器触点分开时，分火头上的导电片总是正对某一旁电极。发动机工作时，断电器触点分开的瞬间，来自点火线圈的高压电经中央电极的炭柱、分火头上的导电片，以火花形式跳到旁电极上，再经高压导线送往火花塞。

(3) 点火提前调节机构。点火时刻对发动机的工作影响很大，应当在活塞达到上止点前点火，使气体压力在活塞位置相当于曲轴转到上止点后 10～15℃时达到最高值。

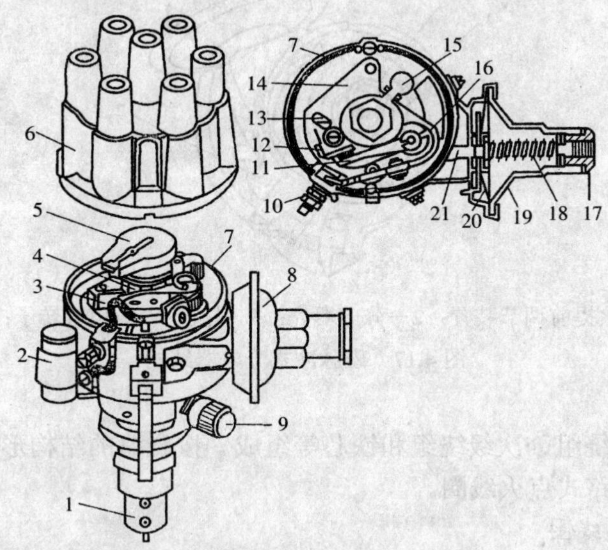

1—联轴节；2—电容器；3—触点及断电器底板总成；4—凸轮；5—分火头；6—分电器盖；7—分电器壳体；8—真空提前调节器；9—油杯；10—接线柱；11—活动触点臂；12—固定触点及支架；13—偏心螺钉；14—活动底板；15—油毡及夹圈；16—触点臂弹簧片；17—螺母；18—弹簧；19—真空提前调节器外壳；20—真空提前调节器膜片；21—拉杆

图 4.15 传统分电器结构示意图

点火时，曲轴的曲拐位置与压缩行程结束，活塞在上止点时曲拐位置之间的夹角为点火提前角。最佳点火提前角最主要的影响因素是发动机转速和混合气的燃烧速度。当转速一定时，随着负荷的加大，点火提前角应适当减小；发动机负荷减小时，点火提前角应当加大。当负荷一定时，点火提前角应随转速提高适当增大。

在分电器中一般设有两套自动调节点火提前角的装置。一套能随发动机转速的变化而自动调节点火提前角的离心式点火提前角调节装置，另一套是按发动机负荷不同而自动调节点火提前角的真空式点火提前角调节装置。

2) 无触点分电器

无触点分电器主要由点火信号发生器、配电器和点火提前调节装置组成。配电器和离心式点火提前调节装置与传统分电器相类似。霍尔效应式分电器的真空点火提前调节装置拉杆拉动的是装有霍尔传感器的托盘，见图 4.16 中的 5。磁脉冲式分电器的点火提前调节装置拉杆拉动的是与固定极爪相连的托板，见图 4.17 中的 3。

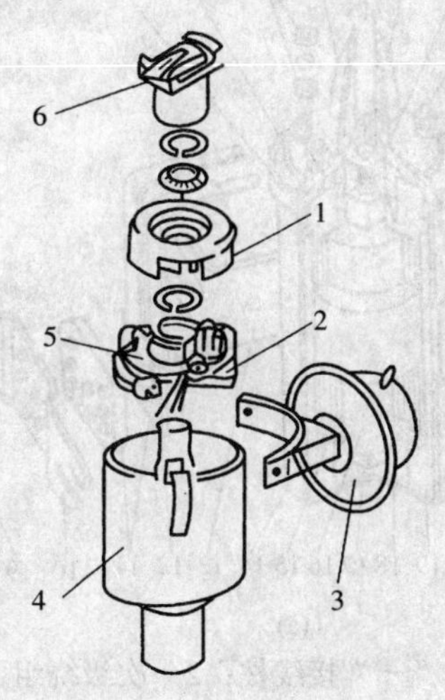

1—触发叶轮；2—霍尔传感器；
3—真空点火提前调节装置；
4—分电器外壳；5—托盘；6—分火头

图 4.16 装有霍尔发生器的分电器结构

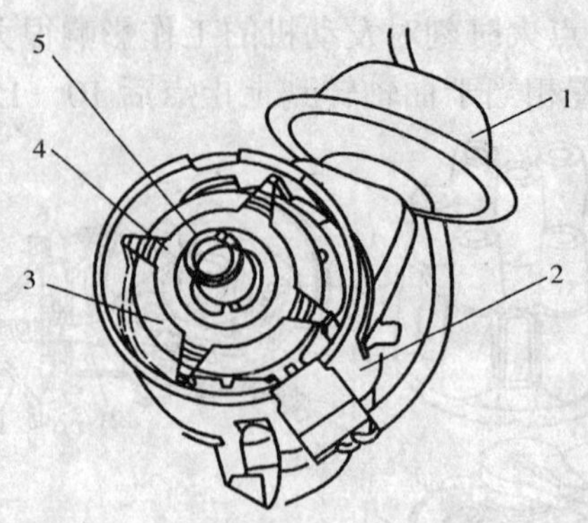

1—真空点火提前调节装置；2—分电器壳；3—托板；4—信号转子；5—转子轴

图 4.17　磁脉冲式分电器结构

2. 点火线圈

点火线圈由初级绕组、次级绕组和铁芯等组成。按磁路的结构形式不同，可分为开磁路式点火线圈和闭磁路式点火线圈。

1) 开磁路式点火线圈

开磁路式点火线圈的结构见图 4.18。点火线圈的中心是用硅钢片叠成的铁芯，在铁芯外面套上绝缘的纸板套管，套管上绕有次级绕组，它用直径为 0.06～0.10 mm 的漆包线绕 11 000～23 000 匝。初级绕组用直径为 0.5～1.0 mm 的高强漆包线，绕在次级绕组的外面，以利于散热，一般绕 230～370 匝。绕组绕好后在真空中浸以石蜡和松香的混合物，以增强绝缘。绕组和外壳之间装有导磁钢套，底部有瓷质绝缘支座，上部有绝缘盖，外壳内充满沥青或变压器油等绝缘物，以加强绝缘并防止潮气侵入。

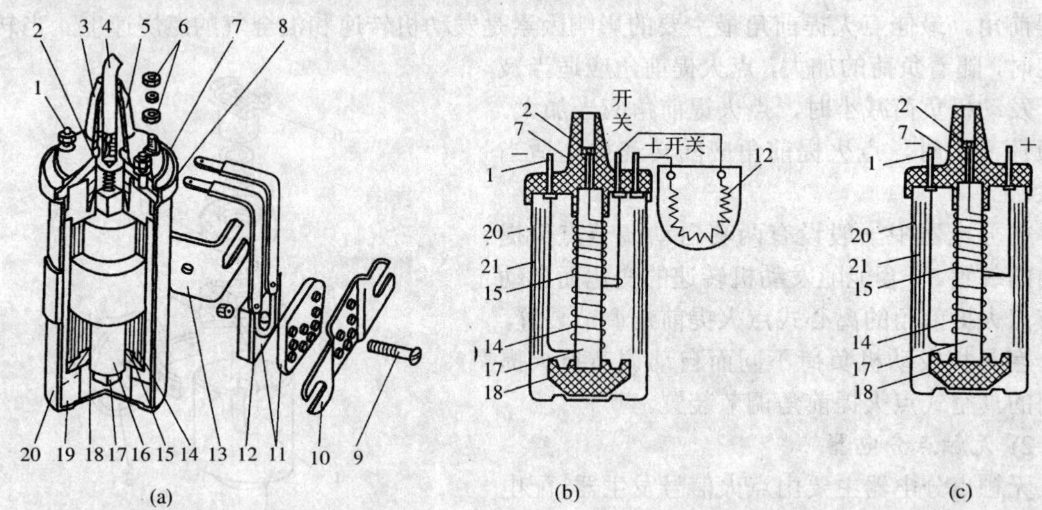

1—“－”接线柱；2—次级绕组引出头及弹簧；3—橡胶罩；4—高压阻尼线；5—高压线插座；6—螺母及垫片；7—绝缘盖；8—橡胶密封圈；9—螺钉及螺母；10—附加电阻盖；11—附加电子瓷质绝缘体；12—附加电阻及接线片；13—固定夹；14—初级绕组；15—次级绕组；16—绝缘纸；17—铁芯；18—瓷绝缘体；19—沥青材料；20—外壳；21—导磁钢套

图 4.18　开磁路式点火线圈

(a) 结构示意图；(b) 三接线柱式原理图；(c) 二接线柱式原理图

三接线柱式点火线圈的绝缘盖上有接线柱“－”、“开关”、“＋开关”和高压插孔，它们分别接断电器、起动机附加电阻短路接线柱、点火开关和配电器。它与两接线柱式点火线圈的主要区别是外壳上装有一个附加电阻。附加电阻接在标有“开关”和“＋开关”的两接线柱上，与点火线圈的初级绕组串联。附加电阻可用低碳钢丝、镍铬丝或纯镍丝制成，具有受热时电阻迅速增大，而冷却时电阻迅速降低的特性。因此，在发动机工作时，附加电阻可自动调节初级电流，改善高速时的点火特性。

当初级电流流过开磁路式点火线圈的初级绕组时，使铁芯磁化，其磁路见图 4.19。由于磁路的上、下部分都是从空气中通过的，铁芯未构成闭合磁路，因而称为开磁路式点火线圈。

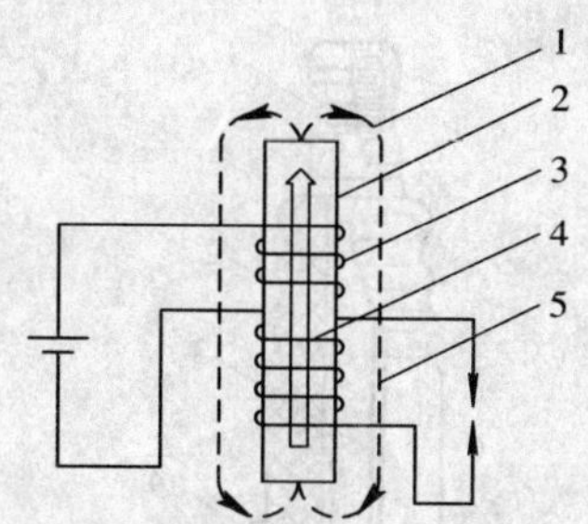

1—磁力线；2—铁芯；3—初级绕组；4—次级绕组；5—导磁钢套

图 4.19　开磁路式点火线圈的磁路

2) 闭磁路式点火线圈

闭磁路式点火线圈的结构见图 4.20。在“口”字形或“日”字形铁芯内绕有初级绕组，在初级绕组外面绕有次级绕组，初级绕组在铁芯中的磁通，通过铁芯形成闭合磁路，故称其为闭磁路式点火线圈。

与开磁路式点火线圈相比，闭磁路式点火线圈具有漏磁少、转换效率高、体积小、质量轻、铁芯裸露易于散热等优点，故已在电子点火系中广泛采用。

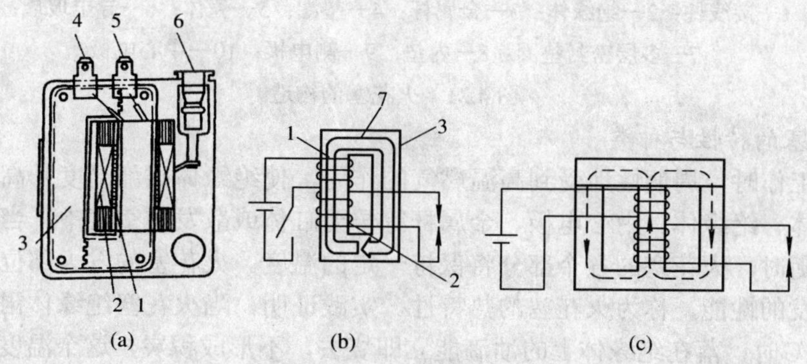

1—初级绕组；2—次级绕组；3—铁芯；4—正接线柱；5—负接线柱；6—高压接线柱；7—磁力线

图 4.20　闭磁路式点火线圈

(a) 闭磁路点火线圈；(b) “口”字形铁芯；(c) “日”字形铁芯

3. 火花塞

火花塞的工作条件极其恶劣，它要受到高压、高温以及燃烧产物的强烈腐蚀，因此必须具有足够的机械强度，能够承受冲击性高压电的作用，能承受剧烈的温度变化，具有良好的热特性，并要求火花塞的材料能抵抗燃气的腐蚀。

1) 火花塞的结构

火花塞的结构见图 4.21。在钢制壳体 5 的内部固定有高氧化铝陶瓷绝缘体 2，使中心电极与侧电极之间保持足够的绝缘强度。绝缘体孔的上部装有金属杆 3，通过接线螺母与高压导线相连，下部装有中心电极 10。金属杆与中心电极之间用导电玻璃 6 密封。中心电极用镍锰合金制成，具有良好的耐高温、耐腐蚀和导电性能。火花塞借壳体下部的螺纹旋入汽缸盖中，旋紧时密封垫圈受压变形保证壳体与缸盖之间密封良好。为了适应不同发动机的需要，火花塞因下部的形状和绝缘体裙部长度的不同有多种形式。

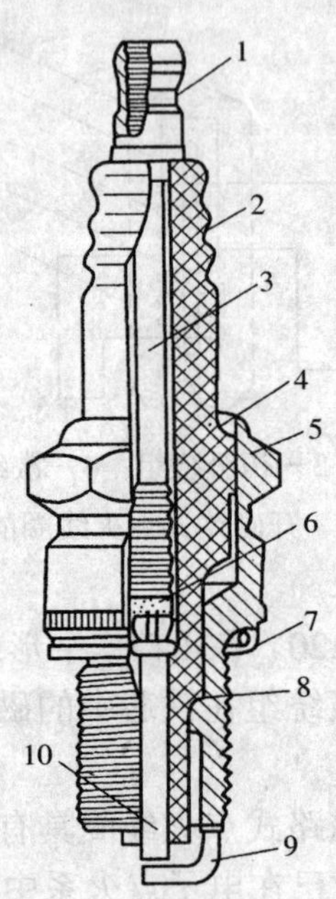

1—接线柱；2—绝缘体；3—金属杆；4—垫圈；5—壳体；6—导电玻璃；
7—多层密封垫圈；8—内垫；9—侧电极；10—中心电极

图 4.21　火花塞的构造

2) 火花塞的特性与种类

火花塞工作时，周期性地受到高温燃气的作用，使绝缘体裙部温度升高，这部分热量主要通过壳体、绝缘体、中心电极、金属杆等传至缸体或散发到空气中。当吸收和散发的热量达到平衡时，火花塞的各个部分将保持一定的温度。火花塞的发火部位吸热并向发动机冷却系散发的性能，称为火花塞的热特性。实践证明，当火花塞绝缘体裙部的温度保持在 500～600℃时，落在绝缘体上的油滴能立即烧去，不形成积炭，这个温度称为火花塞的自净温度。低于这个温度时，火花塞常因产生积炭而漏电，导致不点火；高于这个温度时，则当混合气与炽热的绝缘体接触时，可能早燃而引起爆燃，甚至在进气行程中燃烧，产生回火现象。

火花塞的热特性主要取决于绝缘体裙部的长度。绝缘体裙部长的火花塞，受热面积大，传热距离长，散热困难，裙部温度高，称为热型火花塞；反之，裙部短的火花塞，受热面积小，传热距离短，容易散热，裙部温度低，称为冷型火花塞。热型火花塞适用于低速、低压缩比、小功率发动机；冷型火花塞适用于高速、高压缩比、大功率发动机。

火花塞的热特性常用热值或炽热数表示。我国是以绝缘体裙部长度标定的热值(1～11)来表示火花塞的热特性的。热值代号 1、2、3 为热型火花塞；4、5、6 为中型火花塞；7、8、9、10、11 为冷型火花塞。

常用火花塞的种类见图 4.22。

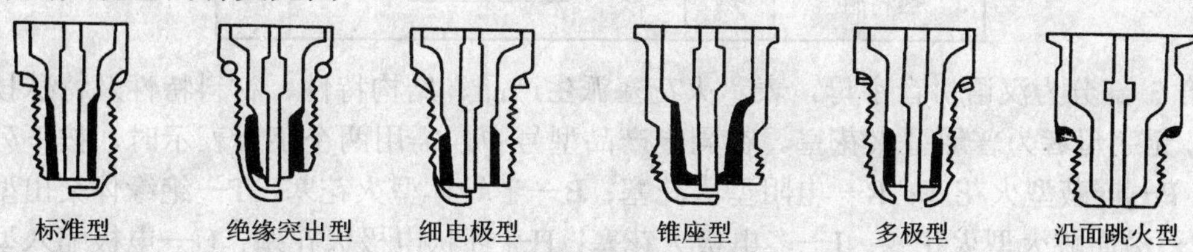

图 4.22　常用火花塞的种类

3) 火花塞的编号

根据我国国家专业标准，火花塞型号由以下三部分组成：

1	2	3

第 1 部分为汉语拼音字母，表示火花塞的结构类型及主要型式尺寸。各字母的含义见表 4.1。

表 4.1　火花塞结构类型代号

代表字母	螺纹规格	安装座型式	螺纹旋合长度/mm	壳体六角对边/mm
A	M10×1	平座	12.7	16
C	M12×1.25	平座	12.7	17.5
D		平座	19	17.5
E	M14×1.25	平座	12.7	20.8
F		平座	19	20.8
(G)		平座	9.5	20.8
(H)		平座	11	20.8
(Z)		平座	11	19
J		平座	12.7	16
K		平座	19	16
L		矮型平座	9.5	19
(M)		矮型平座	11	19
N		矮型平座	7.8	19
P		锥座	11.2	16
Q		锥座	17.5	16
R	M18×1.5	平座	12	20.8
S		平座	19	(22)
T		锥座	10.9	20.8

注：( )表示非标准的保留产品，不推荐使用。

第 2 部分为阿拉伯数字，表示火花塞热值，见表 4.2。

表 4.2　火花塞裙部长度与热值

裙部长度/mm	15.5	13.5	11.5	9.5	7.5	5.5	3.5
热值	3	4	5	6	7	8	9
热特性	热	←——→					冷

第 3 部分为汉语拼音字母，表示火花塞派生产品、结构特性、材料特性及特殊技术要求等。无字母者为普通型火花塞。在同一产品型号中，需用两个字母表示时，按下列顺序排列：P—屏蔽型火花塞；R—电阻型火花塞；B—半导体型火花塞；T—绝缘体突出型火花塞；Y—沿面跳火型火花塞；J—多电极火花塞；H—环状电极火花塞；U—电极缩入型火花塞；V—V 型电极火花塞；C—镍铜复合电极火花塞；G—贵金属火花塞；F—非标准火花塞。

例如：F5RTC 型火花塞，表示螺纹规格为 M14×1.25、旋合长度为 19 mm、壳体六角对边为 20.8 mm、热值为 5 的带电阻、镍铜复合电极、绝缘体突出型平座火花塞。

第二节　点火系统的使用与维护

一、点火系统的使用

点火系统在使用过程中，应注意以下事项：

(1) 连接点火线圈时应注意火花塞电极的极性。火花塞电极的极性对击穿电压有影响，当中心电极为负、侧电极为正(正搭铁)时，火花塞工作电压可降低 20%左右，同时可延长火花塞的使用寿命，减轻分火头的烧蚀。对于初、次级线圈绕向相同的点火线圈，低压接线柱连线不同时，则高压线路可能出现正极搭铁和负极搭铁两种情况，见图 4.23。

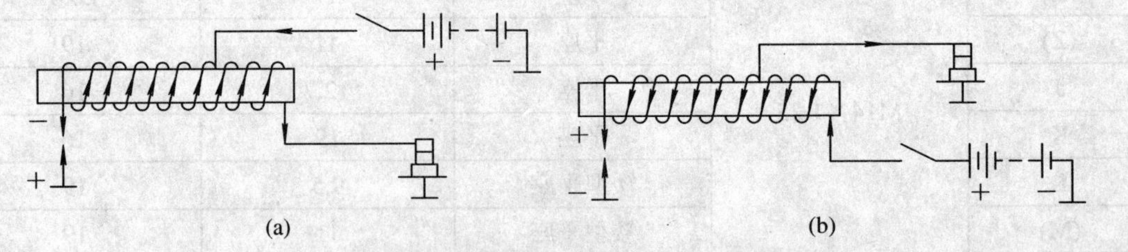

图 4.23　低压电路连接对次级电路极性的影响

(a) 低压电路负极搭铁、高压电路正极搭铁；(b) 低压电路、高压电路均为正极搭铁

(2) 安装分电器时，必须保证点火正时正确。

(3) 电子点火装置必须有可靠的搭铁，尽量减小搭铁处的接触电阻，以确保电路稳定可靠地工作。

(4) 接线必须正确、牢固。

(5) 电子点火系中的点火线圈一般为专用高能点火线圈，不能用普通点火线圈代替。

(6) 洗车时应尽量避免水溅到点火电子组件和分电器内。

(7) 发动机运转时，不可拆去蓄电池连接线，也不可用“刮火”的方法检查发电机的发电情况，以免产生瞬间过电压而损坏点火电子组件。

(8) 当需拆、接电子点火装置连接导线或安装和拆卸检测仪器时，应先关断点火开关或断开蓄电池的搭铁线。

二、点火系统的维护与检修

1. 点火系统的维护

为了保证点火系统正常工作，应经常对点火系统进行维护。维护内容主要有：

(1) 及时清理火花塞积炭；

(2) 检查调整火花塞间隙；

(3) 检查高压导线的连接及其对缸体的绝缘情况；

(4) 传统分电器触点应无烧蚀，触点间隙正常。

2. 磁感应式点火信号发生器的检测

(1) 检查、调整信号转子凸齿与线圈铁芯间的间隙。可用塑料厚薄规进行测量，该间隙的标准值为 0.2～0.4 mm。若不符合要求，可按图 4.24 所示松开螺钉 A、B，并以螺钉 A 为支点，移动螺钉 B 加以调整，直至间隙符合规定的标准值为止，再将螺钉 A、B 拧紧即可。

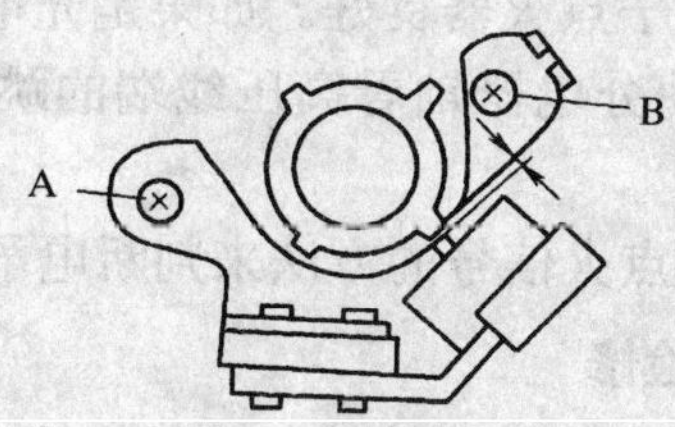

图 4.24　磁感应式点火信号发生器的间隙调整

(2) 检测传感线圈的电阻值。方法是先将分电器与线束之间的插接器拆开，然后用万用表欧姆挡测量与分电器相连接的两根导线之间的电阻值。若测得的电阻值为无穷大，则表明线圈断路；若测得的电阻值与标准值相比显得过小，则表明线圈匝间短路。出现故障时应予以排除或更换传感线圈。

3. 霍尔效应式点火信号发生器的检测

先关断点火开关，打开分电器盖，拔出分电器盖上的中央高压线并搭铁，将直流电压表的两触针接在插接器信号输出线“0”和接地线“－”接柱上，见图 4.25。然后按发动机转动方向转动发动机，同时观察电压表上的读数。当触发叶轮的叶片位于霍尔传感器的空气隙中时，其电压值为 9 V 左右；当触发叶轮的叶片不在空气隙中时，其电压值为 0.4 V 左右。在电源电压正常的情况下，如电压表读数与上述不符，则说明霍尔信号发生器出现了故障，应予更换。

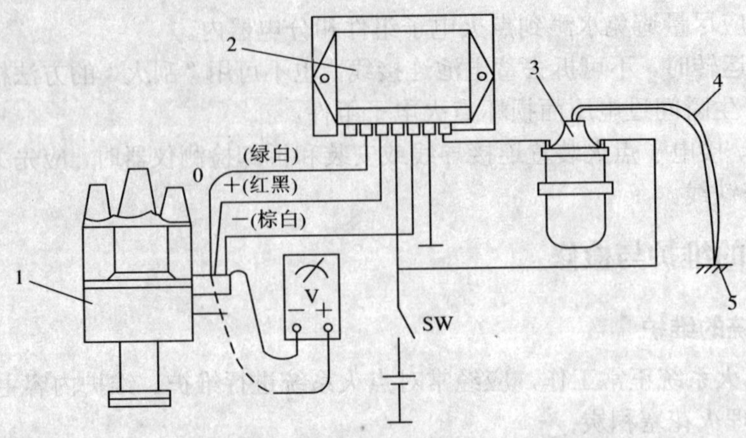

1—分电器；2—点火器；3—点火线圈；4—高压线；5—搭铁

图 4.25　霍尔信号发生器输出电压检查

4．电子点火器的检测

在确认点火信号发生器基本完好的情况下，可采用跳火试验法来判断电子点火器是否有故障。具体方法为：将分电器中央高压线拔出，使高压线端距离发动机缸体 5 mm 左右，起动发动机，看是否跳火。如果跳火且火花强，则说明电子点火器良好。如果是磁感应式点火信号发生器，可打开分电器盖，用螺丝刀将导磁转子与铁芯间作瞬间短路，看高压线端是否跳火。如果跳火，说明电子点火器良好。如果是光电式或霍尔效应式点火信号发生器，则可在拆下分电器后，转动分电器轴看高压线端的跳火情况来判断电子点火器是否良好。

另外，还可以采用外加模拟点火信号的方法来判断电子点火器的好坏。

5．计算机控制点火系统的检修

计算机控制点火系统通常与发动机燃油喷射系统共用一个控制单元，采用集中控制。检修时，可使用专用仪器读取故障码或数据流，也可通过波形进行故障诊断与分析。

练习与思考题

4-1　试述传统点火系的工作原理及过程。

4-2　无触点电子点火系的信号发生器有哪些类型？其工作原理如何？

4-3　计算机控制点火系统由哪些部件组成？什么是点火提前角的开环控制和闭环控制？

4-4　怎样检查磁感应式点火信号发生器、霍尔效应式点火信号发生器和电子点火器的性能？

第五章 照明与信号系统

【学习目标】

知识点：汽车照明系统的功用与组成，前照灯的结构；汽车信号系统的功用与组成，闪光器的工作原理，喇叭的结构与工作原理；照明与信号系统电路分析与常见故障的诊断方法。

技能点：实车上能够识别照明与信号系统各部件的安装位置，能够对照明与信号系统系进行基本检修，能够排除照明与信号系统的常见故障。

第一节 照明系统

一、汽车照明系统的功用与组成

汽车照明系统主要用于夜间行车照明、车内照明、仪表照明及检修照明。汽车照明系统主要由照明设备、电源、线路、控制开关组成，其主要照明设备如下。

1. 前照灯

前照灯(前大灯)装于汽车头部两侧，用于夜间行车道路的照明。有两灯制和四灯制之分，功率一般为 40～60 W。

2. 雾灯

雾灯有前雾灯和后雾灯两种。前雾灯装于汽车前部比前照灯稍低的位置，用于在雨雾天气行车时照明道路。为保证雾天高速行驶的汽车向后方车辆或行人提供本车位置信息，交通管理部门规定，运行车辆应在车辆后部加装功率较大的后雾灯，以降低交通事故的发生率。雾灯的光色规定为光波较长的黄色、橙色或红色。

3. 牌照灯

牌照灯装于汽车尾部的牌照上方，用于夜间照亮汽车牌照。

4. 仪表灯

仪表灯装于汽车仪表板上，用于仪表照明，以便于驾驶员获取行车信息和进行正确的操作，其数量根据仪表设计布置而定。

5. 顶灯

顶灯装于驾驶室或车厢顶部，用于车内照明。

6. 工作灯

工作灯用于排除汽车故障或检修时的照明。汽车上一般只装工作灯插座，配带导线及移动式灯具。

目前，多将前照灯、雾灯、前位灯等组合起来，称为组合前灯；将后位灯、后转向信号灯、制动信号灯、倒车灯等组合起来，称为组合后灯。各灯光设备的安装位置见图 5.1。

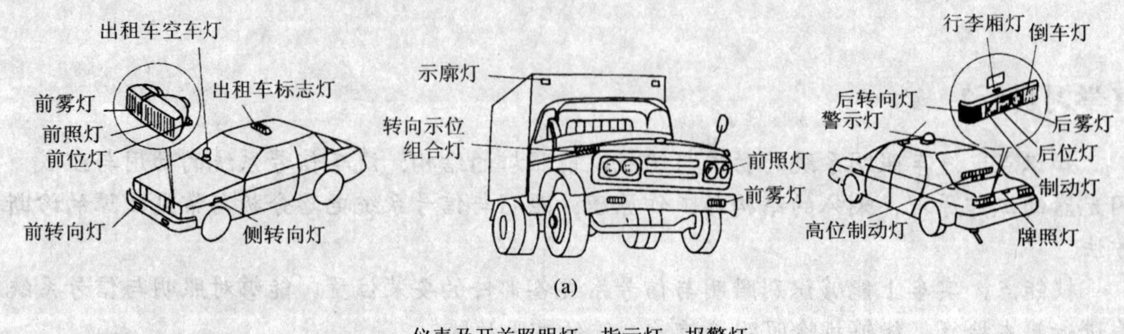

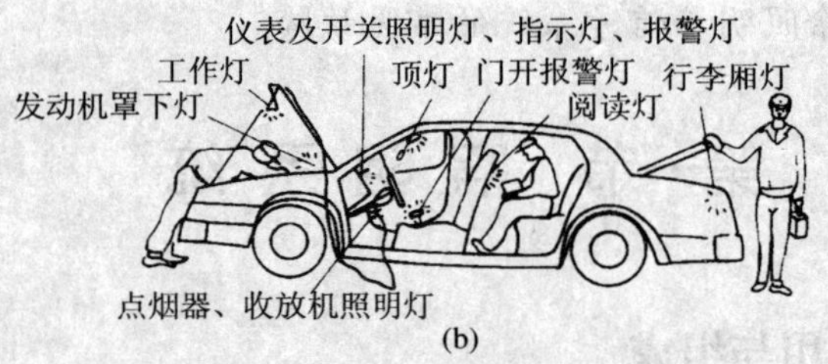

图 5.1　灯光设备的安装位置

(a) 外部灯光设备；(b) 内部灯光设备

除前照灯(雾灯)灯泡特殊外，常用照明灯和信号灯的灯泡种类较多，见图 5.2。按玻璃体形状可分为圆锥形、球形、柱形、楔形四种。其中，圆锥形灯泡有单丝和双灯丝之分。双丝灯泡按插口销钉位置又可分为平脚和高低脚两种。

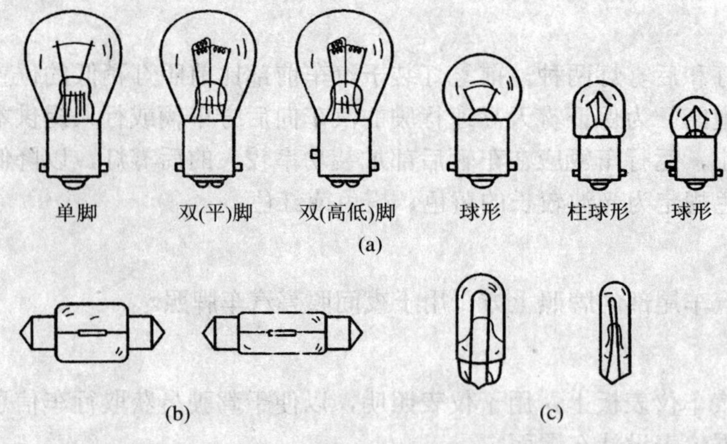

图 5.2　白炽灯泡的种类

(a) 圆锥形、球形灯泡；(b) 柱形灯泡；(c) 楔形灯泡白炽灯泡的拆装方法如图 5.3 所示。

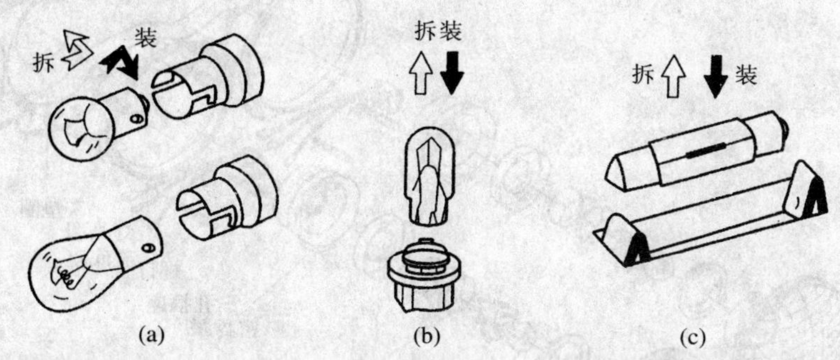

图 5.3　白炽灯泡的拆装方法

(a) 圆锥形、球形灯泡的拆装；(b) 柱形灯泡的拆装；(c) 楔形灯泡的拆装

二、前照灯

1. 对前照灯的基本要求

由于前照灯的照明效果直接影响着夜间行车驾驶的操作和交通安全，因此世界各国交通管理部门多以法律的形式规定了其照明标准。前照灯与其他照明灯相比有较特殊的光学结构，对它的基本要求如下：

(1) 前照灯应保证夜间车前有明亮而均匀的照明，使驾驶员能辨明车前 100 m 以内道路上的任何障碍物。随着汽车行驶速度的不断提高，对前照灯的要求也越来越高，现代高速汽车前照灯的照明距离能达到 200～250 m。

(2) 前照灯应具有防眩目装置，以免夜间两车交会时造成对方驾驶员眩目而发生事故。眩目是指人的眼睛突然受强光照射时，由于视觉神经受刺激而失去对眼睛的控制，本能地闭上眼睛或看不清暗处物体的生理现象。

2. 前照灯的种类

前照灯按反射镜的结构型式可分为可拆卸式、半封闭式和封闭式三种。可拆卸式前照灯因气密性不良，反射镜易受潮气和灰尘污染而降低反射能力，现已被淘汰。

1) 半封闭式前照灯

半封闭式前照灯的结构见图 5.4。其配光镜是靠卷曲反射镜边缘的牙齿而紧固在反射镜上的，两者之间垫有橡皮密封圈，其灯泡拆卸只可从反射镜的后方进行。更换时，先拔下灯泡上的插座，取下密封罩、卡簧，即可取下灯泡(见图 5.5(a))；安装新灯泡时，注意在灯泡上不能留下污迹，特别是在更换卤钨灯泡时，切勿用手指触及灯泡玻璃壳部分，受皮肤脂肪沾污过的玻璃壳，会大大缩短玻璃壳的使用寿命，因此拿灯泡只应拿基座，整理灯泡时亦应如此(见图 5.5(b))。拆装半封闭式前照灯时，不必拆下光学组件，维护方便，因此得到了广泛应用，但其密封性能不良，反射镜易被污染。

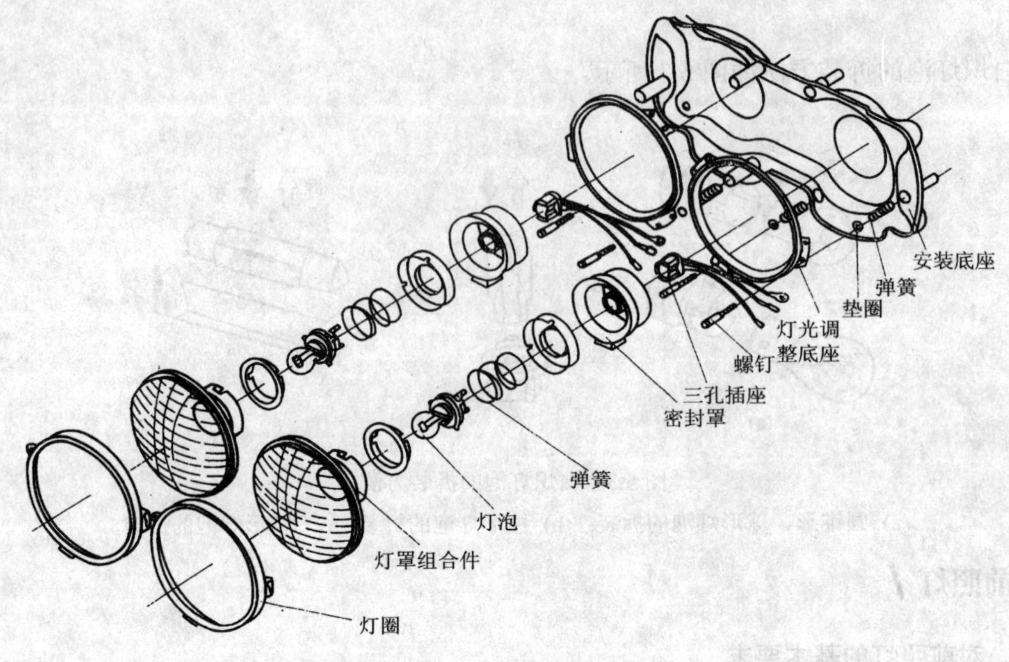

图 5.4　半封闭式前照灯

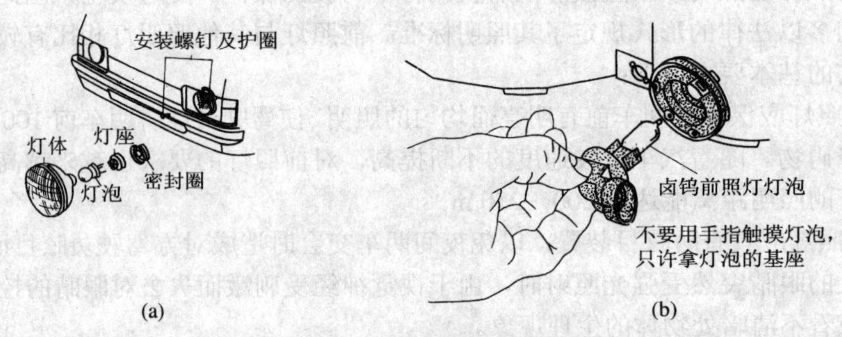

图 5.5` 半封闭式前照灯灯泡的更换

2) 封闭式前照灯

封闭式前照灯又称真空灯，其灯丝焊在反射镜底座上，反射镜与配光镜熔合为一体，形成灯泡，里面充入保护气体，如图 5.6 所示。当封闭式前照灯灯丝烧坏后，需要更换整个灯芯总成。更换时，先拔下灯脚与线束连接的插座，然后拆下灯圈，即可取下灯芯(见图 5.7)；安装灯芯时，应注意配光镜上的标记(箭头或字符)，不应出现倒置或偏斜现象。封闭式前照灯完全避免了反射镜的污染，但价格较高。

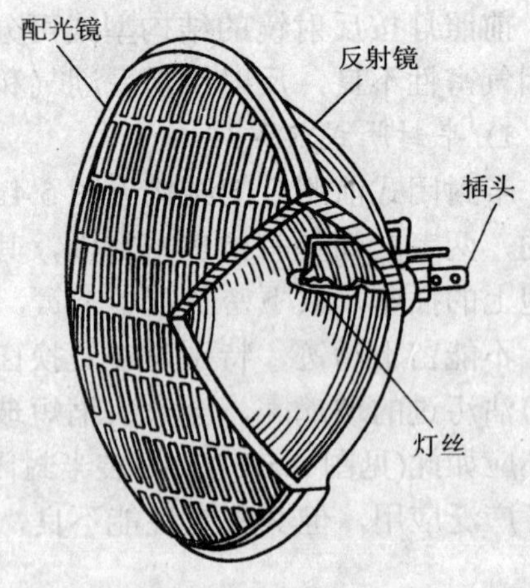

图 5.6　全封闭式前照灯

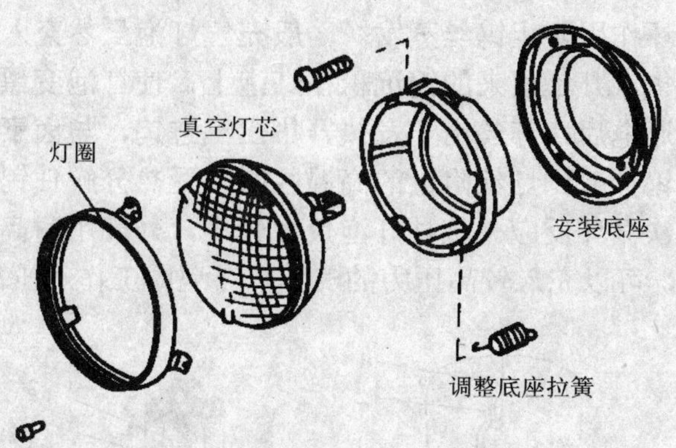

图 5.7 封闭式前照灯的更换

3) 投射式前照灯

投射式前照灯装有很厚的无刻纹的凸形配光镜，反射镜为椭圆形，所以其外径很小，其结构如图 5.8(a)所示。由于投射式前照灯的反射镜近似于椭圆形状，因此它具有两个焦点(见图 5.8(b))。第一个焦点处放置灯泡，第二个焦点在灯光中形成。凸形配光镜的焦点与第二焦点相重合。灯泡发出的光被反射镜聚成第二焦点，在通过配光镜将聚集的光投射到远方。投射式前照灯使用的光源一般为卤素灯泡。在第二焦点附近设有遮光板，可用于遮住投向上半部分的光，形成明暗分明的配光。它的这种配光特性可适用于前照灯近、远光灯，也可用作雾灯。

采用投射式前照灯，可利用的光束增多，若将反射镜做成扁长断面，很多光束便可横向扩散，不仅结构紧凑，而且经济实用。

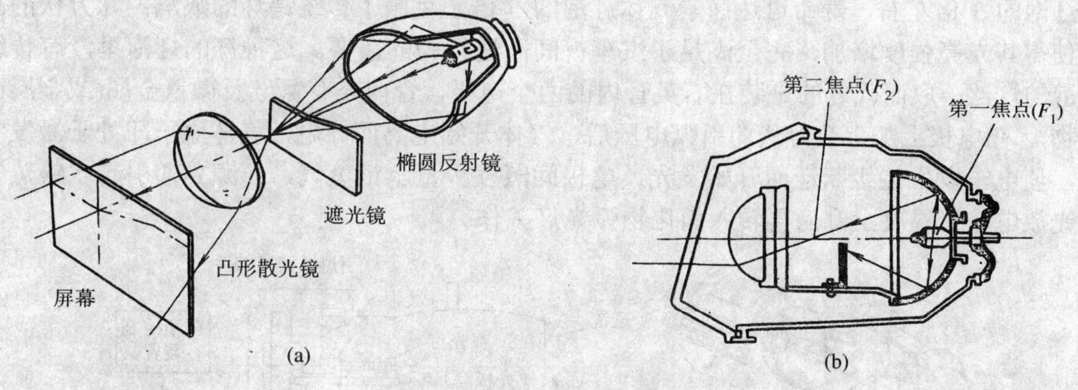

图 5.8 投射式前照灯的结构

3. 前照灯的结构

前照灯主要由灯泡、反射镜和配光镜三部分组成。

1) 灯泡

前照灯灯泡有充气灯泡、卤钨灯泡和高压 (20 kV)放电氙灯等几种类型。图 5.9 所示为前照灯灯泡的结构。充气灯泡从玻璃泡中抽出空气，再充以 86%的氩和 14%的氮的混合保护气体。灯泡通电后，灯丝发热，保护气体受热膨胀而产生较大的压力，可以减少钨的蒸发，延长灯泡的使用寿命。卤钨灯泡是在充入的保护气体中渗入某种卤族元素，如碘、溴等，利用卤钨再生循环作用防止钨丝蒸发。一般充气灯泡虽然充入混合保护气体，仍然不能避免钨丝受热后升华，升华出来的钨沉积在灯泡上，使灯泡变黑，光线变暗。再生循环的基本过程是：灯泡通电后，灯丝由于发热升华出气态钨，与卤素发生反应形成一种挥发性的卤化钨，当卤化钨扩散到灯丝附近的高温区时，受热分解使钨重新回到钨丝上，而释放出的卤素又参与下次循环反应。该种灯泡尺寸较小，外壳用耐高温且机械强度较高的石英玻璃或硬玻璃制成，可以充入较高压力的气体，灯泡内工作气压高，亦可抑制钨的升华。

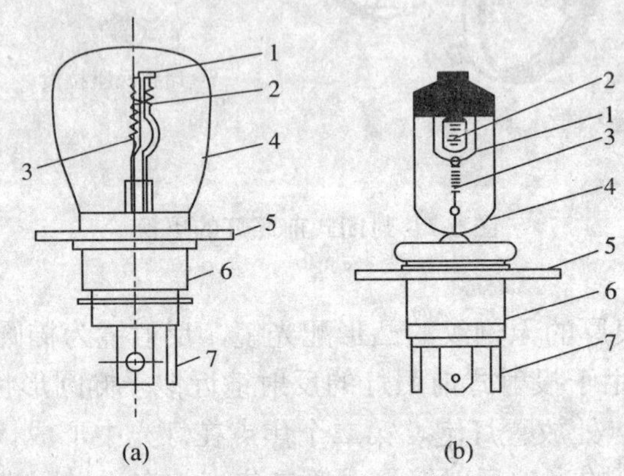

1—配光屏；2—近光灯丝；3—远光灯丝；4—玻璃泡；5—定焦盘；6—灯头；7—插片

图 5.9　前照灯灯泡的结构

(a) 普通灯泡；(b) 卤钨灯泡

高压放电氙灯的组件系统由弧光灯组件、电子控制器和升压器三大部件组成，图 5.10 是其外形及原理示意图。高压放电氙灯灯泡发出的光色和日光灯非常相似，亮度是目前卤素灯泡的 3 倍左右，寿命可达卤素气体灯泡的 5 倍，克服了传统钨灯的缺陷；几万伏的高压使得其光亮强度增加，完全满足了汽车夜间高速行驶的需要。这种灯的灯泡里没有传统灯泡的灯丝，取而代之的是装在石英管内的两个电极，管内充有氮气及微量金属(或金属卤化物)。在电极上加上数万伏的引弧电压后，气体开始电离而导电，气体原子即处于激发状态，使电子发生能级跃迁而开始发光；电极间蒸发少量水银蒸气，光源立即引起水银蒸气弧光放电，待温度上升后再转入卤化物弧光灯工作。

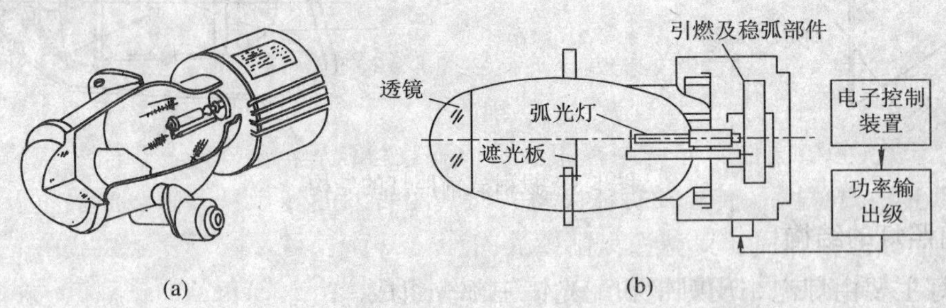

图 5.10　高压放电氙灯的外形及原理示意图

(a) 外形；(b) 原理示意图

2) 反射镜

反射镜的作用是将灯泡的光线聚合并导向远方。反射镜的材料有薄钢板、玻璃、塑料等，其表面形状是旋转抛物面，内表面镀银、铝或铬，再进行抛光。图 5.11 所示为反射镜反射灯泡光线的情况。灯丝位于焦点 F 上，灯丝的绝大部分光线向后射在立体角 ω 范围内，经反射镜反射后变成平行光束射向远方，使光度增强几百倍，从而使车前 100～150 m 处的路面照得足够清楚。从灯丝射出的位于 $4\pi-\omega$ 范围内的光线则向各方散射，散射向侧方和下方的部分光线，可照明车前 5～10 m 的路面和路缘。

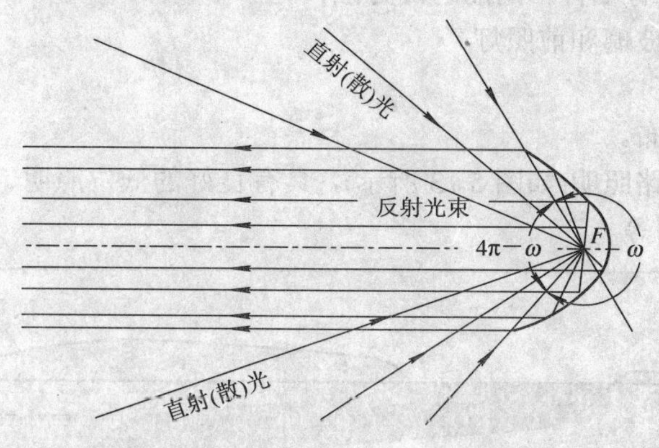

图 5.11　反射镜反射灯泡光线的作用

3) 配光镜

配光镜的作用是将反射镜反射出的平行光束折射，使车前路面和路缘均有很好的照明效果。配光镜是由透镜和棱镜组合而成的散光玻璃，其外形一般为圆形或方形，见图 5.12。

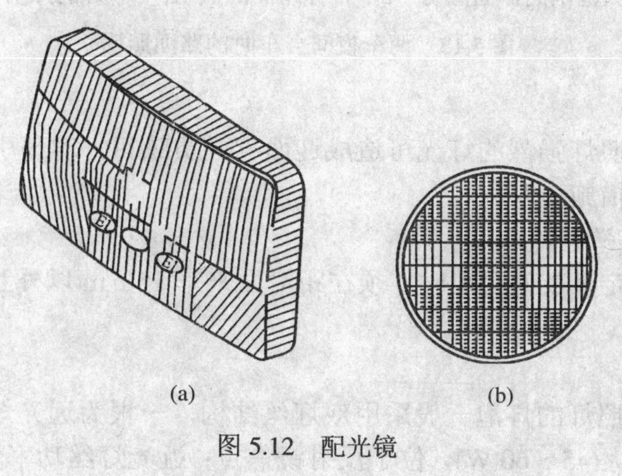

(a)　　(b)

图 5.12　配光镜

(a) 方形；(b) 圆形

4. 妨碍驾驶员视力的各种因素

在能见度受到限制的情况下(黎明、黄昏、夜晚，在隧道中或密林环绕的道路上)，照明系统能够有助于驾驶员的感知和控制效率。实验证明，即使在照明良好的干燥道路上，也会有 70%的入射光被路面吸收掉，可见的道路照明只剩下 30%。

严酷的雾、雨、雪等天气和伴随而来的后果也影响着驾驶员视野的清晰度。在潮湿情况下，黑色路面会吸收掉射向它的 85%的光线。在这些条件下，照明设备如前照灯的远、近光以及前雾灯等能大大提高感知效率。

在其他对视觉有潜在限制的因素中，有风窗玻璃的结露、污垢以及损伤(刮痕和裂纹)等。另一个影响因素是突如其来的眩目(夜间会车的灯光、落日等)。

前照灯的污垢也可能间接地妨碍驾驶员的视力，因为车灯玻璃上的污垢会挡住部分光线，照不到路面。

对这些不利影响，有多种不同的解决方法：

(1) 及时清洁风窗玻璃和前照灯。

(2) 使用遮阳板。

(3) 可变的灯光分布。

(4) 采用合理的道路照明(如图 5.13 所示)，具有良好的低位照明、侧面扩展照明、对道路特定部分的聚光照明等。

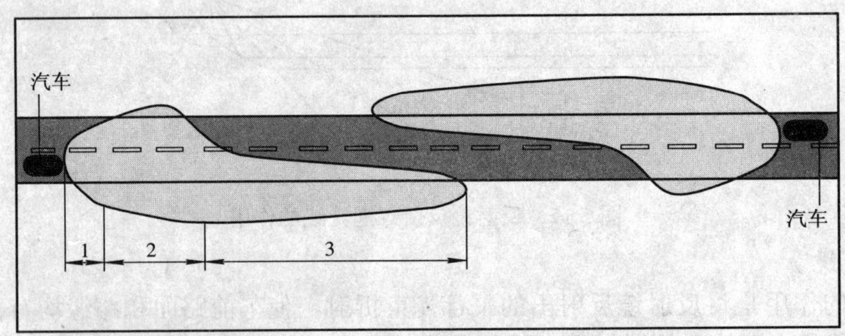

1—大范围的侧面照明；2—目标路面的照明；3—好的照明深度

图 5.13 两车夜间会车时的路面照明

5. 防眩目的措施

夜间会车时，前照灯强烈的灯光可造成迎面驾驶员眩目，容易引发交通事故，所以必须采取有效的防眩目措施。

1) 利用交通法规强制约束

我国交通法规规定，夜间会车时，须在距对面来车 150 m 以外互闭远光灯，改用防眩目近光灯。

2) 采用双丝灯泡

为了防眩目，前照灯的灯泡一般采用双灯丝结构，一根为远光灯丝，另一根为近光灯丝。远光灯丝功率较大(45～60 W)，位于反射镜焦点；近光灯丝功率较小(22～55 W)，位于焦点上方或前方并稍向右偏斜。远光灯丝点亮时，光束照亮较远的路面；近光灯丝点亮时，光束照亮较近的路面。前照灯近光的此种配光形式称为对称式配光。对称式配光近光灯丝的工作情况如图 5.14 所示。射到反射镜 bab_1 上的光线由反射镜反射后倾向路面，而反射到 bc 和 b_1c_1(bb_1 为焦点平面)上的部分光线反射后倾向上方，但射向路面的光线占大部分，减轻了迎面来车驾驶员的眩目。

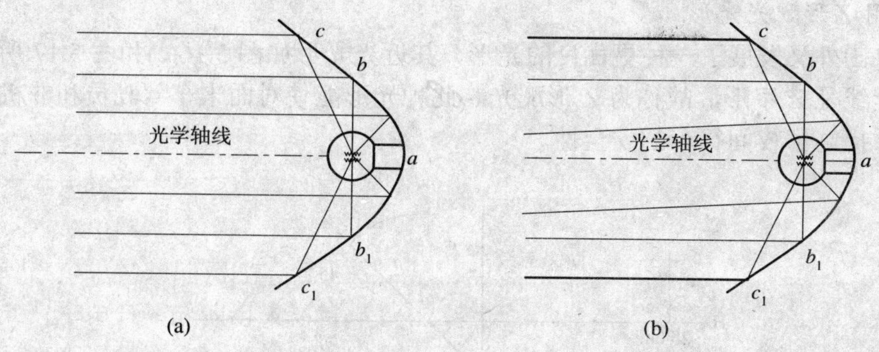

图 5.14　对称式配光前照灯工作情况

(a) 远光平射；(b) 近光倾下方

3) 加装配光屏

对称式配光的另一种灯泡结构形式是在近光灯丝下加装配光屏(遮光罩)，当接通近光灯时，配光屏能将近光灯丝下半部分的光线完全遮住，消除了向上的反射光线，如图 5.15(a)所示；而接通远光灯丝时，配光屏不起作用，如图 5.15(b)所示。

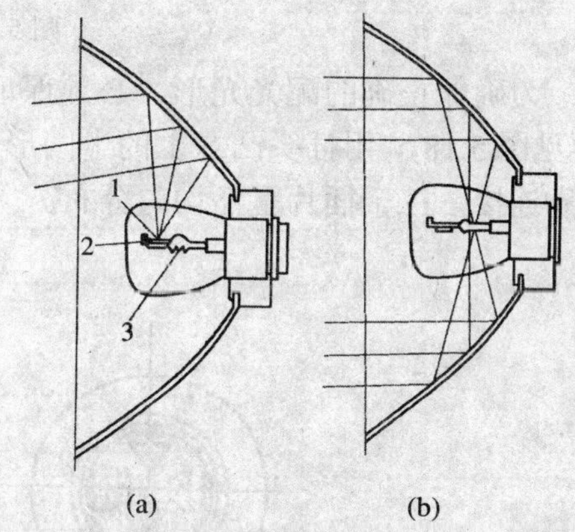

1—近光灯丝；2—配光屏；3—远光灯丝

图 5.15　具有配光屏的双灯丝灯泡的工作情况

配光屏在安装时应偏转一定的角度，使其近光的光形分布不对称，形成一条明显的明暗截止线。前照灯近光的此种配光形式称为 E 形非对称形配光(见图 5.16(b))。由于此种前照灯防眩目效果好，目前灯泡绝大部分采用这种结构形式。

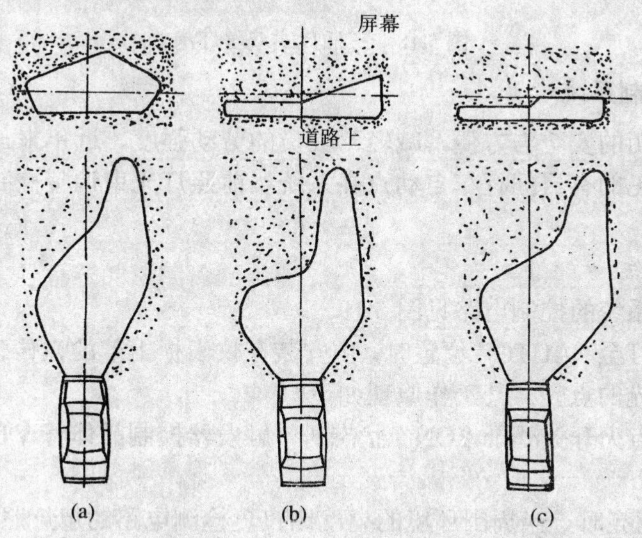

图 5.16　前照灯配光光形

(a) 对称形；(b) E 形非对称形；(c) Z 形非对称形

4) 采用Z形配光光形

近年来国外又发展了一种更优良的光形，其近光光形如图5.16(c)和图5.17所示。由于其明暗截止线呈Z字形，故称为Z形配光。此种光形能使对面来车驾驶员和非机动车人员都不眩目，提高了夜间行车的安全性。

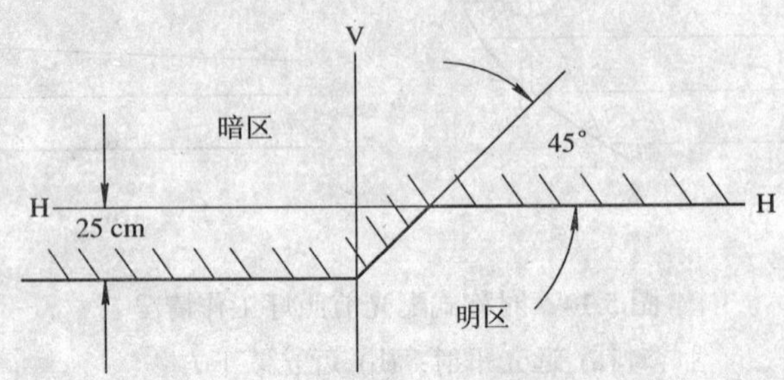

图5.17　Z形非对称配光

为确保正确的配光光形，必须保证灯泡安装的正确位置，为此将灯泡的插头做成插片式(见图5.18)，用插头凸缘上的半圆形开口与灯头上的半圆形凸起配合定位。另外，为保证可靠连接，三个插片呈不均匀分布。

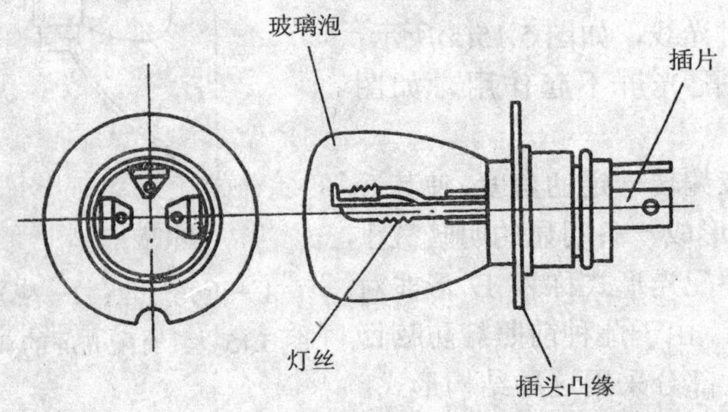

图5.18　三插片式双丝灯泡

6. 前照灯的控制系统

为保证行车照明的安全与方便，减轻驾驶员的劳动强度，近年来，出现了多种新型的灯光控制系统，常见的有日间行车自动点亮系统、前照灯光束调整控制系统、前照灯延时控制等。

1) 自动点亮系统

灯光自动点亮系统的控制电路见图5.19。

当前照灯开光打至“AUTO”位置时，由安装在仪表板上部的光传感器检测周围的光线强度，自动控制灯光的点亮。其工作原理如下：

当车门关闭，点火开关处于“ON”状态时，触发器控制晶体管VT_1导通，为灯光自动控制器提供电源。

(1) 周围环境明亮时。当周围环境的亮度比夜暮检测电路的熄灯照度L_2(约550 lx)及夜间检测电路的熄灯照度L_4(200 lx)更亮时，夜暮检测电路与夜间检测电路都输出低电平，晶体管VT_2和VT_3截止，所有灯都不工作。

(2) 夜暮及夜间时。当周围的亮度比夜暮检测电路的点灯照度 L_1(约 130 lx)暗时，夜暮检测电路输出高电平，使 VT_2 导通。此时，尾灯电路接通，点亮尾灯。当变成更暗的状态，达到夜间点灯电路的点灯照度 L_3(约 50 1x)以下时，夜间检测电路输出高电平。此时，延迟电路也输出高电平，使晶体管 VT_3 导通。前照灯继电器动作，点亮前照灯。

(3) 接通后周围亮度变化时。在前照灯亮着时，由于路灯等原因周围环境突然变为明亮的情况下，夜间检测电路的输出变为低电平。但在延迟电路的作用下，在时间 T 期间，VT_3 仍保持导通状态，所以前照灯不熄灭。在周围的亮度比夜暮检测电路的熄灯照度 L_2 更亮的情况下(如白天汽车从隧道里出来)，从夜暮检测电路输出低电平，从而解除延迟电路，尾灯和前照灯都立即熄灭。

(4) 自动熄灯。点火开关断开，使发动机停止工作时，触发器 S 端断电是低电平。但是，触发器由＋B 供电，VT_2 仍是导通状态，因为触发器 R 端上也是低电平，不能改变触发器的输出端 Q 的状态。在这种状态下打开驾驶室门时，触发器 R 端上就变成高电平，$\overline{Q}$ 端输出就反转成为高电平，向电路供应电源的晶体管 VT_1 截止，VT_2 及 VT_3 也截止，所有灯都熄灭。上述情况，在夜间黑暗的车库等处下车前，因为有车灯照亮周围，所以给下车者提供了方便。

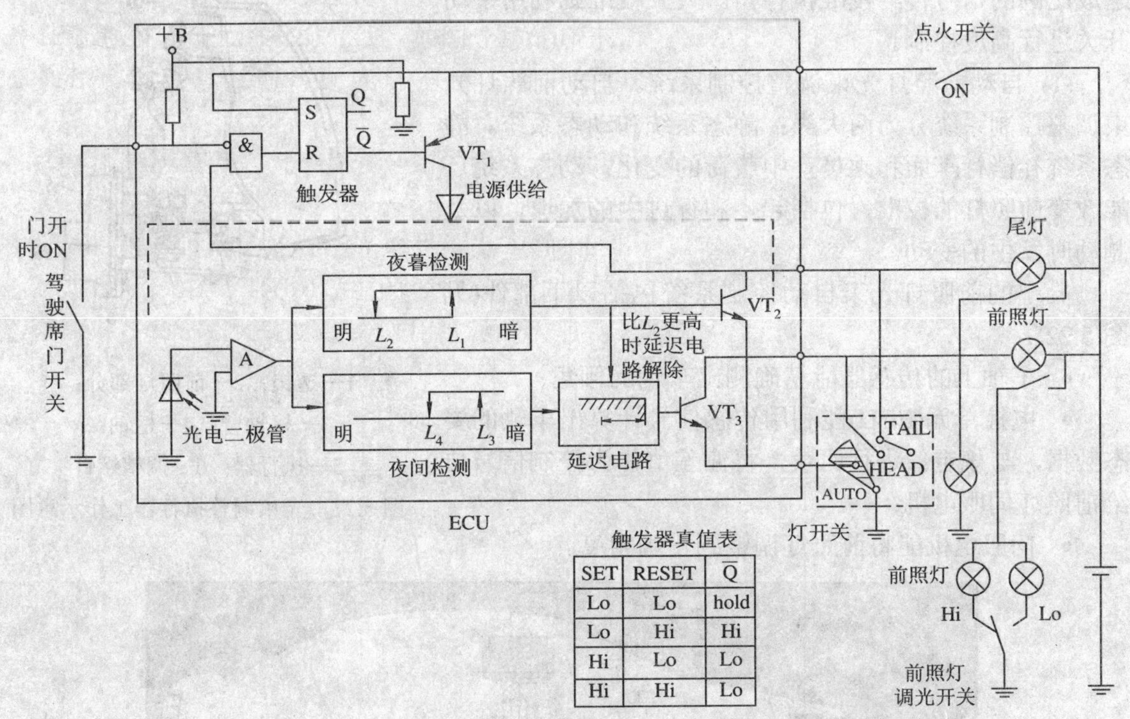

触发器真值表

SET	RESET	$\overline{Q}$
Lo	Lo	hold
Lo	Hi	Hi
Hi	Lo	Lo
Hi	Hi	Lo

图 5.19 前照灯自动控制电路

2) 前照灯光束调整控制

当车辆的载荷发生变化时，前照灯光束的照射位置也随之发生变化(如图 5.20 所示)，因而不能适当地照亮前方路面。前照灯光束调整控制的作用是补偿车辆载荷的变化以保持良好的视距。前照灯光束调整控制靠调整前照灯近光的倾斜度来实现。

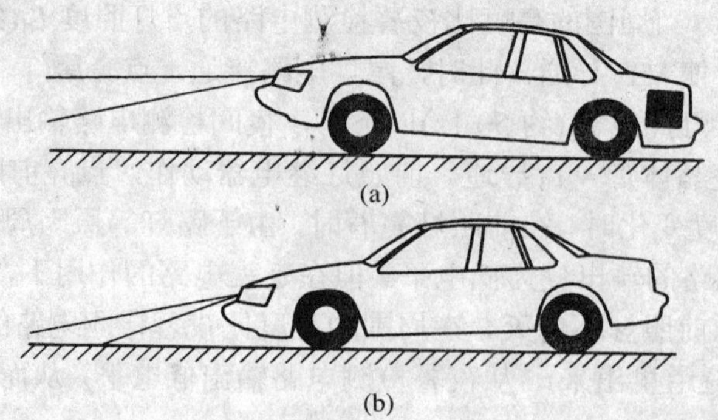

图 5.20　载荷发生变化时汽车前照灯在路面上的照射范围

(a) 加速或后部有载时；(b) 制动时

所有前照灯光束调整控制设备都装有特别的执行器。前照灯光束调整机构如图 5.21 所示。执行器由电动机和齿轮机构组成，在做光束轴线调整时，执行器驱动调整螺钉正反向旋转，使调整螺钉左右移动并带动前照灯以枢轴为中心摆动，实现前照灯光束的调整。自动控制系统依靠传感器监视着悬架装置的行程，产生与之成比例的信号传给校准执行器。人工校准则利用手动开关进行高度控制。

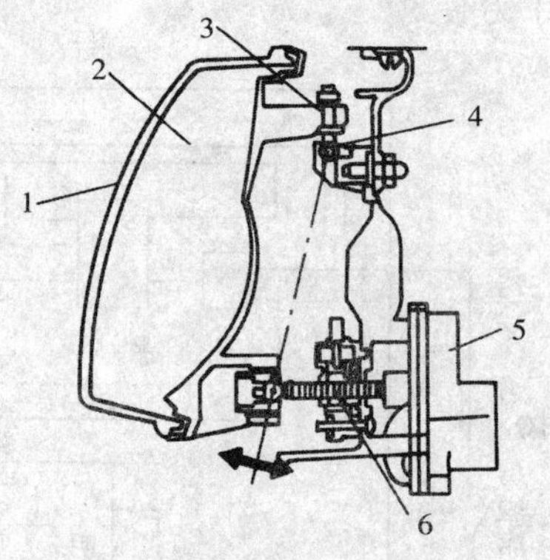

1—透镜；2—前照灯部分；

3—枢轴臂；4—枢轴；

5—执行器；6—调整螺钉

图 5.21　光束调整执行器工作示意图

(1) 自动前照灯光束调整控制系统。自动前照灯光束调整控制系统分为两大类：静态系统和动态系统。静态系统补偿行李厢和乘员室中载荷的变化；动态系统还能改变前照灯的校准，包括起步和行进中的加速，以及制动时发生的变动。

典型的前照灯光束自动控制系统包括以下部件(见图 5.22)：

- 车轴上的传感器能精确测出车辆的倾角；
- 电控单元(ECU)能利用传感信号计算出车辆的姿态数据，与规定值进行比较，将偏差值作为控制信号传给前照灯伺服电机；
- 伺服电机能将前照灯调整到正确角度。

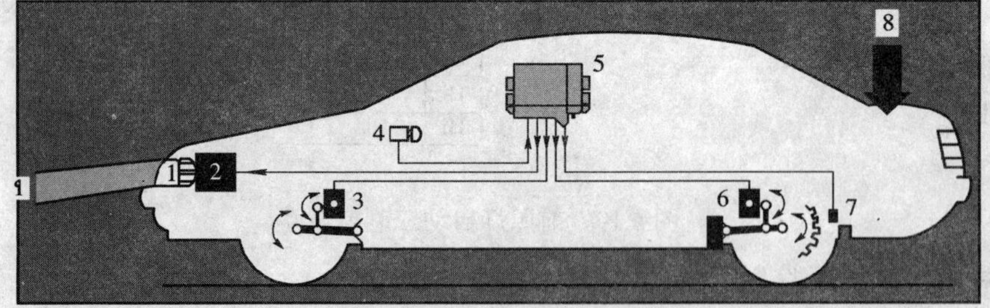

1—前灯；2—执行器；3—前悬架行程传感器；4—灯开关；5—电控单元；

6—后悬架行程传感器；7—车速传感器；8—负载质量

图 5.22　前照灯光束自动控制系统原理示意图

① 静态系统。除收到悬架装置传感器传来的信号外，静态系统还会收到 ABS 控制单元电子测速电路送来的速度信号。根据这些信号，控制器即可判定车辆是静止不动，或速度有变化，还是在恒速行驶。以静态原理为基础的自动系统，总会有非常大的响应惯性，因此只对长时间记录的倾角作修正。

每当车辆开动时，系统就开始修正前照灯角度，以补偿载荷的任何变化；当车辆进入稳态工作时，第二轮修正就开始了。静态系统使用手动系统时采用手动的伺服电机补偿前照灯当时的纵向角度与规定值之间的偏差。

② 动态系统。动态自动系统有截然不同的两种工作模式，能在所有行驶条件下保证前照灯的合理定向(见图 5.22)。其速度信号分析的辅助功能，使系统能区分静态校准无法识别的加速度和制动。

车辆在静止或恒速状态下，动态系统的工作与静态系统一样，有极大的响应惯性；但控制器一旦记录到加速或制动信号，系统立即转换到动态模式。与静态校准不同的是，动态校准的信号处理速度快，伺服电机的调整速度高，光束照射距离能在几分之一秒内调整好，保证驾驶员一直具有高效监视交通情况所需的清晰视野。加速或制动之后，系统将自动回到响应延迟的工作模式。

(2) 手动开关前照灯光束调整控制系统。利用手动开关进行前照灯光束调整控制的系统电路如图 5.23 所示。

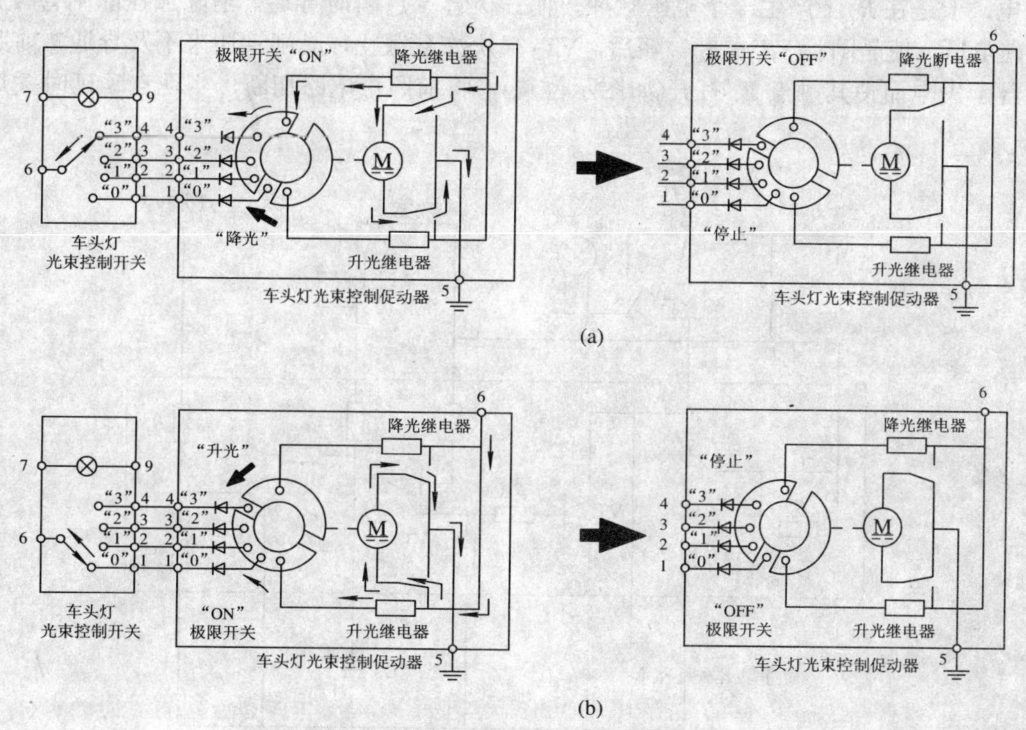

图 5.23　前照灯光束水平控制系统电路工作过程

(a) 开关打至“3”；(b) 开关打至“0”

① 降低光束。光束控制开关打至“3”位置时(见图 5.23(a))，电流从灯光束控制执行器(促动器)端子 6→降光继电器线圈→执行器端子 4→光束控制开关端子 6→接地，前灯降光继电器闭合，于是电流从执行器端子 6→前灯降光继电器→电动机→前灯升光继电器→执行器端子 5→接地，电动机工作，使前灯光束降低。电动机转过一定角度后，限位开关工作，执行器端子 6 与 4 之间断开，前灯降光继电器断开，前灯光束停留在“3”的水平位置上。

② 升高光束。光束控制开关打至“0”位置时(见图 5.23(b))。电流从灯光束控制执行器(促动器)端子 6→升光继电器线圈→执行器端子 1→光束控制开关端子 1→光束控制开关端子 6→接地，前灯升光继电器闭合，于是电流从执行器端子 6→前灯升光继电器→电动机→前灯降光继电器→执行器端子 5→接地，电动机工作，使前灯光束升高。电动机转过一定角度后，限位开关工作，执行器端子 6 与 1 之间断开，前灯升光继电器断开，前灯光束停留在“0”的水平位置上。

3) 前照灯延时控制

前照灯延时控制电路可使前照灯在电路被切断后，仍继续照明一段时间后自动熄灭，为驾驶员离开黑暗的停车场所提供照明。

图 5.24 为美国德克萨斯仪表公司研制的前照灯延时控制电路，其工作原理如下：当汽车停驶切断点火开关时，三极管 VT_1 处于截止状态，此时电容器 C_1 立即经 R_3、R_4 开始充电。当 C_1 上的电压达到单结晶体管 VT_2 的导通电压时，C_1 则通过其发射极、基极和电阻 R_7 放电，于是在 R_7 上产生一个电压脉冲，使三极管 VT_3 瞬时导通，消除加在晶闸管 VT 上的正向电压，使晶闸管 VT 关断。随后，VT_3 很快恢复截止，晶闸管还来不及导通，前照灯继电器 J 失电而使其触点 K′打开(如图示位置)，将前照灯电路切断，实现自动延时关灯的功能。

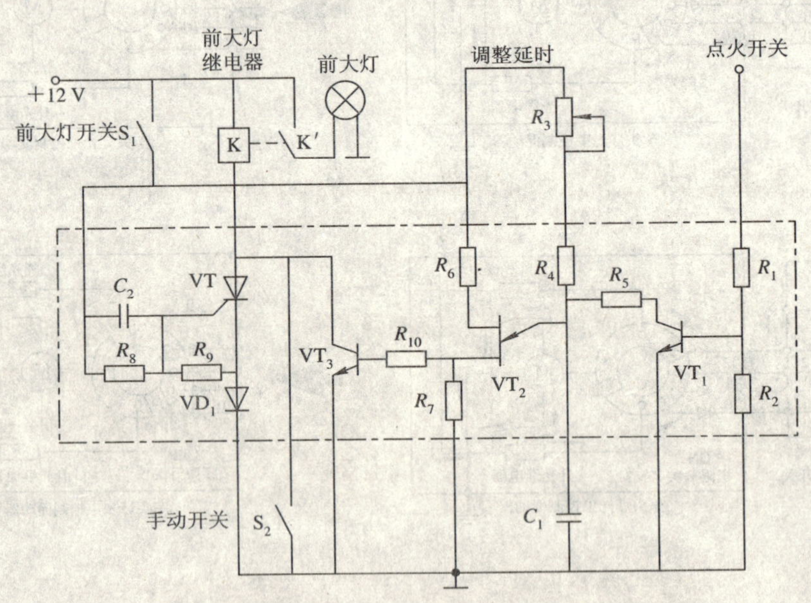

图 5.24 前照灯延时控制电路

6. 前照灯的检验与调整

前照灯的检验与调整是汽车的安全检验项目之一。

前照灯的调整是为了使前照灯在规定的距离内将道路照得明亮而均匀，且不使迎面来车的驾驶员眩目，以保证行车安全。

目前，前照灯光束调整标准各国略有差异，因此，调整时应参照该车说明书和技术手册进行。前照灯的检验可以采用屏幕检验法或仪器检验法，前者操作不便，精确度低，因此汽车检测站多用仪器检验法，即发展趋势是采用仪器检验法，如无仪器则采用屏幕检验法。用屏幕检验调整前照灯的方法如下：将汽车停在平坦的路面上，按规定充足轮胎气压，并擦净前透镜。在离前照灯 *S* mm 处挂一幕布(或利用白墙壁)，在屏幕上画出两条水平线，一条离地 *H* mm，另一条比它低 *D* mm。再画一条汽车的垂直中心线，在它两侧距中心线 *A*/2 mm 处再画两条垂直线，与离地 *H* mm 处的线相交点即为前照灯中心点，与较低线相交点即为光点中心，*A* 为两灯中心距，见图 5.25(图中 *A*、*D*、*H*、*S* 应参照车型规定标准数据)。调整时，先遮住右侧的前照灯，调整左侧前照灯，使其射出的光束中心对准屏幕上的前照灯光点中心，然后以同样的方法调整右侧前照灯。

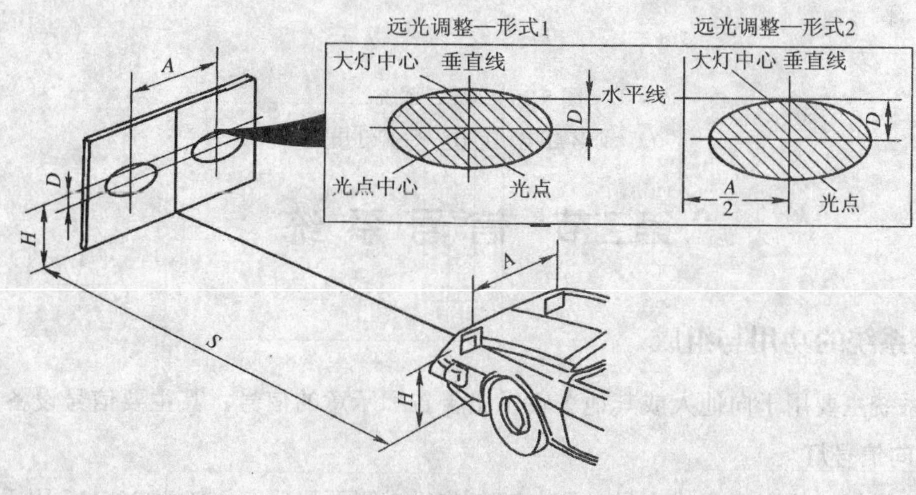

图 5.25　屏幕式调整前照灯的方法

三、雾灯

在雨雾天气时，能见度较低，为了提高行车安全，汽车装备有雾灯照明，其穿透性较强。前雾灯用于照亮车辆前方的路面，后雾灯用于向后方车辆或行人标示其行车位置。打开雾灯开关，电流经雾灯继电器至雾灯接地，雾灯点亮，见图 5.26。

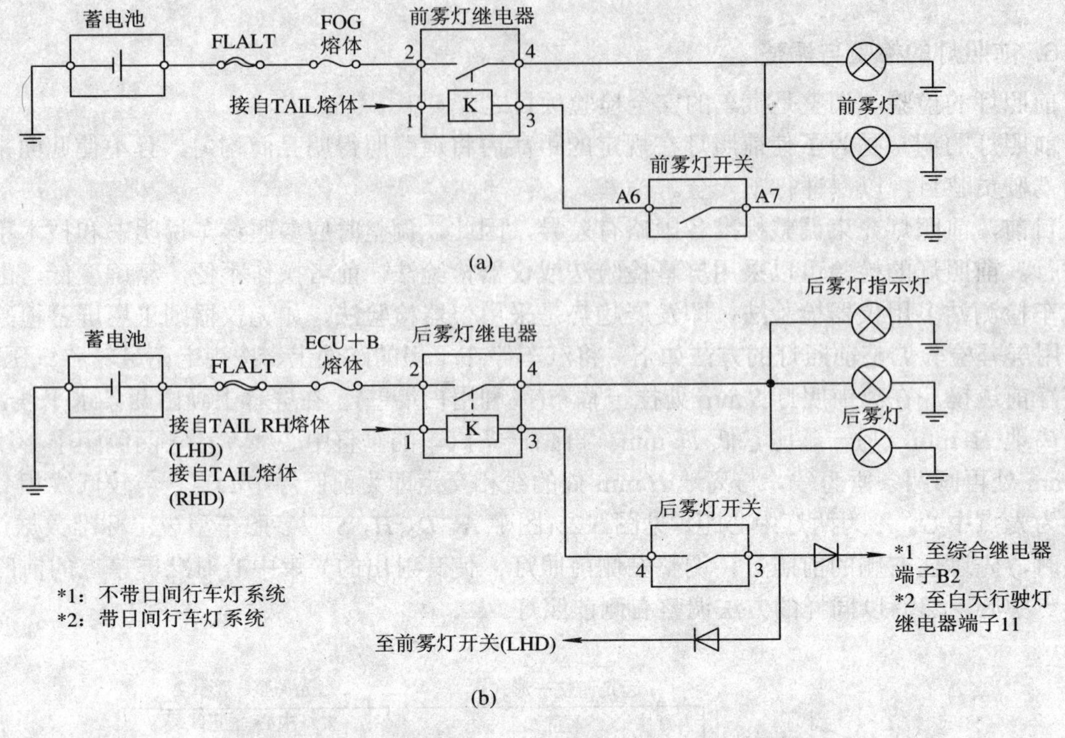

图 5.26　雾灯系统

(a) 前雾灯电路；(b) 后雾灯电路

第二节　信 号 系 统

一、信号系统的功用与组成

信号系统主要用于向他人或其他车辆发出警告和示意的信号，其主要信号设备如下。

1. 转向信号灯

转向信号灯一般有四只或六只，装在汽车前后或侧面，功率一般为 20 W，用于在汽车转弯时发出明暗交替的闪光信号，使前后车辆、行人、交警知其行驶方向。

2. 危险报警灯

危险报警灯与转向信号灯共用。当车辆出现故障停在路面上时，按下危险警报开关，全部转向灯同时闪亮，提醒后方车辆避让。

3. 位灯

位灯也称小灯，装于汽车前后两侧边缘，用于标示汽车夜间行驶或停车时的宽度轮廓。前位灯又称示宽灯，一般为白色或黄色；后位灯又称尾灯，为红色。

4. 示廓灯

示廓灯主要用于空载车高 3 m 以上的客车和厢式货车，前后各两只，前面的为白色，后面的为红色，装于尽可能高的靠边缘的部位。

5. 挂车标志灯

全挂车在挂车前部的左右，各安装一个红色的标志灯，其高度要求高出全挂车的前栏板 300～400 mm，距外侧车厢小于 150 mm，以引起其他驾驶员的注意。

我国国家标准规定：汽车的位灯、示廓灯、牌照灯、仪表灯及挂车标志灯应能同时启灭；当前照灯点亮时，这些灯必须点亮；当前照灯关闭和发动机熄火时仍能点亮。

6. 制动灯

制动灯装于汽车后面，用于当汽车制动或减速停车时，向车后发出灯光信号，以警示随后车辆及行人。制动灯多采用组合式灯具，一般与尾灯共用灯泡(双丝灯)，但制动灯功率较大，一般在 20 W 左右。

7. 倒车灯

倒车灯装于汽车尾部，左右各一只，均为白色，用于照亮车后路面，并警告车后的车辆和行人，表示该车正在倒车。

8. 驻车灯

驻车灯装于车头和车尾两侧，用于夜间停车时标志车辆形位。当接通驻车灯开关时，仪表照明灯、牌照灯并不亮，耗电量比位灯小。

汽车以上装置主要用于向外界传递信息，它们与照明系统一起组成了汽车灯系。现代汽车中还有阅读灯、踏步灯、后照灯、行李灯等装置。警车、消防车、救护车和出租车等特殊类型的车辆，在车顶部还装有警示灯(或标志灯)。

9. 喇叭

喇叭为声响信号装置，按下喇叭按钮，发出声响，警告行人车辆，以确保行车安全。

二、转向灯与危险报警灯

为指示车辆的行驶方向，汽车上都装有转向信号灯。转向灯系统一般由转向信号灯、转向指示灯、转向开关、闪光器等组成。当汽车要向左或右转向时，通过操纵转向开关，使车辆左边或右边的转向信号灯经闪光器得电而闪烁发光；转向后，回转转向盘，转向盘控制装置可自动使转向开关回位，转向灯熄灭。驾驶员还可以通过操纵危险警报开关使全部转向灯闪亮，发出警示。

转向信号灯一般应具有一定的频闪，我国国标规定为 60～120 次/min，日本转向闪光灯规定在 85±10 次/min。同时，还要求转向信号灯信号效果要好，而且亮暗时间比(通电率)在 3∶2 为佳。

在转向信号灯泡烧坏或线路出现故障后，当转向开关接通时，转向信号灯的闪光频率将发生明显变化(通常闪光频率加快或不闪)，以提醒驾驶员。

转向信号灯的频闪由闪光器控制。闪光器主要有电热式、电容式和晶体管式三种类型。电热式闪光器结构简单，制造成本低，但闪光频率不够稳定，使用寿命短，目前已被淘汰。晶体管式闪光器具有性能稳定、可靠等优点，现已被广泛应用。

晶体管式闪光器又分为有触点晶体管式和无触点全晶体管式两种。

1) 有触点晶体管式闪光器

图 5.27 为有触点晶体管式闪光器的电路图。当汽车向左转弯时，转向开关 S 接通左转向灯，电流便从蓄电池正极→熔断器→电阻 R_0→触点 K→转向开关 S→左转向灯→搭铁→蓄电池负极构成回路，左转向信号灯和指示灯点亮。同时，R_0 上的电压降使三极管 VT 导通产生集电极电流。集电极电流经继电器的线圈 K 搭铁，继电器的线圈 K 产生电磁吸力使触点 K 打开。于是蓄电池向电容器 C 充电，使左转向灯的灯光变暗。随着充电时间的延长，充电电流减小，三极管 VT 的基极电位提高，偏流减小。当基极电位接近发射极电位时，三极管 VT 截止，集电极电流消失，触点 K 又闭合，转向灯又被点亮，同时，电容 C 经 R_2、触点 K、R_1 放电。

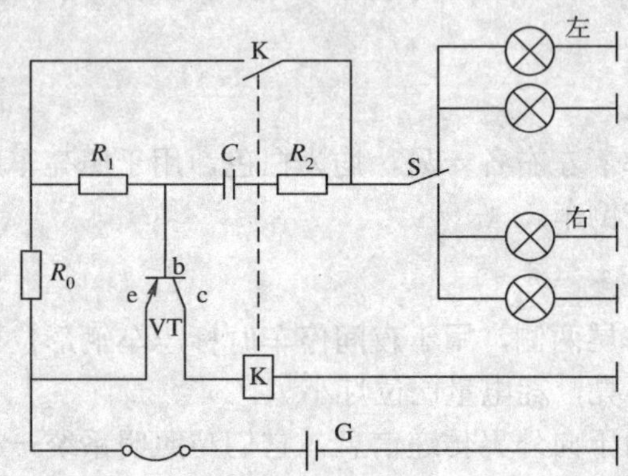

图 5.27　有触点晶体管式闪光器的电路

电容器 C 放完电后，三极管 VT 的基极上又恢复低电平，三极管 VT 重新导通，集电极电流又经继电器的线圈 K 产生电磁吸力使触点 K 打开。重复上述过程，使转向灯发出闪光。其闪光频率由电容器 C 的充放电时间常数来决定。

2) 无触点全晶体管式闪光器

图 5.28 是一种简单的无触点电子闪光器的电路图，其工作原理如下：

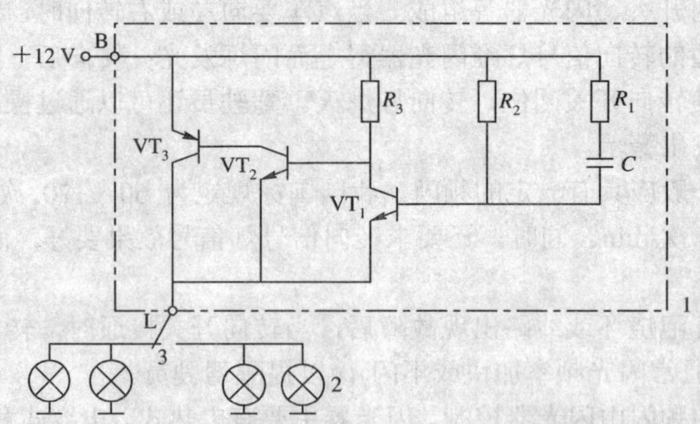

1—闪光器；2—转向信号灯；3—转向灯开关

图 5.28　国产 SG131 型无触点闪光器的电路

接通转向灯开关，VT_1因正向偏压而饱和导通，VT_2、VT_3则截止。由于VT_1的发射极电流很小，故转向灯较暗。同时，电源通过R_1对C充电，使得VT_1的基极电位下降，当低于其导通所需正向偏置电压时VT_1截止。VT_1截止后，VT_2通过R_3得到正向偏置电压导通，VT_3也随之饱和导通，转向灯变亮。此时，C经R_1、R_2放电，使VT_1仍保持截止，转向信号灯继续发亮。随着C放电电流的减小，VT_1基极电位又逐渐升高，当高于其正向导通电压时，VT_1又导通，VT_2、VT_3又截止，转向信号灯又变暗。随着电容的充电放电，VT_3不断地导通、截止，如此循环，使转向灯闪烁。

三、制动信号灯

制动信号灯是与汽车制动系同步工作的，它通常由制动信号灯开关控制。气压制动系统的制动信号通常由安装在制动系管路中或制动阀上的制动信号灯开关控制；液压制动系统的制动信号灯一般由与制动踏板直接连动的机械行程开关控制(见图 5.29)，也有采用安装在制动回路上的液压式开关来控制的。

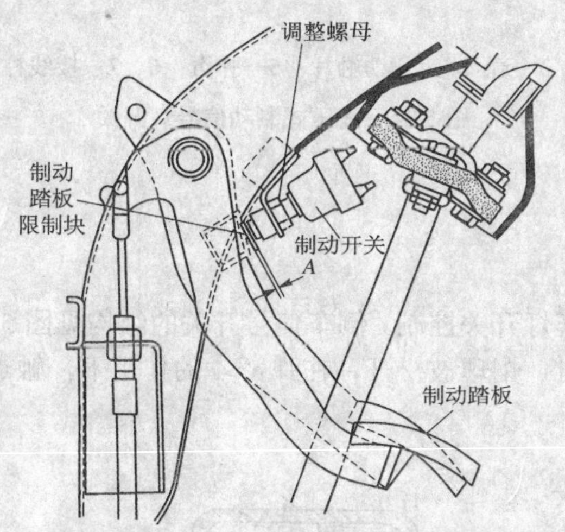

图 5.29　制动踏板直接连动的机械行程开关

1. 气压式制动信号灯开关

图 5.30 为气压式制动信号灯开关的结构图。制动时，制动压缩空气推动橡皮膜片上拱，使触点闭合，接通制动灯电路。

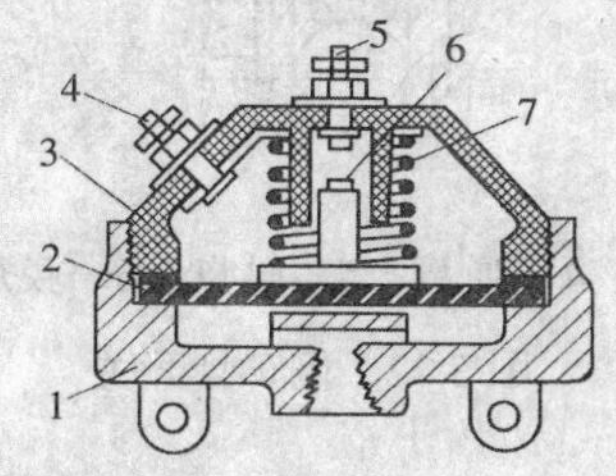

1—壳体；2—膜片；3—胶木盖；4、5—接线柱；6—触点；7—弹簧

图 5.30　气压式制动信号灯开关

2. 液压式制动信号灯开关

图 5.31 为液压式制动信号灯开关的结构图。当踩下制动踏板时，制动系中的油液压力增大，膜片 2 向上拱曲，克服弹簧 5 的作用力使动触片 4 接通接线柱 6 和 7，制动信号灯通电发亮。松开制动踏板时，油液压力降低，动触片在弹簧 5 的作用下复位，制动信号灯熄灭。

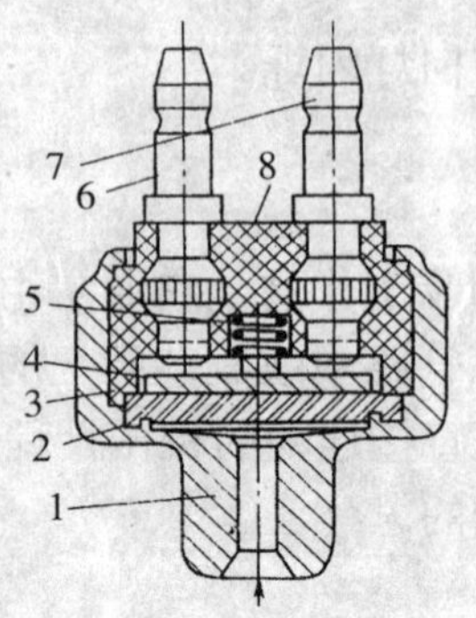

1—管接头；2—膜片；3—壳体；4—动触片；5—弹簧；6、7—接线柱及静触头；8—绝缘体

图 5.31 液压式制动信号灯开关

四、倒车信号装置

1. 倒车灯开关

倒车信号装置由倒车灯开关控制。倒车信号开关的结构见图 5.32。钢球 8 平时被顶起，而当变速杆拨至倒车挡时，钢球被松开，在弹簧 4 的作用下，触点 5 闭合，将倒车信号电路接通。

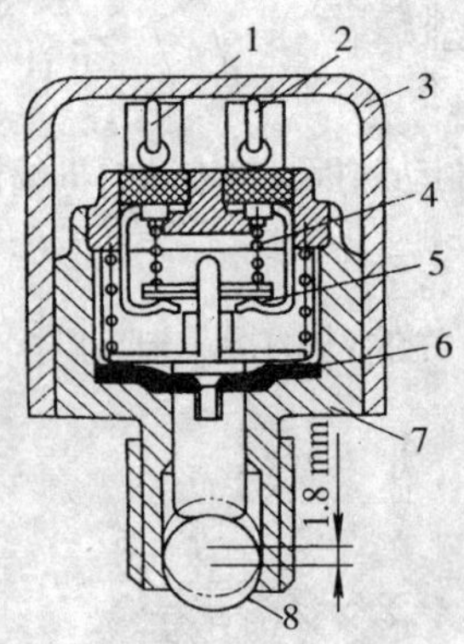

1、2—导线；3—壳体；4—弹簧；5—触点；6—膜片；7—底座；8—钢球

图 5.32 倒车灯开关

2. 倒车信号电路

倒车警报信号电路见图 5.33。其工作原理如下：

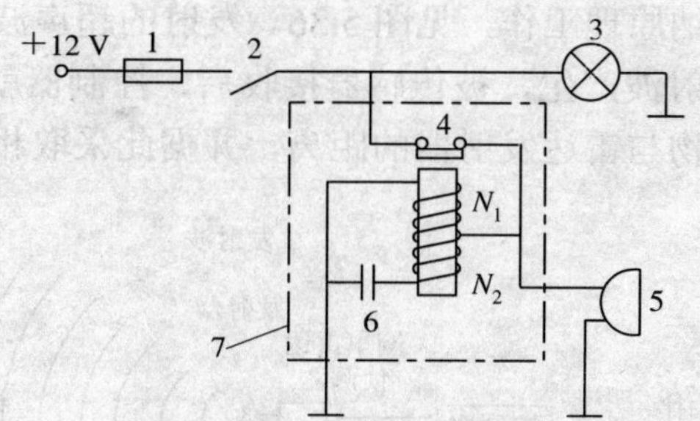

1—熔断丝；2—倒车信号灯开关；3—倒车信号灯；4—继电器触点；

5—蜂鸣器；6—电容器；7—倒车信号间歇发声控制器

图 5.33　倒车警报信号电路

倒车时，倒车信号开关触点接通倒车信号灯电路，倒车信号灯亮。与此同时，倒车蜂鸣器利用电容的充电和放电，使线圈 N_1 和 N_2 的磁场时而相加、时而相减，使触点 4 时开时闭，从而控制电磁振动式蜂鸣器间歇发声，以警告行人和其他车辆的驾驶员注意。

3. 倒车蜂鸣器

图 5.34 是汽车上使用的电子倒车间歇发声控制器，主要是利用多谐振荡器控制电了开关 VT_3 的导通与截止，为蜂鸣器提供断续电流并产生间歇发声。这类无触点倒车蜂鸣器电子控制器的应用已日益广泛。

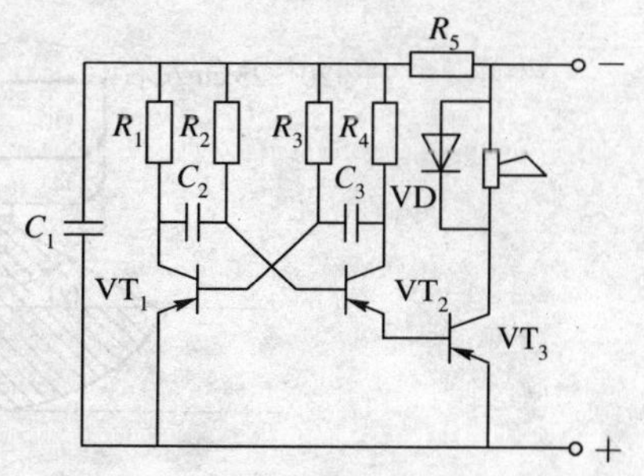

图 5.34　多谐振荡器式倒车蜂鸣器

4. 倒车雷达系统

倒车雷达系统在倒车时起到辅助报警功能，使安全性大大提高。当驾驶员挂入倒挡后，倒车雷达侦测器进入自我检测。当自我检测通过后，就开始检测汽车后部障碍物。例如，风神Ⅱ号轿车装备的倒车雷达系统，在汽车后部 50 cm 处检测到物体表面积为 25 cm^2 以上的障碍物时，就会发出报警声，以提醒驾驶员注意。

倒车雷达系统由倒车雷达侦测器、控制器、蜂鸣器等组成。倒车雷达侦测器安装在车辆后部保险杠上，见图 5.35。它向汽车后部发射超声波，并接收反射回来的超声波。

图 5.35　倒车雷达的位置

控制器接收从侦测器传来的信号，经计算判断障碍物离车尾的距离。如达到报警位置，就传送信号给蜂鸣器。

倒车雷达系统利用声纳原理工作，见图 5.36。发射的超声波频率达到 40 kHz。当超声波遇到障碍物时，会有反射波产生，被传感器接收后，控制器就会利用发射波与反射波之间的延迟时间计算出障碍物与雷达发射器的距离，并据此采取相应的报警提示。

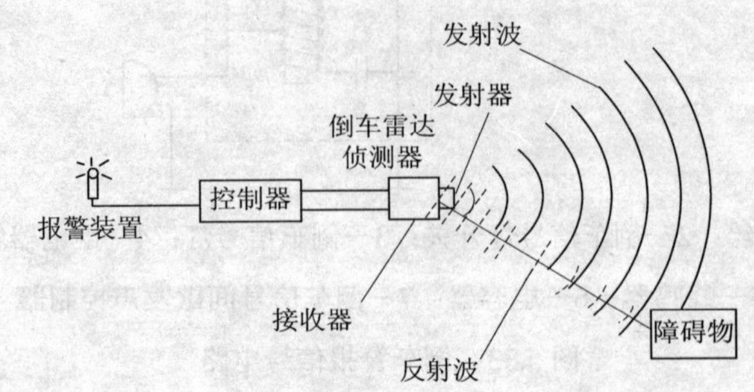

图 5.36　倒车雷达系统的工作原理

倒车雷达系统能侦测到的区域见图 5.37 和图 5.38。

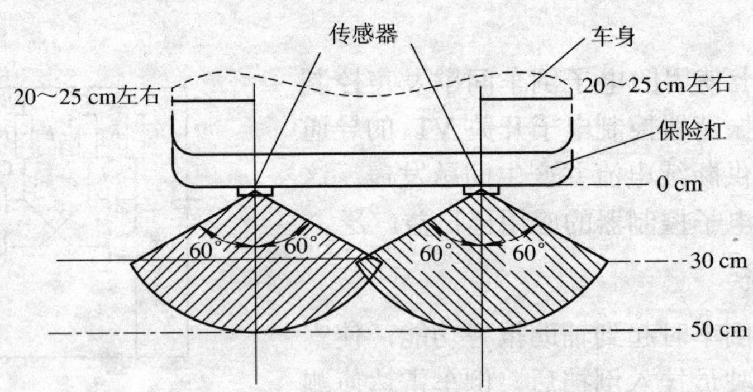

图 5.37　左右有效侦测范围

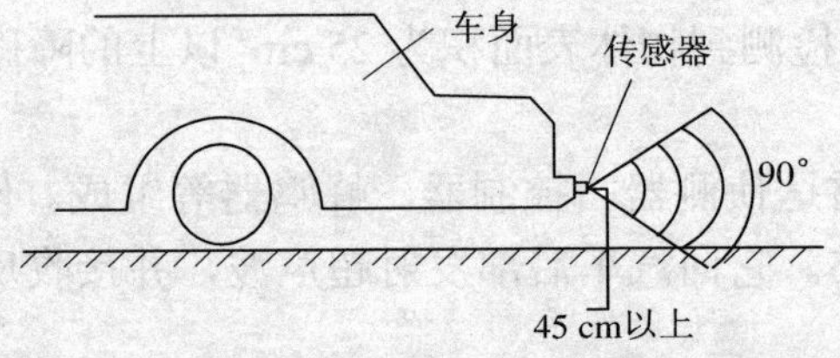

图 5.38　上下有效侦测范围

五、电喇叭

电喇叭具有操作方便、结构简单、检修容易、声音悦耳等优点，被广泛应用。

1. 电喇叭的工作原理

电喇叭由振动机构和电路断续机构两部分组成，依外形不同可分为筒形、螺旋形和盆形电喇叭。由于盆形电喇叭具有尺寸小、质量轻、指向性好等特点，因此为现代汽车普遍采用。盆形电喇叭的结构见图 5.39。其工作原理如下：当按下喇叭按钮 10 时，进入喇叭的电流由蓄电池正极→线圈 2→触点 7→喇叭按钮 10→搭铁→蓄电池负极。线圈 2 通电后产生电磁吸力，吸动上铁芯 3 及衔铁 6 下移，使膜片 4 向下拱曲，衔铁 6 下移中将触点 7 顶开，线圈 2 电路被切断，其电磁力消失，上铁芯 3、衔铁 6 在膜片 4 弹力的作用下复位，触点 7 又闭合。如此反复一通一断，使膜片及共鸣板连续振动辐射发声。

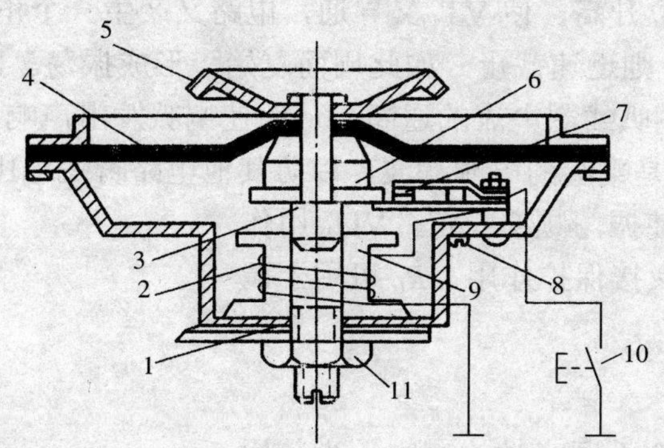

1—下铁芯；2—线圈；3—上铁芯；4—膜片；5—共鸣板；6—衔铁；7—触点；

8—调整螺钉；9—铁芯；10—喇叭按钮；11—锁紧螺母

图 5.39　盆形电喇叭

2. 电子电喇叭

有触点电磁振动式电喇叭由于触点易烧蚀、氧化，影响了电喇叭的工作可靠性，故障率高，因此，电子电喇叭应运而生，它是利用晶体管控制电路来激励膜片振动产生声响的。电子电喇叭主要由多谐振荡电路和功率放大电路组成，见图 5.40。

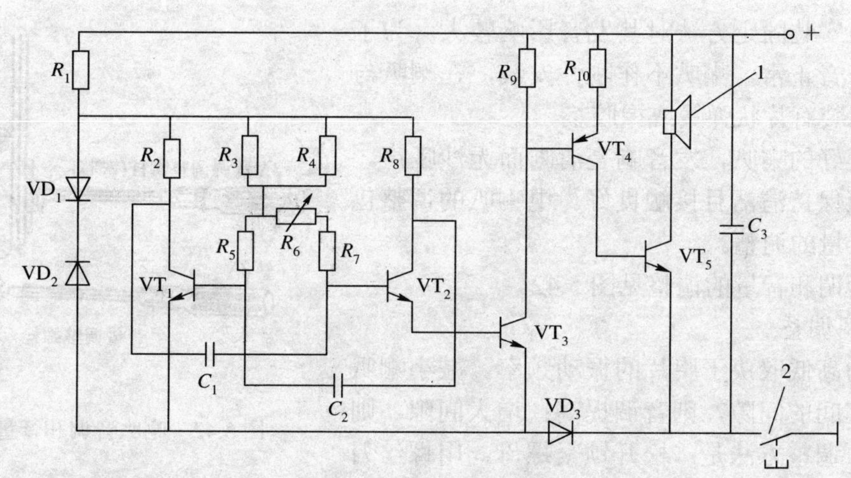

1—喇叭；2—喇叭按钮

图 5.40　电子电喇叭电路图

电子电喇叭的工作原理如下：由 VT_1、VT_2、VT_3 和 C_1、C_2 及 R_1～R_9 组成多谐振荡电路。当按下喇叭按钮时，电路即通电，由于 VT_1 和 VT_2 的电路参数总有微小差异，两个三极管的导通程度不可能完全一致。假设在电路接通瞬间 VT_1 先导通，VT_1 的集电极电位首先下降，于是，多谐振荡电路通过 C_1、C_2 正反馈电路形成正反馈过程，使 VT_1 迅速饱和导通，而 VT_2 则迅速截止，VT_3 也截止，电路进入暂时稳态。此时，C_1 充电使 VT_2 的基极电位升高，当达到 VT_2 的导通电压时，VT_2 开始导通，VT_3 也随之导通。多谐振荡电路又形成正反馈过程，使 VT_2 迅速导通，而 VT_1 则迅速截止，电路进入新的暂时稳态。这时，C_2 的充电又使 VT_1 的基极电位升高，使 VT_1 又导通，电路又产生一个正反馈过程，使 VT_1 迅速饱和导通，而 VT_2、VT_3 则迅速截止。如此周而复始，形成振荡。此振荡电流信号经 VT_4、VT_5 的直流放大，控制喇叭线圈电流的通断，从而使喇叭发出声响。

该电路中，电容 C_3 是喇叭的电源滤波，以防其他电路瞬变电压的干扰。VD_2、R_1 为多谐振荡器的稳压电路，使振荡频率稳定。VD_1 用作温度补偿，VD_3 起电源反接保护作用。R_6 可用于调节喇叭的音量。

3. 喇叭继电器

在汽车上常装有两个不同音频的喇叭。当装用双喇叭时，由于其消耗的电流较大，用按钮直接控制时，按钮容易烧坏，故常采用喇叭继电器控制，其构造与接线方法见图 5.41。当按下喇叭按钮 5 时，喇叭继电器线圈 3 通电产生电磁力，触点 1 闭合，大电流通过支架 4、触点臂 2、触点 1 流到喇叭。由于喇叭继电器线圈的电阻很大，因此通过按钮 5 的电流很小，故可起到保护按钮的作用。

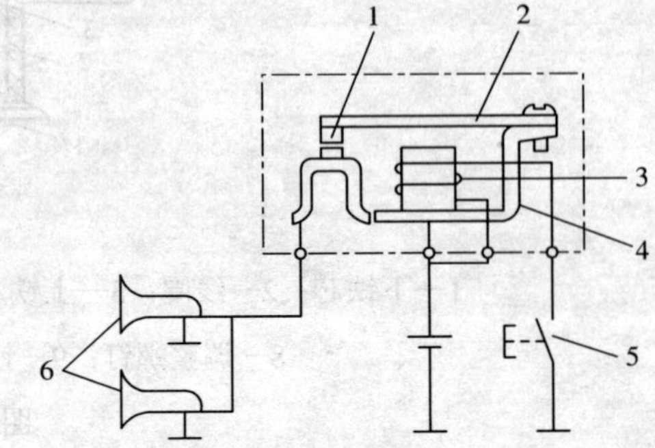

1—触点；2—触点臂；3—线圈；4—支架；5—喇叭按钮；6—喇叭

图 5.41　喇叭继电器

4. 电喇叭的维护和调整

喇叭的安装固定方法对其发音影响较大。为了保证喇叭声音正常，喇叭不作刚性安装，在喇叭与固定架之间装有片状弹簧或橡胶垫。

技术良好的喇叭，发音响亮清晰而无沙哑声。喇叭触点应保持清洁且接触良好。电喇叭的调整包括音调和音量的调整。

喇叭音调和音量的调整见图 5.42。

1) 音调调整

音调的高低取决于膜片的振动频率。减小喇叭上、下铁芯间的间隙，则音调提高；增大间隙，则音调降低。调整方法是：松开锁紧螺母，用螺丝刀转动下铁芯，顺时针方向旋转，上下铁芯之间的间隙减小，音调提高；逆时针方向旋转，铁芯之间的间隙增大，音调降低。调整后拧紧锁紧螺母即可。

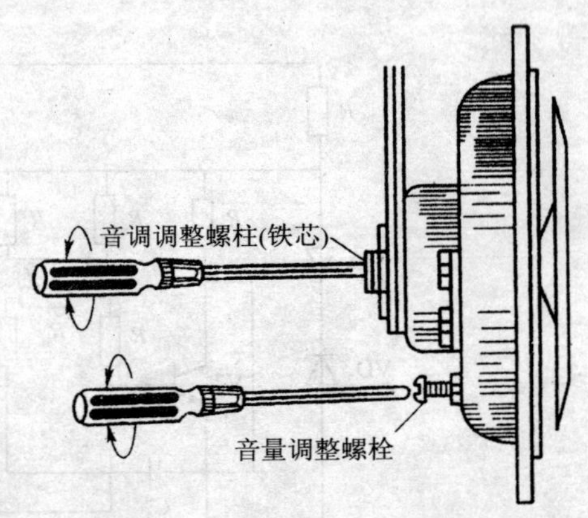

图 5.42　喇叭音调和音量的调整

2) 音量调整

音量的强弱取决于通过喇叭线圈的电流大小，电流大则音量强。音量的调整方法是：先松开音量调整螺栓的锁紧螺母，用螺丝刀转动调整螺栓，顺时针方向旋转，使动静触点之间压力增大，音量提高；逆时针方向旋转，使动静触点之间压力减小，音量降低。

第三节　照明与信号系统的故障诊断

一、照明系统电路分析与常见故障

(一) 照明系统电路

1. 照明系统电路的特点

照明系统一般电路见图 5.43。

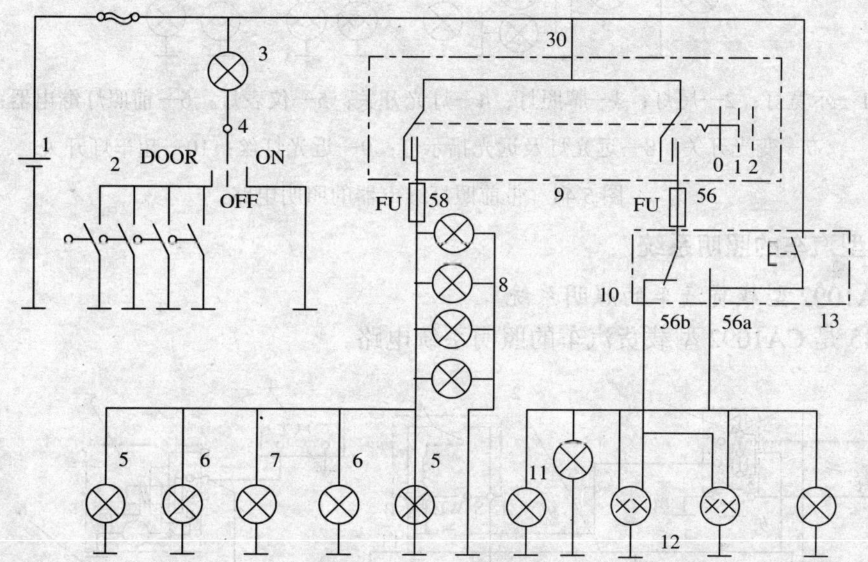

1—蓄电池；2—门控开关；3—室内灯；4—室内灯手控开关；5—示宽灯；6—尾灯；7—牌照灯；8—仪表灯；9—灯光开关；10—变光开关；11—远光指示灯；12—前照灯(4 灯亮远光、2 灯亮近光)；13—超车灯开关

图 5.43　常见照明系统电路

照明系统电路的特点可归纳如下：

(1) 照明灯由灯光开关 9 控制，灯光开关在 0 挡关断，1 挡为小灯亮(包括示宽灯、尾灯、仪表灯、牌照灯)，2 挡为前照灯、小灯同时亮。

(2) 由于前照灯远光功率较大，为了减少照明开关的烧蚀，常用灯光继电器来控制。开关的 2 挡用于控制继电器线圈，见图 5.44。

(3) 超车灯信号常用远光灯亮灭来表示，发出此信号时不通过灯光开关，属于短时接通式。

(4) 室内灯位于车内前部顶棚上，其功能是给驾驶员提供照明条件；此外，它还能受各车门开关控制，为驾驶员提供各个车门的开闭状态信号。

(5) 在有些车辆中，为了保证发动机顺利起动，当点火开关打至起动挡时，前照灯及空调系统等耗电量较大的用电设备将被断电。

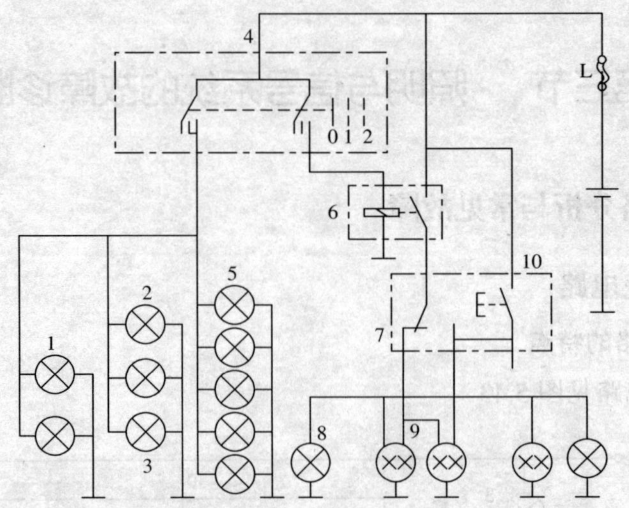

1—示宽灯；2—尾灯；3—牌照灯；4—灯光开关；5—仪表灯；6—前照灯继电器；
7—变光开关；8—远光灯及远光指示灯；9—近光灯丝；10—超车灯开关

图 5.44 带前照灯继电器的照明电路

2. 典型汽车的照明系统

1) CA1092 型载货汽车的照明系统

图 5.45 是 CA1092 型载货汽车的照明系统电路。

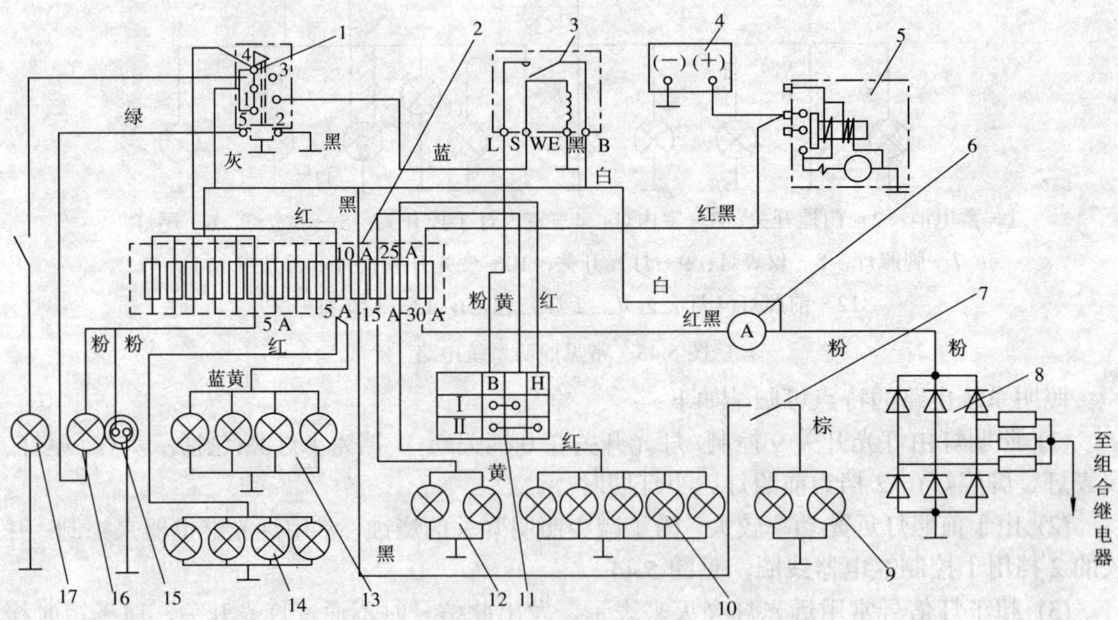

1—车灯开关；2—熔断器盒；3—灯光继电器；4—蓄电池；5—起动机；6—电流表；7—雾灯开关；
8—交流发电机；9—雾灯；10—前照灯远光；11—变光开关；12—前照灯近光；13—示宽灯；
14—仪表照明灯；15—插座；16—室内灯；17—发动机罩下照明灯

图 5.45 CA1092 型载货汽车照明系统电路

2) 捷达轿车前照灯的工作电路

捷达轿车前照灯的工作电路见图 5.46。它主要由蓄电池电路、熔断器电路、灯光开关及变光/超车灯开关电路组成。

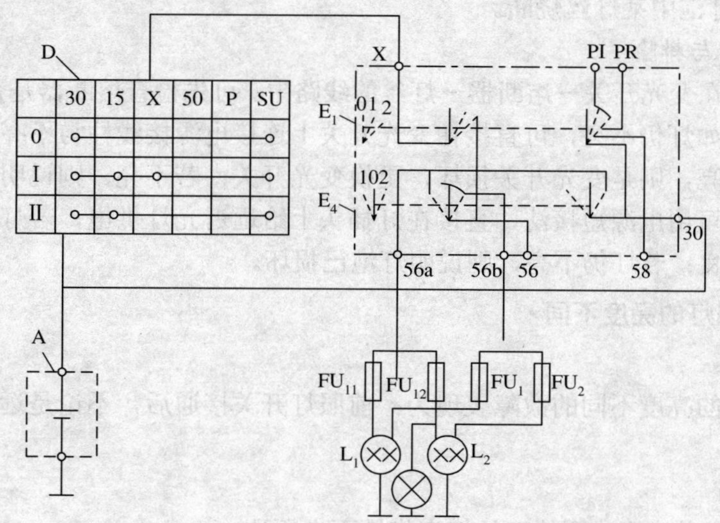

A—蓄电池；D—点火开关；E_1—灯光开关；E_4—变光/超车开关；

FU_1、FU_2、FU_{11}、FU_{12}—熔断器；L_1—左前照灯；L_2—右前照灯

图 5.46 捷达轿车前照灯工作电路

点火开关处在点火挡时，车灯开关 E_1 处于 2 挡位置，变光开关 E_4 处于 0 位置。这时前照灯电路中的工作电流由蓄电池(+)经点火开关 X 触点至灯光开关 X 触点，再经变光开关 56 与 56b 触点到熔断器 FU_1 与 FU_2、前照灯近光灯再到蓄电池(−)。于是，两个前照灯的近光点亮。

在上述前照灯近光工作的情况下，若想将近光转换成远光，只需把变光开关 E_4 朝转向盘方向拉过压力点(E_4 处于 1 位置)，这时前照灯电路的工作电流由蓄电池(+)经灯光开关触点 X 与 56 到变光开关 56 与 56a，又经熔断器 FU_{11} 与 FU_{12}、前照灯远光灯丝及仪表中远光指示灯到蓄电池(−)。于是两个前照灯远光点亮，同时仪表中远光指示灯也点亮。

超车灯电路工作时，只需将变光开关 E_4 朝转向盘方向拉至压力点(E_4 处于 2 位置)，这时超车灯电路工作电流由蓄电池(+)经变光/超车灯开关触点 30 与 56a、熔断器 FU_{11} 与 FU_{12}、前照灯远光灯丝及远光指示灯至蓄电池(−)。于是，两前照灯远光及仪表中远光指示灯同时点亮。当松开开关手柄时，前照灯远光及远光指示灯同时熄灭；再将该开关拉动，前照灯远光又被点亮。如此反复地操纵变光/超车灯开关，即可得到前照灯远光闪亮的超车信号。

(二) 照明系统常见故障的诊断与分析

1. 前照灯远近光不全

1) 故障现象

前照灯远近光不全的故障表现为车灯开关处于 2 挡位置，用变光开关变换远近光，只有远光或只有近光灯亮。

2) 故障原因

(1) 变光开关损坏；

(2) 远近光中的一个导线断路；

(3) 双灯丝灯泡中某灯丝烧断。

3) 故障诊断与排除

这种故障出在变光开关→熔断器→灯丝的线路中。可先检查熔断器是否熔断。如熔断，更换新熔断器，如灯仍不亮，可直接在变光开关上连接电源接线柱与不亮的远光或近光接线柱试验。如灯亮，则是变光开关损坏，更换变光开关；若不亮，则说明故障在变光开关以后的线路中。可用电源短接法，直接在灯插头上给远近光灯供电，若灯亮，表明导线断路或插头接触不良；若灯仍不亮，则说明灯泡已损坏。

2. 左右前照灯的亮度不同

1) 故障现象

左右前照灯的亮度不同的故障表现为：前照灯开关接通后，不论是远光还是近光，总有一侧灯较暗。

2) 故障原因

(1) 可能是灯光暗淡一侧的双丝灯泡搭铁不良所致；

(2) 灯光暗淡的一侧灯泡插头松动或锈蚀使接触电阻增大；

(3) 灯光暗淡的一侧灯泡反射镜积有灰尘或氧化；

(4) 左右两侧灯泡的功率不同。

3) 故障诊断与排除

首先检查左右两侧灯泡的功率是否相同，可采用互换左右灯泡的办法进行判断。在灯泡的功率相同的情况下，用一根导线，一端接车身，另一端和灯光暗淡的灯泡搭铁接柱相连，如恢复正常，即表明该灯搭铁不良。

若灯泡单丝发光微弱，常为连接该灯泡灯丝的插头松动或锈蚀使接触电阻过大所致。可用电源短接法迅速判明故障部位。

灯泡搭铁不良时，灯光暗淡的灯泡两根灯丝在不论接通远光还是近光时，都同时发出微弱灯光。若发现灯泡亮度正常，就不是灯泡搭铁不良故障，一般是前照灯反射镜有灰尘或氧化，可通过消除灰尘(用压缩空气吹净)或更换反射镜来排除故障。

二、信号系统电路分析与常见故障

(一) 信号系统电路

1. 信号系统电路的特点

信号系统的工作带有较强的随机性，一般由自身开关控制。如制动信号多由制动踏板联动控制；倒车灯多由变速杆倒挡轴联动控制，不用驾驶员特意操作即可接通。

转向信号灯的一般电路见图 5.47，电路特点可以归纳如下：

(1) 转向灯 7、8(或 9、10)与转向灯开关 6 以及转向闪光器 5 经危险报警灯开关 4 的常闭触点与点火开关 2 串联，即转向信号灯是在点火开关处于工作挡(运行)时使用。

(2) 危险报警灯的使用场合主要有：本车有故障或危险不能行驶；本车有牵引别车的任务，需要别车注意；本车需优先通过，需别车回避。

危险报警灯可以在发动机不工作时使用，此时不需接通点火系及仪表报警灯，为此设有危险报警开关 11。这是一个多触点联动开关，它在断开点火开关接线 FU_2 的同时，接通蓄电池接线 FU_1，闪光器及灯泡电源直接来自蓄电池，并将闪光器 5 的输出端与左右转向灯连在一起，则在闪光器动作时，左右转向灯及指示灯同时闪光发出危险信号。

(3) 为了检测转向灯泡是否烧坏，常在转向闪光器中设有监测装置。如转向灯泡烧坏，则使转向信号及指示灯的频率明显加快或变慢用以提醒驾驶员更换灯泡。

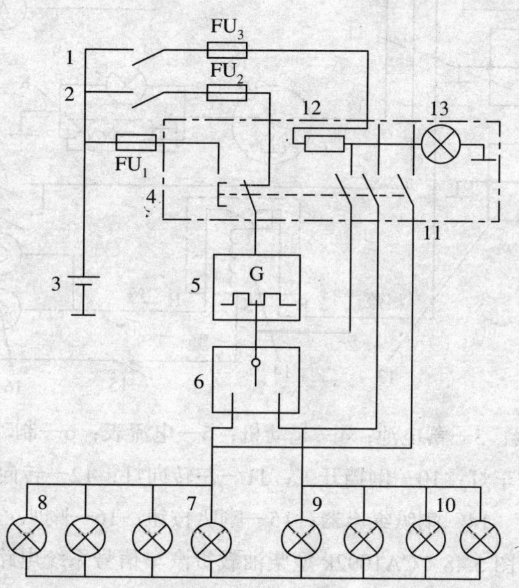

1—照明灯开关；2—点火开关；3—蓄电池；4—危险报警灯开关；5—转向闪光继电器；
6—转向灯开关；7—左转向信号灯；8—左转向指示灯；9—右转向信号灯；10—右转向指示灯；
11—危险报警灯开关；12—降压电阻；13—危险警报指示灯

图 5.47　转向信号与危险警报信号电路

2. 典型汽车的信号系统

1) CA1092k 型柴油载货汽车的信号系统

图 5.48 是 CA1092k 型柴油载货汽车的信号系统电路。

(1) 转向信号。转向信号由转向灯开关、闪光器、转向灯三部分组成。转向灯开关装在转向盘下部的转向柱上，由驾驶员操纵，具有自动回位机构，当汽车转弯后，随着转向盘的回位，能使转向开关自动回到原始的断开位置。

(2) 倒车信号。倒车信号包括倒车灯和倒车蜂鸣器。倒车灯安装在车架后横梁上，倒车蜂鸣器则单独安装，两者都接倒车灯开关，由倒车灯开关统一控制。倒车灯开关安装在变速器盖上，当变速器挂入倒挡时，倒车灯开关触点闭合，使倒车灯和倒车蜂鸣器电路接通。

(3) 制动信号。汽车制动时，安装在制动阀上的两个制动灯开关(双回路气制动系统)闭合，使制动灯电路接通。

(4) 喇叭信号。喇叭为盆式双音(高、低音)喇叭，由喇叭按钮经喇叭继电器控制。

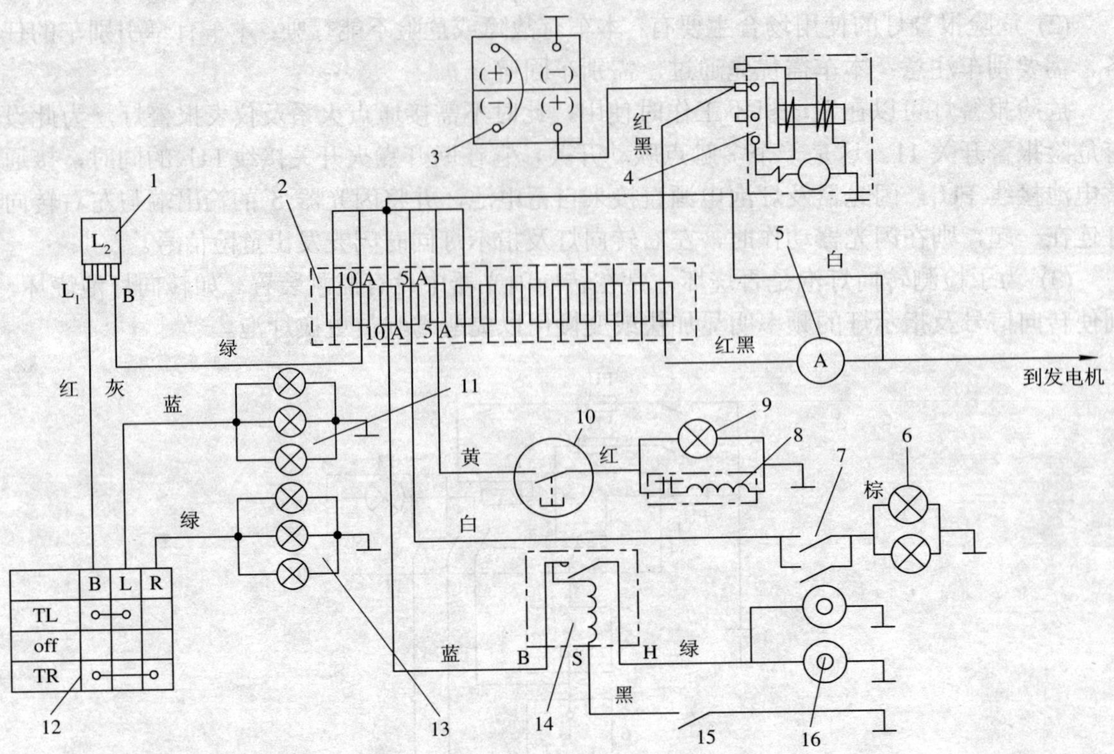

1—闪光器；2—熔断器；3—蓄电池；4—起动机；5—电流表；6—制动灯；7—制动灯开关；8—倒车蜂鸣器；9—倒车灯；10—倒挡开关；11—左转向灯；12—转向开关；13—右转向灯；14—喇叭继电器；15—喇叭按钮；16—喇叭

图 5.48　CA1092k 型柴油载货汽车信号系统电路

2) 捷达轿车转向信号灯及危险警报信号灯

图 5.49 是捷达轿车转向信号灯及危险警报信号灯的工作电路。

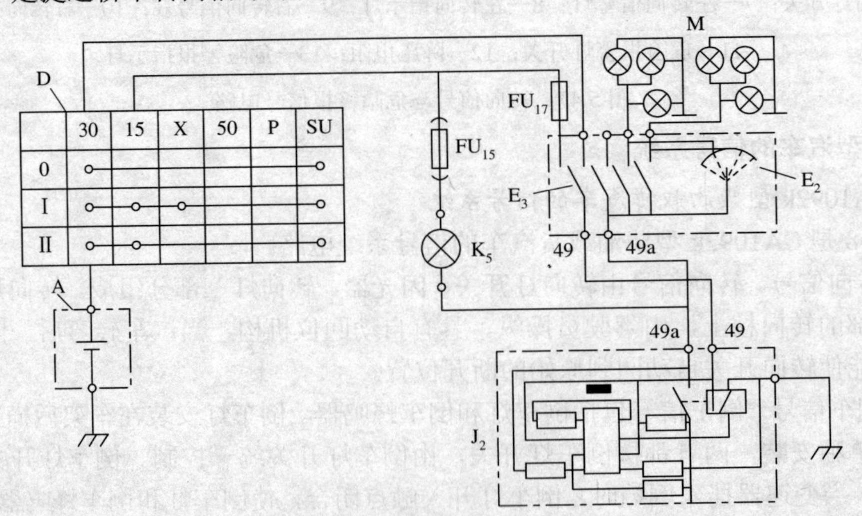

A—蓄电池；D—点火开关；FU_{15}、FU_{17}—熔断器；M—转向灯泡；K_5—转向指示灯；E_3—危险报警灯开关；E_2—转向灯开关；J_2—闪光器

图 5.49　转向信号灯及危险警报信号灯工作电路

(1) 转向信号灯。点火开关处于Ⅰ挡，如果车辆向左转弯行驶，将转向灯开关 E_2 手柄向下搬动，这时左侧转向灯电路的工作电流由蓄电池(＋)经点火开关触点 30 与 15 至熔断器 FU_{17}，经危险报警灯开关 E_3 的常闭触点、闪光器触点 49 和 49a、转向灯开关 E_2 的触点、左侧转向灯搭铁至蓄电池(－)，左侧转向灯闪亮。右转向时，工作电流在转向灯开关处发生改变，变为向右转向灯供电。转向指示灯的工作电路为：蓄电池(＋)→点火开关触点 30 与 15→熔断器 FU_{15}→转向指示灯(发光二极管)K_5→转向灯开关 E_2 的触点 49a→转向开关接通后，通过左侧或右侧转向灯→搭铁→蓄电池(－)形成回路，转向指示灯亮。由于转向指示灯工作电流较小，此时转向灯并不亮。当闪光器触点闭合，转向灯亮时，转向指示灯 K_5 两端电位相等，转向指示灯熄灭。因此，转向指示灯的频闪状态与转向信号灯相反。

(2) 危险报警灯。当汽车发生故障或有紧急情况时，打开报警灯信号开关，这时所有转向灯一起闪烁，以示报警。无论点火开关处于什么位置，危险报警灯都可以工作。

危险报警灯开关 E3 按下，这时危险报警灯电路的电流由蓄电池(＋)经危险报警灯开关直接至闪光器 49 触点，再由闪光器 49a 触点经危险报警灯开关至所有转向灯，然后流回蓄电池(－)，形成回路，所有转向灯闪亮。同时，转向指示灯也进入工作状态。

(二) 信号系统常见故障的诊断与分析

1. 转向信号灯不工作

1) 故障现象

转向信号灯不工作的故障表现为：打开点火开关(转向信号灯工作受点火开关控制的车辆)，接通转向信号灯开关，转向信号灯都不亮。

2) 故障原因

(1) 熔断器熔断、电源线路断路或灯系中有短路处；

(2) 闪光继电器损坏；

(3) 转向信号灯开关损坏。

3) 故障诊断与排除

(1) 检查熔断器是否熔断。若熔断，一般是灯系中有搭铁故障。可在断路的熔断器两端串上一只试灯，再把转向信号灯开关的进线拆下，此时熔断器上串联的试灯亮着，则为熔断器至转向信号灯开关这一段中有搭铁故障，可用断路法在这一段线路中找出搭铁部位；若在转向信号灯进线拆下后，试灯熄灭，则应接好拆下的导线拨动转向信号灯开关，拨到哪一边试灯变暗，说明此边正常，拨到另一边试灯亮度不变，则说明该侧有搭铁故障，进一步找出搭铁部位，排除故障。

(2) 若上述检查中熔断器未断，一般是线路中有断路故障。但应注意，有时某一边转向信号灯线路搭铁，闪光继电器烧坏，造成看上去像是断路故障，实际是搭铁故障。故应首先短接闪光继电器的两个接线柱，接通转向信号灯开关，此时如转向灯亮，为闪光继电器损坏所致，应更换；若出现一边转向信号灯亮，而另一边不但不亮，而且当短接上述两接线柱时出现强火花，这表明不亮的一边转向灯线路中某处搭铁，以致烧坏了闪光继电器，必须先排除搭铁故障，再换上新的闪光继电器。排除搭铁故障的方法是用一试灯串接于闪光继电器两接柱上，将转向信号灯开关拨至有搭铁故障的一边，再采用断路法找出搭铁部位。

若短接闪光器两接线柱，当接通转向信号灯开关时转向信号灯全不亮，而接通危险报警灯开关时转向灯全亮，则说明转向开关或转向开关到闪光器接线有故障；如果接通危险报警开关时转向灯仍不亮，应按电路图重点检查线路故障。

2. 转向信号灯闪光频率不正常

1) 故障现象

转向信号灯闪光频率不正常的故障表现为：转向信号灯工作时，左右转向信号灯的闪光频率不一致或闪光频率都不正常。

2) 故障原因

(1) 导线接触不良；

(2) 灯泡功率选用不当或某一边有一灯泡烧坏；

(3) 闪光器故障。

3) 故障诊断与排除

检查闪光器、转向信号灯开关接线柱上接线是否松动，灯泡功率是否与规定相符，左右灯泡功率是否相同。若灯泡功率都符合规定，则应检查是否有一只灯泡烧坏。

若左右转向信号灯闪光频率都高于或低于规定值，一般为闪光器故障，应更换新件。

3. 倒车灯不工作故障

1) 故障现象

倒车灯不工作的故障表现为：倒车时倒车灯不亮。

2) 故障原因

(1) 倒车灯的灯泡损坏；

(2) 倒车灯开关损坏；

(3) 线路有断路。

3) 故障诊断与排除

首先检查熔断器是否熔断。若熔断，则串接一试灯找出搭铁处，排除故障；若未熔断，可拔下倒车灯开关上所接的两根接线并短接，如短接后倒车灯亮，说明倒车灯开关损坏，应更换新开关。若短接后倒车灯仍不亮，则检查灯泡是否烧坏，搭铁是否良好。如有一只倒车灯不亮，则可能是该车灯灯泡损坏。

4. 喇叭不响故障

1) 故障现象

喇叭不响的故障表现为：打开点火开关(喇叭工作受点火开关控制的车辆)，按动喇叭按钮，喇叭不响。

2) 故障原因

(1) 喇叭损坏；

(2) 熔断器烧断；

(3) 喇叭继电器损坏；

(4) 喇叭开关(按钮)故障；

(5) 线路出现故障。

3) 故障诊断

在熔断器正常的情况下，诊断喇叭不响故障可在喇叭处进行。打开点火开关，一个人按下喇叭开关不动，另一个人用万用表测量喇叭两接线之间的电压，正常值应为蓄电池电压。如正常则说明故障在喇叭自身；若无电压显示，接好喇叭接线，应进一步检查喇叭继电器。用导线短接继电器的两主电路触点，如喇叭仍不响，说明故障在供电电路；若喇叭响，则说明故障在继电器控制线路、喇叭按钮或喇叭继电器上，可用分段短路法进一步诊断出故障部位。

练习与思考题

5-1 试述汽车常见照明灯的类型及作用。

5-2 对前照灯的基本要求是什么？前照灯的反射镜、配光镜及配光屏各有何作用？

5-3 试述汽车常见信号灯的类型及作用。

5-4 汽车前照灯的常见故障有哪些？如何进行诊断？

5-5 汽车转向灯的常见故障有哪些？如何进行诊断？

5-6 试述电磁振动式电喇叭的工作过程。

5-7 如何排除喇叭不响故障？

第六章　仪表与报警系统

【学习目标】

知识点：汽车各种模拟仪表的结构与工作原理，电子仪表的工作原理；电子显示系统的组成与工作原理；多路传输系统的基本工作原理；报警系统的组成与功用；仪表与报警系统电路分析及常见故障的诊断方法。

技能点：实车上能够识别仪表与报警系统各部件的安装位置，能够对仪表与报警系统进行基本检修，能够排除仪表与报警系统的常见故障。

第一节　仪 表 系 统

汽车仪表系统的作用是了解汽车主要部分的工作情况，及时发现和排除出现的故障。汽车上装有各种测量仪表，如机油压力表、冷却液温度表、燃油表、车速里程表及转速表、电流表、电压表等。对仪表的要求除结构简单、工作可靠、耐振、抗冲击性好外，仪表的示数还必须准确，在电源电压波动时所引起的变化应尽可能小，且不随周围温度的变化而改变。

现代汽车广泛采用组合式仪表。组合式仪表将车速里程表、冷却液温度表、燃油量表、机油压力表、发动机转速表等不同的仪表表芯、指示灯和警告灯等安装在同一外壳内组合而成，具有结构紧凑、体积小、便于安装和组合接线等特点，容易实现仪表的多功能要求。

汽车仪表按其工作原理分为机电模拟式仪表和电子式仪表。机电模拟式仪表在汽车上的应用最为广泛，但随着汽车电子技术的不断发展，近年来电子式仪表在汽车上特别是高档轿车上的应用越来越多。

一、机电模拟式仪表

图 6.1 所示为桑塔纳 2000 型轿车用组合仪表，仪表板上有冷却液温度表、燃油表、车速里程表、发动机转速表、数字时钟以及发动机冷却液温度过高、机油压力不足、燃油量不足、制动液面过低等报警灯和转向、远光、充电等指示灯。全部仪表、指示灯和报警灯都装在仪表板座框内。塑料盒表面有一块向内凹的透明有机玻璃。塑料盒背面有一张能覆盖全部背面的聚乙烯塑料薄膜，薄膜层之间嵌有一张印刷电路板。

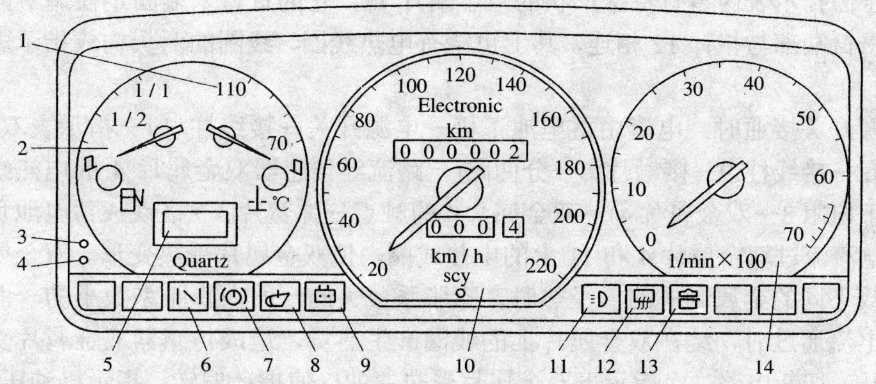

1—冷却液温度表；2—燃油表；3—电子钟分钟调整旋钮；4—电子钟时钟调整旋钮；
5—电子液晶钟；6—阻风门拉起指示灯；7—手制动拉起和制动液面警告灯；8—机油压力警告灯；
9—充电指示灯；10—电子车速里程表；11—远光指示灯；12—后窗除霜加热指示灯；
13—冷却液液面警告灯；14—电子发动机转速表

图 6.1　桑塔纳 2000 型轿车用组合仪表

1. 机油压力表

机油压力表用来指示发动机机油压力的大小，以便了解发动机润滑系工作是否正常。它由装在发动机主油道上的机油压力传感器和仪表板上的机油压力指示表组成。常用的机油压力表有双金属片式、电磁式和动磁式三种。其中以双金属片式机油压力表的应用最为广泛。

双金属片式机油压力表的结构见图 6.2。机油压力表传感器内部装有弹性膜片 2，膜片下的油腔 1 与发动机主油道相通，机油压力可直接作用在膜片上。膜片的上面顶着弓形弹簧片 3，弹簧片的一端与外壳固定搭铁，另一端的触点与双金属片 4 端部的触点接触。双金属片上绕有电热线圈，校正电阻 8 与双金属片 4 上的线圈并联。

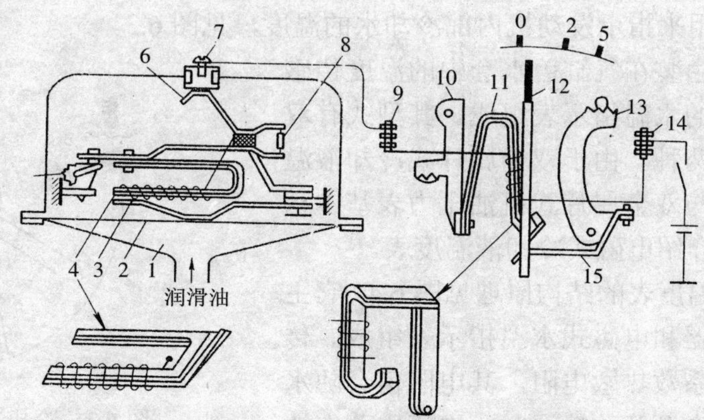

1—油腔；2—膜片；3、15—弹簧片；4—传感器双金属片；5—调节齿轮；6—接触片；7—传感器接线柱；
8—校正电阻；9、14—指示表接线柱；10、13—调节齿扇；11—指示表双金属片；12—指针

图 6.2　双金属片式机油压力表

机油压力指示表内装有特殊形状的双金属片 11，它的直臂末端固定在调节齿扇 10 上，另一钩形悬臂端部与指针 12 相连，其上也绕有电热线圈，线圈的两头构成指示表的两个接线柱。

当电源开关接通时，电流由蓄电池正极→电源开关→接线柱 14→指示表双金属片 11 的电热线圈→接线柱 9→接触片 6→分两路(一路流经传感器双金属片 4 的电热线圈；另一路流经校正电阻 8→双金属片 4)→双金属片 4 的触点→弹簧片 3→搭铁→蓄电池负极构成回路。由于电流流过双金属片 4 和 11 上的电热线圈，使双金属片受热变形。双金属片是用两种膨胀系数不同的金属制成的，受热时，膨胀系数大的一面向膨胀系数小的一面弯曲。当电路中有电流通过时，绕在双金属片上的线圈产生热量，造成传感器双金属片受热弯曲，使触点断开，切断电路；而指示表双金属片受热弯曲，使指针偏转，指示机油压力的大小。

当机油压力很低时，膜片 2 几乎没有变形，这时作用在触点上的压力甚小。当电流流过而温度略有上升时，双金属片 4 就受热弯曲，使触点分开，切断电路并停止产生热量。一段时间后，双金属片冷却伸直，触点又闭合，电路又被接通。因此触点闭合时间短，而打开时间长，通过指示表电热线圈的平均电流值小，使指示表双金属片 11 因温度较低而弯曲程度小，指针 12 偏转角度很小，即指示出较低的油压。

当机油压力升高时，膜片 2 向上拱曲增大，加在触点上的压力增大，双金属片 4 需要在较高温度下，即其上电热线圈通过较大电流、较长时间后，才能弯曲，使触点分开，而触点分开后稍加冷却就会很快闭合。因此触点打开时间短，而闭合时间长，通过指示表电热线圈的平均电流值大，指针 12 偏转增大，指示出较高的油压。

为使机油压力的指示值不受外界温度的影响，双金属片 4 制成“⊃”形，其上绕有电热线圈的一边称为工作臂，另一边称为补偿臂。当外界温度变化时，工作臂的附加变形被补偿臂的相应变形所补偿，使指示表的读数不变。在安装传感器时，必须使传感器壳体上的箭头向上，不应偏出±30°位置，这样可保证工作臂位于补偿臂之上，使工作臂产生的热气上升时，不致影响补偿臂而造成读数误差。

2. 冷却液温度表

冷却液温度表用来指示发动机内部冷却水的温度，见图 6.3。

冷却液温度表由装在气缸盖水套中的温度传感器和装在仪表板上的水温指示表组成。其型式有双金属片式和电磁式两种。由于双金属片式冷却液温度表的结构和原理与双金属片式机油压力表基本相同，因此下面主要介绍电磁式冷却液温度表。

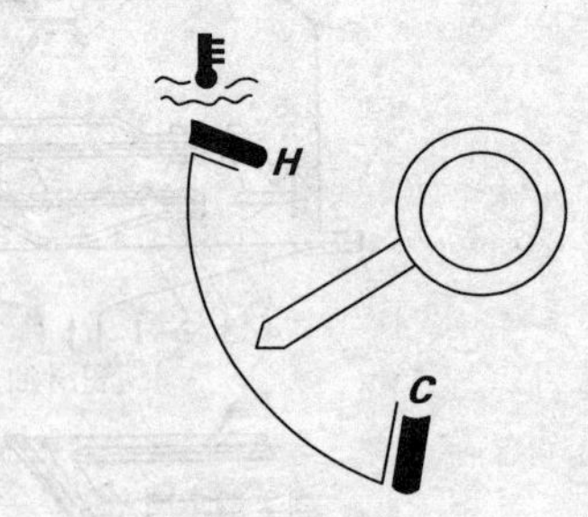

图 6.3　冷却液温度表

电磁式冷却液温度表的结构原理见图 6.4。它主要由热敏电阻传感器和电磁式水温指示表组成。传感器中装有负温度系数热敏电阻，其电阻值会随水温升高而减小。当电源开关接通时，电流由蓄电池正极→电源开关→电阻 R→线圈 L_2→分两路(一路流经热敏电阻 1；另一路流经线圈 L_1)→搭铁→蓄电池负极构成回路。

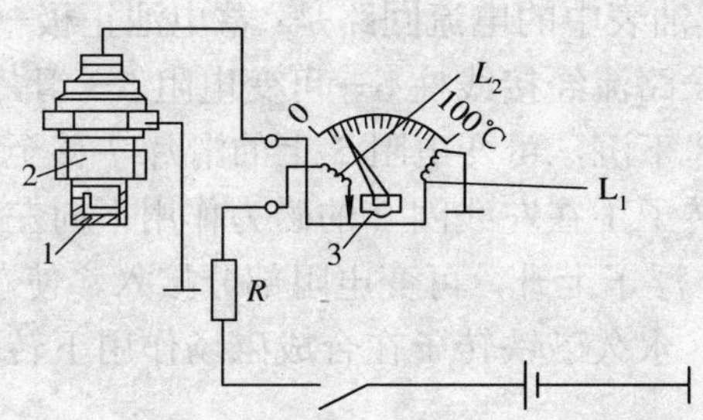

1—热敏电阻；2—传感器；3—衔铁

图 6.4　电磁式冷却液温度表

当水温低时，传感器中热敏电阻的阻值大，流经线圈 L_1 与 L_2 的电流相差不多，但由于 L_1 的匝数多，产生的磁场强，带指针的衔铁 3 会逆时针偏转，使表针指向低温刻度；当水温增高时，热敏电阻阻值减小，分流作用增强，流经 L_1 的电流减小，磁场力减弱，衔铁向右偏转，使表针指向高温刻度。

检查电磁式温度传感器和水温指示表时，可拆下传感器上的接线，测量传感器输入端与搭铁之间的电阻，若室温下热敏电阻的阻值为 100 Ω 左右，则表明传感器良好；另用一阻值为 80～100 Ω 的电阻代替传感器直接搭铁，当接通电源时，如果水温指示表的表针指在 60～70℃之间，则表明水温指示表良好。

3. 燃油表(油量表)

燃油表用来指示燃油箱内燃油的储存量，见图 6.5。

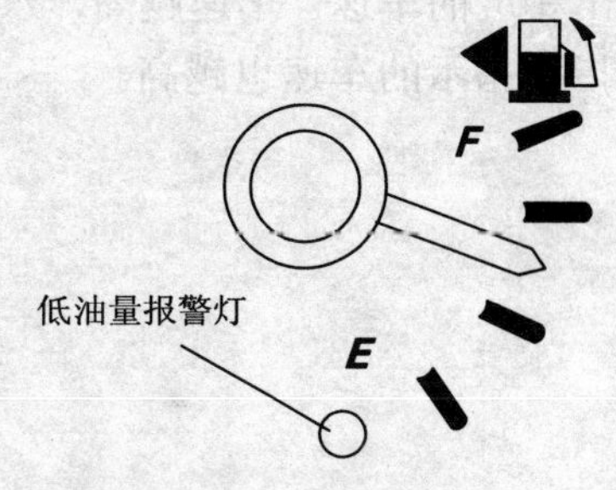

图 6.5　燃油表

燃油表由装在燃油箱内的传感器和装在仪表板上的燃油指示表组成。机电模拟式燃油指示表有电磁式、动磁式和双金属片式三种，传感器均为可变电阻式。由于电磁式和双金属片式燃指示表的结构和原理与前述仪表基本相同，因此下面主要介绍动磁式燃油表。

动磁式燃油表的结构原理见图 6.6。它的两个线圈互相垂直地绕在一个矩形塑料架上，塑料套筒轴承和金属轴穿过交叉线圈，金属轴上装有永久磁铁转子，转子上连有指针。可变电阻式传感器由滑片电阻和浮子组成。

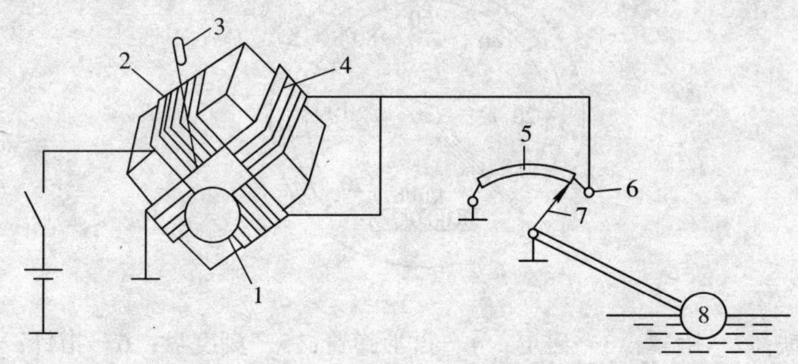

1—永久磁铁转子；2—左线圈；3—指针；4—右线圈；5—可变电阻；6—接线柱；7—滑片；8—浮子

图 6.6　动磁式燃油表

当接通电源开关后，燃油表中的电流回路是：蓄电池正极→电源开关→左线圈 2→分两路(一路流经右线圈 4；另一路流经接线柱 6→可变电阻 5→滑片 7)→搭铁→蓄电池负极。

当油箱无油时，浮子 8 下沉，可变电阻 5 上的滑片 7 移至最右端，可变电阻 5 和右线圈 4 均被短路，永久磁铁转子 1 在左线圈 2 的磁力作用下向左偏转，带动指针 3 指示油位为“0”。随着油量的增加，浮子上升，可变电阻部分接入，使左线圈 2 中的电流相对减小，右线圈中的电流相对增大，永久磁铁转子在合成磁场作用下转动，使指针向右偏转，指示出与油箱油量相应的标度。

动磁式燃油表的优点是当电源电压波动时，通过左、右两线圈的电流成比例增减，使指示值不受影响；又因为线圈中没有铁芯，所以没有磁滞现象，指示误差小。

4. 车速里程表

车速里程表是用来指示汽车行驶速度和累计行驶里程数的仪表。它由车速表和里程表两部分组成，有的车速里程表上还带有里程小计表和里程小计表复位杆。

常用的磁感应式车速里程表的结构见图 6.7。车速里程表的主动轴由与变速器输出轴相啮合的软轴驱动。汽车静止时，在盘形弹簧 4 的作用下，车速表指针位于刻度盘“0”的位置。汽车行驶时，主动轴带着永久磁铁 1 旋转，在铝罩 2 上形成磁涡流，该涡流产生一个磁场，旋转的永久磁铁磁场与铝罩磁场相互作用产生转矩，克服盘形弹簧的弹力，使铝罩 2 朝永久磁铁 1 转动方向转过一个角度，与盘形弹簧的弹力相平衡，指针便在刻度盘上指示出相应的车速。车速越高，永久磁铁 1 旋转越快，铝罩上的磁涡流越强，形成的转矩越大，指针指示的车速也越高。

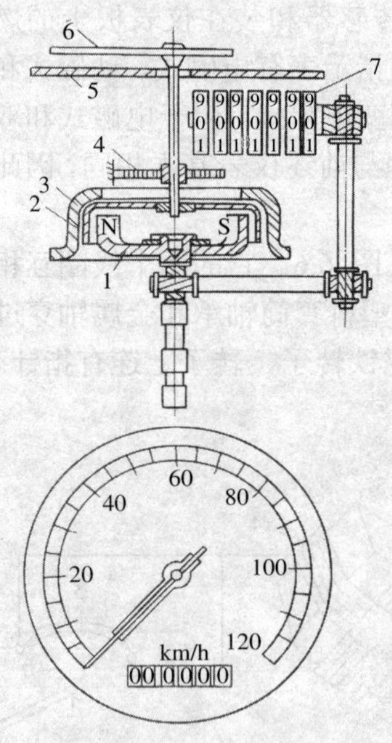

1—永久磁铁；2—铝罩；3—磁屏；4—盘形弹簧；5—刻度盘；6—指针；7—数字轮

图 6.7　磁感应式车速里程表结构原理图

里程表则经蜗轮蜗杆机构减速后用数字轮显示。汽车行驶时，软轴带动主动轴，并经三对蜗轮蜗杆减速后驱动里程表右边第一数字轮(第一数字轮所刻数字为 1 km 或 1/10 km)，而且逐级向左传到其余的数字轮，累计出行驶里程(最大显示里程为 999 999 或 99 999.9 km)。同时，里程表上的齿轮通过中间齿轮，驱动里程小计表 1/10 km 位数字轮，并向左逐级传到其余的数字轮，显示出小计里程(最大显示里程为 999.9 km)。里程表和里程小计表的任何一个数字轮转动一圈就使其左边的数字轮转动 1/10 圈，形成 1∶10 的传动比，这样就可以显示出行驶里程。当需要清除小计里程时，按一下里程小计表复位杆，即可使里程小计表的指示回零。

5. 发动机转速表

发动机转速表用来指示发动机的运转速度，常用的有机械式和电子式两种。由于电子式转速表具有结构简单、指示准确、安装方便等优点，因此被广泛应用。

图 6.8 是汽油机用的电容放电式转速表电路原理图，其转速信号来自于点火系初级电路的脉冲信号。当断电器触点 K 闭合时，三极管 VT 的基极搭铁而处于截止状态，电源经 R_3、C_3、VD_2，向电容 C_3 充电；当触点 K 断开时，三极管 VT 由截止转为导通，此时电容 C_3 经三极管 VT、转速表 n 和二极管 VD_1 构成放电回路，驱动转速表。发动机工作时，断电器触点的开闭频率与发动机的转速成正比，电容 C_3 不断进行充放电，通过转速表 n 的放电电流平均值也与发动机的转速成正比。电路中的稳压管 VZ_3 使电容 C_3 有一个稳定的充电电压，以提高转速表的测量精度。

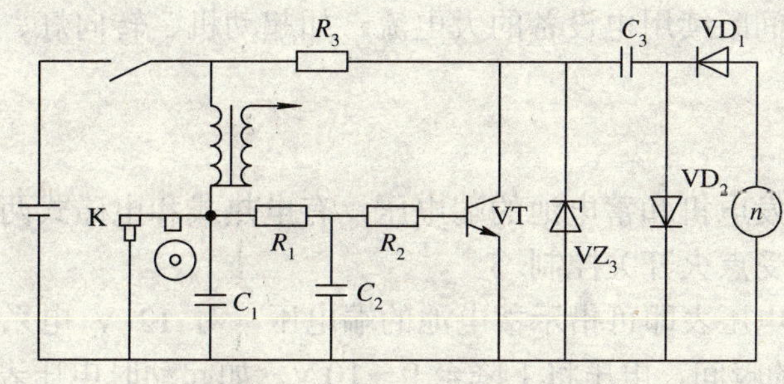

图 6.8　电容放电式转速表

6. 电流表

电流表串接在蓄电池充电电路中，主要用来指示蓄电池充、放电的电流值，同时还可通过它检视电源系统的工作是否正常。电流表通常为双向工作方式，表盘中间的示值为“0”，两侧分别标有“＋”、“－”标记，其最大读数为 20 或 30。当发电机向蓄电池充电时，示值为“＋”；蓄电池向用电设备放电时，示值为“－”。汽车上使用的电流表分为电磁式和动磁式两种，其工作原理基本相似。

电磁式电流表的结构原理见图 6.9。条形永久磁铁 6 两端分别与黄铜片 4 固定联接，再用螺栓将黄铜片固定在绝缘底板上，两个螺栓即形成电流表的两接线柱。永久磁铁内侧转轴上装有带指针 2 的软钢转子 5。当电流表中无电流通过时，软钢转子 5 在永久磁铁 6 的作用下被磁化，由于磁场方向相反，使指针 2 停在中间“0”标度上。当蓄电池放电时，放电电流通过黄铜片产生的环形磁场垂直于永久磁铁的磁场，形成逆时针偏转的合成磁场，吸动软钢转子也逆时针偏转，使指针指向表盘的“－”侧标度值。放电电流越大，合成磁场越强，偏转角度越大，指针指示读数越大。当发电机向蓄电池充电时，流过黄铜片的电流方向相反，磁场也反向，合成磁场顺时针偏转，指针指向“＋”侧。

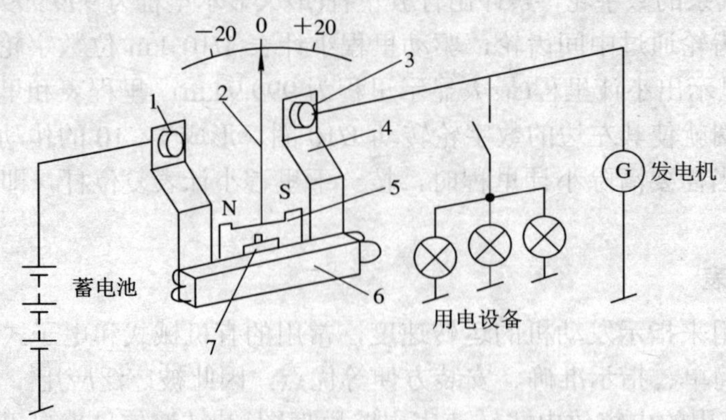

1、3—接线柱；2—指针；4—黄铜片；5—软钢转子；6—永久磁铁；7—转轴

图 6.9　电磁式电流表

电流表的接线原则如下：

(1) 电流表应与蓄电池串接。由于蓄电池的负极搭铁，故电流表的负极必须与蓄电池的正极相连接。

(2) 电流表只允许通过较小电流。一般对点火系、仪表等长时间连续工作的小电流可流经电流表；而对短时间断续用电设备的大电流，如起动机、转向灯、电喇叭等均不流经电流表。

7. 电压表

电压表用来指示发电机和蓄电池的端电压，有电热式和电磁式两种结构形式。电压表通常与负载并联，并受点火开关控制。

接通点火开关，电压表即可指示蓄电池的端电压，对 12 V 电系的汽车一般为 11.5～12.6 V，接通起动机的瞬间，电压将下降至 9～10 V。如起动时电压表指示值过低，则说明蓄电池亏电或有故障。

发电机以正常转速运转时，电压表应指示在 13.5～14.5 V 的规定范围内。若起动前后，电压表读数不变，则表明发电机不发电；若起动后电压表指示值不在规定范围内，则说明调节器调整不当或损坏。

电热式电压表的结构见图 6.10。在接通或切断电源时，指针摆动较迟缓，要待指针指示稳定后才可读数。

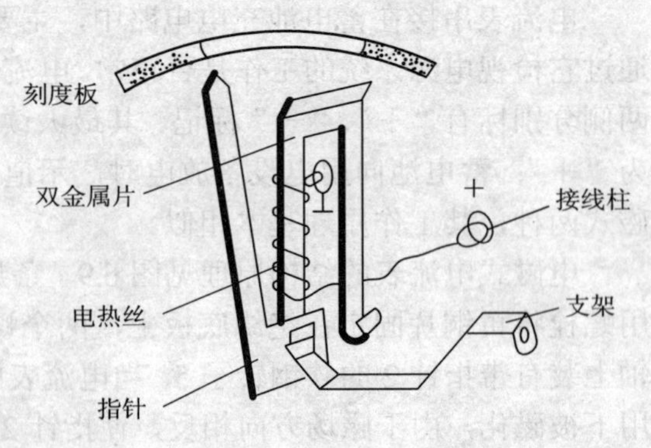

图 6.10　电热式电压表

图 6.11 所示为北京切诺基汽车上使用的电磁式电压表的结构。它由两只十字交叉布置的电磁线圈、永久磁铁、转子、指针及刻度盘等零件组成，电路中两只线圈与稳压管及限流电阻串联。稳压管的作用是当电源电压达到一定数值后，才将电压表电路接通。在电压表未接入电路或电源电压低于稳压管击穿电压时，

永久磁铁将转子磁化，保持电压表指针在初始位置。当电源电压达到稳压管击穿电压后，两十字交叉线圈产生的磁场与永久磁铁产生的磁场相互作用，从而使转子带动指针偏向高电压方向。电源电压越高，通过十字交叉线圈的电流就越大，其电磁场就越强，指针偏转角度就越大。

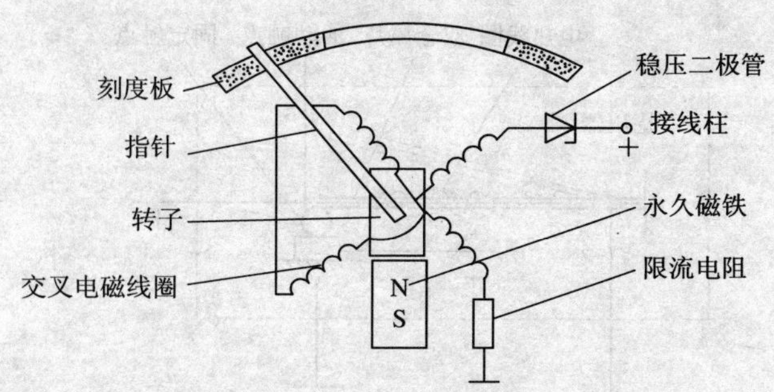

图 6.11　电磁式电压表的结构

8. 仪表稳压器

双金属片式冷却液温度表和燃油表配用可变电阻式传感器时，应在电路中串入仪表稳压器，其作用是当电源电压变化时稳定仪表平均电压，避免仪表的指示误差。常见仪表稳压器有电热式和电子式两类。

1) 电热式仪表稳压器

电热式仪表稳压器的结构见图 6.12。它由双金属片、一对常闭触点、电热线圈、座板和外壳等组成。电热线圈一端搭铁，另一端焊在双金属片上。双金属片的一端用铆钉固定，另一端铆有活动触点。固定触点铆在调节片上，调节片的一端也用铆钉固定并与电源接线相连。两触点之间的压力可通过调整螺钉调整。

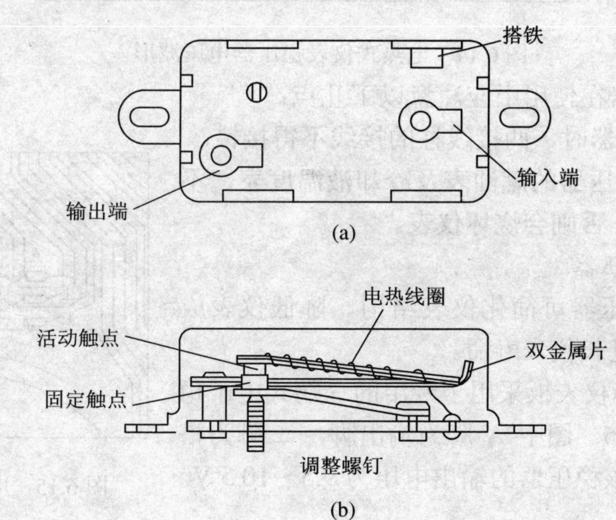

图 6.12　电热式仪表稳压器的结构

(a) 外部接线；(b)内部结构

仪表稳压器的原理电路见图 6.13。当电源电压偏高时，电热线圈中的电流增大，产生热量大，使触点在较短的时间里断开，断开的触点又需较长时间冷却才能重新闭合，于是触点闭合时间短，断开时间长，从而将偏高的电源电压降低为某一输出电压平均值。若电源电压偏低时，电热线圈中的电流减小，产生热量少，使触点断开时间短而闭合时间长，从而将偏低的电源电压提高到某一输出电压平均值。

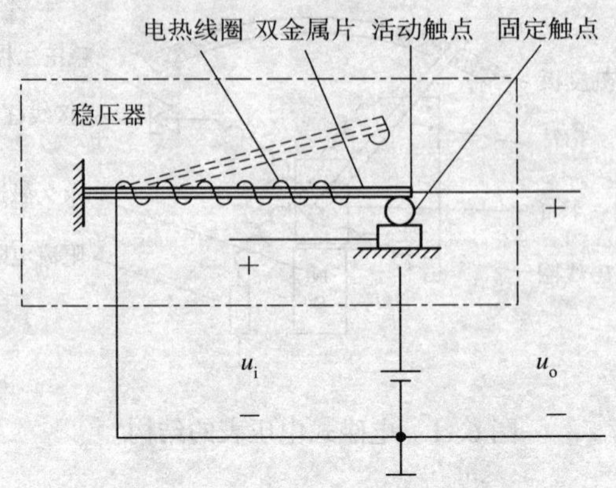

图 6.13　电热式仪表稳压器原理电路

仪表稳压器工作时的电压波形见图 6.14。

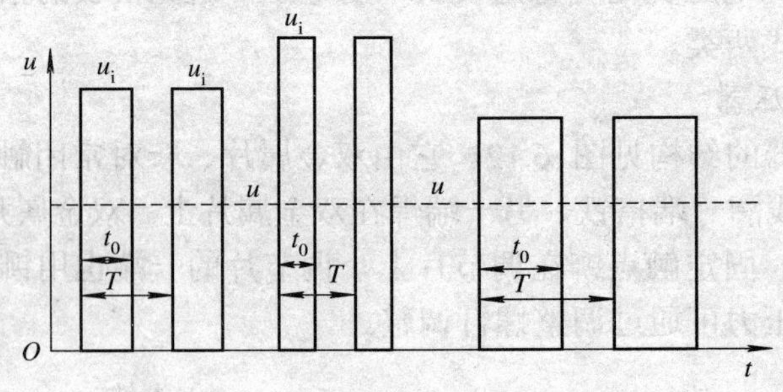

图 6.14　电热式仪表稳压器电压波形

电热式仪表稳压器在使用中应注意以下几点：

(1) 安装仪表稳压器时，两接线柱的接线不得接错。

(2) 凡使用仪表稳压器的燃油表及冷却液温度表，不允许直接与电源相接，否则会烧坏仪表。

2) 电子式仪表稳压器

采用三端集成稳压器可简化仪表结构，降低仪表成本，提高稳压精度，延长仪表寿命。

桑塔纳、奥迪轿车仪表板采用了专用的三端式电子稳压器，其结构见图 6.15。图中 A 脚为输出脚，⊥ 脚为搭铁，E 为电源输入端。该稳压器的输出电压为 9.5～10.5 V。

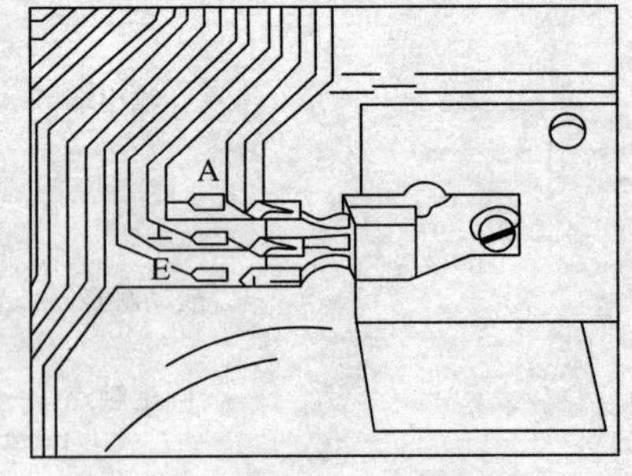

图 6.15　电子式仪表稳压器

二、电子仪表

电子仪表板采用发光二极管或液晶显示技术，发动机熄火时，仪表板呈黑色(无任何显示)，插入点火钥匙后，仪表板显示出各种参数值或模拟出传统机电仪表的指针指示值。电子仪表板如图 6.16 所示。

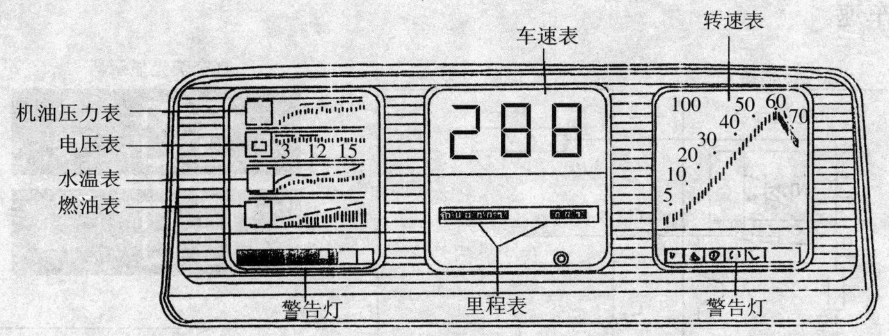

图 6.16 电子仪表板

电子式仪表显示的数据来自各系统的传感器，其电路与多路传输系统各 ECU 和仪表测量微机系统连接。仪表测量微机系统将各测量系统组合在一起，形成总的仪表测量系统。

仪表测量微机系统包括 A/D 转换、多路传输、CPU、存储器及 I/O 接口等。测量时，各传感器的输出信号经 A/D 转换和多路传输输入微机信号处理系统，通过 I/O 接口与仪表板显示器相连，分时循环显示或同时在不同区域显示各种测量参数。

电子式汽车仪表主要包括各种传感器、开关和显示器等，如图 6.17 所示。

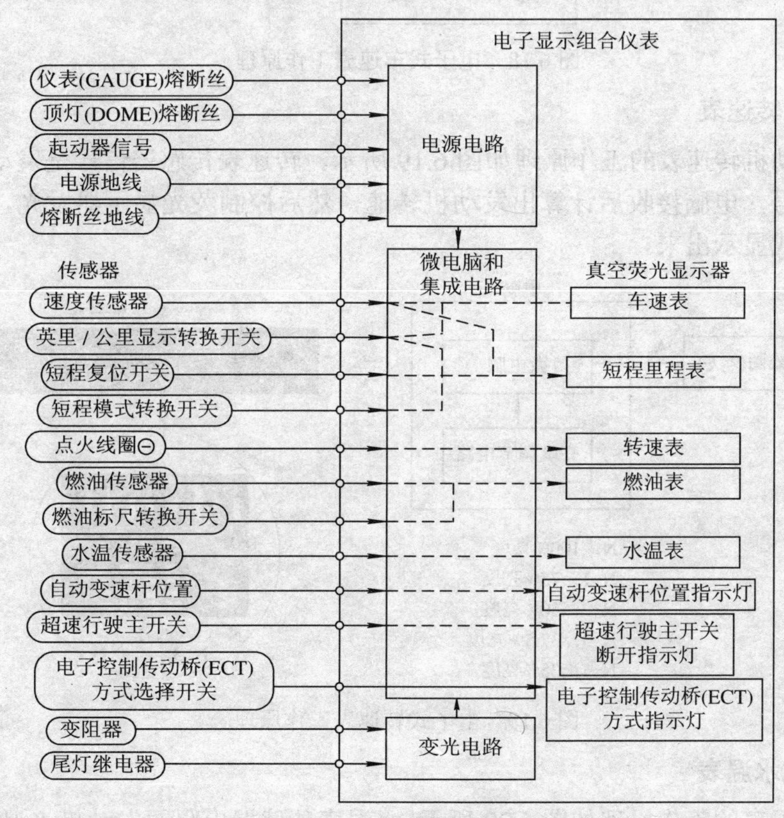

图 6.17 电子式组合仪表的组成

1. 电子式车速表

电子式车速表的工作原理如图 6.18 所示。车速里程表传感器为光电式，车速信号被转换成脉冲信号输入电脑，电脑根据输入的脉冲信号来计算车速，并控制荧光显示器显示电脑输出的车速。

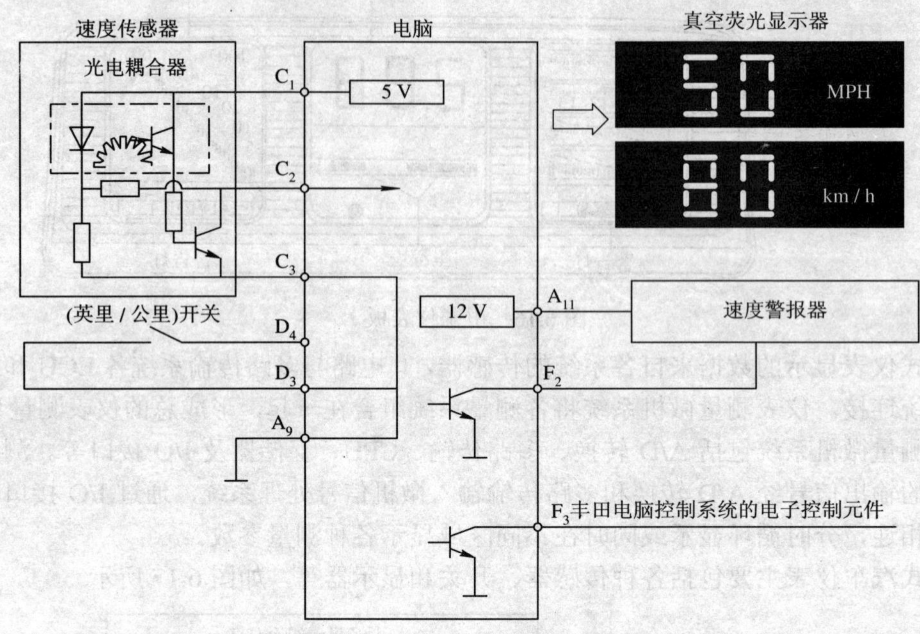

图 6.18　电子式车速表工作原理

2. 电子式转速表

电子式发动机转速表的工作原理如图 6.19 所示。转速表传感器信号是发动机点火线圈输出的脉冲信号，电脑接收后计算出发动机转速，然后控制荧光显示器发光，将发动机的转速以图形形式显示出来。

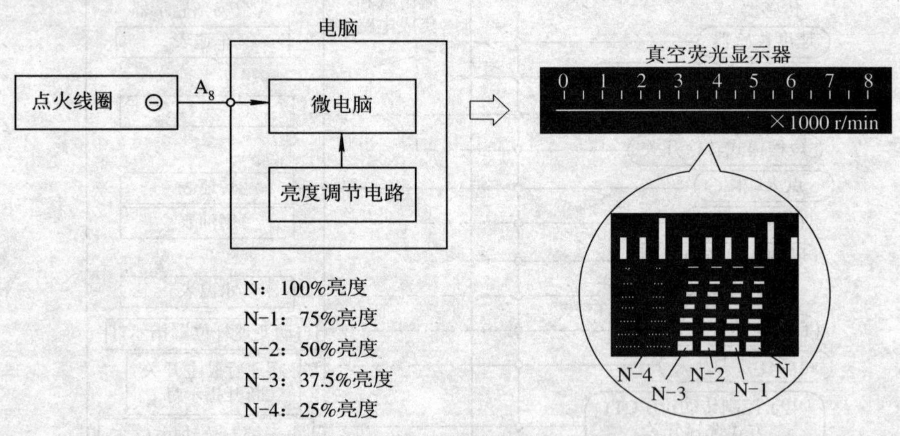

图 6.19　电子式转速表工作原理

3. 电子式水温表

电子式水温表的工作原理如图 6.20 所示。水温表传感器电阻随发动机水温变化而变化，使得输出电压信号也发生变化，电脑检测到电压变化后，便将其与参考电压进行比较，然后在荧光显示器上显示出来。

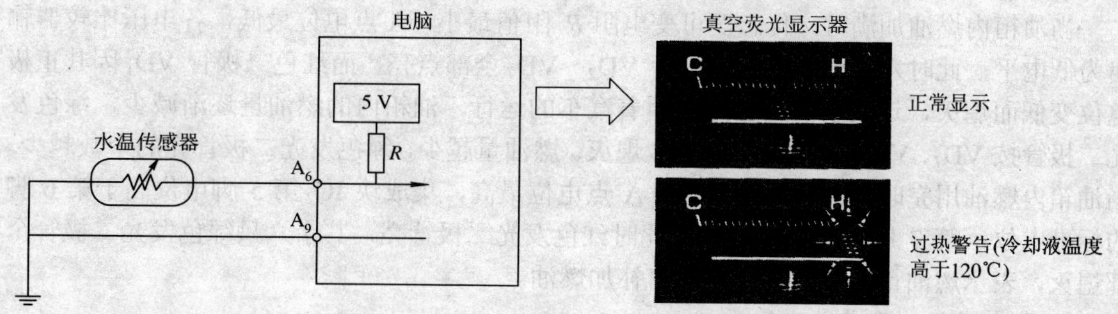

图 6.20　电子式水温表的工作原理

4. 电子式燃油表

1) 发光二极管显示电子燃油表

发光二极管显示电子燃油表的电路如图 6.21 所示。电子燃油表的传感器仍采用浮子式可变电阻传感器。R_x 是传感器的可变电阻，油箱无油时，其电阻值约为 100 Ω，满油时约为 5 Ω。电阻 R_{15} 和二极管 VD_8 组成稳压电路，其稳定电压作为电路的标准电压，通过 R_8～R_{14} 接到由集成电路 IC_1 和 IC_2 组成的电压比较器的反向输入端。传感器的可变电阻 R_x 由 A 端输出电压信号，经电容器 C 和电阻 R_{16} 组成的缓冲器后，接到电压比较器的同向输入端，电压比较器将此电压信号与反向输入端的标准电压进行比较、放大，然后控制各自对应的发光二极管，以显示油箱内燃油量的多少。

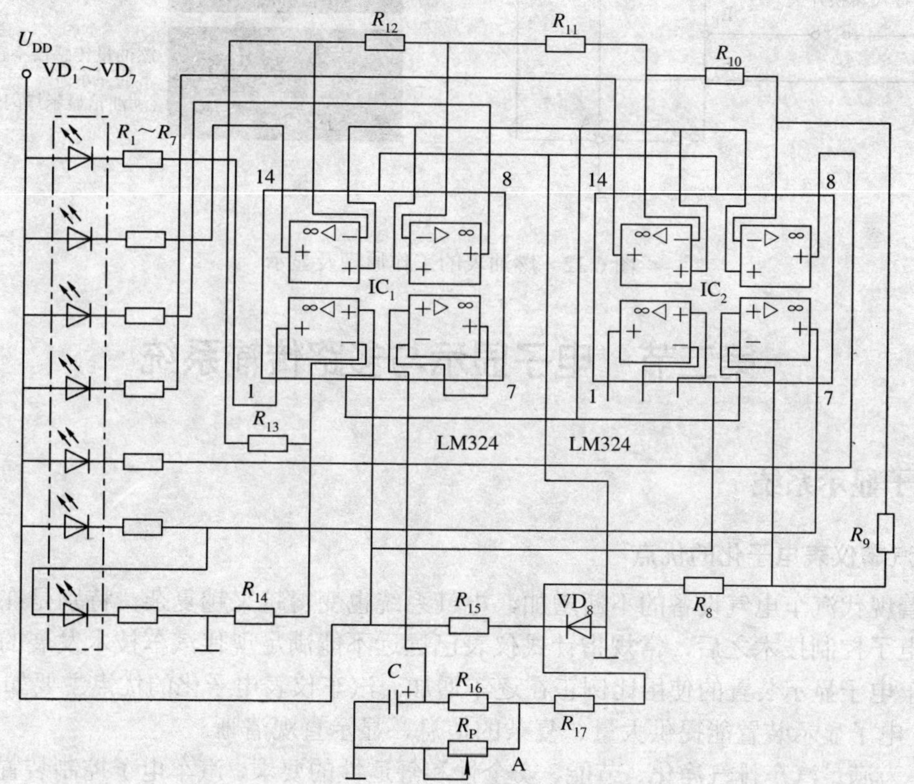

图 6.21　电子燃油表电路图

当油箱内燃油加满时，传感器可变电阻 R_x 阻值最小，A 点电位最低，各电压比较器输出为低电平，此时六只绿色发光二极管 VD_2～VD_7 全部点亮，而红色二极管 VD_1 因其正极电位变低而熄灭，这表示油箱已满。随着汽车的运行，油箱内的燃油量逐渐减少，绿色发光二极管按 VD_7、VD_6、VD_5…VD_2 依次熄灭。燃油量越少，绿色发光二极管亮的个数越少。当油箱内燃油用完时，R_x 的阻值最大，A 点电位最高，集成块 IC_2 第 5 脚电位高于第 6 脚的标准电位，第 7 脚可输出高电位，此时红色发光二极管亮，其余六只绿色发光二极管全部熄灭，表示燃油量过少，必须给油箱补加燃油。

2) 荧光显示电子式燃油表

荧光显示电子式燃油表的工作原理如图 6.22 所示。燃油传感器浮子位置随油面的升降而浮动变化，使得输出电压信号发生变化，电脑将检测到的电压信号与参考电压进行比较，然后在荧光显示器上显示出油位。如果按下燃油标尺转换开关，能够使燃油油位显示扩大，松开开关，这种扩大的标尺显示仍可持续 6 s。

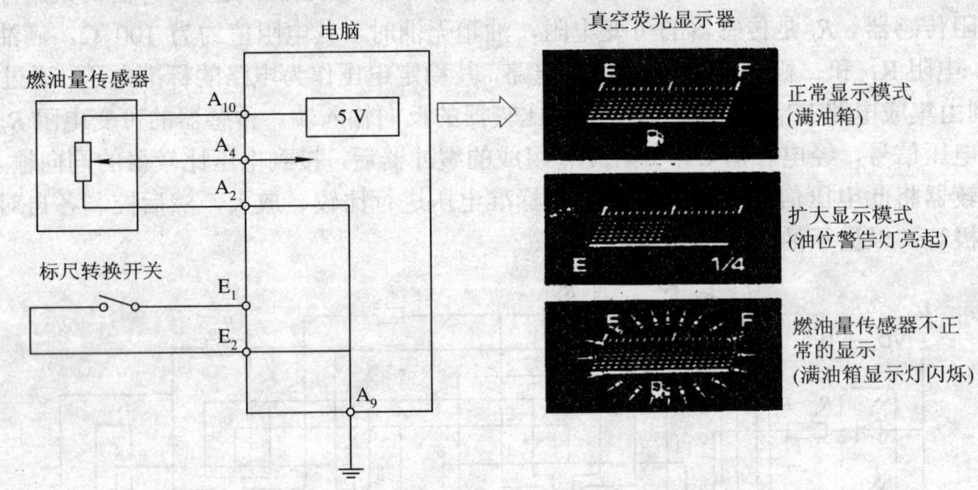

图 6.22　燃油表的工作原理及显示

第二节　电子显示与多路传输系统

一、电子显示系统

1. 汽车仪表电子化的优点

随着现代汽车电气设备的不断增加，电气系统也变得越来越复杂。特别是在汽车上大量应用电子控制技术之后，常规指针式仪表已远远不能满足现代汽车技术发展的要求。因此，汽车电子显示装置的使用比例正在逐年增加。汽车仪表电子化的优点主要如下：

(1) 电子显示装置能提供大量、复杂的信息，显示直观清晰。

(2) 为满足汽车排气净化、节能、安全性和舒适性的要求，汽车电子控制装置必须能迅速、准确地处理各种复杂的信息，并以数字、文字或图形显示出来，供汽车驾驶员了解，并及时处理。汽车电子显示装置作为信息终端显示已经是大势所趋。

(3) 能满足小型、轻量化的要求。为了能使有限的驾驶室空间尽可能地宽敞些，用于汽车的各种仪表及部件都必须小型、轻量化。电子显示装置不仅能适应各种传感器或控制系统的电子化，而且可能实现小型轻薄化，这样既能加大汽车仪表台附近的空间利用率，还能处理日益增多的信息。

(4) 具有高精度和高可靠性。实现汽车仪表电子化，可为操纵者(或使用者)提供高精度的数据信息，并且没有运动部件，反应快、准确度高。

(5) 具有一“表”多用的功能。采用电子显示器显示易于用一组数字去分时显示几种信息，并可同时显示几个信息，不必对每个信息都设置一个指示表，故使组合仪表得以简化。

2. 汽车上常用的电子显示器件

汽车电子显示器件大致分为两大类，即主动显示型和被动显示型。主动显示型的显示器件本身辐射光线，有发光二极管(LED)、真空荧光管(VFD)、阴极射线管(CRT)、等离子显示器件(PDP)和电致发光显示器件(ELD)等；被动显示型的显示器件相当于一个光阀，它的显示靠另一个光源来调制，有液晶显示器件(LCD)和电致变色显示器件(ECD)等。这些均可作为汽车电子显示器件使用。

1) *发光二极管*(LED)

发光二极管实质上是一种晶体管，其结构见图6.23。发光的颜色有红、绿、黄、橙，可单独使用，也可用来组成数字。在实际应用中，常把它焊接到印刷电路板上，以形成数字显示或带色光杆显示。用七只发光二极管组成的数码显示装置见图 6.24。有些仪表则用发光二极管组成光点矩阵型显示器。

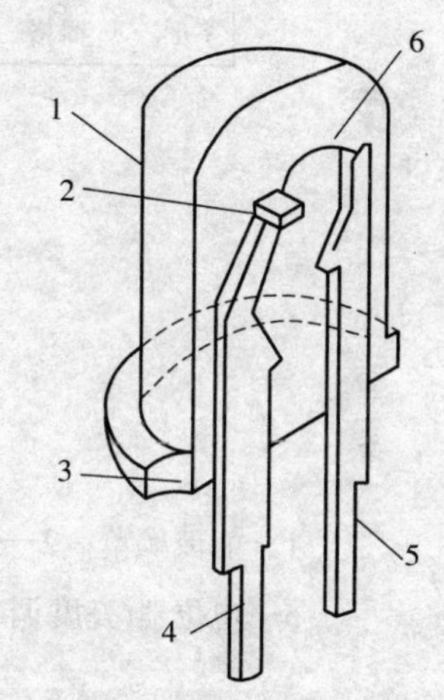

1—塑料外壳；2—二极管芯片；
3—阴极缺口标记；4—阴极引线；
5—阳极引线；6—导线

图 6.23 发光二极管的结构

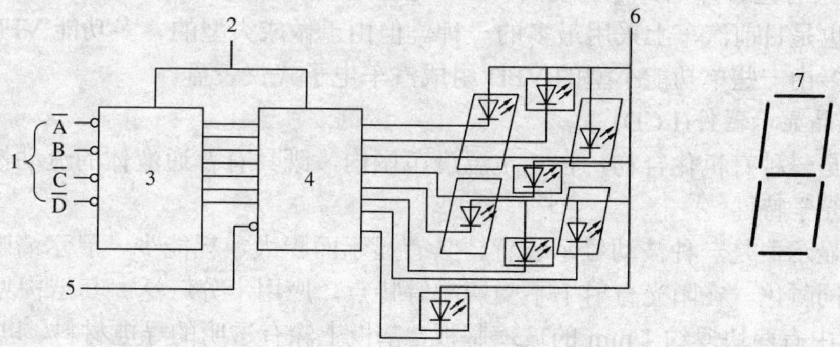

1—二十进制编码输入；2—逻辑电路；3—译码器；4—恒流源；5—小数点；
6—发光二极管电源；7—七段数码管

图 6.24 发光二极管的数码显示

LED 只适用于作小型显示，如汽车指示灯、数字符号段或点数不太多的光杆图形显示。

2) 真空荧光管(VFD)

真空荧光管实际上是一种真空低压管，它由玻璃、金属等材料构成。真空荧光管是一种主动显示，其发光原理与电视机中的显像管相似。汽车上使用的数字式车速表的真空荧光显示屏见图 6.25。其阳极为 20 个字形笔划小段，上面涂有荧光体(或磷光体)，各与一个接线柱连接，且笔划内部相互连接；阴极为灯丝，在灯丝与笔划小段(阳极)之间插入控制栅格，其构造与一般电子管相似。整个装置密封在一个真空玻璃罩内。

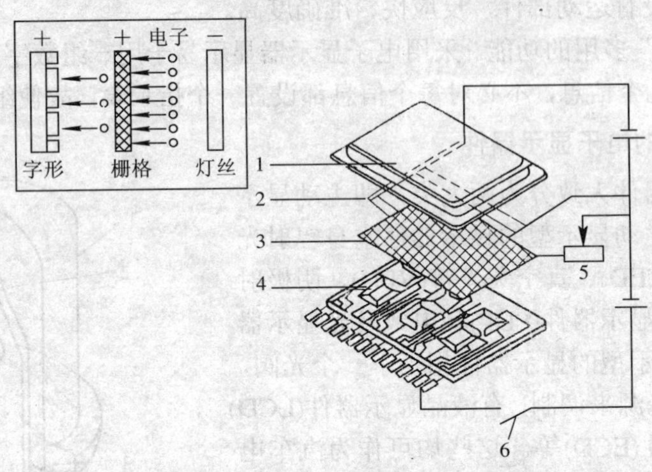

1—前玻璃罩；2—灯丝(阴极)；3—控制栅格；4—笔划小段(阳极)；

5—电位器(亮度调节)；6—微机控制电子开关(使某笔划段受激发光)

图 6.25　真空荧光管及显示屏

当其阳极(字形)接至电源“＋”极，而阴极(灯丝)与电源“－”极相接时，便获得一定的电源电压，其灯丝作为阴极发射电子(在电场力的作用下)，栅格便控制着电子流加热并加速，使其射向阳极(字形)。由于玻璃管(罩)内抽成了真空，前面装有平板玻璃并配有滤色镜，故能使通过栅格轰击阳极(字形)的电子激发出亮光来，因而能显示出所要看到的东西。

VFD 具有色彩鲜艳、可见度高、立体感强等特点，是最早引入汽车仪表中的发光型显示器件，也是目前汽车上采用最多的一种。但由于做成大型的、多功能 VFD 的成本较高，故现在大多由一些单功能小型的 VFD 组成汽车电子式仪表盘。

3) 液晶显示器件(LCD)

液晶是一种有机化合物，在一定温度范围内，既具有普通液体的流动性质，也具有晶体的某些光学特性。

液晶显示器是一种被动显示装置，具有显示面积大、耗能少、显示清晰、通过滤光镜可显示不同颜色、在阳光直射下不受影响等特点，应用十分广泛。其结构见图 6.26。

LCD 中有两块厚约 1 mm 的玻璃基板，基板上涂有透明的导电材料，以形成电极图形。两基板间注入主层 5～20 μm 厚的液晶，再在两玻璃基板的外表面分别贴上起偏振片和检偏振片，并将整个显示板完全密封，以防湿气和氧气侵入，这便构成了透射式 LCD。若在后玻璃基板的后面再加上反射镜，便组成了反射—透射式 LCD。

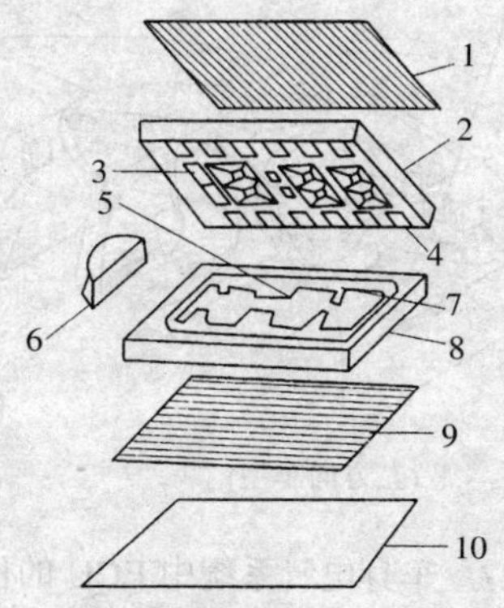

1—前偏振片；2—前玻璃板；3—笔划电极；4—接线端；5—背板；6—反射光；

7—密封面；8—玻璃背板；9—后偏振片；10—反射镜

图 6.26　液晶显示器的结构

由于 LCD 为被动型显示，所以夜间显示必须采用照明光源，这便削弱了它所具有的低功耗的优点；其次是 LCD 的低温响应特性较差；再就是 LCD 的显示图形不够华丽明显，这是所有被动型显示器件共有的缺陷。

当然，LCD 的优点也很多：其电极图形设计的自由度极高，设计成任意显示图形的工艺都很简单，这是作汽车用显示器件的一个很重要的优点；其工作电压低，一般为 3 V 左右，功耗小(1 μW/cm^2)，且能很好地与 CMOS 电路相匹配。因为它有这些优点，LCD 常作为汽车电子钟和彩色光杆式仪表板在汽车上得到应用。

4) 阴极射线管(CRT)

阴极射线管亦称为显像管或电子束管，它是一种特殊的真空管。其结构与原理与家用及办公用电脑彩色显示器相同。

由于 CRT 具有彩色显示、图像显示的灵活性大、分辨率和对比度高等特点，且具有 50～100℃的工作温度范围，有微秒级以下的响应速度，所以它是目前显示图像质量最高的一种显示器件。但是 CRT 作为汽车仪表盘显示用器件体积太大，即便扁平型的 CRT 作为汽车显示器件使用，也还存在一些缺点。随着现代汽车向高度信息化显示的方向发展，CRT 已进一步小型化，一些汽车公司已推出了彩色阴极射线管的汽车信息中心。

二、多路传输系统

多路传输系统是指通过同一组通信线路传递许多数字信息，它由多个 CPU 协调控制，常用于仪表、座椅、车门和车窗等系统。其优点是可简化汽车电气线路，提高系统的工作可靠性。

多路传输系统主要由各系统 ECU(见图 6.27)和串行数据通信总线构成。ECU 将各个开关发送的信号转换为数字信号，通过多路传输线路以串行的传输方式将数字信号输送到接收装置，接收装置将数字信号再转换为开关信号，由开关信号对有关部件进行控制。

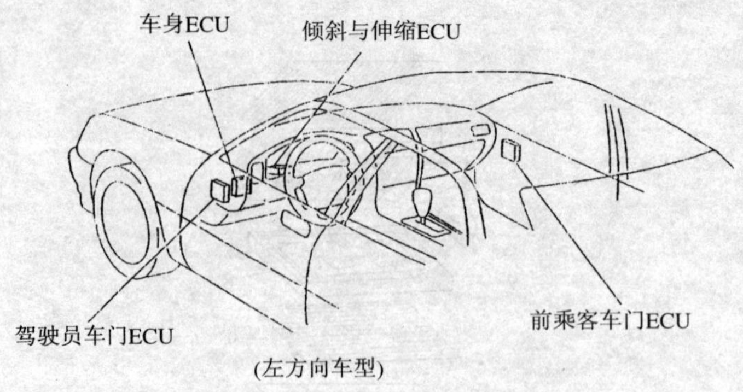

图 6.27 车身电气系统中 ECU 的位置图

多路传输系统功能因车型而异，如广州本田雅阁轿车的多路传输系统功能包括传输功能、唤醒/休眠功能、失效保护功能、自诊断功能。其中多路传输系统主要控制如下系统和电路：机油压力指示器自动断续开关电路，座椅安全带提示电路，灯亮提示电路，钥匙插入提示电路，仪表板亮度控制，车门灯控制系统，前照灯自动关灯系统，电动车门系统，电动车窗，刮水器/清洗器，遥控开启车门/防盗报警系统，联锁系统等。

例如，多路传输系统控制的加热器的工作过程如图 6.28 所示。ECU1 将加热器工作开关发送的信号转换为数字信号，通过多路传输线路以串行的传输方式将数字信号输送到 ECU2，ECU2 将数字信号再转换为开关信号，由开关信号对加热器进行控制。

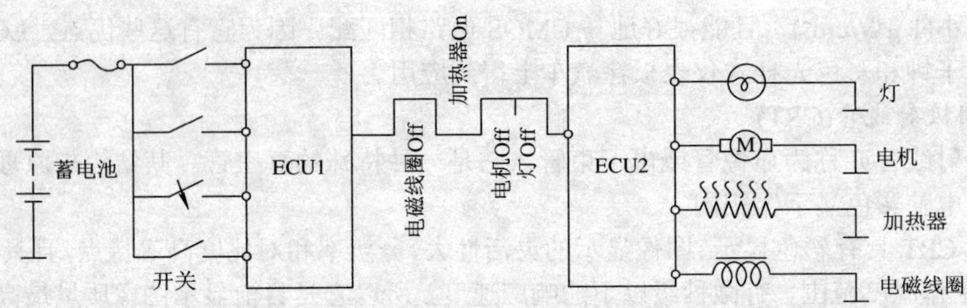

图 6.28 多路传输系统控制的加热器的工作过程

第三节 报 警 系 统

现代汽车为了保证行车安全和提高车辆的可靠性，安装了许多报警装置。如在制动系统气压过低、真空助力制动系统真空度不足、机油压力过低、冷却水温度过高、制动液液面高度不足、发电机不充电、油箱燃油储存量过少以及汽车电子控制系统如发动机控制系统、ABS 系统、安全气囊等系统发生故障时，汽车的报警装置将及时点亮安装在组合仪表上的相应的指示灯发出报警信号，提醒驾驶员注意或停车检修。报警装置一般由传感器和安装在组合仪表面板上的红色、黄色和蓝色的警告指示灯组成。

1. 制动系低压报警装置

在采用气制动的汽车上，一旦制动气压低于最小允许值时，制动系将不能正常工作而危及安全。所以此种汽车需装备制动系低压报警装置，当气压过低时报警灯随即点亮，以引起驾驶员注意。低气压报警传感器(开关)装在制动系储气筒或制动阀压缩空气输入管道中，红色报警灯装在仪表板上。低气压报警传感器的结构见图 6.29。当电源接通后，制动系气压下降到 340～370 kPa 时，由于作用在膜片 4 上的压力减小，于是在复位弹簧 3 的作用下触点闭合，电路接通，报警灯亮。当气压升高到 400 kPa 以上时，由于膜片 4 所受推力增大，压缩复位弹簧使触点打开，电路切断，报警灯熄灭。

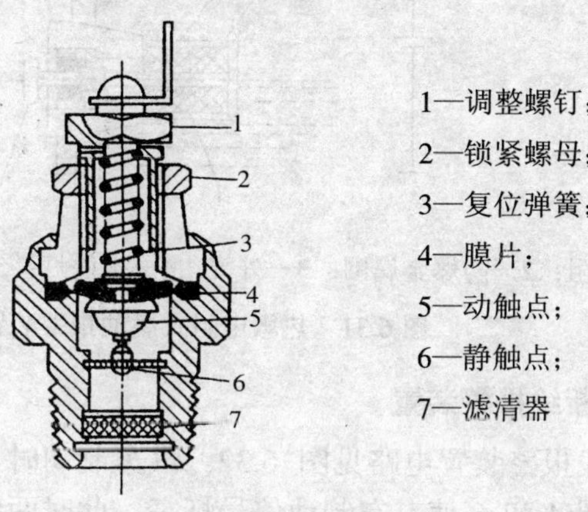

1—调整螺钉；
2—锁紧螺母；
3—复位弹簧；
4—膜片；
5—动触点；
6—静触点；
7—滤清器

图 6.29　低气压报警传感器

2. 机油压力报警装置

有些汽车上除装有机油压力表外，还装有机油压力报警装置。当润滑系统机油压力低于允许值时，报警灯点亮，以引起驾驶员注意。弹簧管式机油压力报警装置原理见图 6.30。它由装在发动机主油道的弹簧管式传感器和装在仪表板上的红色报警灯组成。其传感器内管形弹簧 4 的一端经管接头 1 与发动机主油道相连，另一端与动触点 2 相连，静触点 3 经接触片与接线柱 5 相连。当电源开关闭合后，机油压力低于 50～90 kPa 时，管形弹簧 4 变形很小，触点闭合，电路接通，报警灯点亮，表示机油压力过低；当油压超过该值时，管形弹簧 4 产生的变形较大，使触点分开，电路切断，报警灯熄灭。

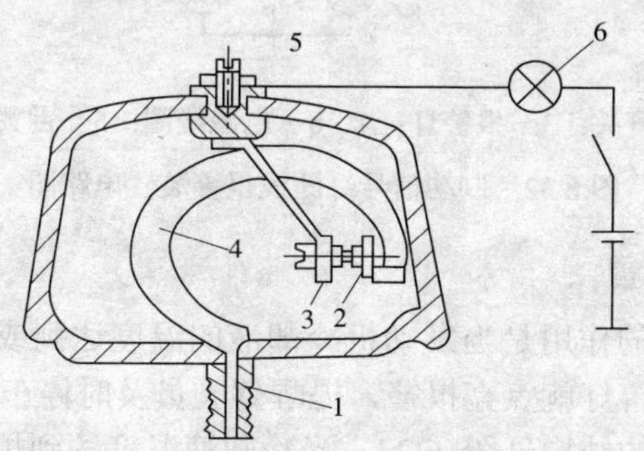

1—管接头；2—动触点；3—静触点；4—管形弹簧；5—接线柱；6—报警灯

图 6.30　弹簧管式机油压力报警装置

3. 燃油量报警装置

燃油量报警装置的作用是当油箱内燃油减少到规定值以下时，仪表板上的燃油量报警灯点亮，提醒驾驶员注意。热敏电阻式燃油量报警装置见图 6.31。它由热敏电阻式传感器和报警灯组成。当燃油多时，具有负温度特性的热敏电阻 1 浸泡在燃油中散热快，其温度较低，电阻值大，所以电路中电流很小，报警灯不亮。当燃油减少到规定值以下时，热敏电阻 1 露出油面，散热慢，温度升高，电阻值减小，电路中电流增大，报警灯亮。

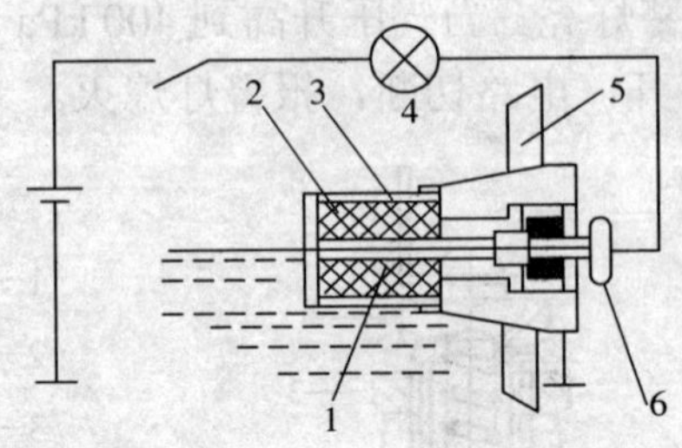

1—热敏电阻；2—防爆金属网；3—外壳；4—报警灯；5—油箱外壳；6—接线柱

图 6.31　热敏电阻式燃油报警装置

4. 制动信号灯断线报警装置

制动信号灯断线报警装置电路见图 6.32。汽车制动时，踩下制动踏板，制动灯开关接通，电流分别经线圈 4 和 6 使左右制动信号灯亮。此时两线圈所产生的磁场相互抵消，舌簧开关 5 保持断开，报警灯不亮。当某一制动信号灯不亮时，线圈 4(或 6)无电流通过，则通电线圈产生电磁吸力使舌簧开关闭合，报警灯 3 亮。

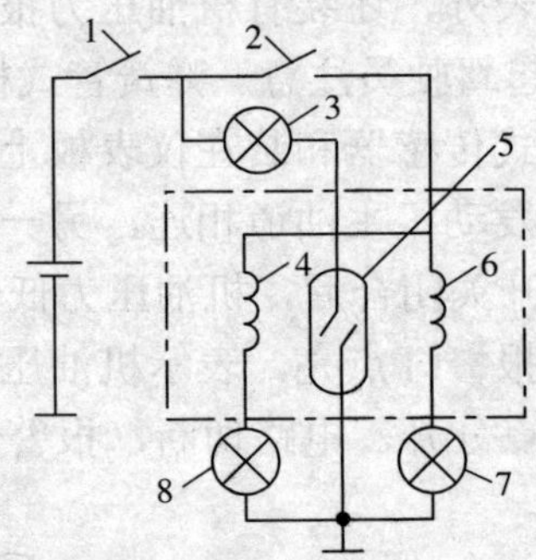

1—点火开关；2—制动灯开关；3—报警灯；4、6—电磁线圈；5—舌簧开关；7、8—制动信号灯

图 6.32　制动信号灯断线报警装置电路图

5. 冷却液温度报警装置

冷却液温度报警装置的作用是当发动机冷却液的温度达到或超过规定温度时，驾驶室仪表板上的冷却液温度报警灯就点亮报警，提醒驾驶员及时停车检查和冷却。

冷却液温度报警装置的结构见图 6.33。当冷却液温度达到规定的极限温度时，双金属片受热变形，两触点相接触，报警灯点亮；当冷却液温度下降后，双金属片变形量减小，两触点又断开，报警灯熄灭。

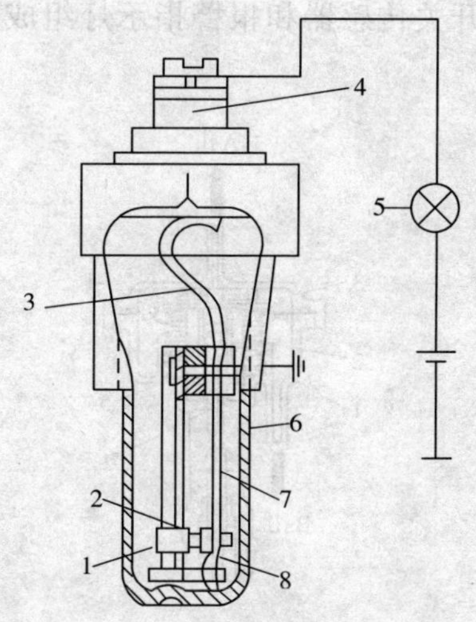

1—调整螺钉；2—支架；3—导电片；4—端钮铜接头；5—报警灯；

6—接头壳体；7—条形双金属片；8—触点

图 6.33　冷却液温度报警装置

6. 制动液面报警装置

制动液面报警装置的作用是当制动液面过低时，报警灯发出报警信号，防止制动效能下降而出现事故。制动液面报警装置由传感器和报警灯组成。传感器安装在制动液储液罐内，其结构见图 6.34。

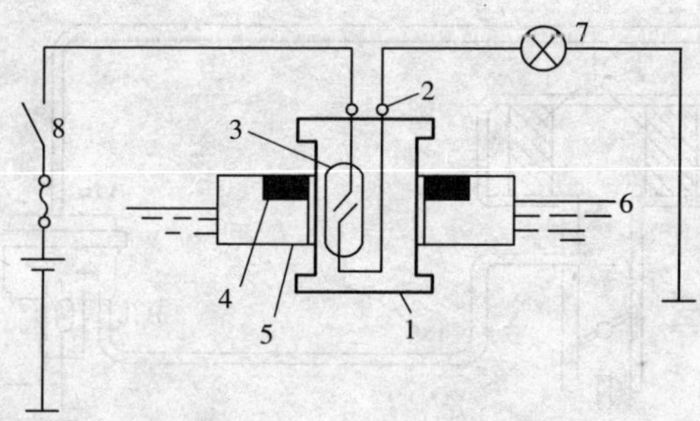

1—舌簧开关外壳；2—接线柱；3—舌簧开关；4—永久磁铁；5—浮子；

6—制动液面；7—报警灯；8—点火开关

图 6.34　制动液面报警装置

外壳 1 内装有舌簧开关 3，舌簧开关 3 的两个接线柱 2 分别与报警灯、电源相连接，在浮子 5 上安装有永久磁铁 4。

在制动液充足时，浮子的位置较高，此时永久磁铁高于舌簧开关的位置，舌簧开关处于断开状态，报警灯电路断开，报警灯不亮。当浮子随着液面下降到规定值以下时，永久磁铁就接近了舌簧开关，吸动开关使之闭合，接通报警灯电路，报警灯发光报警。

7. 空气滤清器滤心报警装置

空气滤清器滤心报警装置的作用是当空气滤清器滤心发生堵塞时，报警灯点亮起到警告作用。该报警装置由负压开关传感器和报警指示灯组成。负压开关传感器的结构见图6.35。

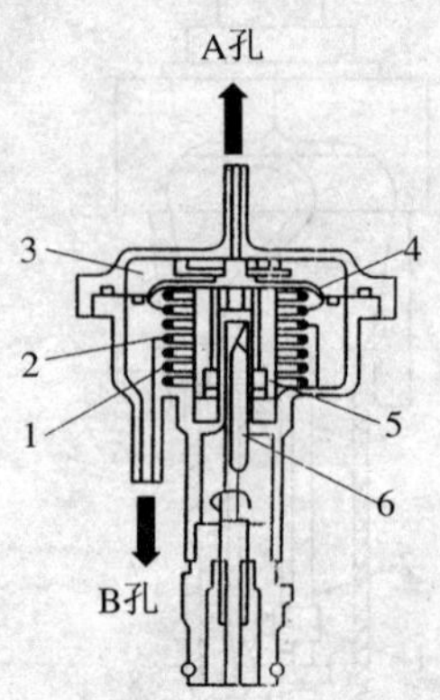

1—弹簧；2—下气室；3—上气室；4—膜片；5—磁铁；6—舌簧开关

图 6.35　负压开关传感器

负压传感器上、下气室中的气压不相等时，产生压力差使膜片 4 移动，与膜片相连的磁铁 5 随之移动，在磁铁的作用下，舌簧开关 6 吸合或断开使电路接通或切断。

将负压传感器的 A 孔或 B 孔用连通管分别与空气滤清器滤心的内外侧相连通，见图6.36。当滤心未发生堵塞时，传感器上、下气室间的压差小，膜片及磁铁的移动量小，舌簧开关处于断开状态；当滤心发生堵塞时，传感器上、下气室间的压差增大，膜片及磁铁的移动量增大，磁铁使舌簧开关磁化而闭合，接通报警灯电路，使其发光报警。

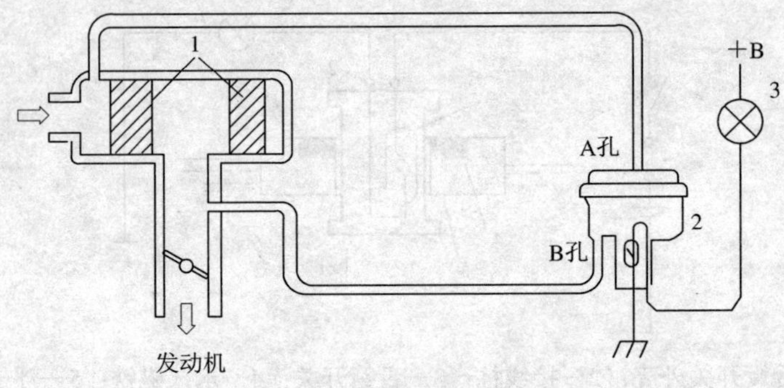

1—滤心；2—负压传感器；3—报警灯

图 6.36　空气滤清器滤心报警装置示意图

第四节　仪表与报警系统的故障诊断

一、仪表与报警系统电路

仪表与报警系统的一般电路见图 6.37。

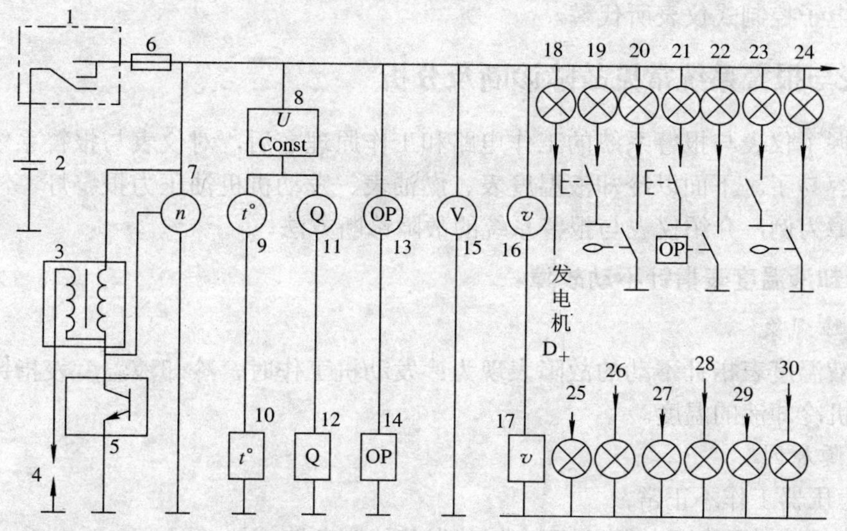

1—点火开关；2—蓄电池；3—点火线圈；4—火花塞；5—点火模块；6—熔断器；7—发动机转速表；8—仪表稳压器；9—发动机冷却系温度表；10—温度表传感器；11—燃油表；12—燃油表传感器；13—机油压力表；14—机油压力表传感器；15—电压表；16—车速表；17—车速表传感器；18—充电指示灯；19—停车制动指示灯；20—制动液面报警灯；21—门未关报警灯；22—机油压力报警灯；23—备用报警灯；24—水位过低报警灯；25—远光指示灯；26、27—左、右转向指示灯；28—座椅安全带未系报警灯；29—防抱死制动指示灯(ABS)；30—巡航控制指示灯

图 6.37　仪表与指示灯、报警灯电路

仪表与报警系统电路的特点可归纳如下：

(1) 所有的电气仪表都要受点火开关控制，在点火开关的工作挡(ON)与起动挡(ST)与电源接通，在附件专用挡(Acc)与电源断开。

(2) 汽车仪表常用双金属片电热丝式结构，表头一般只有 2 根线；也有双线圈十字交叉，中间有一个磁性指针的，多为 3 条线引出，其中一条接点火开关 15 号线(IG 线)，另一条线搭铁，还有一条线接传感器。

(3) 各仪表的表头与其传感器串联，燃油表、冷却液温度表一般还串有电源稳压器。

(4) 指示灯、报警灯常与仪表装配在一个总成内或在附近布置，它们与仪表一起同受点火开关控制。在 ON 挡，能检验大多数仪表、指示灯、报警灯是否良好。

(5) 指示灯与报警灯按照电路接法可分为两种。一种是灯泡由点火开关的 15 号线或 IG 线供电，外接传感开关。开关接通则搭铁构成通路，灯亮。如充电指示灯 18、停车制动指示灯 19、制动液面报警灯 20、门未关报警灯 21、机油压力报警灯 22、水位过低报警灯 24 等。另一种接法是指示灯接地，控制信号来自控制开关的正极端，如远光指示灯 25，转向指示灯 26(左)、27(右)，座椅安全带指示灯 28，防抱死制动指示灯 29，巡航控制指示灯 30 等。

在这里需要说明的一点是，机械式仪表通常不需要与电路相接，如软轴传动的车速里程表，直接作用的弯管弹簧式制动气压表，油压表以及乙醚膨胀式水温、油温表等。这些仪表读数精度较高，但要引入许多管路、软轴进入仪表盘，拆装麻烦，甚至易于泄漏，正在逐步被电子控制式仪表所代替。

二、仪表与报警系统常见故障诊断及分析

在掌握了仪表与报警系统的工作电路和工作原理之后，对仪表与报警系统进行故障诊断就比较容易了。下面以冷却液温度表、燃油表、发动机机油压力报警灯、冷却液报警灯的常见故障为例，介绍仪表与报警系统的故障诊断方法。

1. 冷却液温度表指针不动故障

1) 故障现象

冷却液温度表指针不动的故障表现为：发动机工作时，冷却液温度表指针不动，反映不出发动机冷却液的温度。

2) 故障原因

(1) 稳压器工作不正常；

(2) 冷却液温度自身故障(如双金属片发热线圈断路或脱落)；

(3) 冷却液温度表传感器故障(如热敏电阻失效)；

(4) 线路有断路。

3) 故障诊断

将冷却液温度表传感器的接线插头拔下，使该导线直接搭铁，打开点火开关，观察冷却液温度表的指针情况，如指针开始移动，则说明故障在传感器；如表针仍无指示，则说明故障在仪表自身、稳压器或线路有断路。如果冷却液温度表与燃油表同时出现故障，则稳压器或线路出现故障的可能性较大，应首先检查稳压器工作是否正常。在排除稳压器和线路故障之后即可断定故障发生在仪表自身。

2. 燃油表指针总指向无油位置故障

1) 故障现象

燃油表指针总指向无油位置的故障表现为：无论油箱内燃油多少，燃油表的指针总指向无油位置不动。

2) 故障原因

(1) 燃油表自身故障；

(2) 稳压器工作不正常；

(3) 线路有断路处；

(4) 燃油表传感器故障或浮子机构被卡住。

3) 诊断方法

首先拔下燃油表传感器的接线插头，使该导线直接搭铁，然后打开点火开关，观察燃油表指示情况。如果指针开始向满油刻度移动，说明故障在燃油表传感器；若仍没有反应，则说明故障在仪表自身、稳压器或线路有断路，需进一步采用排除法进行诊断。

3. 机油压力报警灯常亮故障

1) 故障现象

机油压力报警灯常亮的故障表现为：汽车在行驶过程中，发动机机油压力报警灯常亮。

2) 故障原因

(1) 机油压力报警开关故障(有的车辆采用两个报警开关同时监控，如桑塔纳、捷达、奥迪轿车装有低压 30 kPa 报警开关和高压 180 kPa 报警开关)；

(2) 润滑油路压力达不到规定要求；

(3) 线路故障。

3) 故障诊断

下面以桑塔纳轿车发动机为例介绍机油压力报警灯常亮故障的诊断方法。

桑塔纳轿车发动机机油压力报警灯受安装在发动机缸盖油道的低压报警开关(30 kPa 开关)和安装在机油滤清器附近的高压报警开关(180 kPa 开关)控制。发动机工作时，当低压报警开关处油压低于 30 kPa 时，低压报警开关触点闭合，报警灯被点亮；当发动机转速超过 2000 r/min 时，如果高压报警开关处的油压低于 180 kPa，高压报警开关的触点即被断开，仪表板内的控制单元控制报警灯也被点亮，同时蜂鸣器也发出响声，以示警报。

当出现机油压力报警灯常亮故障时，首先要区分是润滑系故障还是报警系统自身故障，通常采用测量油压的方法进行诊断。可在车上按图 6.38 所示做如下检查：

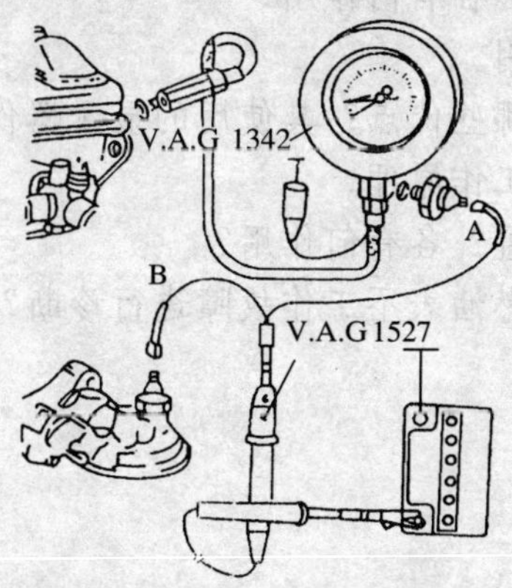

图 6.38　低压与高压开关检测

(1) 拆下低压开关(30 kPa 开关)，将其拧入检测仪。把检测仪拧到气缸盖上的机油低压开关处，并将检测仪的褐色导线接地。

(2) 用辅助导线将二极管测试灯 V.A.G1527 接到蓄电池正极及低压开关 A 上时，发光二极管被点亮。起动发动机，慢慢提高转速，压力达到 15～45 kPa 时，发光二极管必须熄灭，若不熄灭则说明低压开关有故障。再令发动机怠速运转，机油压力应大于 45 kPa，发光二极管应熄灭，若压力低于 15 kPa 则说明润滑系有故障。

(3) 将二极管测试灯连接到高压开关(180 kPa 开关)B 上，慢慢提高发动机转速。当机油压力达到 160～200 kPa 时，发光二极管必须亮，若不亮则说明高压开关有故障。进一步提高转速，转速达到 2000 r/min 时，油压至少应达到 200 kPa，若达不到则说明润滑系有故障。

4. 冷却液温度报警灯常亮故障

1) 故障现象

冷却液温度报警灯常亮的故障表现为：汽车在行驶过程中，发动机无论冷态还是热态，冷却液报警灯均常亮。

2) 故障原因

① 冷却液温度报警开关故障；

② 线路有搭铁处；

③ 储液罐中冷却液液面过低(带冷却液液位监测)；

④ 冷却液液位开关故障。

3) 故障诊断

首先检查发动机冷却液温度是否真的过高，储液罐液面是否过低。如果这些都正常但仍然报警，可拔下储液罐液位开关插头，如果报警灯熄灭，说明故障在液位开关。若仍然亮，可接好液位开关插头，拔下冷却液温度报警开关插头，如果报警灯熄灭，说明故障在冷却液温度报警开关。若仍然亮，则说明线路有搭铁处。

练习与思考题

6-1　汽车常用仪表有哪些？各有何作用？

6-2　试述仪表稳压器的作用。

6-3　汽车电子显示系统有哪些优点？其使用的显示器件有哪些？

6-4　试述多路传输系统的工作原理。

6-5　汽车上有哪些报警装置？各有何作用？

6-6　如何对汽车水温表和燃油表不工作故障进行诊断？

第七章　常用辅助电气系统

【学习目标】

知识点：掌握电动刮水器、电动车窗、电动天窗、电动门锁、电动后视镜、电动座椅、防盗系统、电动风窗除霜器的构造与工作过程。

技能点：实车上能够识别常用辅助电气系统各部件的安装位置，并能够对其进行基本检修，能够排除常见故障。

第一节　电动刮水器与清洗装置

一、电动刮水器

1. 电动刮水器的结构

刮水器的作用是用来清除风窗玻璃上的雨水、雪或尘土，以确保驾驶员有良好的能见度。有前风窗刮水器和后风窗刮水器。因驱动装置的不同，刮水器有真空式、气动式和电动式三种。目前汽车上广泛使用的是电动刮水器。电动刮水器由直流电动机和一套传动机构组成，见图 7.1。电动机旋转经减速和连动机构的作用变成雨刮臂的摆动。

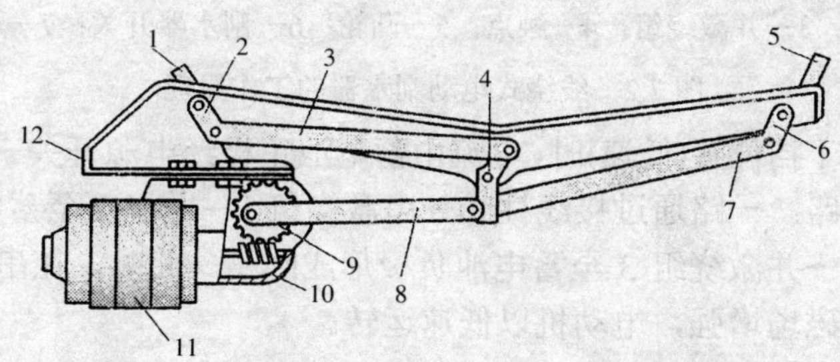

1、5—刷架；2、4、6—摆杆；3、7、8—拉杆；9—蜗轮；10—蜗杆；11—电动机；12—底板

图 7.1　电动刮水器

2. 电动刮水器的变速原理

刮水器的变速是利用直流电动机的变速原理来实现的，由直流电动机电压平衡方程式可得转速公式为

$$n = \frac{U - IR}{kZ\Phi}$$

式中：U——电动机端电压；

I——通过电枢绕组中的电流；

R——电枢绕组的电阻；

k——常数；

Z——正、负电刷间串联的导体数；

Φ——磁极磁通。

在电压 U 和直流电动机确定的条件下，即 I、R、k 均为常数，当磁极磁通 Φ 增大时转速 n 下降，反之则转速上升。若两电刷之间的电枢绕组数 Z 增多时，转速 n 也下降，反之则上升。所以，刮水器变速是在直流电动机变速的理论基础上，采取改变电动机磁极磁通的强弱，或者改变两电刷之间导体数(绕组数)的多少来实现的。

1) 改变磁通变速

采用改变电动机磁极磁通变速的方法，只适合于线绕式直流电动机。线绕式电动刮水器的工作原理见图 7.2。

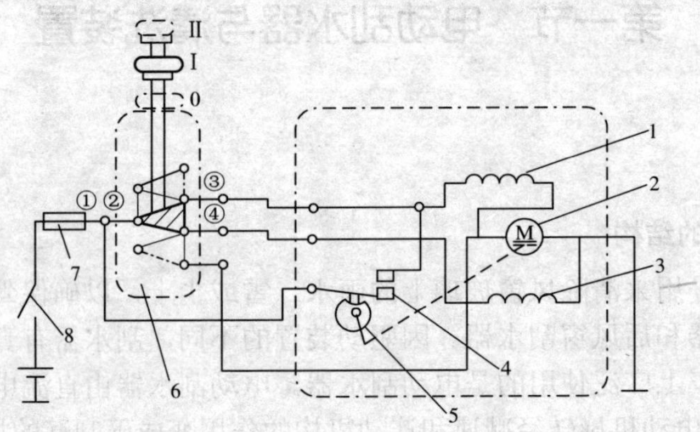

1—串激绕组；2—电枢；3—并激绕组；4—触点；5—凸轮；6—刮水器开关；7—熔断器；8—电源开关

图 7.2　线绕式电动刮水器的工作原理

当刮水器开关在 I 挡位置(低速)时，电流由蓄电池正极经电源开关→熔断器→接线柱②→接触片，然后分两路：一路通过接线柱③→串激绕组 1→电枢 2 至蓄电池负极形成回路；另一路通过接线柱④→并激绕组 3 至蓄电池负极形成回路。此时，在串激绕组 1 和并激绕组 3 的共同作用下，磁场增强，电动机以低速运转。

当刮水器开关在II挡位置(高速)时，电流由蓄电池正极经电源开关→熔断器→接线柱②→接触片→接线柱③→串激绕组 1→电枢 2 至蓄电池负极形成回路。此时，由于并激绕组 3 被隔除，磁场减弱，电动机以高速运转。

2) 改变电刷间的导体数变速

改变电刷间导体数变速的方法只能通过永磁电机(三刷永磁式直流电动机)来实现，它的磁极为铁氧体永久磁铁，具有不易退磁的优点，能够实现高、低转速，其工作原理见图 7.3(a)、(b)。

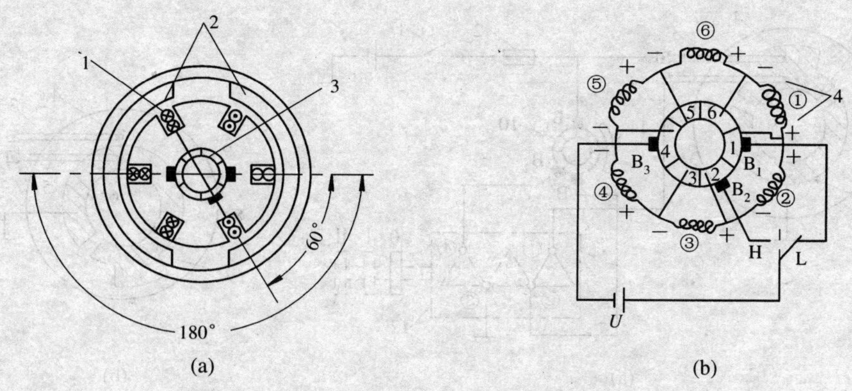

1—电枢绕组；2—永久磁铁；3—换向器；4—反电动势

图 7.3　永磁式刮水器电动机的工作原理

(a) 结构原理图；(b) 电路原理图

图 7.3 中，B_1 为低速运转电刷，B_2 为高速运转电刷，B_3 为公共电刷。B_1、B_2 安装位置相差 60°。

当电动机工作时，在电枢内同时产生反电动势，其方向与电枢电流的方向相反。如要使电枢旋转，外加电压 U 必须克服反电动势的作用，当电枢的转速上升时，反电动势也相应上升，只有当外加电压 U 几乎等于反电动势时，电枢的转速才趋于稳定。

当开关拨向“L”时(见图 7.3(b))，电源电压 U 加在 B_1 和 B_3 之间，由于①、⑥、⑤和②、③、④组成两条并联支路，支路中串联的线圈(导体)均为有效线圈，串联线圈(导体)数相对较多(每条支路串联 3 组绕组)，故反电动势较大，电动机以较低转速运转。

当开关拨向“H”时(见图 7.3(b))，电源电压 U 加在 B_2 和 B_3 之间，由于线圈①和线圈②产生方向相反的电动势，互相抵消，故组成两条并联支路中串联线圈(导体)数相对较少(每条支路串联 2 组绕组)，故反电动势较小，电动机以较高转速运转。

3. 电动刮水器的自动复位装置

汽车上装用的电动刮水器都设有自动复位装置。所谓的自动复位，就是指在切断刮水器开关时，刮水片能自动停在驾驶员视野以外的指定位置。

图 7.2 中的触点 4 及凸轮 5，就是线绕式电动刮水器的自动复位装置。凸轮与电枢轴连动，触点由凸轮控制，如果断开刮水器开关，当刮水片没有停在指定位置时，凸轮继续将触点顶在闭合位置，电动机继续转动。只有当刮水片停在指定位置时，凸轮的凹处把触点断开，电动机才停转。

永磁式电动刮水器的自动复位装置见图 7.4。当刮水器开关推到 0 挡时，如果刮水片没有停在规定的位置，由于触点 6 与铜环 9 接触，则电流继续流入电枢。电流由蓄电池正极→电源总开关 1→熔断器 2→电动机电刷 B_1→电枢绕组→电刷 B_3→刮水器开关接线柱②→刮水器开关接线柱①→触点臂 5→触点 6→铜环 9→蓄电池负极，电动机以低速运转(见图 7.4(b))，直至蜗轮 8 转到图 7.4(a)所示的位置时，触点 6 通过铜环 7 与触点 4 连通，将电动机电枢绕组短路。与此同时，电动机因惯性不能立即停转，以发电机方式运行，而产生很大的反电动势，产生制动力矩，电机迅速停转，使刮水片停在特定位置。

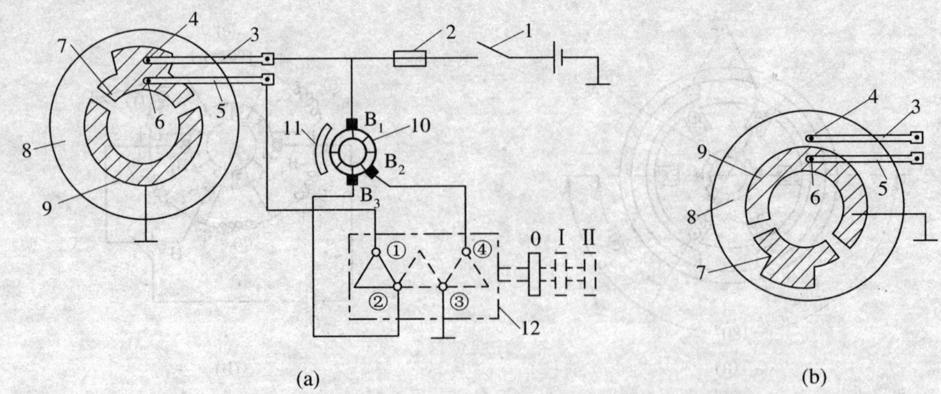

1—电源总开关；2—熔断器；3、5—触点臂；4、6—触点；7、9—铜环；

8—蜗轮；10—电枢；11—永久磁铁；12—刮水器开关

图 7.4　永磁式刮水器电动机自动复位装置原理图

(a) 工作电路；(b) 复位原理

4. 电动刮水器的间歇控制

电动刮水器间歇控制的作用，一是在与洗涤器配合使用时，可以达到先洗后刮的循环刮洗工序，以提高刮洗效果；二是在下毛毛细雨时，雨量稀少，如果刮水器仍按原来那样不断地工作，不仅会引起刮片的颤动，而且也会对玻璃有损伤。

电动刮水器的间歇控制按其间歇时间能否调节可分为可调式和不可调式。

下面以无稳态方波发生器控制的间歇刮水器为例介绍其工作过程，电路见图 7.5。由 VT_1、VT_2 组成无稳态多谐振荡器。R_1、C_1 决定 K 的通电吸合时间，R_2、C_2 决定 K 的断电时间。当刮水器开关处在 0 挡时，刮水器电动机电枢被 B_3 与 B_1 电刷、继电器 K 的常闭触点和自停开关短路，电动机不工作。此时，若接通间歇开关，则 VT_1 导通，VT_2 截止，K 通电使常开触点闭合，刮水器以低速运转。当 C_1 充电到一定值后，VT_2 导通，VT_1 迅速截止，K 断电，常闭触点闭合，电动刮水器自动复位后停止工作。当 C_2 充电到 VT_1 导通电压时，VT_1 导通，VT_2 截止，K 动作，常开触点闭合，重复上述过程。

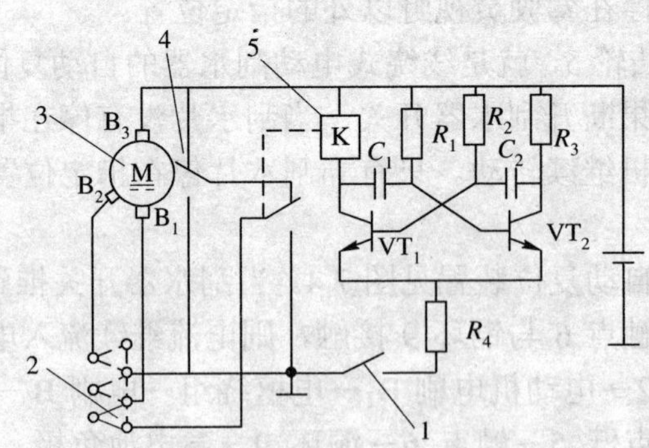

1—间歇刮水开关；2—刮水器开关；3—刮水电机；4—自停开关；5—继电器

图 7.5　电子间歇刮水器

5. 电动刮水器的常见故障

电动风窗刮水器系统常见的故障有：刮水器不工作、间断性工作、刮水片不能复位等。除此以外，还有一些与刮水片调整有关的故障，例如刮水片拍打风窗下方排水槽或其中一个刮水片低于另一个刮水片的停止位置等。在对风窗刮水器系统的故障进行检修之前，需要确定是电器故障还是机械故障。要做到这一点，最简单的方法就是从电动机上拆下联接刮水片的机械臂，接通刮水器系统，观察电动机的运行。如果电动机工作正常，则说明是机械问题，否则说明电气系统有故障。

大多数导致刮水器动作慢的电路故障是由于接触电阻大而引起的。如果故障表现为所有的速度挡都慢，应检查电源到刮水器开关之间的电路，主要是中间继电器、熔断器和刮水器开关连接线端子插接是否牢固可靠。

如果刮水系统只是在间歇挡位工作不正常，首先应检查间歇继电器的搭铁是否良好。如果搭铁正常，利用欧姆表检查继电器到刮水器开关之间的电路；如果连接线路也是良好的，则应更换间歇继电器。

造成刮水器不能复位的故障可能是复位开关的原因，也可能是刮水器开关内接触片变形所致。最常见的与复位开关有关的故障是当开关断开时，刮水器就停在该位置。

二、清洗装置

为了更好地消除附在风窗玻璃上的污物，在汽车上增设了风窗玻璃洗涤器，与刮水器配合工作，保证驾驶员有良好的视野。

风窗玻璃洗涤器由洗涤液罐、洗涤泵、软管、三通、喷嘴及刮水器开关组成，见图 7.6。

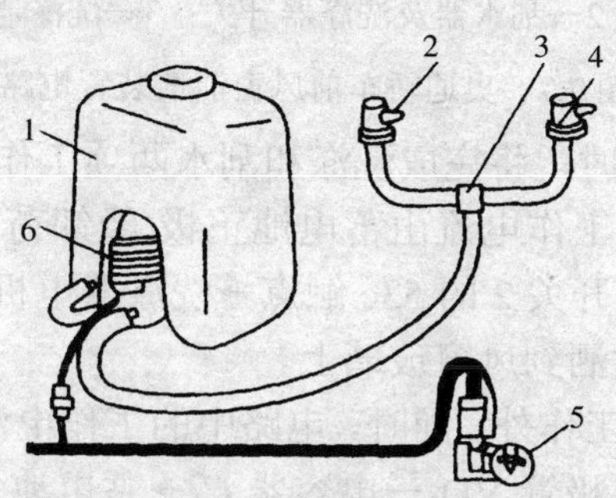

1—洗涤液罐；2、4—喷嘴；3—三通；5—刮水器开关；6—洗涤液泵

图 7.6　风窗玻璃洗涤器

洗涤泵由永磁直流电机和离心式液片泵组成。喷射压力约为 70～88 kPa。喷嘴安装在风窗玻璃下面，其喷嘴方向可以调整，使水喷射在风窗玻璃的合适位置。洗涤泵连续工作的时间一般不超过 1 min，使用时应先开洗涤泵后开刮水器。在喷水停止后，刮水器应继续刮 2～5 次，这样配合使用才能达到良好的洗涤效果。所以，洗涤器的电路一般是与刮水器开关联合工作的。

图 7.7 是奥迪轿车前风窗玻璃清洗装置电路。当刮水器开关在 I 挡位置时，刮水器处于间歇工作状态，利用自动复位触点及 C_2 充放电时间来实现间歇控制；当刮水器开关处于 1 挡时，刮水器以低速工作；当刮水器开关处于 2 挡时，刮水器以高速工作；当刮水器开关

置于 TiP 位置时，刮水器电机短时间工作，松开刮水器开关，开关自动返回至 0 位置。

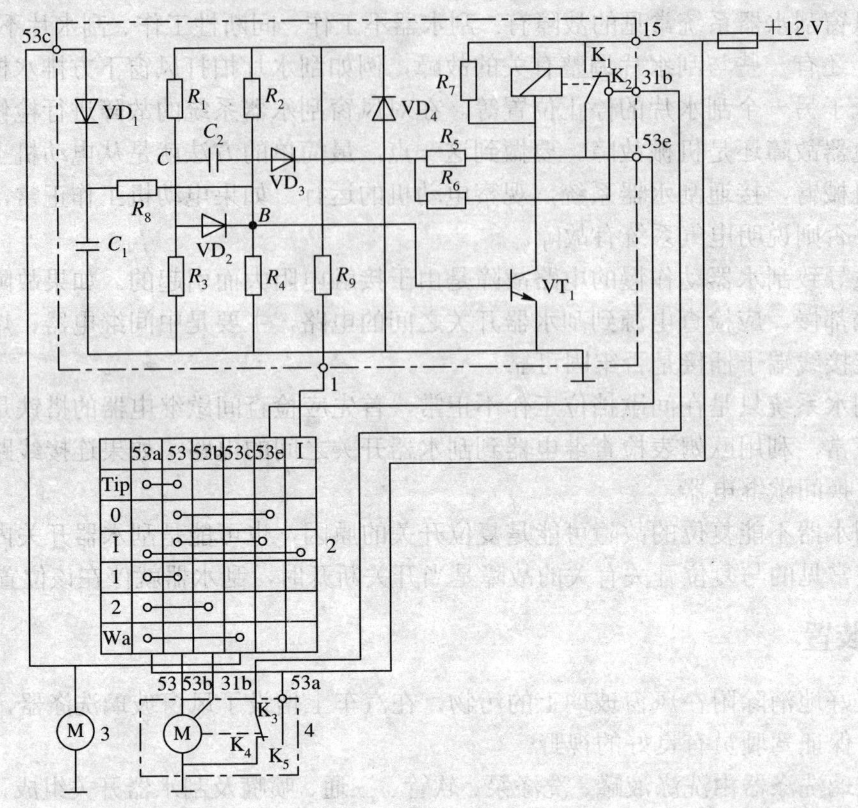

1—刮水器间歇控制器；2—刮水器及洗涤器开关；3—洗涤器电机；4—刮水器电机

图 7.7 奥迪轿车前风窗清洁装置电路

刮水器开关置于 Wa 位置时，将完成洗涤和刮水两项工作。具体工作过程如下：

(1) 洗涤器工作电路中的工作电流由蓄电池正极(经卸荷继电器触点)→熔断器→刮水器开关 2 的 53a 触点→刮水器开关 2 的 53c 触点→洗涤器电机 3→搭铁→蓄电池负极，于是洗涤器开始工作，将洗涤液喷洒到风窗玻璃上。

(2) 上述电路中除洗涤器工作外，同时，电路中的工作电流刮水器开关 2 的 53c 触点→间歇控制器 1 的 53c 触点→二极管 VD_1→电容器 C_1→蓄电池负极，为 C_1 充电。在 C_1 充电的同时，电阻 R_8 与电阻 R_4 电路中的电流由小增大(B 点的电位逐渐升高)，在此电压作用下，晶体三极管 VT1 导通，间歇控制器的继电器线圈通电，触点 K_1 闭合，使间歇控制器中的触点 15 与 53e 接通，于是刮水器电机的电路接通。电路中的工作电流由蓄电池正极→熔断器→间歇控制器触点 15 与 53e→刮水器开关的触点 53e 与 53→刮水器电机→蓄电池负极，于是，刮水器电机慢速工作。

松开开关手柄时，刮水器开关自动复位，洗涤泵立刻停止喷水工作，但这时间歇控制器中的电容器 C_1 开始向电阻 R_8 及电阻 R_4 放电，使晶体三极管 VT1 继续导通，刮水器电机仍慢速工作 4 s，即电容器 C_1 放电的时间，其目的是为了刮干前风窗玻璃上的水滴。

许多风窗清洗装置的故障都是因输液系统而引起的。因此，应首先拆下泵体上的水管，然后使电动泵工作。如果电动泵能够喷出清洗液，则故障在输液系统；否则，按照下列步骤查找故障：

(1) 目测储液罐内的液体存储量。检查熔断器和线路连接是否良好。

(2) 打开洗涤器开关，同时观察电动机。如果电动泵工作但不喷液，检查泵内有无堵塞，排除泵体内的任何异物；如果没有堵塞，需更换电动泵。

(3) 如果电动泵不运转，用电压表或试灯检查开关闭合时洗涤泵电动机上有无电压。若有电压，用欧姆表检查搭铁回路，若搭铁回路良好，需更换电动泵。

(4) 在第(3)步中，如果电动机上没有电压，需沿线路向开关查找，检测开关工作是否正常。如果开关有电压输入，但没有输出，需更换开关。

三、雨滴感知型刮水系统

电动刮水器虽然能够实现间歇控制，但不能够随雨量的变化及时调整雨刮的刮水频率。雨滴感知型刮水器则能根据雨量的大小自动调节刮水器的刮水频率，使驾驶员始终保持良好的视线。

1. 雨滴感知型刮水器的组成

雨滴感知型刮水器主要由雨滴传感器、间歇刮水放大器和刮水器电动机组成，见图 7.8。

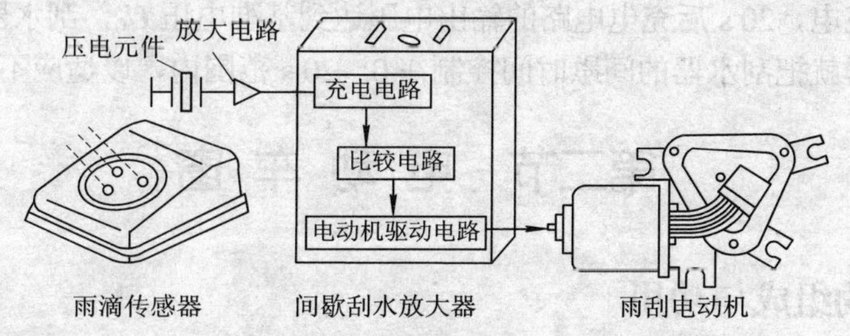

图 7.8 雨滴感知型刮水器

传感器的作用是将雨量的大小转变为与之相对应的电信号，其结构见图 7.9。

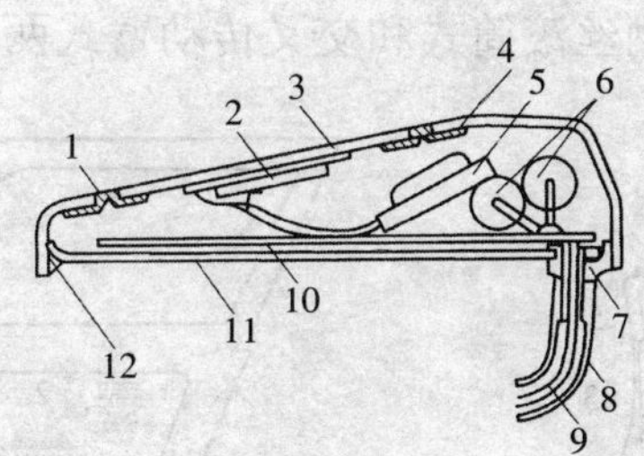

1—阻尼橡胶；2—压电元件；3—振动片(不锈钢)；4—上盒(不锈钢)；5—集成电路；6—电容器；7—衬垫；8—线束套筒；9—线束；10—电路基板；11—下盒(不锈钢)；12—密封件

图 7.9 雨滴传感器结构图

2. 工作过程

雨滴感知型刮水器控制系统的原理框图见图 7.10。

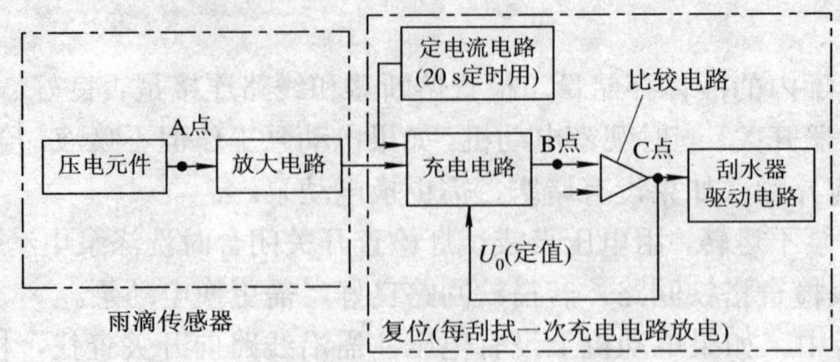

图 7.10　雨滴感知型刮水器控制系统原理框图

工作时，由于雨滴下落撞击到传感器的振动片 3 上，振动片 3 将振动能量传给压电元件 2(见图 7.9)。压电元件受压而产生电压信号，电压值与撞击振动片上的雨滴的撞击能量成正比，电压信号经过放大后送入间歇刮水放大电路，对放大器的充电电路(电容)进行 20 s 的定时充电，电容电压上升。该电压输入比较电路，比较电路将其与基准电压 U_0 比较，当电容电压达到 U_0 时，比较电路向刮水器电动机发出信号，使其工作一次。当雨量大时，压电元件产生的电信号强，充电电路电压达到基准电压值 U_0 所需时间就短，刮水器的工作间歇时间就短；反之，雨量小时压电元件产生的电压就小，充电电路电压达到基准电压 U_0 所需时间就长，刮水器的工作间歇时间就长。当雨量很小，雨滴传感器没有电压信号输出时，只有定电流电路对充电电路进行充电，20 s 后充电电路的输出电压达到基准电压 U_0，刮水器动作一次。这样，雨滴感知型刮水器就把刮水器的间歇时间控制在 0～20 s 范围内，以适应不同雨量的需要。

第二节　电 动 车 窗

一、电动车窗的组成与功用

电动车窗可使驾驶员或乘员坐在座位上，利用开关使车门玻璃自动升降，操作简便并有利于行车安全。

电动车窗系统由车窗、车窗玻璃升降器、电动机、继电器、开关等装置组成。

车窗玻璃升降器常见的有钢丝滚筒式和交叉传动臂式两种，见图 7.11、7.12。

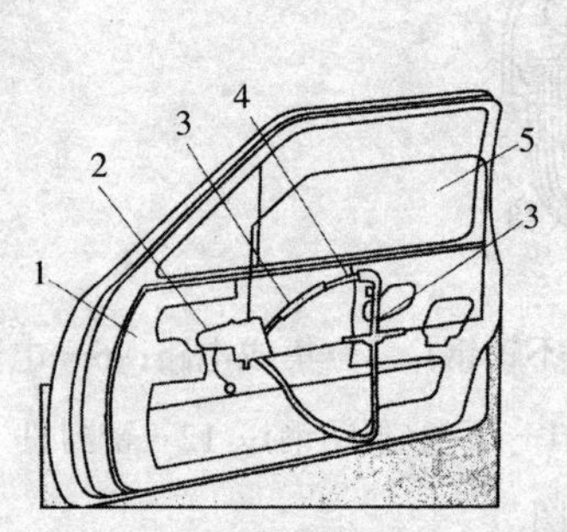

1—盖板；2—永磁电动机及减速器；
3—导向套；4—钢丝绳；5—玻璃

图 7.11　钢丝滚筒式电动车窗玻璃升降器

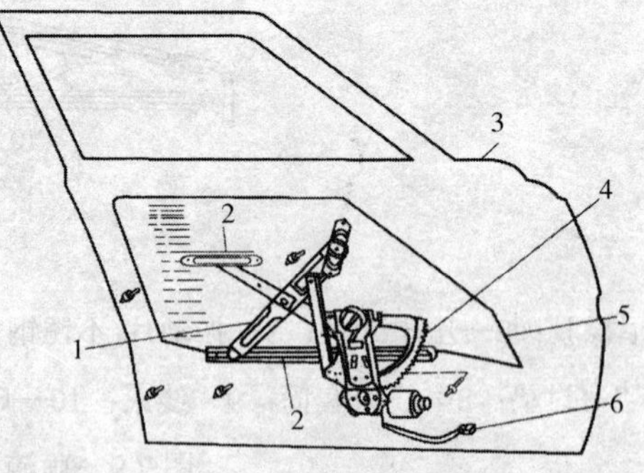

1—调整杆；2—支架与导轨；3—车门；
4—驱动齿扇；5—车窗玻璃；6—电动机及插座

图 7.12　交叉传动臂式电动车窗玻璃升降器

电动车窗使用的电动机是双向的，有永磁型和双绕组串激型两种。每个车窗都装有一个电动机，通过开关控制它的旋转方向，使车窗玻璃上升或下降。

一般电动车窗系统都装有两套控制开关。一套装在仪表板或驾驶员侧车门扶手上，为主开关，它由驾驶员控制每个车窗的升降。另一套分别装在每一个乘客门上，为分开关，可由乘客进行操纵。一般在主开关上还装有断路开关，如果它断开，分开关就不起作用。

为了防止电路过载，电路或电动机内装有一个或多个热敏断路开关，用以控制电流。当车窗完全关闭或由于结冰等原因使车窗玻璃不能自如运动时，即使操纵开关没有断开，热敏开关也会自动断路。有的车上还专门装有一个延迟开关，在点火开关断开后约 10 min 内，或在车门打开以前，仍有电源提供，使驾驶员和乘客能有时间关闭车窗。

二、永磁型直流电机电动车窗

永磁型直流电机是通过改变电枢的电流方向来改变电动机的旋转方向使车窗玻璃上升或下降。图 7.13 所示为日本凌志 LS400 轿车电动车窗控制系统线路图。

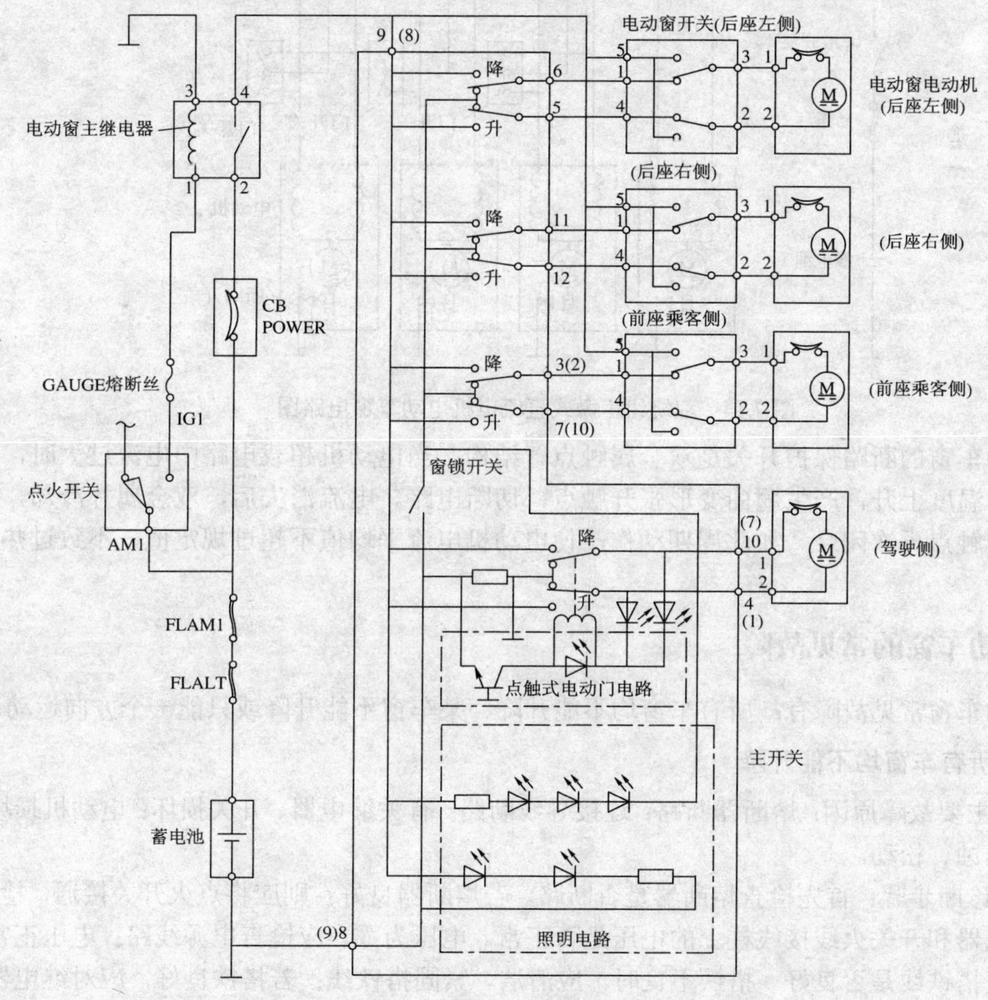

图 7.13 凌志 LS400 轿车电动车窗控制线路图

当点火开关打至点火挡时，电动车窗主继电器工作，触点闭合，给电动车窗提供了电源。如将主开关上的窗锁开关闭合，那么，所有车窗都可随时进入工作状态；若主开关上的车窗锁开关断开，则只有驾驶员侧车窗可进行工作。另外，驾驶员侧的车窗开关由点触式电路控制，驾驶员要使车窗玻璃下降时，只要点触一下下降开关，车窗玻璃就会自动下降到最低点。在下降过程中，如果要使玻璃停止在某一位置，只要再点触一下开关即可。

三、双绕组串激式直流电动机电动车窗

双绕组串激式直流电动机有两个绕向相反的磁场绕组，一个称为“上升”绕组，另一个称为“下降”绕组，在给不同绕组通电时，会产生相反方向的磁场，电动机的旋转方向也就不同，从而实现车窗玻璃上升或下降。典型控制电路见图 7.14。

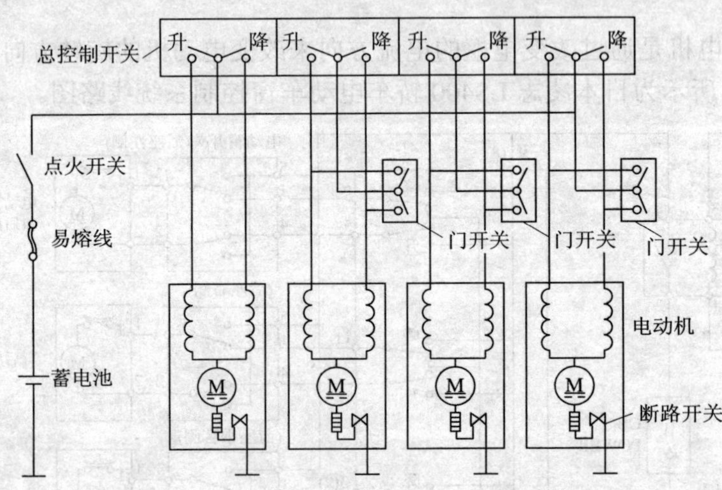

图 7.14　双绕组串激式直流电机电动车窗电路图

电动车窗的断路保护开关是双金属触点臂结构，当电动机超载电路中电流过大时，双金属片因温度上升，产生翘曲变形张开触点，切断电路。电流消失后，双金属片冷却，变形消失，触点再次闭合。如此周期动作，使电动机电流平均值不超过规定值，不致过热而烧坏。

四、电动车窗的常见故障

电动车窗常见故障有：所有车窗均不能升降、某车窗不能升降或只能一个方向运动。

1. 所有车窗均不能升降

(1) 主要故障原因：熔断器断路；连接导线断路；有关继电器、开关损坏；电动机损坏；搭铁点锈蚀、松动。

(2) 诊断步骤：首先检查熔断器是否断路。若熔断器良好，则应将点火开关接通，检查有关继电器和开关火线接线柱上的电压是否正常。电压为零，应检查电源线路；电压正常，则应检查搭铁线是否良好。搭铁不良时，应清洁、紧固搭铁线；若搭铁良好，应对继电器、开关和电动机进行检测。

2．某车窗不能升降或只能一个方向运动

(1) 主要故障原因：该车窗按键开关损坏；该车窗电机损坏；连接导线断路；安全开关故障。

(2) 诊断步骤：如果车窗不能升降，首先检查安全开关是否工作，该车窗的按键开关工作是否正常，再通电检查该车窗的电机正反转是否运转稳定。若有故障，应检修或更换新件；若正常，则应检修连接导线。如果车窗只能一个方向运动，一般是按键开关故障或部分线路断路或接错所致，可以先检查线路连接是否正常，再检修开关。

第三节　电 动 天 窗

电动天窗主要由天窗组件、滑动机构、驱动机构和控制系统等组成，见图 7.15。天窗组件包括天窗框架、天窗玻璃、遮阳板、导流槽、排水槽等部分。电动天窗驱动机构主要由电动机、传动机构、滑动螺杆等组成。工作时，电动机驱动传动机构，使得天窗滑移开启或倾斜开启。

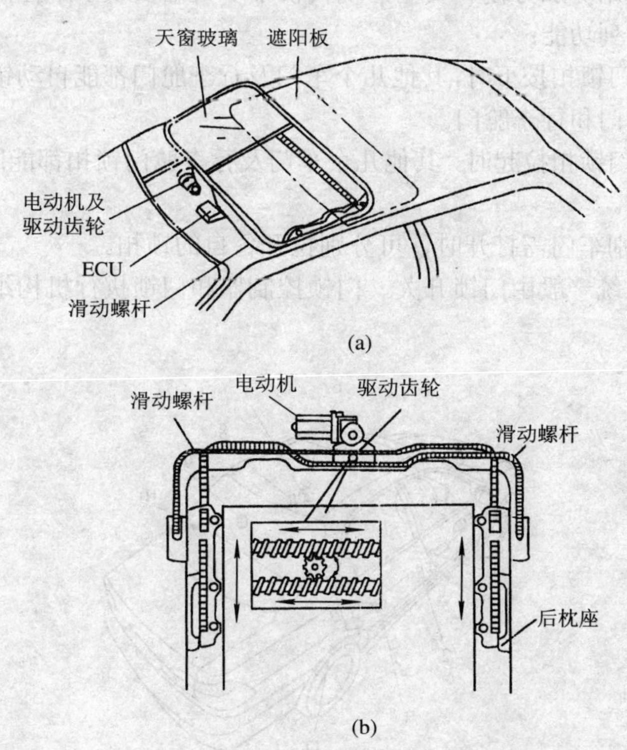

图 7.15　电动天窗的结构组成及执行机构

(a) 结构图；(b) 执行机构

天窗控制系统主要包括天窗控制开关、电控单元(ECU)、继电器、限位开关等。

天窗控制开关有滑动开启和倾斜开启两种功能，见图 7.16。滑动开关有滑动打开、滑动关闭和断开三个位置；倾斜开关也有斜升、斜降和断开三个位置。通过驱动电机实现正反转，使天窗实现不同状态下的工作。

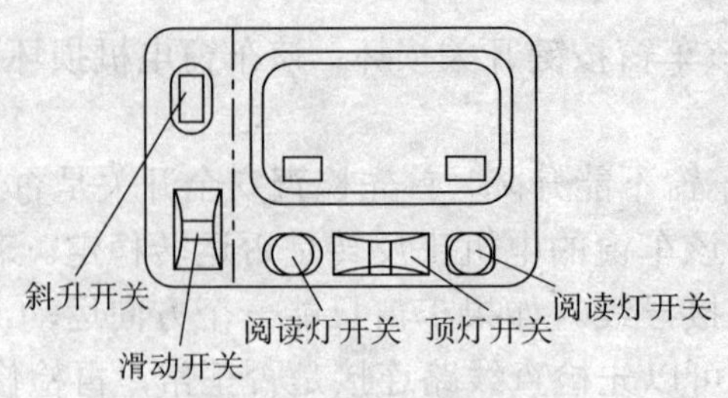

图 7.16　电动天窗开关组

第四节　电控门锁系统

一、中控门锁的功用、组成及分类

为了使汽车的使用更加方便和安全，现代轿车多数都安装了中控门锁控制系统。装置中控门锁后可实现下列功能：

(1) 将驾驶员车门锁扣按下时，其他几个车门及行李舱门都能自动锁定；如用钥匙锁门，也可同时锁好其他车门和行李舱门。

(2) 将驾驶员车门锁扣拉起时，其他几个车门及行李舱门锁扣都能同时打开；用钥匙开门，也可实现该动作。

(3) 在车室内个别车门需打开时，可分别拉开各自的锁扣。

中央控制门锁系统一般由门锁开关、门锁控制器和门锁执行机构组成，系统零部件位置如图 7.17 所示。

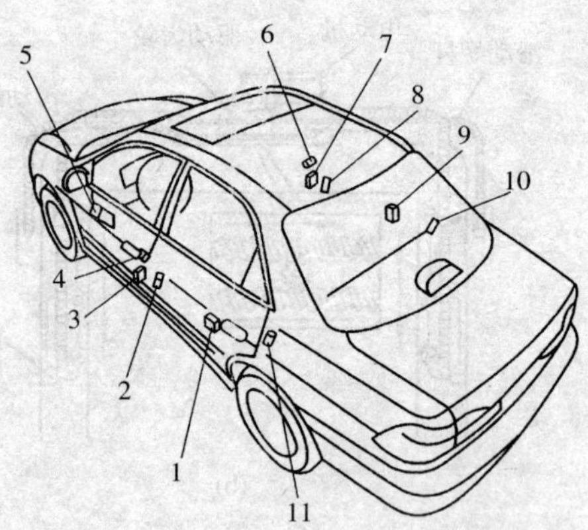

1—左后车门锁动作器；2—驾驶席侧车门开关；3—驾驶席侧车门锁动作器/按钮开关；

4—驾驶席侧钥匙芯开关；5—驾驶席侧车门锁开关；6—前排乘员席钥匙芯开关；

7—前排乘员席侧车门锁动作器；8—前排乘员席侧车门开关；9—右后车门锁动作器；

10—右后车门开关；11—左后车门开关

图 7.17　中央控制门锁系统零部件位置图

中控门锁按结构可分为双向空气压力泵式、微型直流电动机式和电磁线圈式三种。在很多车辆上，中控门锁还与防盗系统一同工作。

二、直流电机式中控门锁

利用控制直流电动机的正反转来实现门锁的开、关动作。直流电机式中控门锁主要由双向电动机、导线、继电器、门锁开关及连杆操纵机构组成。直流电机式中控门锁的操纵机构见图 7.18。

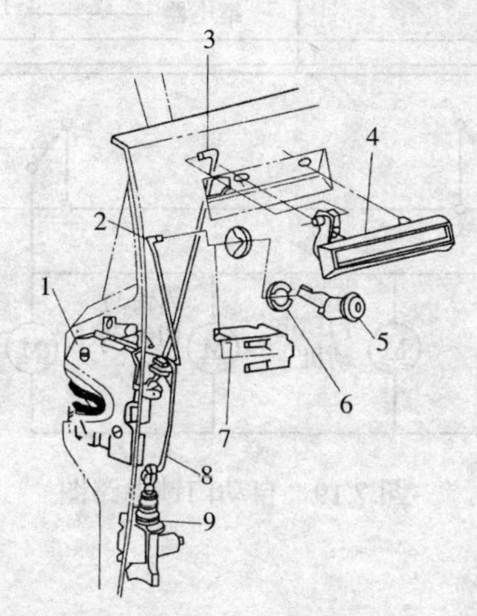

1—门锁总成；2—锁芯至门锁连杆；3—外门锁把手至门锁连杆；4—外门锁把手；
5—锁芯；6—垫圈；7—锁芯定位架；8—电动机至门锁连杆；9—门锁电动机

图 7.18　直流电机式中控门锁的操纵机构

当门锁电动机 9 运转时，通过门锁操纵连杆 8 操纵门锁动作。电动机的旋转方向由经过电机电枢的电流方向决定。若锁门时，电机电枢流通的是正向电流，那么开锁时，电机电枢流通的则为反向电流，电机即反向旋转。这样利用电机的正转或反转，就可完成车门的闭锁和开锁动作。

图 7.19 是自动门锁的电路图。驾驶人员或乘客利用门锁开关可以接通或断开门锁继电器，门锁继电器包括锁定和开锁两个继电器。它有两个功能：一是将电源电压施加于电机；另一个是使电机另一端搭铁，形成通路。门锁电机的转向是可逆的，其转动方向是由流经电枢电流的方向决定的。

将开关掷向锁定位置时，电源供电给锁定继电器线圈，继电器动作，其动合触点闭合，电源电压经此动合触点施加于所有门锁电机，电机电枢的另一端经开锁继电器动断触点搭铁，电机旋转并将各车门锁住。当开关断开电源(开关放在中间位置)时，锁定继电器释放。

将开关掷向开锁位置时，开锁继电器线圈有电，继电器吸合，电源电压经闭合的开锁继电器动合触点施加于电机，电机电枢的另一端经锁定继电器动断触点搭铁，电机转动并把锁打开。当开关放开，回到中间位置时，开锁继电器失去作用。

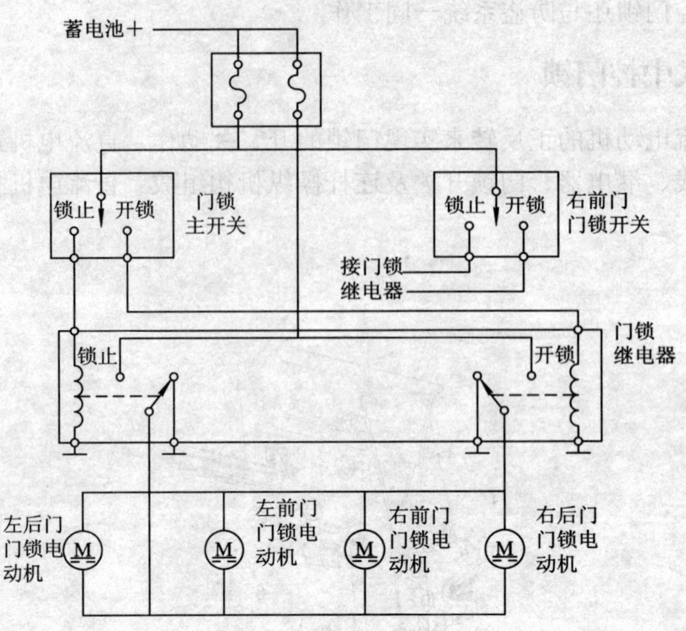

图 7.19　自动门锁电路图

三、电磁线圈式中控门锁

图 7.20 所示为一种双线圈式(电磁式)门锁执行机构。当给锁门线圈通正向电流时，衔铁带动连杆左移，锁门；当给开门线圈通反向电流时，衔铁带动连杆右移，开门。

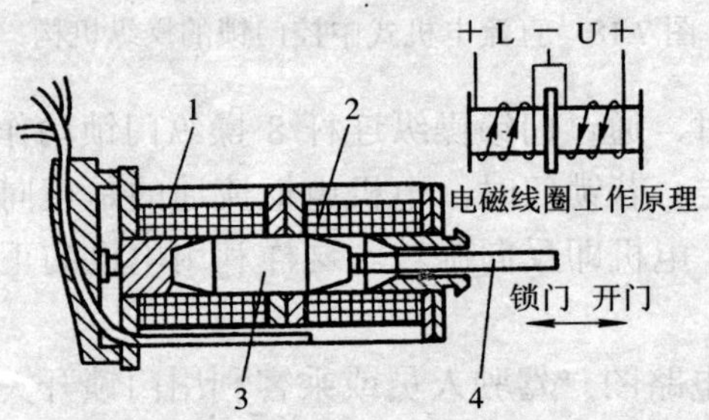

1—锁门线圈；2—开门线圈；3—柱塞；4—连接门锁机构；L—锁门；U—开门

图 7.20　电磁线圈式门锁执行机构

四、双向压力泵式中控门锁

双向压力泵式中控门锁是利用双向空气压力泵产生压力或真空，通过膜盒来完成门锁的开、关动作。它主要由机械部分、空气管路和电路三部分组成，是一个独立的控制系统。下面以奥迪 100 轿车中控门锁为例加以说明，其在车上的布置见图 7.21。

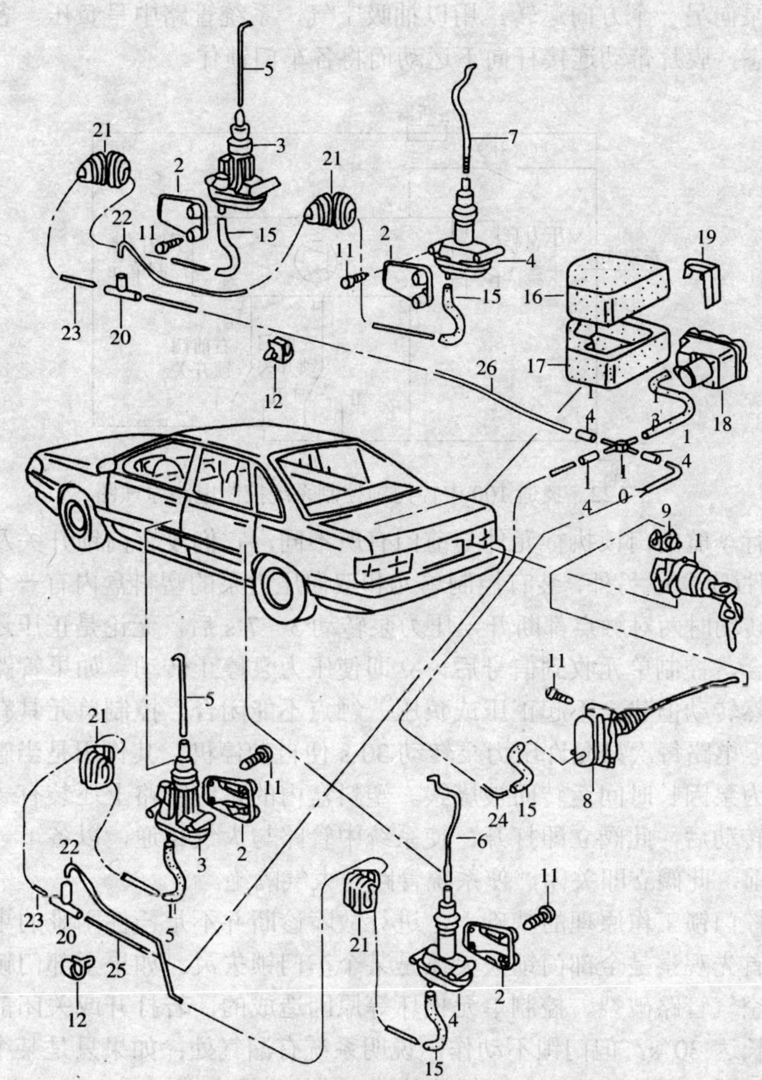

1—行李舱盖锁芯总成；2—门锁执行元件固定座；3—前门锁执行元件；4—后门锁执行元件；

5—前门锁执行元件操纵杆；6—左后门锁执行元件操纵杆；7—右后门锁执行元件操纵杆；

8—行李舱门锁执行元件；9—活节套；10—四通；11—螺钉；12—管夹；13、14、15—连接软管；

16、17—减振垫；18—双压力泵及控制器总成；19—支架；20—三通；21—波纹管；

22、23、24、25、26—软管

图 7.21 奥迪 100 轿车中控门锁系统的布置

当用钥匙或用手拉起两前门的任一门锁锁扣来打开门锁时(见图 7.21 中的 5)，由于锁扣通过连接杆与前车门锁执行元件相连接，连接杆被向上拉起，车门锁执行元件中的门锁开关的开锁触点 I 闭合，见图 7.22。控制单元收到此信号后，立即控制双压力泵转动压缩空气，系统管路中的气体呈正压，气体进入 4 个车门及行李舱的执行元件(膜盒)内，膜片推动连接杆向上运动将各门锁打开。当用钥匙或按下两前门的任一门锁扣来锁住车门时，连接杆被压下，车门锁执行元件中的门锁开关的门锁触点 II 闭合，控制单元收到此信号后，立即控制双压力泵向另一个方向运转，用以抽吸空气，系统管路中呈负压，各门锁的执行元件进入真空状态，膜片带动连接杆向下运动而将各车门锁住。

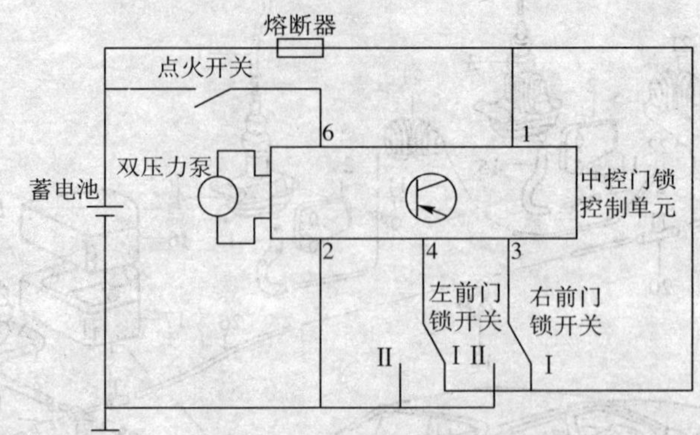

图 7.22 奥迪 100 中控门锁控制系统控制电路原理图

后车门及行李舱的门锁执行元件与前门有所不同，它们没有门锁开关及接线，只是一个气动执行元件(膜盒)。另外，装有控制单元和双向压力泵的塑料盒内有一个双触点压力开关，压力泵不转动时两对触点都断开，压力泵转动 3～7 s 后，无论是正压还是负压，都会使一对触点闭合，控制单元收到信号后，立即使压力泵停止转动。如果管路或膜盒出现漏气，压力泵虽然转动但建立不起正压或负压，触点不能闭合。控制单元具有压力泵强行保护功能，即延迟电路每次只允许压力泵转动 30 s 便自动停机，其作用是当管路出现漏气故障后，防止压力泵因长时间运转而被烧毁。塑料盒内的系统管路上还装有一个放气阀，每当压力泵停止转动后，此阀立即打开，使系统中管路与大气相通，以备下一次操作。每当压力泵转动之前，此阀立即关闭，使系统管路与大气隔绝。

在掌握中控门锁工作原理的基础上，进行故障诊断并不是一件困难的事。在门锁系统失灵时，应该首先观察是全部门锁失灵还是某个车门锁失灵。如果全部门锁失灵，一般是由电源断路、空气管路破裂、控制单元损坏等原因造成的，若打开或关闭前门锁时，双压力泵工作时间长达 30 s，但门锁不动作，说明系统有漏气处；如果只是某个车门锁失灵，一般是该门锁机械方面的故障，只要拆检故障所在车门即可查出。

五、中控门锁控制器

门锁机构在工作时要消耗电能，为缩短工作时间，门锁电路装有定时装置。这种装置的工作原理一般是利用电容器的充放电特性，在超过规定时间后，输送给门锁机构的电流就自行中断，正常锁门或开门也如此，定时装置可以保护电路和用电器的安全。四门轿车使用电动机多，为防止电控门锁开关过载，一般增装继电器，通过门锁开关控制继电器，再控制电动机。为门锁执行机构提供锁/开脉冲电流的控制装置称为门锁控制器，常用形式有以下三种。

1. 晶体管式门锁控制器

晶体管式门锁控制器内部有两个继电器，一个管锁门，一个管开门。继电器由晶体管开关控制，它利用电容器的充放电过程控制一定的脉冲电流持续时间，使执行机构完成锁门和开门动作。电路图如图 7.23 所示。

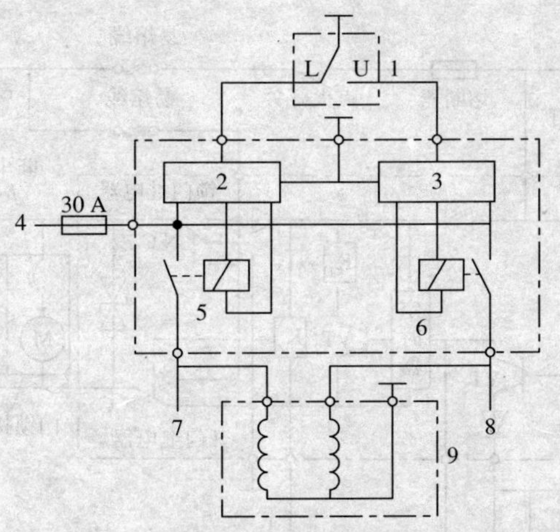

1—门锁开关；2—锁门控制电路；3—开门控制电路；4—接电源正极；5—锁门继电器；

6—开门继电器；7、8—其他车门锁；9—门锁执行机构(电磁式)；L—锁门；U—开门

图 7.23　晶体管式门锁控制器

2．电容式门锁控制器

电容式门锁控制器利用电容充放电特性，平时电容器充足电，工作时把它接入控制电路使电路放电，使两电路中之一通电而短时吸合；电容器完全放电后，通过继电器的电容中断而使其触点断开，门锁系统不再工作。其电路图如图 7.24 所示。

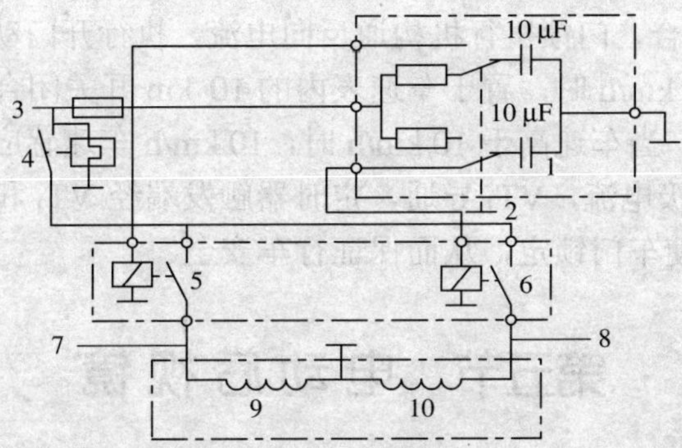

1—电容器；2—门锁开关；3—接电源正极；4—热敏断路器；5—锁门继电器；6—开门继电器；

7—接其他车门(锁)；8—接其他车门(开)；9、10—门锁执行机构(电磁式)

图 7.24　电容式门锁控制器电路图

3．车速感应式门锁控制器

在中控门锁系统中加载车速为 10 km/h 的感应开关，当车速在 10 km/h 以上时，若车门未上锁，驾驶员不需动手，则门锁控制器自动将门上锁。如果个别车门要自行开门或锁门，可分别操作。其电路图如图 7.25 所示。

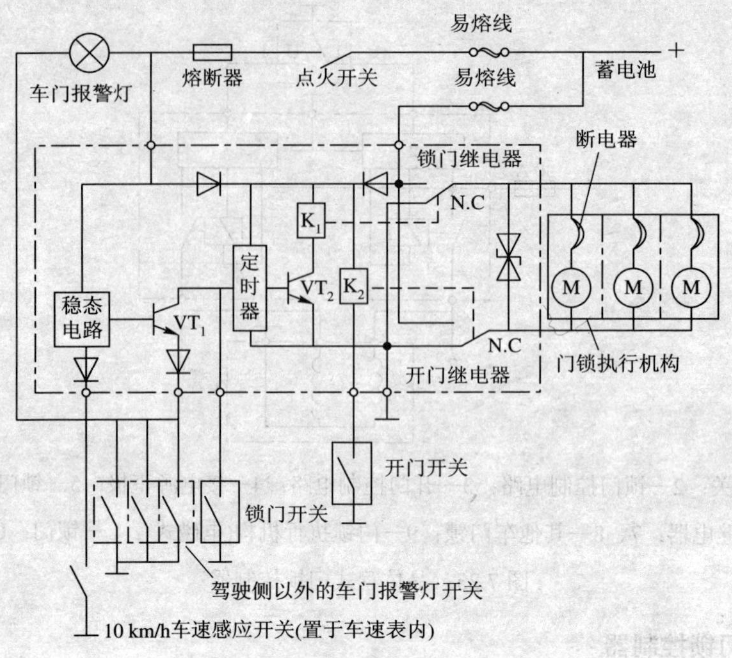

图 7.25　车速感应式中控门锁系统电路图

当点火开关接通时，电流流经报警灯可使 3 个车门的报警灯开关(此时门未锁)搭铁，报警灯亮。若按下锁门开关，定时器使三极管 VT_2 导通，此时锁定继电器线圈 K_1 通电，动合触点闭合，门锁执行机构通正向电流，执行锁门动作。当按下开锁开关，则开锁继电器线圈 K_2 通电，动合触点闭合，门锁执行机构通反向电流，执行开门动作。汽车行驶时，若车门未锁，且车速低于 10 km/h 时，置于车速表内的 10 km 开关闭合，此时稳态电路不向三极管 VT_1 提供基极电流；当车速高于 10 km/h 时，10 km/h 车速感应开关断开，此时稳态电路给三极管 VT_1 提供基极电流，VT_1 导通，定时器触发端经 VT_1 和车门报警开关搭铁，如同按下锁门开关一样，使车门锁定，从而保证行车安全。

第五节　电动后视镜

一、电动后视镜的组成与功用

汽车上的后视镜位置直接关系到驾驶员能否观察到车后的情况，与行车的安全性有着密切的联系。而后视镜的调整一般来说比较麻烦，采用电动后视镜，可通过开关进行调整，操作起来十分方便。

电动后视镜的背后装有两套电动机和驱动器，可操纵反射镜上下及左右转动。通常上下方向的转动用一个电机控制，左右方向的转动由另一个电机控制。通过改变电机的电流方向，即可完成后视镜的上下及左右调整。

有的电动后视镜还带有伸缩功能，由伸缩开关控制伸缩电机工作，使整个后视镜回转伸出或缩回。

二、电动后视镜的工作原理

图 7.26 为丰田皇冠轿车可伸缩式电动后视镜控制系统的电路图。电动后视镜控制开关的工作状态见表 7.1。

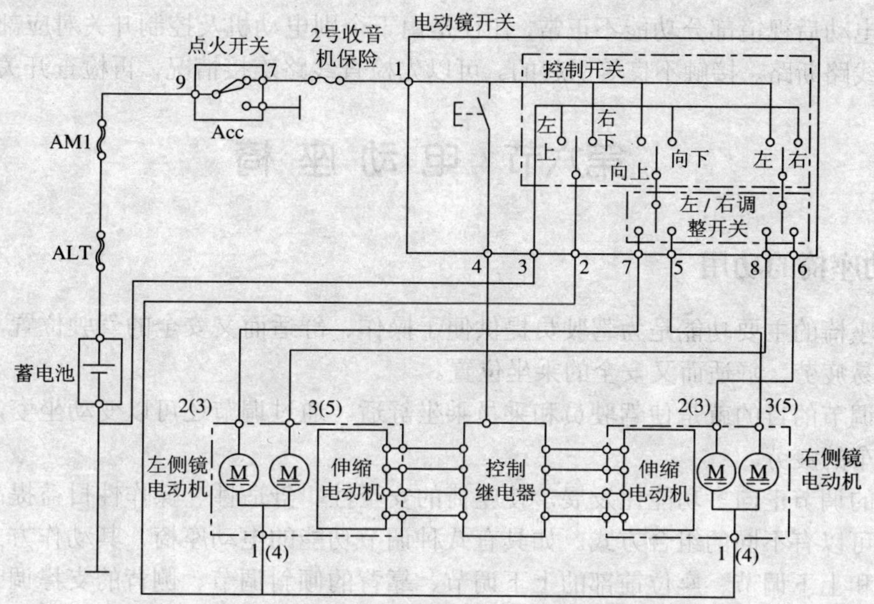

图 7.26　丰田皇冠轿车可伸缩式电动后视镜控制系统电路

表 7.1　电动后视镜控制开关的工作状态

调整状态＼触点	左上	右下	向上	向下	左	右
向左调整	●				●	
向右调整		●				●
向上调整	●		●			
向下调整		●		●		

注：●表示开关与该触点接通。

在进行调整时，首先通过左/右调整开关选择好要调整的后视镜，如调整左镜时，开关打向左侧，此时开关分别与 7、8 接点接通，再通过控制开关即可进行该镜的上下或左右调整。如果进行向上调整，可将控制开关推向上侧，此时控制开关分别与向上接点、左向上接点接合。电路由蓄电池正极→熔断器→点火开关→控制开关向上接点→左/右调整开关→7 接点→左侧镜上下调整电机→1 接点→电动镜开关 2 接点→控制开关左上接点→电动镜开关 3 接点→蓄电池负极，形成回路，左镜上下调整电机运转，完成调整过程。其他调整过程与向上调整过程类似，通过接通不同的开关即可完成。

电动后视镜的伸缩是通过电动镜开关上的伸缩开关控制的，该开关控制继电器动作，使左右两镜伸缩电机工作，来完成伸缩功能。

三、电动后视镜常见故障的诊断

电动后视镜的常见故障有：电动后视镜都不工作和电动后视镜部分功能不正常。故障主要原因有：保险装置及线路断路、开关及电动机有故障等。

如果电动后视镜都不工作，往往是由于保险装置或电源线路、搭铁线路断路引起的，也可能是控制开关有故障。可以先检查保险装置是否正常，然后检查控制开关线头有无脱落、松动，电源线路或搭铁线路是否正常，最后检修控制开关。

如果电动后视镜部分功能不正常，往往是由于个别电动机及控制开关对应部分有故障，或因对应线路断路、接触不良等引起的。可以先检查线路连接情况，再检查开关和电动机。

第六节 电动座椅

一、电动座椅的功用

汽车座椅的主要功能是为驾驶员提供便于操作、舒适而又安全的驾驶位置，以及为乘员提供不易疲劳、舒适而又安全的乘坐位置。

座椅调节的目的就是使驾驶员和乘员乘坐舒适。通过调节还可以变动坐姿，减少乘员长时间乘车的疲劳。

座椅的调节正向多功能化发展，使座椅的安全性、舒适性、操作性日益提高。其种类很多，还可以有不同的组合方式。如具有八种调节功能的电动座椅，其动作方式有座椅的前后调节和上下调节、座位前部的上下调节、靠背的倾斜调节、侧背的支撑调节、腰椎的支撑调节以及靠枕的上下调节和前后调节。

电动座椅前后方向的调节量一般为 100～160 mm，座位前部与后部的调节量约为 30～50 mm。全程移动所需时间约为 8～10 s。

二、电动座椅的组成

电动座椅一般由双向电动机、传动装置和座椅调节器等组成，见图 7.27。

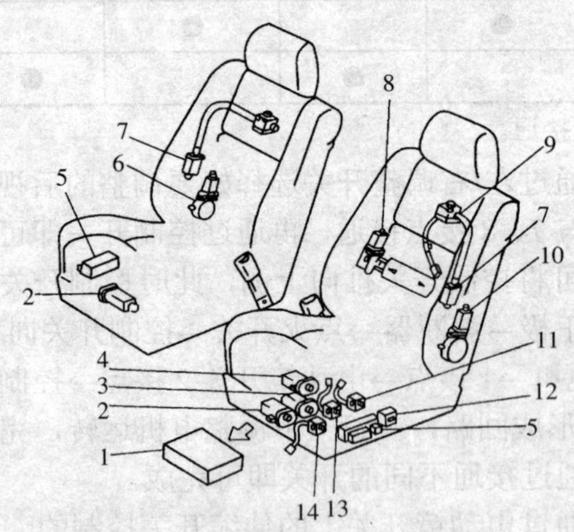

1—电动座椅 ECU；2—滑动电动机；3—前垂直电动机；4—后垂直电动机；5—电动座椅开关；6—倾斜电动机；7—头枕电动机；8—腰垫电动机；9—位置传感器(头枕)；10—倾斜电动机和位置传感器；11—位置传感器(后垂直)；12—腰垫开关；13—位置传感器(前垂直)；14—位置传感器(滑动)

图 7.27 电动座椅的构造

1．电动机

电动机的数量取决于电动座椅的类型，通常两向移动座椅装有两个电动机，四向移动座椅装有 4 个电动机，最多可达 6 个电动机。大多数电动座椅使用永磁式电动机，通过开关来操纵电机按不同方向旋转。为防止电动机过载，大多数永磁式电动机内装有断路器。

2．传动机构

电动机的旋转运动通过传动机构来改变座椅的空间位置。

1) 高度调整机构

高度调整机构由蜗杆轴、蜗轮、心轴等组成，见图 7.28。调整时蜗杆轴在电动机的驱动下，带动蜗轮转动，从而保证心轴旋进或旋出，实现座椅的上升与下降。

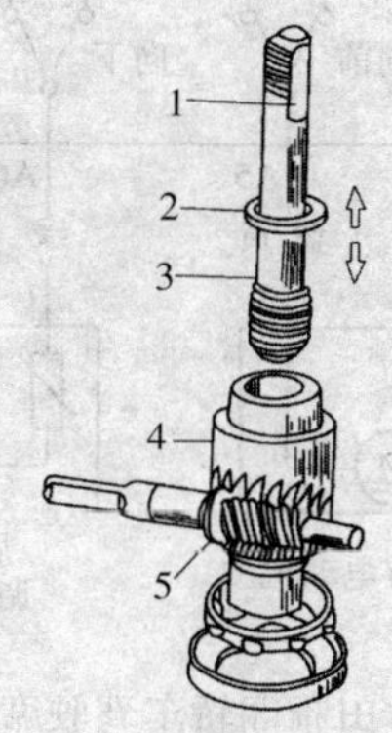

1—铣平面；2—止推垫片；3—心轴；4—蜗轮；5—挠性驱动蜗杆轴

图 7.28 高度调整机构

2) 纵向调整机构

纵向调整机构由蜗杆、蜗轮、齿条、导轨等组成，见图 7.29。齿条装在导轨上。调整时，电动机转矩经蜗杆传至两侧的蜗轮 4 上，经导轨上的齿条，带动座椅前后移动。

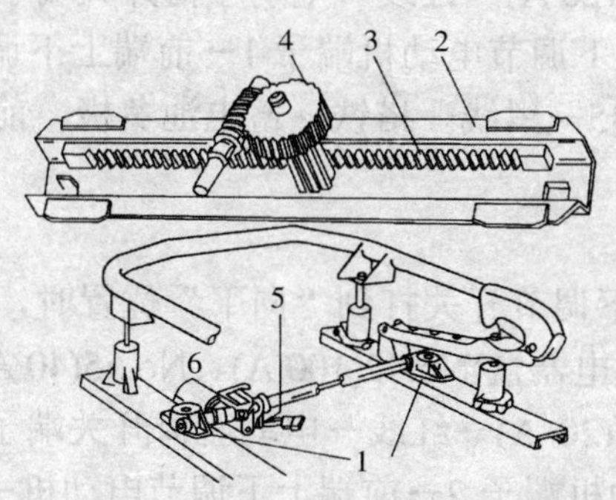

1—支承及导向元件；2—导轨；3—齿条；4—蜗轮；5—反馈信号电位计；6—调整电动机

图 7.29 纵向调整机构

三、电动座椅的控制电路

广州本田雅阁轿车驾驶席座椅有 8 种可调方式：前端上、下调节，后端上、下调节，前、后调节，向前、向后倾斜调节。其电路见图 7.30。

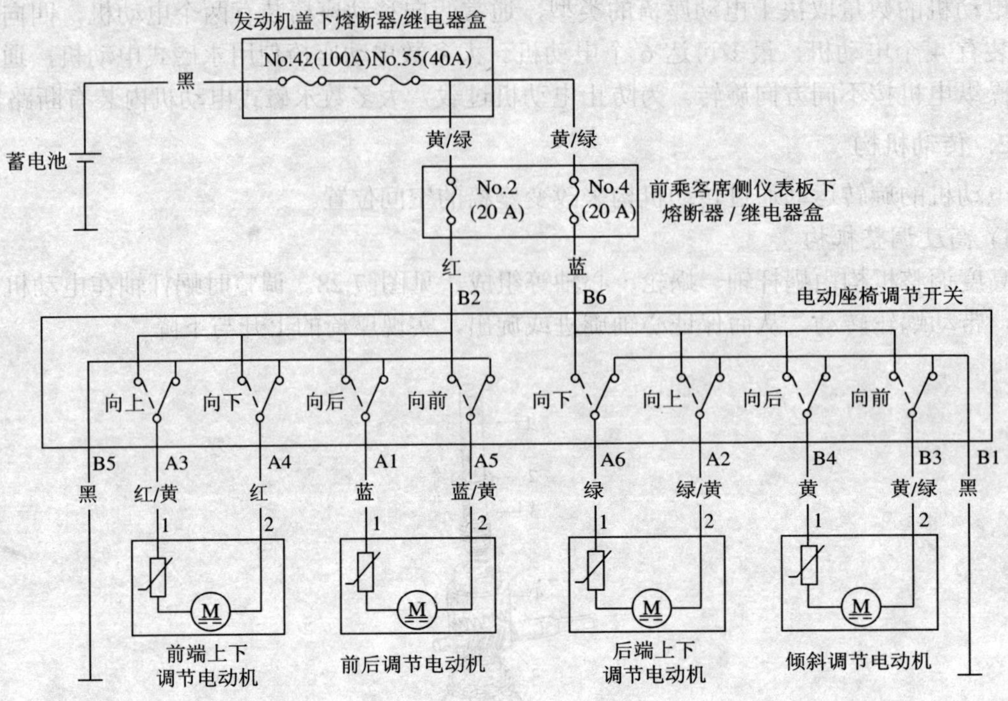

图 7.30　广州本田雅阁轿车驾驶席电动座椅电路

通过电动座椅调节开关，即可完成不同的调节功能，如电动座椅前端上、下调节，其电路如下：

1) 向上调节

当将电动座椅前端上、下调节开关打到“向上”位置时，电路中的电流为：蓄电池→黑线→(发动机盖下熔断器/继电器盒)No.42(100 A)、No.55(40 A)→黄/绿线→(前乘客席侧仪表板下熔断器/继电器盒)No.2(20 A)→红线→电动座椅开关端子端 B2→前端上、下调节开关端子 A3→红/黄线→前端上、下调节电动机端子 1→前端上下调节电动机→前端上、下调节电动机端子 2→红线→A4→B5→黑线→搭铁→蓄电池负极。前端上、下调节电动机工作，座椅前端向上移动。

2) 向下调节

当将电动座椅前端上、下调节开关打到“向下”位置时，电路中的电流为：蓄电池→黑线→(发动机盖下熔断器/继电器盒)No.42(100 A)、No.55(40 A)→黄/绿线→(前乘客席侧仪表板下熔断器/继电器盒)No.2(20 A)→红线→电动座椅开关端子 B2→电动座椅开关端子 A4→红线→前端上、下调节电动机端子 2→前端上下调节电动机→前端上、下调节电动机端子 1→红/黄线→A3→B5→黑线→搭铁→蓄电池负极。前端上、下调节电动机起动，座椅前端向下移动。

四、带存储功能的电动座椅

带存储功能的电动座椅采用了微机控制，它能将选定的座椅调节位置进行存储，使用时只要按指定的按键开关，座椅就会自动地调节到预先选定的座椅位置上。带存储功能的电动座椅的控制电路见图 7.31。

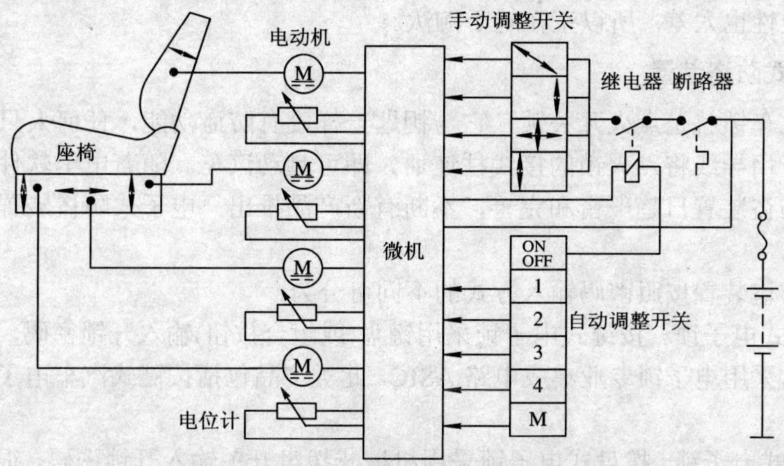

图 7.31　带存储功能的电动座椅控制电路示意图

该系统有一个存储器，存储装置通过四个电位计来控制座椅的调定位置。只要座椅位置调定后，驾驶员按下存储器的按钮，电子控制装置就把这些电压信号存储起来，作为重新调整位置时的基准。使用时，只要一按按钮，就能按存储时的状态来调整座椅位置。

五、电动座椅常见故障的诊断

电动座椅的常见故障有：电动座椅完全不动作或某个方向不能工作。

电动座椅完全不动作的主要原因有：熔断器断路；线路断路；座椅开关有故障等。可以首先检查熔断器是否断路。若熔断器良好，则应检查线路连接是否正常，最后检查开关。对于有存储功能的电动座椅系统，还应检查控制单元(ECU)的电源电路和搭铁线是否正常，若开关、线路等都正常，应检查控制单元。

电动座椅某个方向不能工作的主要原因有：该方向对应的电动机损坏；开关、连接导线断路。可以先检查线路是否正常，再检查开关和电动机。

第七节　防 盗 系 统

一、防盗报警系统的功用与种类

汽车防盗系统的任务是，必须达到使偷盗者放弃偷盗汽车的企图。理想的防盗装置应能使偷盗者不能开动汽车，使之迷惑不解，同时汽车能发出一种报警信号，给偷盗者一种心理上的冲击。警报一般以灯光闪烁与发声报警形式发出，警报发生后持续时间约为 1 min，但发动机起动电路直到车主用车钥匙打开汽车门锁之前都始终处于断路状态。

常见的汽车防盗装置有三类：机械式、电子式和网络式。

1．机械式防盗装置

机械式防盗装置是比较常见而又古老的方式，就是在开车所必须用到的零件上加锁，其结构、原理也比较简单，只是将转向盘、控制踏板、钢圈或挡柄锁住。由于其价格相对便宜，所以在一定时期被广泛应用。但是因为其每次拆装较为麻烦，不用时还要找地方将其放置，安全性也太差，所以正在趋于淘汰。

2．电子式防盗装置

传统的汽车锁就是点火开关锁，它与钥匙一样没有防盗功能，任何人只要将点火开关锁拆卸下来，用导线将点火锁的接线柱连通，即可起动汽车。随着电子软件和遥感技术的发展，汽车防盗装置日趋严密和完善，不断有新产品推出。电子式防盗装置具有强大的安全性能。

电子式防盗装置按照密码输入方式的不同可分为：

(1) 按键式电子锁。按键式电子锁采用键盘(或组合按钮)输入开锁密码，操作方便，内部控制电路常采用电子锁专业集成电路 ASIC。此类产品包括按键式汽车电子门锁和按键式汽车点火锁。

(2) 拨盘式电子锁。拨盘式电子锁采用机械式拨盘开关输入开锁密码。很多按键式电子锁可以改造成拨盘式电子锁。20 世纪 80 年代初，英国一些轿车曾采用过此类电子门锁。

(3) 电子钥匙式电子锁。这种电子锁使用电子钥匙输入(或作为)开锁密码，电子钥匙是构成控制电路的重要组成部分。电子钥匙可以由元器件或由元器件构成的单元电路组成，做成小型手持单元形式。电子钥匙和主控电路的联系，可以是声、光、电和磁等多种形式，此类产品包括各种遥控汽车门锁、转向锁和点火锁，以及电子密码点火钥匙。

(4) 触摸式电子锁。这种电子锁采用触摸方法输入开锁密码，操作简便。相对于按键开关，触摸开关使用寿命长，造价低，因此优化了电子锁控制电路。安装了触摸式电子锁的轿车前门没有门把手，而是代之以电子锁和触摸传感器。

(5) 生物特征式电子锁。这种电子锁将声音、指纹等人体生物特征作为密码输入，由计算机进行模式识别控制开锁。因此，生物特征式电子锁的智能化程度相当高。

电子式防盗装置根据其功能、使用情况、破除难易程度可分为：

(1) 电子式防盗锁。所谓"电子防盗"，简言之就是给车门锁加上电子识别，开锁配钥匙需要输入十几位密码的防盗方式。按类别来分，现在我们常见的主要有插片式、按键式、遥控式等电子防盗方式。

电子防盗的两大优点是它的用密码解锁和报警功能。其中密码解锁根据密码发射方式的不同又可分为定码式和跳码式两种。定码式防盗器的特点是密码量少，工作原理是利用密码扫描器或解截码器，通过它们接收到的空间无线电信号截取主机密码，从而解除防盗系统。跳码式防盗器的工作原理是，通过在防盗工作过程中不断变化的大量密码函使得主机能够确认由车主发出的信号来工作。它的优点是密码量多，不容易出现重复，密码频率不易被外人截取。所以跳码式防盗器已基本取代了定码式防盗器，而被广泛使用。

(2) 机电结合式电子防盗系统。该防盗装置采用机械锁自身坚固性能的优点，由无线遥控电动执行机构控制机械锁的动作，使机械与电子编程技术相结合，达到了机电的统一。此类产品功能概括起来有如下 4 种(有的产品具备其中的 1～2 种功能，有的产品 4 种功能全部具备)：一是服务功能，如遥控开关车门、遥控起动、寻车、吓阻、停车自动开锁等；二是警惕提示功能，即防盗装置本身对在防盗警戒状态时触动警戒区域的部位自动记录，并在必要时以灯光或语言等形式发出提示，以提高警惕并检查车辆；三是防盗功能，即当防盗装置处于警戒状态时，切断汽车上的起动点火电路或供油管路等，一旦强行打开车门也无法开走汽车；四是防盗系统的自我保护功能，即当车处于防盗警戒状态时，出现误操作后再次自动进入防盗警戒状态。此类防盗装置安装隐蔽、功能齐全、无线遥控、操作简便。

3．网络式防盗装置

网络式防盗系统目前大体有两种：一是利用车载台(对讲机)通过中央控制中心进行定位监控；二是利用卫星进行定位跟踪(GPS)。这两种防盗系统的技术含量都很高，但必须在没有盲区的网络(包括中国移动 GSM、中国联通 CDMA)支持下才能工作，更主要的是需要政府配合公安部门设立监控中心。发达国家已开始试用，由于上述条件的限制，我国还没有正式批量使用。不过随着智能交通(ITS)和通信技术的发展、成熟，该技术必将广泛应用在汽车领域。

二、汽车防盗系统的工作原理

当有人擅自打开装有防盗报警系统汽车的任一车门时，防盗报警系统以及与其相关联的声光电路立即启动报警，且在发动机起动时会自行熄火，以达到防盗的目的。

防盗报警系统主要由电子模块、触发继电器、报警继电器、启动中断继电器、门框侧柱开关以及门锁开关等组成，如图 7.32 所示。当把自动门锁开关置于 LOCK 位置时，关闭

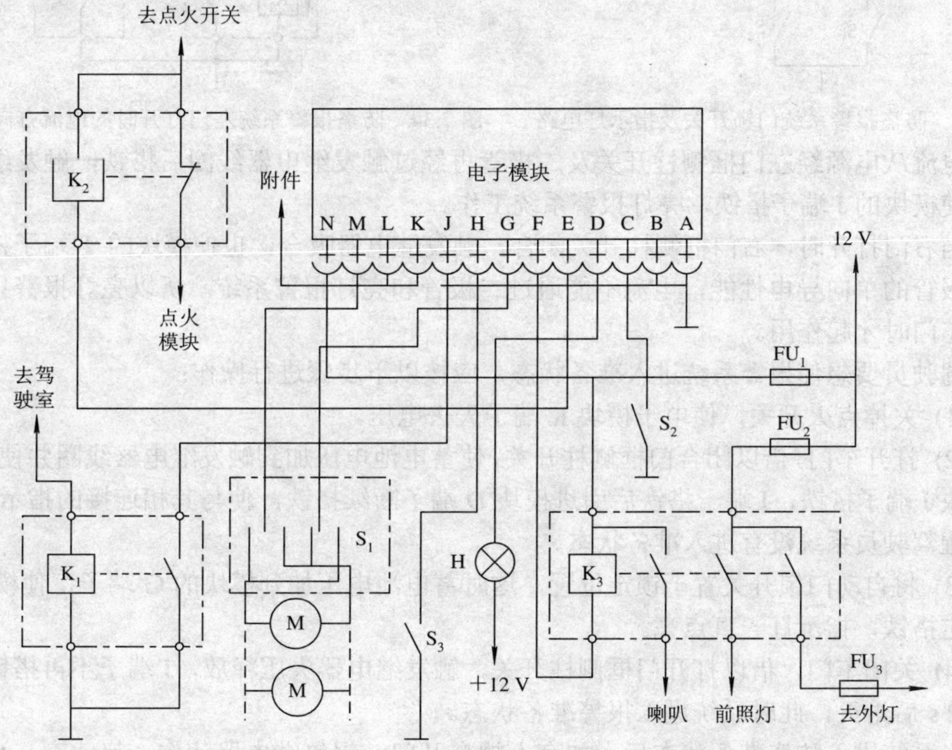

K_1—触发继电器；K_2—起动中断继电器；K_3—报警继电器；FU_1、FU_2、FU_3—熔断器；H—指示灯；
S_1—门锁电机开关；S_2—后行李厢开关(当锁筒拉出时闭合)；S_3—门锁开关

图 7.32　防盗报警系统电路图

车门，则系统进入防盗报警准备状态。这时如有人打开车门或由行李厢拉出锁筒，报警电路就会起动：喇叭发出声响，尾灯、顶灯、外灯等发光，同时接通启动中断电路，阻止发动机起动。

图 7.33 是报警系统的部分电路。电子模块的 G 端子连接到自动门锁的“锁定”电路，M 端子连接到自动门锁的“开锁”电路。左、右门锁开关接于模块的 H 端子，当车门关闭时，此开关打开。报警指示灯连接在电源和模块 D 端子间，只要 D 端子(模块动作时)搭铁，灯就点亮，它的作用是用来提醒驾驶员防盗系统各部分的工作状态。图 7.34 所示是系统处于防盗准备状态时左车门打开时的电流方向。

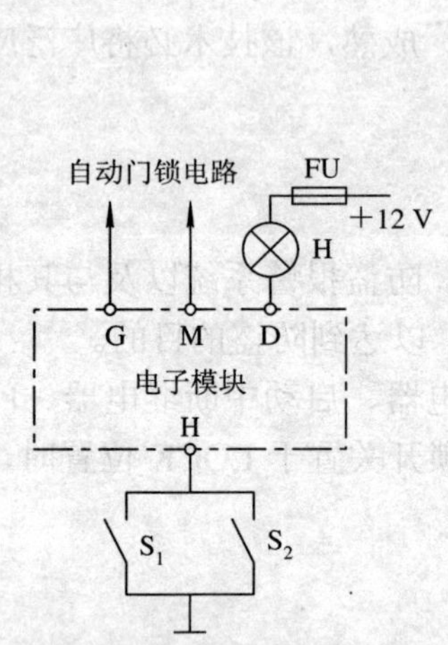

图 7.33 防盗报警系统门锁开关及指示灯电路

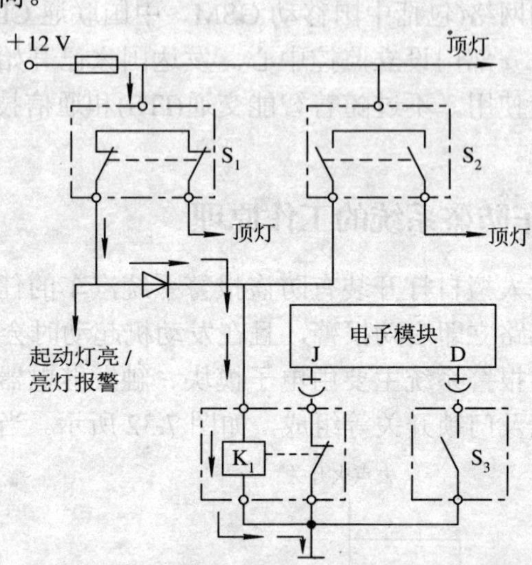

图 7.34 防盗报警系统左门打开时的电流方向

电流从电源经左门框侧柱开关及二极管再经过触发继电器线圈后搭铁，触发继电器吸合，使模块的 J 端子搭铁，亮灯报警系统工作。

当右门打开时，右门框侧柱开关闭合，触发继电器吸合，也使模块的 J 端子搭铁。由于二极管的单向导电性能，电流不能通过二极管和亮灯报警系统。所以亮灯报警只有在打开左车门时才起作用。

驾驶员要想使报警系统进入准备状态，应按以下步骤进行操作：

(1) 关掉点火开关，使电子模块 K 端子失去电压。

(2) 打开车门，借以闭合门框侧柱开关，使蓄电池电压加到触发继电器线圈并使其动作，把模块 J 端子搭铁，J 端子搭铁后引进模块 D 端子断续搭铁，使与其相连接的指示灯闪烁，以提醒驾驶员系统没有进入准备状态。

(3) 将自动门锁开关置于锁定位置，这时蓄电池电压加到模块的 G 端子，使模块 D 端子稳定搭铁，指示灯一直点亮。

(4) 关闭车门，借以打开门框侧柱开关，触发继电器失压释放，J 端子不再搭铁，使指示灯 2 s 后熄灭，此时系统进入报警准备状态。

当系统进入防盗准备状态后，如有人擅自开门，报警继电器动作，起动声、光系统报警，并由起动中断电路阻止发动机起动。图 7.35 为报警执行电路。报警电路在准备状态擅自打开车门时触发模块，使报警继电器线圈 F 端子搭铁，继电器吸合，接通喇叭、前照灯及外灯电路报警，同时起动中断电路，阻止发动机起动。

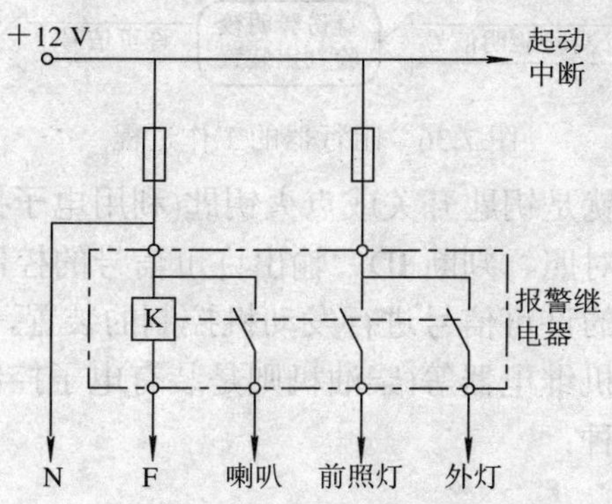

图 7.35　防盗报警系统执行电路

防盗报警系统准备状态的解除有两种情况：一是在关闭车门以后，车门必须用钥匙打开。在用钥匙打开车门时，锁筒开关闭合，使模块 H 端子搭铁后，系统准备状态随即解除；二是想要在驾驶员关门以前解除准备状态，可将自动车门锁置于开锁位置，以供电给模块 M 端子，解除系统准备状态。也可利用点火开关转到 Acc 或 RUN 位置，此时电源电压经点火开关加到模块的 K 端子，使系统准备状态解除。

三、增强防盗报警系统控制功能的方法

1．使起动机无法起动

使用该种方法的汽车上有一根线是接起动机继电器的，该线外部连接至继电器控制线路，通过防盗电脑来控制该线是否搭铁，从而控制继电器是否闭合，也就控制了起动机是否能正常工作。

2．使发动机无法工作

采用此种方法的汽车，防盗电脑不仅控制着起动电路，还控制着发动机的其他部件(具体控制方式因品牌、厂商不同而有所不同)，并可切断汽油泵继电器控制线路，使发动机处于无油供给的状态；还可控制自动变速器控制线路，使自动变速器液压油路控制极中的电磁阀无法打开，以达到即使起动了发动机，亦无法使变速器运转的目的。

3．使发动机电脑处于非工作状态

与前两种方法不同的是，这种方法不是通过自行搭铁的方法来达到防盗的目的，而是防盗电脑通过连线把一特定信号直接输入至发动机电脑。在未解除防盗警戒或直接切断防盗电脑电源的情况下，该信号不存在，发动机电脑亦停止工作，那么发动机便无法起动了；解除防盗警戒后，防盗电脑便发出该信号，发动机电脑才能正常工作。

四、发动机止动系统

发动机止动系统又称为发动机防起动系统或者阻止被盗车辆行驶系统。它是汽车防盗系统的一部分，是阻止车辆行走的独立装置，与报警装置无关，具备自身独有的功能。

阻止车辆起动、行驶的装置叫阻行器。它一般用于阻止发动机起动。图 7.36 是阻行装置的工作过程。

图 7.36　阻行器的工作过程

身份验明装置(简称 ID)就是钥匙开关或点火钥匙(利用电子控制的钥匙)；身份验明校验判定装置就是利用钥匙操作对照、判断 ID、输出许可信号的控制装置；许可装置是指按照来自身份验明校验判定装置的许可信号进行发动机控制的装置，这些装置包括发动机 ECU、汽油泵、点火继电器、起动机继电器等(柴油机则是装有电子控制装置的燃油泵)。

常见的阻行器有以下几种：

1. 钥匙开关式阻行器

开关式阻行器的基本原理如图 7.37 所示。身份验明装置可以使用现有的点火开关钥匙或代码键。许可装置由于采用 ON/OFF 控制，容易受到机械性能破坏或被他人采取不正当的搭线将汽车盗走，因此安全性较差。

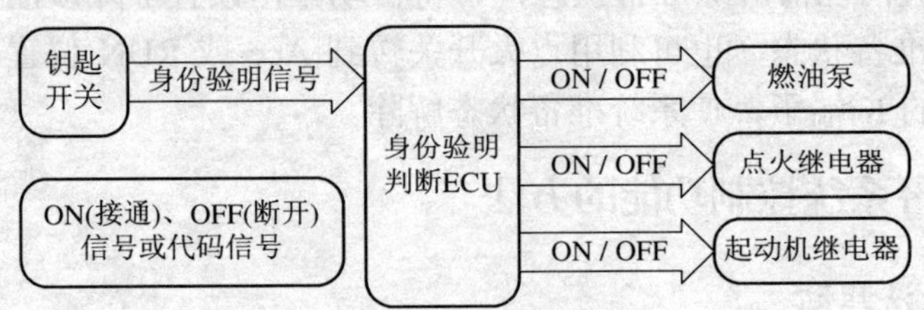

图 7.37　开关式阻行器

2. 遥控开关式阻行器

图 7.38 为遥控开关式阻行器的工作原理框图，它具有使用方便和安全的特点。当利用遥控开关锁定操作时，禁止了发动机起动，当解除锁定后发动机才可以起动。这种方法与遥控门锁共同应用，它们有独立控制的 ECU，能够确保安全性。但是，身份代码(I 代码)容易受到电磁波与红外线的干扰而发生故障。

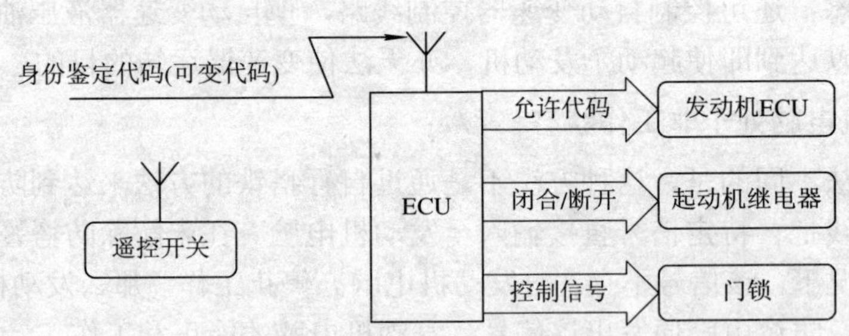

图 7.38　遥控开关式阻行器

3. 电阻钥匙式阻行器

图 7.39 是电阻钥匙式阻行器的工作原理框图。美国通用 GM 汽车公司的电子钥匙防盗系统使用的就是这种阻行器，其系统部件如图 7.40 所示。电阻钥匙式阻行器的点火钥匙上装有一片编了电阻值的晶片，每把钥匙所用的晶片具有一定的阻值。点火钥匙除了像常规钥匙那样必须与锁体匹配之外，其电阻值还要与起动机电路设定的电阻值吻合。

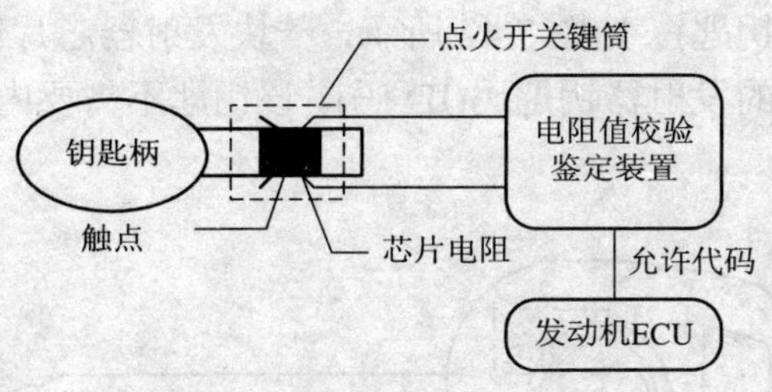

图 7.39　电阻钥匙式阻行器

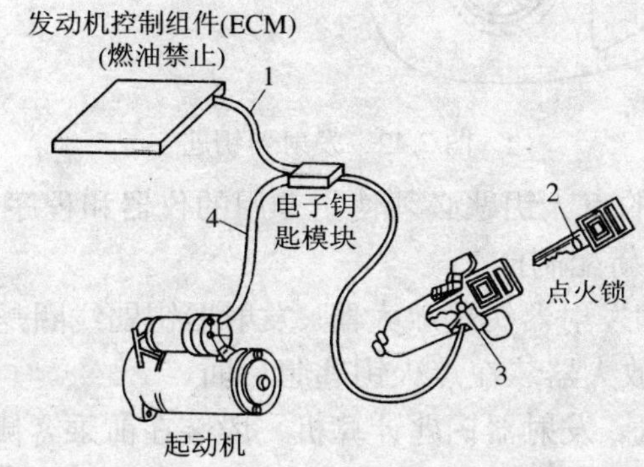

1—至 ECM 的频率电路；2—电阻晶片；3—电阻检测触头；4—电磁开关反馈电线

图 7.40　美国通用 GM 汽车公司电子钥匙防盗系统部件图

电阻钥匙式阻行器的工作原理为：当点火钥匙插入锁体时，晶片与电阻检测触头接触。当锁体转到 Start(起动)位置时，蓄电池电压便送至解码器模块。除此之外，钥匙晶片的电阻值也送至解码器模块。钥匙的电阻值与存储器的电阻值比较，如果一致，起动赋能继电器便被激励，从而接通起动机电路并发信号给 ECM，ECM 起动燃油输送。

若钥匙晶片的电阻值与存储的电阻值不一致，解码器 2～4 min 后便禁止起动发动机。尽管锁体已经转到了起动位置，发动机仍然不能起动，因为起动赋能继电器得不到激励。

这种阻行装置价格便宜，用户不需要特殊操作，但是，其固定电阻值只有 15 种，安全性差；此外，由于要通过触点读取电阻值，其接触可靠性也较差。

4. 中继器/响应器式阻行器

中继器/响应器式阻行器由发射器钥匙(点火钥匙)、发射器钥匙线圈、发射器钥匙放大器和发射器钥匙计算机等组成，见图 7.41。

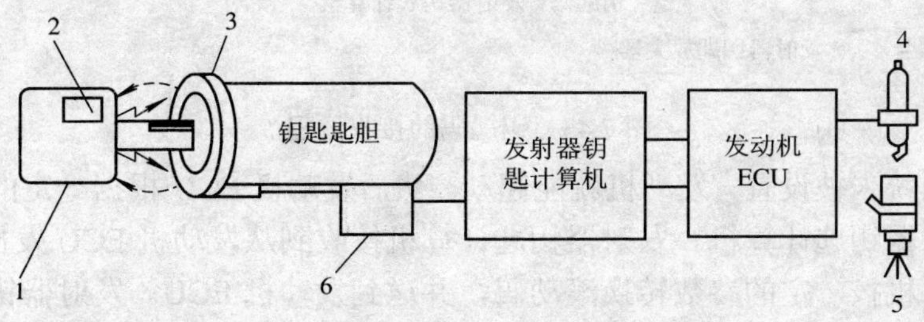

1—点火钥匙；2—发射芯片；3—发射器钥匙线圈；4—火花塞；5—喷油嘴；6—发射器钥匙放大器

图 7.41　中继器/响应器式阻行器组成

(1) 发射器钥匙(点火钥匙)。如图 7.42 所示，一块发射器芯片嵌在点火钥匙内。每一个发射器芯片包含一个专用的发射器钥匙码(ID 码)。该钥匙不需要内部电池也可发射钥匙码。

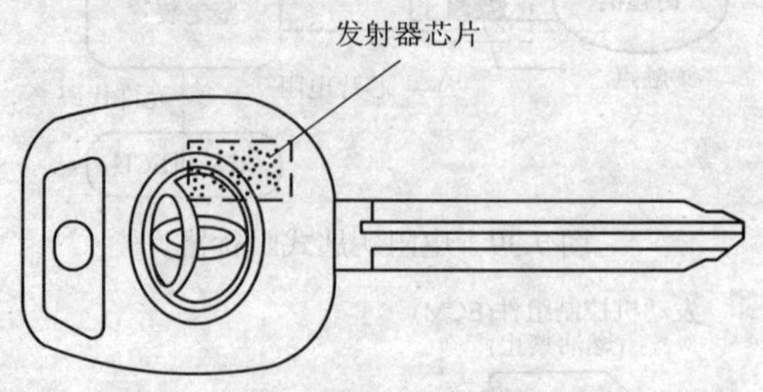

图 7.42　发射器钥匙

提示：配制带发射器的点火钥匙必须使用专用的仪器和程序，并且要求所有钥匙一次配制完毕(已有钥匙也须重新配制)。

(2) 发射器钥匙线圈和发射器钥匙放大器。发射器钥匙线圈是一个环形线圈，套装在点火钥匙胆上。发射器钥匙放大器装在点火钥匙胆后面。

(3) 发射器钥匙计算机。发射器钥匙计算机一般装在前乘客侧仪表台内，最多可记录 6 个不同的发射器钥匙码(其中主匙码 4 个，副匙码 2 个)。

中继器/响应器式阻行器的工作过程如下：

(1) 设置发动机止动系统。当点火钥匙从匙胆拔下时，发动机止动系统将被设定。

(2) 解除发动机止动系统。当点火钥匙插入匙胆，发射器钥匙计算机指令发射器钥匙线圈供应电磁能量，以使发射器芯片能发射出钥匙码信号，见图 7.43。发射器芯片内的电容器把这一能量储存起来，并转换为电能。然后发射器芯片就利用这一电能来发射钥匙码信号。线圈接收到的钥匙码信号由放大器放大，并送到计算机。然后，计算机把接收到的钥匙码与储存在电脑中的钥匙码进行比较，见图 7.43。若此码符合，则计算机不设置止动系统。

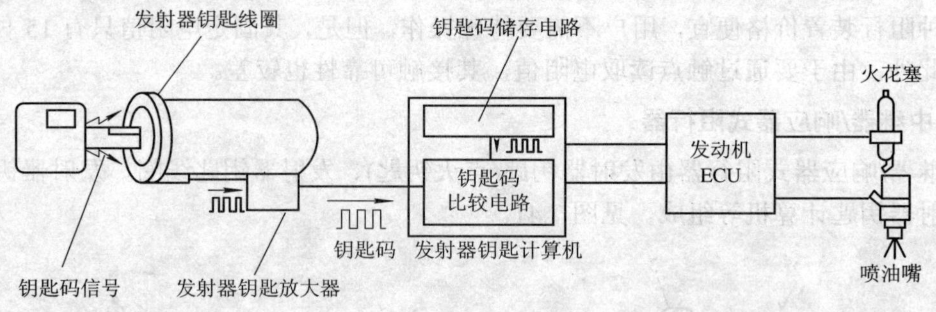

图 7.43　钥匙码的接收过程

如果止动系统未被设置，发动机就能起动。然后发动机 ECU 根据一定的参数产生一个滚动码送到发射器钥匙计算机。发射器钥匙计算机接收到从发动机 ECU 发出的滚动码后，发射器钥匙计算机按一定的参数转换滚动码，并送到发动机 ECU。发射器钥匙计算机和发动机 ECU 之间的这种通讯联系持续几秒，直到由计算机发出正确的信号到发动机 ECU 为止。在此期间，如果发射器钥匙计算机送不出正确的信号，发动机 ECU 将阻止供油和点火，发动机因此而不能运转。

中继器/响应器式阻行器完全由电子代码控制，是非接触式，与报警装置的预警调置/解警状态无关，能经常保持本身功能，也不需要用户的特殊操作，因此具有高安全性、高可靠性和使用方便的优点。如果再增加检测器/传感器就可以具备报警防盗功能。现在汽车上大都安装了这种阻行器。

第八节　电动风窗除霜器

冬季风窗玻璃上易结冰霜，用刮水器是无法清除的，除去霜雾有效的方法是加热玻璃。一般前风窗玻璃和侧窗玻璃可利用空调系统的暖风进行除霜。轿车的后风窗玻璃一般利用电阻丝组成的电栅加热除霜即电热式除霜，见图 7.44。

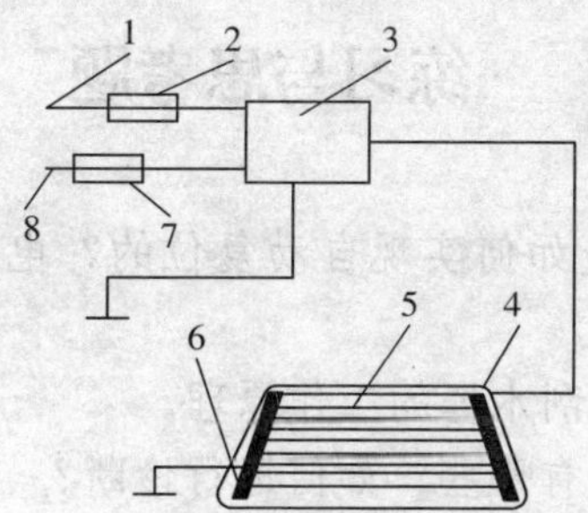

1—接蓄电池；2—熔断器；3—开关/定时继电器；4—供电接线柱；5—后窗电栅；6—搭铁接线柱；7—熔断器；8—接点火开关

图 7.44　电热式后窗除霜电路原理图

后风窗玻璃除霜器一般是在玻璃成型过程中，将很细的电阻丝烧结在玻璃表面上。它由一组平行的含银陶瓷电阻丝组成，在玻璃两侧有汇流条，各焊有一个接线柱，其中一个用以供电，另一个是搭铁接线柱。这种除霜器的工作电流较大，因此电路中除设有开关外，有的还设有一个定时继电器。这种继电器在通电 10 min 后即能自动断电，如霜还没有除净，驾驶员可再次接通开关，但在这之后每次只能通电 5 min。

除霜器的电阻随温度的变化而变化，具有正温度系数，温度低时，阻值减小，电流增大；温度高时，阻值增大，电流减小。因此，除霜器自身具有一定的调节功能。

根据电阻丝的通电控制方式，可将除霜装置分为手动和自动两种。自动控制除霜装置由开关、自动除霜传感器、自动除霜控制器、电阻丝电栅等组成，见图 7.45。

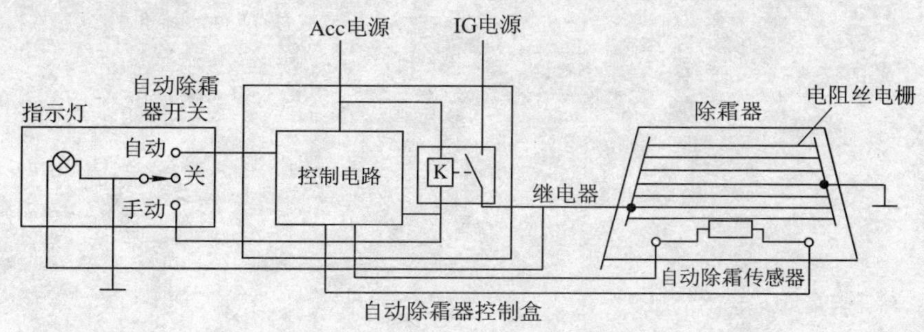

图 7.45　后窗自动控制除霜装置

后窗自动控制除霜装置的工作过程如下：

(1) 除霜开关位于“关”位置时，除霜装置不工作。

(2) 将除霜开关拨至“自动”位置时，由后窗玻璃下缘所装传感器检测到冰霜达到一定厚度，传感器电阻值急剧减小到某一设定值，控制器便控制继电器使电路接通，继电器触点闭合。于是，由点火开关“IG”接柱向电热线供电，同时仪表板上的指示灯(设在除霜开关旁边)点亮，指示除霜装置正在工作。随着玻璃上冰霜减少到某一程度后，传感器电阻值增大，控制器便将继电器电路切断，触点断开，指示灯熄灭，后窗电栅断电，除霜装置停止工作。

(3) 将除霜开关拨至“手动”位置时，继电器电磁线圈可经“手动”开关直接搭铁，使除霜电路接通。

练习与思考题

7-1　永磁式电动刮水器是如何实现自动复位的？电动刮水器采用间歇控制的目的是什么？

7-2　分析雨滴感知型电动刮水器的工作原理。

7-3　电动车窗的常见故障有哪些？如何进行诊断？

7-4　电动门锁控制系统能实现哪些功能？

7-5　结合图7.26分析右侧电动后视镜向左调整的工作过程。

7-6　结合图7.30分析本田雅阁轿车电动座椅前、后位置移动调整的工作过程。

7-7　汽车常用防盗系统的种类有哪些？

7-8　简述发动机止动系统是如何工作的。

第八章　安全气囊系统与新型安全带

【学习目标】

知识点：安全气囊系统的结构与工作原理，安全气囊系统的使用注意事项；预紧式安全带的结构与工作原理。

技能点：实车上能够识别安全气囊系统各部件的安装位置，并能够对其进行基本检修。

第一节　安全气囊系统

一、安全气囊的作用与类型

1. 安全气囊的作用

安全气囊系统(Supplemental Restraint System，SRS)也称辅助乘员保护系统。它是一种当汽车遭到冲撞而急剧减速时能很快膨胀的缓冲垫，通常它与座椅安全带配合使用，可以为乘员提供十分有效的防撞保护。如图 8.1 所示，当汽车发生碰撞时，将在乘员和汽车内部结构之间迅速打开一个充满气体的袋子，使乘员撞在气袋上，避免或减缓碰撞，从而达到保护乘员的目的。

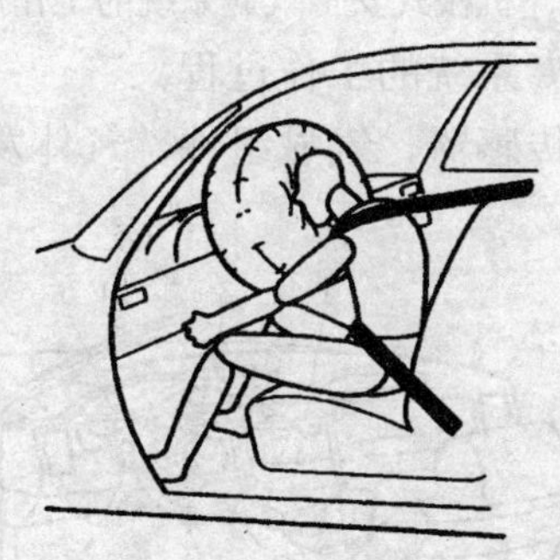

图 8.1　安全气囊对乘员的保护作用

2. 安全气囊的类型

(1) 按照气囊的数量分为：单气囊系统(只装在驾驶员侧)、双气囊系统(驾驶员侧和副驾驶员侧各有一个安全气囊)和多气囊系统(前排安全气囊、后排安全气囊、侧面安全气囊)。

(2) 按照气囊的大小分为：保护全身的安全气囊、保护整个上身的大型气囊和主要保护面部的小型护面气囊。

(3) 按照充气装置点火系统的不同分为：电子式气囊与机械式气囊。

(4) 按照保护对象的不同分为：驾驶员防撞安全气囊、前排乘员防撞安全气囊、后排乘员防撞安全气囊和侧面防撞安全气囊。

(5) 智能型安全气囊。为了克服普通安全气囊系统的不足，人们正在研制新一代安全气囊系统，即智能型安全气囊(Smart Air Bag)。智能型安全气囊系统比一般安全气囊系统增加了以下几种功能：

① 检测乘员是否系上座椅安全带；

② 检测乘员乘坐位置；

③ 检测儿童座椅；

④ 调控安全气囊充气膨胀力；

⑤ 检测座椅上是否有乘员；

⑥ 检测气温。

二、安全气囊的组成与工作原理

机械式安全气囊系统主要由传感器、气囊组件、气体发生器等组成。安全气囊工作由传感器直接引爆点火，见图 8.2。该安全气囊系统的优点是结构简单，成本低；缺点是可靠性差，容易误动作。

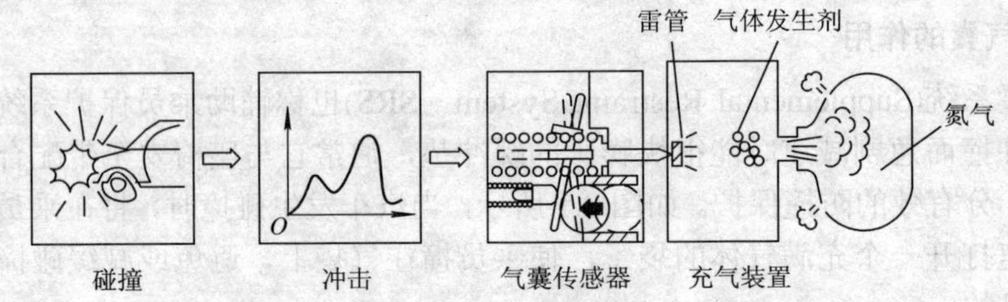

图 8.2 机械式安全气囊系统的工作原理

下面重点介绍电子式安全气囊系统的工作过程。

电子式安全气囊系统主要由传感器、气囊组件、气体发生器、电控装置(ECU)等组成，见图 8.3。

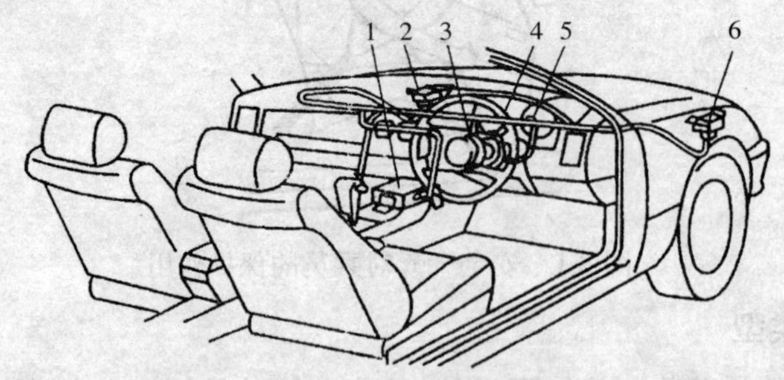

1—中央气囊传感器总成；2—前部碰撞传感器(左)；3—气囊与充气装置；
4—螺旋电缆；5—气囊报警灯；6—前部碰撞传感器(右)

图 8.3 安全气囊系统的组成

汽车上装有车前与车内两种碰撞传感器，位于车前两侧的车前传感器可保证在正面上30°范围内有效地工作。当汽车发生碰撞时，由传感器对碰撞程度进行识别，对于中等程度以上的碰撞，传感器发出信号给ECU，经ECU判别后发出点火信号使点火器工作，气体发生装置在极短的时间内产生大量气体通过滤清器充入卷收在一起的气囊，使其膨胀，见图8.4。

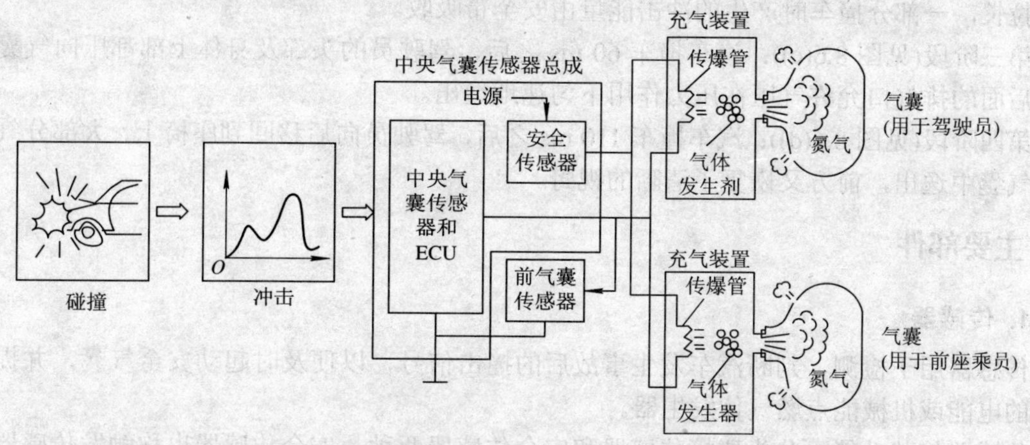

图8.4　安全气囊系统的工作原理

安全气囊系统所用的碰撞传感器，一般根据所承担的任务不同分为车前传感器、中央传感器与安全传感器。车前传感器用来检测汽车正面低速碰撞所受到的冲击信号，中央传感器用来检测汽车发生高速碰撞的信息，安全传感器用来防止系统在非碰撞状况引起安全气囊误动作。安全气囊点火及点火的判断条件如图8.5(a)、(b)所示。

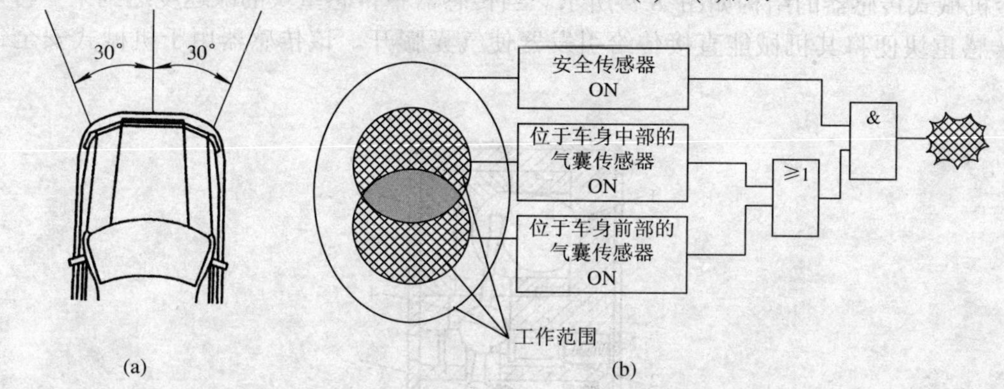

图8.5　安全气囊点火的判断条件

安全气囊系统的整个工作过程大约需要100 ms左右，可分为四个阶段，见图8.6。

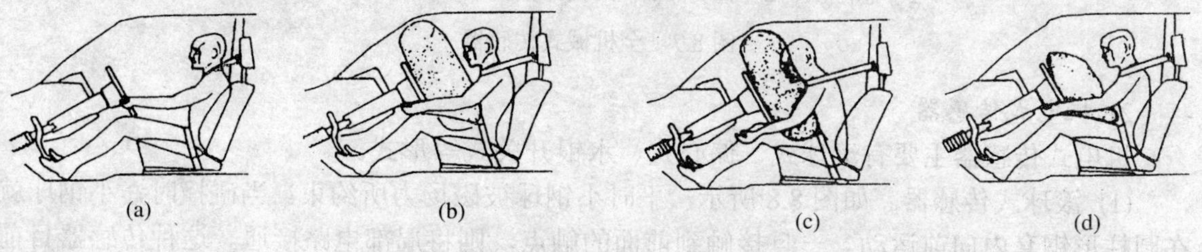

图8.6　安全气囊系统的动作时序

(a) 10 ms时；(b) 40 ms时；(c) 60 ms时；(d) 110 ms时

第一阶段(见图 8.6(a))：汽车撞车，达到气囊系统引爆极限，传感器从测出碰撞到接通电流需 10 ms，引爆器点燃气囊的气体发生器，而此时驾驶员仍然处于直坐状态。

第二阶段(见图 8.6(b))：气体发生器在 30 ms 内将气囊完全胀起，撞车(50 km/h 的速度) 40 ms 后驾驶员身体开始向前移动。因为安全带斜系在驾驶员身上，随驾驶员的前移，安全带被拉长，一部分撞车时产生的冲击能量由安全带吸收。

第三阶段(见图 8.6(c))：汽车撞车 60 ms 之后，驾驶员的头部及身体上部都压向气囊，气囊后面的排气口允许气压在压力作用下匀速地逸出。

第四阶段(见图 8.6(d))：汽车撞车 110 ms 之后，驾驶员向后移回到座椅上，大部分气体已从气囊中逸出，前方又恢复了清晰的视野。

三、主要部件

1. 传感器

传感器用于检测、判断汽车发生事故后的撞击信号，以便及时起动安全气囊，并提供足够的电能或机械能点燃气体发生器。

传感器按其功能可分为碰撞传感器和安全传感器两种。安全传感器也称触发传感器，其闭合的减速度与碰撞传感器相比要稍小一些，起保险作用，防止因碰撞传感器短路而造成误爆开。

传感器按其结构可分为机械式、机电式和电子式三种。

1) 机械式传感器

全机械式传感器的结构如图 8.7 所示。当传感器中传感重块的减速度达到某一特定值时，传感重块便将其机械能直接传给引发器使气囊膨开。该传感器用于机械式安全气囊系统。

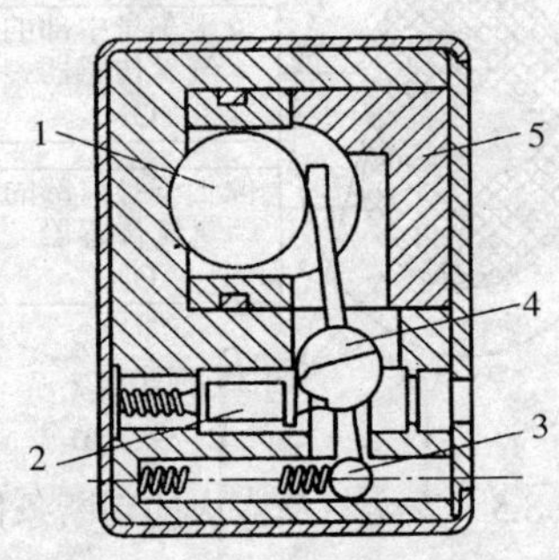

1—感应块；2—撞针；3—偏置弹簧；4—D 轴；5—顶盖

图 8.7　全机械式传感器

2) 机电式传感器

机电式传感器主要有滚球式、偏心式、水银开关式等形式。

(1) 滚球式传感器。如图 8.8 所示，平时小钢球被磁场力所约束。当碰撞时，小钢球就在圆柱形钢套内向前运动。一旦接触到前面的触点，则将局部电路接通。这种传感器目前应用很广，可以检测各种撞击信号。

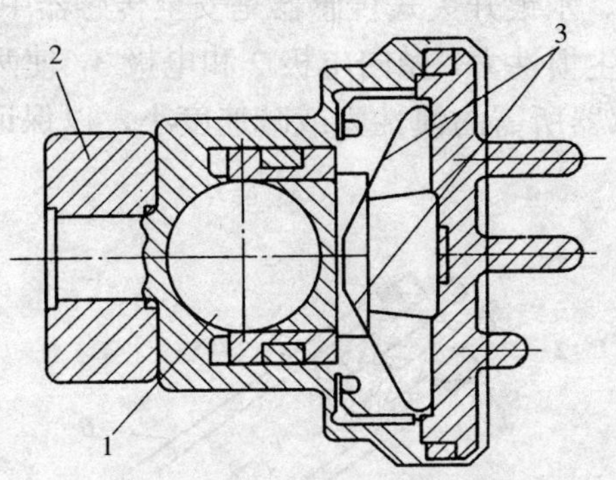

1—小钢球；2—磁铁；3—触点

图 8.8　滚球式传感器

(2) 偏心式传感器。偏心式传感器为具有偏心转动质量的机电式加速度传感器，它是由外壳、偏心转子、偏心重块、旋转触点与固定触点、螺旋弹簧等构成的，如图 8.9 所示。偏心式传感器的外侧装有一个电阻，作自检之用，即检测传感器总成与其之间的线路是否有开路或短路。

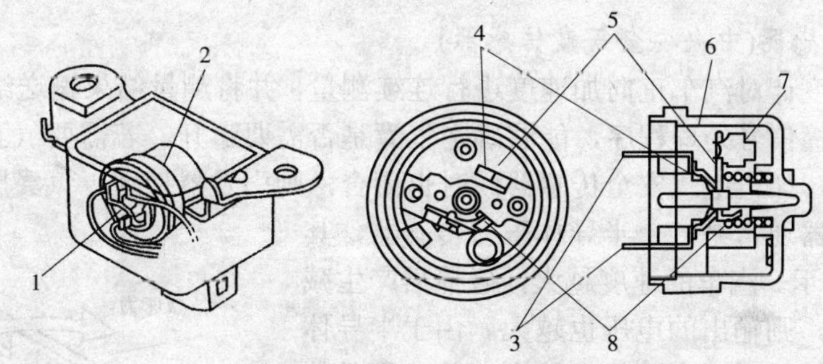

1—自检电阻；2—传感器；3—固定触点；4—旋转触点；5—偏心转子；
6—外壳；7—偏心重块；8—螺旋弹簧

图 8.9　偏心式传感器的结构

当汽车正常行驶时，偏心转子和偏心重块被螺旋弹簧拉回，处于平衡状态，此时转子上安装的旋转触点与固定触点不接触。当车辆受到正面碰撞且速度达到设定值时，由于偏心重块惯性的作用，使偏心重块连同偏心转子和旋转触点一起转动，旋转触点与固定触点发生接触(见图 8.10)，从而向 ECU 发出闭合电路信号。

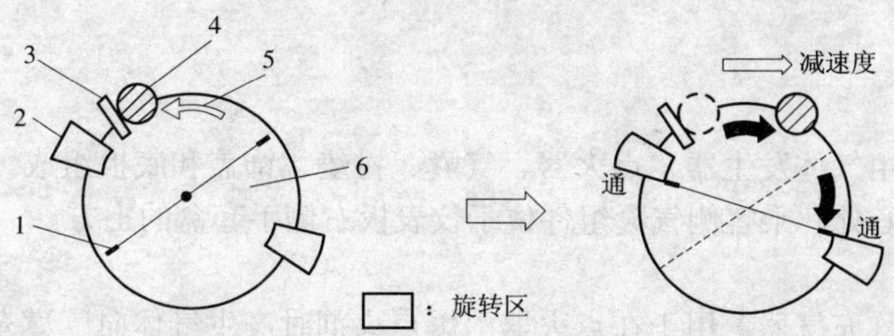

1—旋转触点；2—固定触点；3—止动器；4—偏心重块；5—螺旋弹簧力；6—偏心转子

图 8.10　偏心式传感器的工作过程

(3) 水银开关式传感器。水银开关式传感器是安全传感器中常见的一种。如图 8.11 所示，当汽车碰撞时，水银产生惯性力，抛向电极 2 和电极 3，使两极接通，并使点火器接通。安全传感器一般比碰撞传感器所需的惯性力或减速度小，以保证碰撞传感器可靠工作。

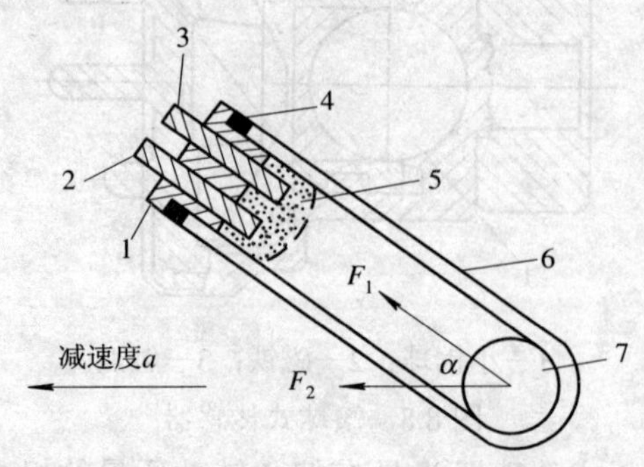

1—盖；2、3—电极；4—O 形圈；5—水银撞上后的位置；6—壳体；

7—水银；F_1—水银运动分力；F_2—撞击力

图 8.11　水银开关式传感器

3) 电子式传感器(中央安全气囊传感器)

电子式加速度计对汽车正向加速度进行连续测量，并将测量结果输送给 ECU。ECU 内有一套复杂的碰撞信号处理程序，能够确定气囊是否需要膨开。若需要气囊膨开，ECU 便会接通点火电路，如机电式安全传感器同时也闭合，则引发器接通，气囊膨开。

电子式传感器通常是一个半导体压力传感器，其结构如图 8.12 所示。汽车的速度越大，碰撞后产生减速度的力就越大，则输出的电压也越大。由于半导体压力传感器输出特性受温度的影响较大，故应用晶体管的基极—发射极间的电压的温度变化来消除传感器输出特性的变化。所以半导体压力传感器要求有稳定的电源。

注意：如果使用水银开关式以外的安全传感器，在气囊引爆膨胀后，中央气囊传感器总成绝不可重复使用。因为在气囊动作时，会有大电流流过传感器的触点，使触点表面产生烧蚀而令电阻过大，造成气囊可靠性降低。

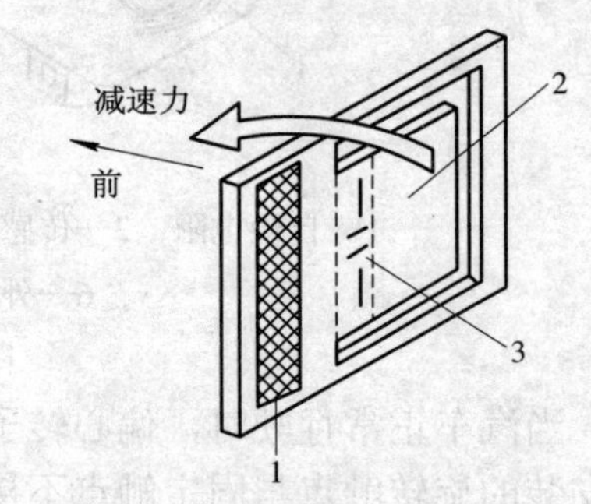

1—集成电路；2—惯性质量；3—变形针

图 8.12　电子式传感器

2. 气囊组件

气囊组件主要由气体发生器、点火器、气囊、衬垫、饰盖和底板组成。驾驶员侧气囊组件位于转向盘中心处，乘客侧气囊组件位于仪表板右侧手套盒的上方。

1) 气体发生器

气体发生器又称充气器，用于在点火器引爆点火剂时产生气体向气囊充气，使气囊膨开。气体发生器用专用螺栓和专用螺母固定在气囊支架上，装配时只能用专用工具进行。气体发生器由上盖、下盖、充气剂(片状叠氮化钠)和金属滤网组成，见图 8.13。上盖上有若干个充气孔，充气孔有长方孔和圆孔两种。下盖上有安装孔，以便将气体发生器安装到气囊支架上。上盖与下盖用冷压工艺压装成一体，壳体内装充气剂、滤网和点火器。金属滤网安放在气体发生器的内表面，用以过滤充气剂和点火剂燃烧后的渣粒。

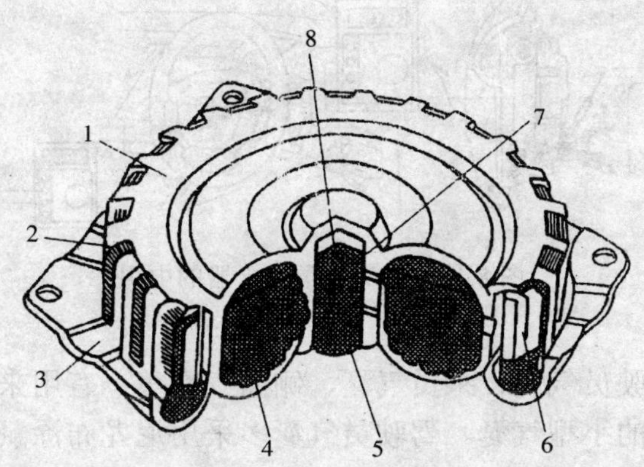

1—上盖；2—充气孔；3—下盖；4—充气剂；5—点火器药筒；6—金属滤网；7—电热丝；8—引爆炸药

图 8.13 气体发生器

目前，大多数气体发生器都是利用热效反应产生氮气而充入气囊。在点火器引爆点火剂的瞬间，点火剂会产生大量热量，叠氮化钠受热立即分解释放氮气，并从充气孔充入气囊。

2) 点火器

点火器外包铝箔，安装在气体发生器内部中央位置，其结构见图 8.14。

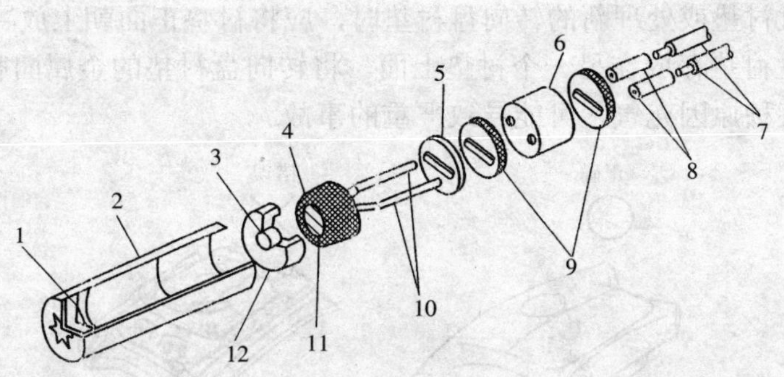

1—引爆炸药；2—药筒；3—引药；4—电热丝；5—陶瓷片；6—永久磁铁；7—引出导线；

8—绝缘套管；9—绝缘垫片；10—电极；11—电热头；12—药托

图 8.14 点火器的结构

点火剂包括引爆炸药和引药，引出导线与气囊插接器插头连接，插接器中设有短路片(铜质弹簧片)。当插接器插头拔下或插头与插接器未完全结合时，短路片将两根引线短接，防止静电或误导电将电热丝电路接通而造成气囊误膨开。

当 SRS 的 ECU 发出点火指令时，电热丝电路接通，电热丝迅速红热引爆引药，引爆炸药瞬间爆炸产生热量，药筒内温度和压力急剧升高并冲破药筒，使充气剂受热分解释放氮气充入气囊。

在检修安全气囊的过程中，切勿测量点火器的电阻，见图 8.15。该操作可能造成气囊膨开，非常危险。

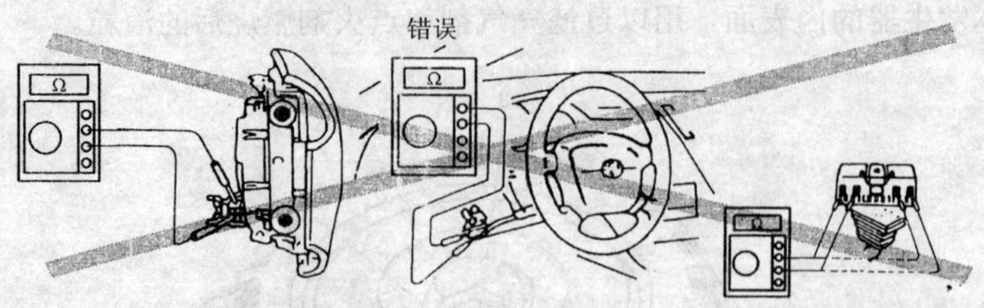

图 8.15　切勿测量点火器的电阻

3) 气囊

气囊按位置分为驾驶员气囊、乘员气囊、侧面气囊等；有用来保护上身的大型气囊，也有用来主要保护面部的小型气囊。驾驶员气囊多采用尼龙布涂氯丁橡胶或有机硅制造，橡胶涂层起密封和阻燃作用。气囊背面有两个直径约 25 mm 左右的泄气孔，当乘员和气囊相碰时，借助圆孔的放气可减轻振荡。放气过程同时也是一个释放能量的过程，因此可以很快地吸收乘员的动能，有助于保护乘员。乘员气囊没有涂层，靠尼龙布本身的间隙泄气。

4) 衬垫

衬垫是气囊组件中一个重要的组成部分，由聚氨酯制成。在制造过程中使用了很薄的水基发泡剂，所以其质量特别轻。平时它作为转向盘的上表面，把气囊与外界隔离开，既起到了维护作用，也起到了修饰作用。气囊膨开时，它在气囊爆发力的作用下快速、及时地断裂开，并且对安全气囊展开过程毫无阻碍。

在拆卸转向盘衬垫或处理新的转向盘衬垫时，应将衬垫正面朝上放置，见图 8.16。另外，不要将转向盘衬垫存放在另一个衬垫上面。将转向盘衬垫的金属面朝上存放时，如果转向盘衬垫因为某种原因充气，可能导致严重的事故。

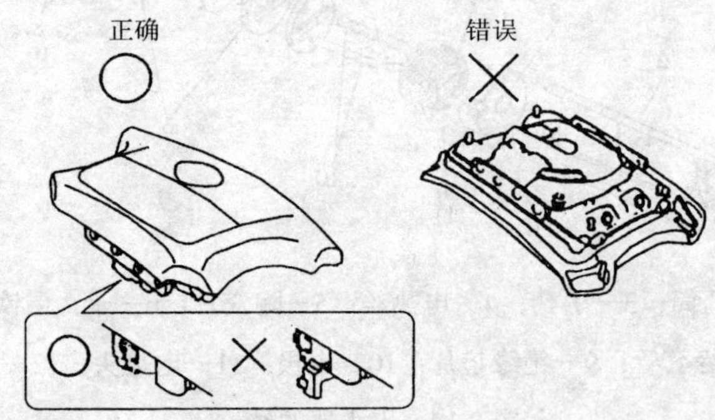

图 8.16　衬垫的正确放置

在报废汽车整车或报废 SRS 组件时，应在报废之前先用专用维修工具 SST 将气囊引爆。引爆 SRS 气囊时，应按制造厂家规定的方法进行。

5) 饰盖和底板

饰盖是气囊组件的盖板，上面留有撕缝，以便气囊能冲破饰盖膨开。

气囊和充气器装在底板上，底板装在转向盘或车身上，气囊膨开时，底板承受气囊的反力。

3. SRS 警报灯

SRS 警报灯位于仪表板上，见图 8.17。接通点火开关时，诊断单元对系统进行自检。若 SRS 警报灯点亮 6 s 后熄灭，表示系统正常；若 6 s 后依然闪烁或长亮不熄，表示气囊系统出现了故障，提示应进行检修。

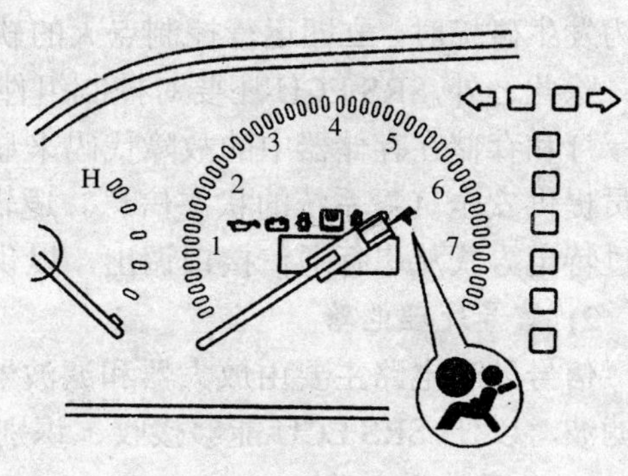

图 8.17　SRS 警报灯

若 ECU 出现异常，不能控制 SRS 警报灯，SRS 警报灯便在其他电路的直接控制下，作出异常显示，如：ECU 无点火电压，警报灯常亮；ECU 无内部工作电压，警报灯常亮；ECU 不工作，警报灯在看门狗电路的控制下，以 3 次/秒的频率闪烁；ECU 未接通，警报灯经线束插接器的短接条接通。

4. ECU

ECU 主要由 SRS 逻辑模块、信号处理电路、备用电源电路、保护电路和稳压电路等组成，安全传感器一般与 SRS ECU 一起被制作在 SRS 控制组件中。福特汽车公司林肯城市轿车 SRS 控制组件的内部结构如图 8.18 所示。

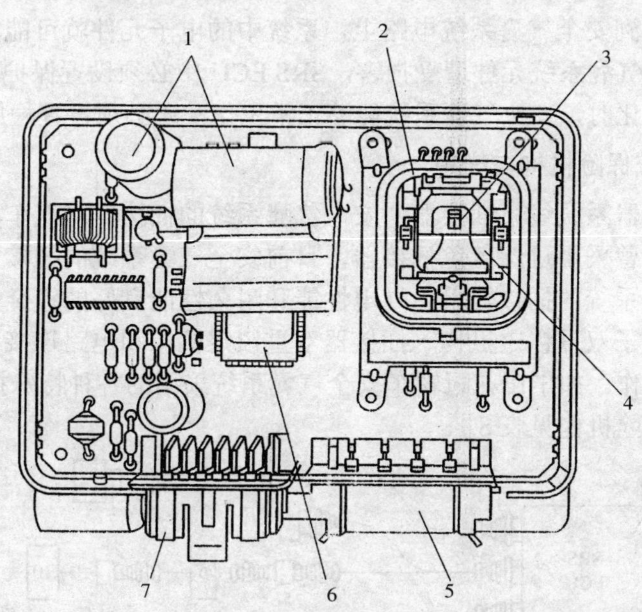

1—能量储存装置(电容)；2—安全传感器总成；3—传感器触点；4—传感器平衡块；

5—四端子插接器；6—逻辑模块；7—SRS ECU 插接器

图 8.18　SRS 控制组件的内部结构

1) SRS 逻辑模块

SRS 逻辑模块主要用于监测汽车纵向减速度或惯性力是否达到设定值，控制气囊组件中的点火器引爆点火剂。在汽车行驶过程中，SRS ECU 不断接收前碰撞传感器和防护碰撞传感器传来的车速变化信号，经过数学计算和逻辑判断后，确定是否发生碰撞。当判断结果为发生碰撞时，立即运行控制点火的软件程序，并向点火电路发出点火指令引爆点火剂。

除此之外，SRS ECU 还要对控制组件中关键部件的电路不断进行诊断测试，并通过 SRS 指示灯和存储在存储器中的故障代码来显示测试结果。仪表板上的 SRS 指示灯可直接向驾驶员提供安全气囊系统的状态信息。逻辑存储器中的状态信息和故障代码可用专用仪器或通过特定方式从串行通信接口调出，以供维修参考。

2) 信号处理电路

信号处理电路主要由放大器和滤波器组成，用于对传感器检测的信号进行整形、放大和滤波，以便 SRS ECU 能够接收、识别和处理。

3) 备用电源电路

安全气囊系统有两个电源：一个是汽车电源；另一个是备用电源。备用电源又称为后备电源或紧急备用电源。备用电源电路由电源控制电路和两个电容器组成。备用电源用于当汽车电源与 SRS 逻辑之间的电路切断后，在一定时间内维持安全气囊系统供电，保持安全气囊系统的正常功能。

4) 保护电路和稳压电路

在汽车电器系统中，许多电器部件有电感线圈，电器开关多，电器负载变化频繁。当线圈电流接通或切断、开关接通或断开、负载电流突然变化时，都会产生瞬时脉冲电压即过电压。若过电压加到安全气囊系统电路上，系统中的电子元件就可能因电压过高而导致损坏。为了防止安全气囊系统元件遭受损害，SRS ECU 中必须设置保护电路。同时，为了保证汽车电源电压变化时，安全气囊系统能够正常工作，还必须设置稳压电路。

5. 安全气囊系统保险机构与线束

为了便于区别电器系统线束插接器，安全气囊系统的插接器与汽车其他电器系统的插接器有所不同。过去曾采用过深蓝色插接器，目前安全气囊系统的插接器绝大多数采用黄色插接器。安全气囊系统的插接器采用导电性能和耐久性能良好的镀金端子，并设计有防止气囊误爆机构、端子双重锁定机构、插接器双重锁定机构和电路连接诊断机构等，用以保证气囊系统可靠工作。如丰田花冠轿车安全气囊系统采用的各种特殊插接器见图 8.19，插接器采用的各种保险机构见表 8.1。

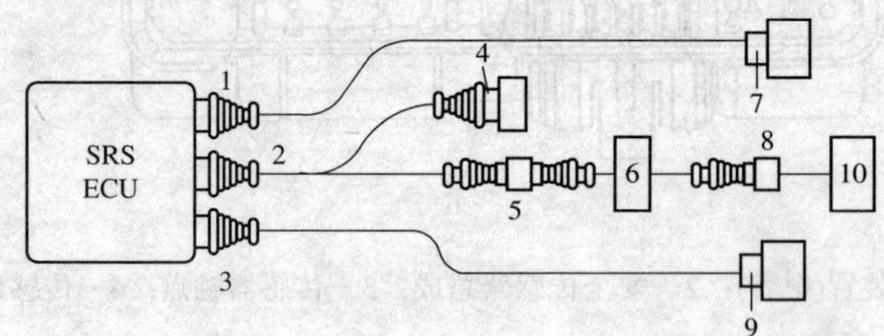

1、2、3—ECU 插接器；4—SRS 电源插接器；5—中间线束插接器；6—螺旋线束；
7—右碰撞传感器插接器；8—气囊组件插接器；9—左碰撞传感器插接器；10—点火器

图 8.19 丰田花冠轿车安全气囊系统的插接器

表 8.1　丰田花冠轿车 SRS 插接器的保险机构

序　号	名　　称	插接器代号
1	防止 SRS 气囊误爆机构	2、5、8
2	电路连接诊断机构	1、3、7、9
3	插接器双重锁定机构	5、8
4	端子双重锁定机构	1、2、3、4、5、7、8、9

1) 防止 SRS 气囊误爆机构

从 SRS ECU 至 SRS 点火器之间的插接器 2、5、8 均采用了防止气囊误爆的短路片机构，主要用于当插接器拔下时，短路片自动将靠近 SRS 点火器一侧的插头或插接器的两个引线端子短接(见图 8.20)，防止静电或误通电将电热丝电路接通而造成气囊误膨开。

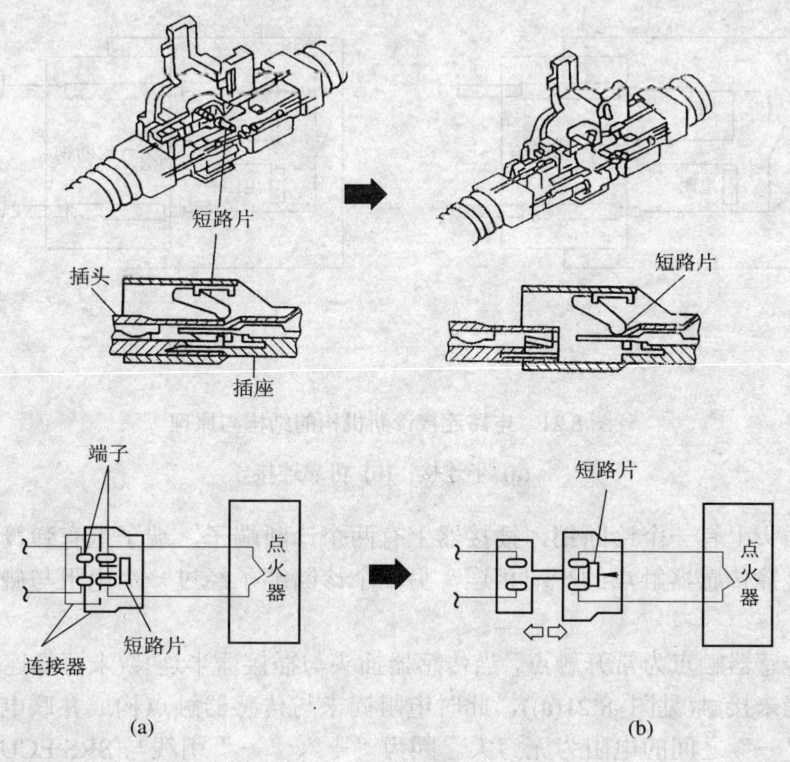

图 8.20　防止气囊误爆机构的结构与原理

(a) 插接器正常连接，短路片与端子脱开；(b) 插接器拔下时，短路片端子短接

2) 电路连接诊断机构

电路连接诊断机构用于监测插接器的插头与插接器是否连接可靠。与 SRS ECU 连接的插接器采用了电路连接诊断机构，其结构如图 8.21 所示。

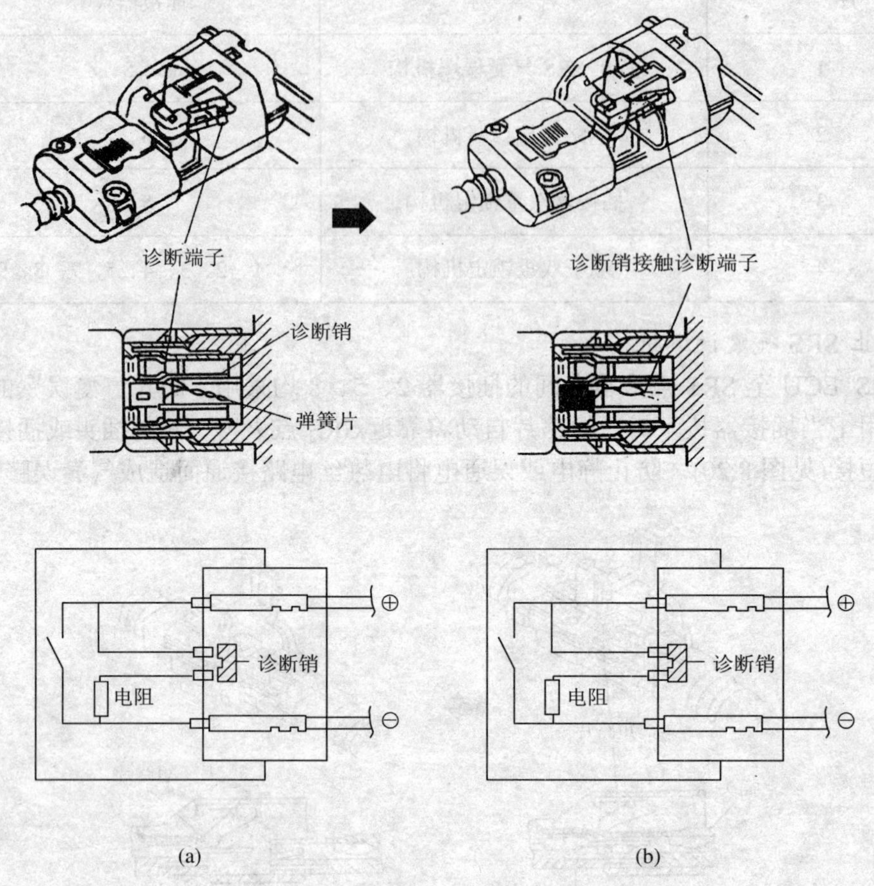

图 8.21 电路连接诊断机构的结构与原理

(a) 半连接；(b) 可靠连接

插接器插头上有一个诊断销，插接器上有两个诊断端子，端子上有弹簧片。其中一个诊断端子与碰撞传感器触点的一端相连，另一个诊断端子经过一个电阻与碰撞传感器触点的一端相连。

前碰撞传感器触点为常开触点，当传感器插头与插接器半连接(未可靠连接)时，诊断端子与诊断销尚未接触(见图 8.21(a))，此时电阻尚未与传感器触点构成并联电路，插接器引线“＋”与“－”之间的电阻为无穷大。因为“＋”、“－”引线与 SRS ECU 插接器 1 或 3 的插头连接，所以当 ECU 监测到碰撞传感器的电阻为无穷大时，即诊断为插接器连接不可靠，自诊断电路便控制 SRS 警告灯闪亮报警，同时将故障编成代码储存在存储器中。

当传感器插头与插接器可靠连接时，诊断端子与诊断销可靠接触(见图 8.21(b))，此时电阻与碰撞传感器触点并联。因为传感器触点为常开触点，所以当 SRS ECU 检测到的阻值为该并联电阻的阻值时，即诊断为插接器连接可靠。

3) 插接器双重锁定机构

安全气囊系统在线束的重要连接部位，其插接器采用了双重锁定机构，用于锁定插接器插头与插接器，防止插接器脱开，其结构如图 8.22 所示。插接器插头上有主锁和两个凸台，插接器上有锁柄能够转动的副锁。

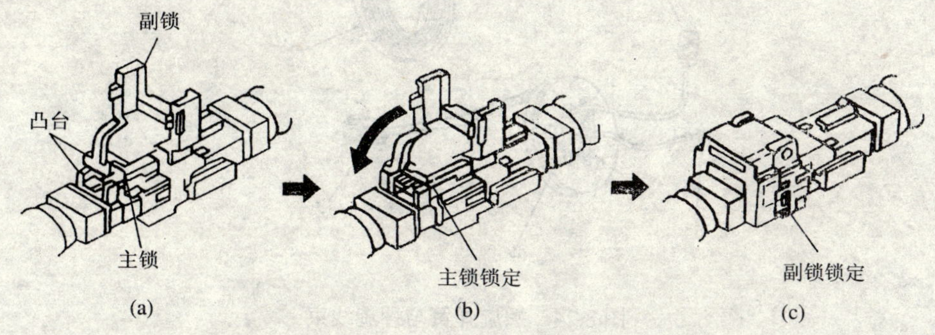

图 8.22 插接器双重锁定机构

(a) 主锁打开，副锁被挡住；(b) 主锁锁定，副锁可以锁定；(c) 双重锁定

4) 端子双重锁定机构

安全气囊系统的每一个插接器都设有端子双重锁定机构，用于防止引线端子滑动，主要由插接器壳体上的锁柄与分隔片组成，如图 8.23 所示。锁柄为一次锁定机构，可防止端子沿引线轴线方向滑动；分隔片为二次锁定机构，可防止端子沿引线径向移动。

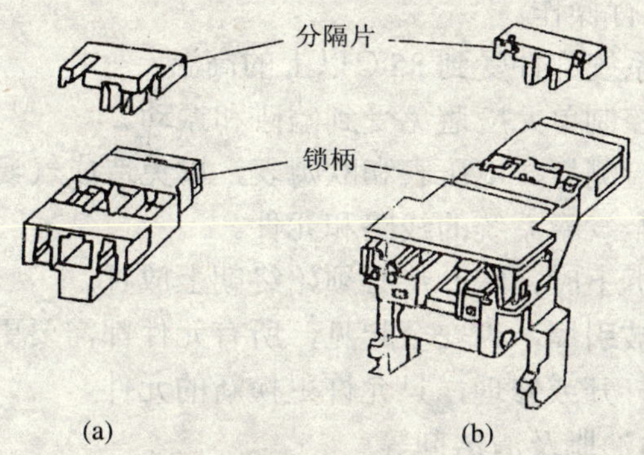

图 8.23 端子双重锁定机构

(a) 插头；(b) 插接器

5) 安全气囊系统线束

安全气囊系统的所有线束都套装在黄色波纹管内，以便于区别。为了保证转向盘具有足够的转动角度而又不致损伤驾驶席 SRS 气囊组件的连接线束，在转向盘与转向柱管之间采用了螺旋线束。先将线束安装在螺旋弹簧内，再将螺旋弹簧安放到弹簧壳体内，如图 8.24 所示。通常电喇叭线束也安装在螺旋形弹簧内。在不同汽车公司的电路图中，螺旋线束的名称各不相同，有的称为螺旋弹簧，有的称为游丝，有的称为游丝弹簧。

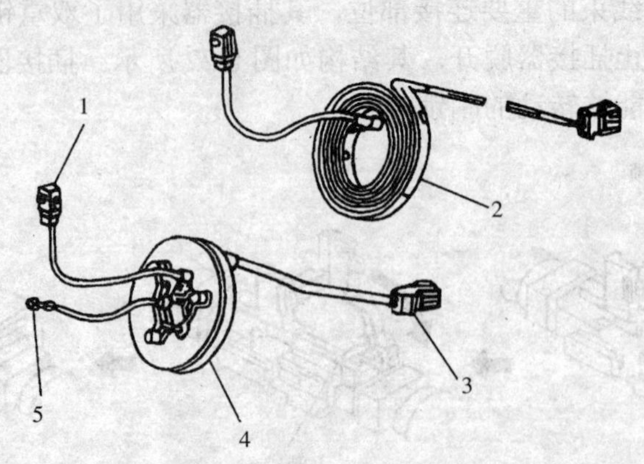

图 8.24　螺旋弹簧与螺旋线束

1、3—线束插头或插接器；2—螺旋弹簧；4—螺旋壳体；5—搭铁插头

四、安全气囊系统的检修

1. 安全气囊系统检修时的注意事项

(1) 安装与维修工作只能由专业人员来完成。

(2) 为了防止气囊的意外引爆，在对气囊系统进行任何操作时，均应摘下蓄电池的负极导线，等 30 s 以后方可进行操作。

(3) 不要使安全气囊系统部件受到 85℃以上的高温。

(4) 安全气囊主件及控制单元应避免受到磕碰和振动。

(5) 检测时不可使用检测灯、电压表和欧姆表，以免造成气囊误爆。

(6) 不得擅自改动安全气囊系统的线路和元件。

(7) 气囊装置从车上拆下时，缓冲垫必须始终朝上放置。

(8) 若在事故中气囊被引爆，为安全起见，所有元件都需要更新。

(9) 气囊装置不允许打开或修理，只允许更换新的元件。

(10) 安全气囊不能沾油脂及清洁剂等。

(11) 气囊装置有更换日期，即使未撞车，到期后也须更换。

2. 安全气囊系统的检修方法

安全气囊系统的传感器、充气装置和中央气囊传感器等元件均不能分解修理，所以，安全气囊系统的故障诊断主要是电器方面的故障诊断。由于安全气囊系统平时不使用，一旦使用之后便会报废，因此安全气囊不像汽车上的其他系统那样，在使用过程中出现故障会表现出来。因为没有异常现象的出现，安全气囊系统的故障就难于发现。为此，安全气囊系统本身设置了自诊断系统，若系统出现故障，即可通过故障警告灯反映出来。这样，安全气囊系统的故障警告灯和故障代码就成了最重要的故障信息来源和故障诊断依据。

由于安全气囊系统是一个独立系统，与汽车上的其他系统都没有关系，因此，若系统中存在故障，我们只需按照故障代码所指示的内容进行诊断，找出故障是出在元件还是在导线或插接器上。因为各充气装置的点火器不允许测量其电阻，点火器的开路或短路的判断必须利用自我诊断系统来进行。这是安全气囊系统故障诊断的特殊性。

安全气囊系统的故障诊断可按图 8.25 所示方法进行。

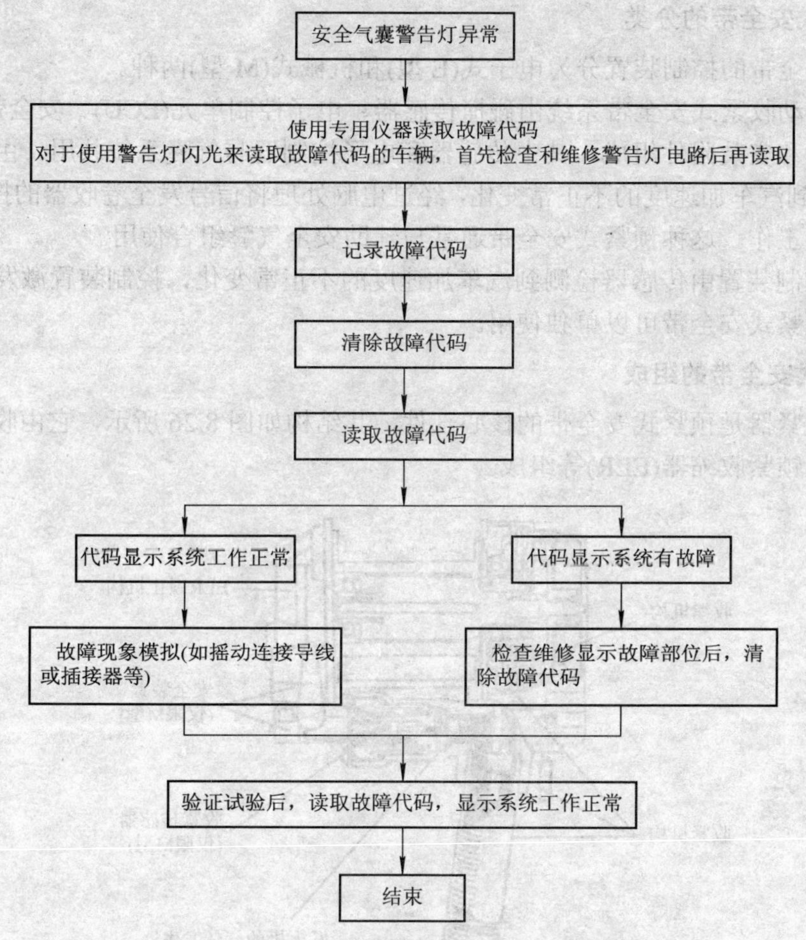

图 8.25　安全气囊系统的故障诊断方法

第二节　新型安全带

汽车座椅安全带是车辆发生事故时保护车内乘员最有效的设备之一。近些年，为了增强安全带的保护功能，人们不断对传统安全带的功能进行扩展，出现了各种新型安全带。下面介绍几种在轿车中已被采用的新型安全带。

一、预紧式安全带

1. 预紧式安全带的作用

(1) 当汽车发生碰撞事故的一瞬间，乘员尚未向前移动时它会首先拉紧织带，立即将乘员紧紧地绑在座椅上，然后锁止织带防止乘员身体前倾，有效保护乘员的安全。

(2) 预紧式安全带中起主要作用的卷收器与普通安全带不同，除了具有普通卷收器的收放织带功能外，还具有当车速发生急剧变化时，能够在 0.1 s 左右加强对乘员的约束力。

2. 预紧式安全带的分类

预紧式安全带的控制装置分为电子式(E 型)和机械式(M 型)两种。

电子式自动收紧式安全带系统由碰撞传感器、电子控制单元(ECU)、安全带、带扣锁、安全带收紧器和安装附件组成，其中传感器和电子控制器与气囊系统共用。由电子控制单元(ECU)检测到汽车加速度的不正常变化，经过电脑处理将信号发至卷收器的控制装置，激发预拉紧装置工作。这种预紧式安全带通常与辅助安全气囊组合使用。

机械式控制装置由传感器检测到汽车加速度的不正常变化，控制装置激发预拉紧装置工作。这种预紧式安全带可以单独使用。

3. 预紧式安全带的组成

安全带收紧器是预紧式安全带的核心部件，其结构如图 8.26 所示，它由收紧机构、收缩机构和紧急锁紧收缩器(ELR)等组成。

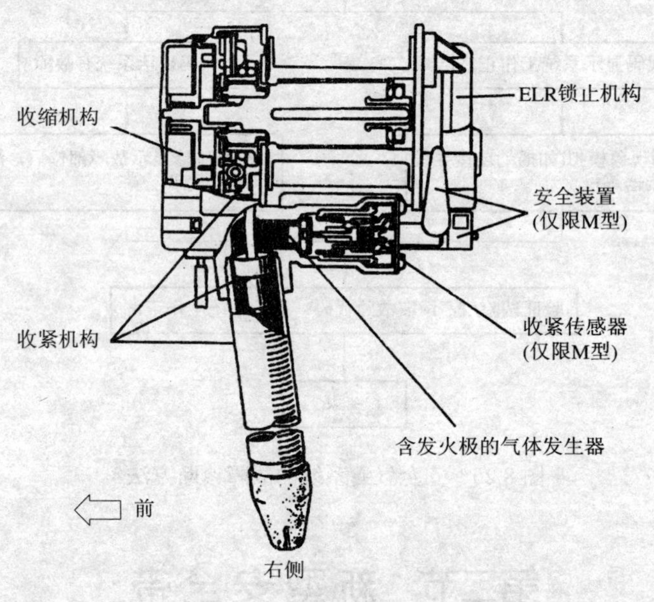

图 8.26　预紧式安全带收紧器的结构

1) 收紧机构

收紧机构的具体构造因制造厂家的不同而有差异，但工作原理均相同。

收紧机构由气体发生器、缸筒、活塞以及与活塞连在一起的拉索等组成，其结构及工作过程如图 8.27 所示。当收紧器动作时，由气体发生器释放出的大量气体推动活塞向下运动。由于拉索与活塞连在一起，所以活塞带动拉索，使鼓轮带动轴转动，收紧安全带的长度，确保乘员身体不会前移。

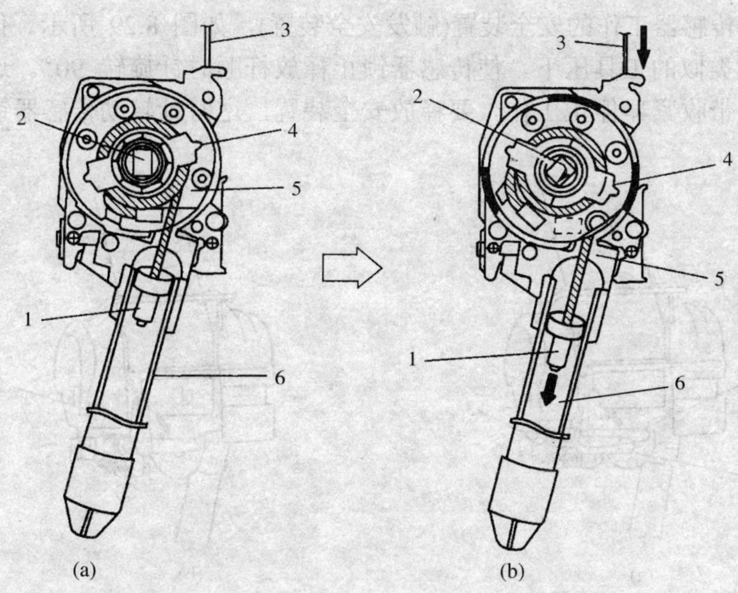

1—活塞；2—轴；3—安全带；4—鼓轮；5—拉索；6—缸筒

图 8.27 收紧机构的结构及工作过程示意图

(a) 未动作；(b) 已动作

2) 气体发生器

(1) E 型气体发生器。E 型气体发生器由传爆管(电热丝和点火剂)和装在金属容器内的气体发生剂(无烟火药)组成(如图 8.28 所示)。当气囊传感器接通时，电流流到传爆管的电热丝而点燃点火剂，火焰随即在极短的时间内传给气体发生剂，产生高压气体。

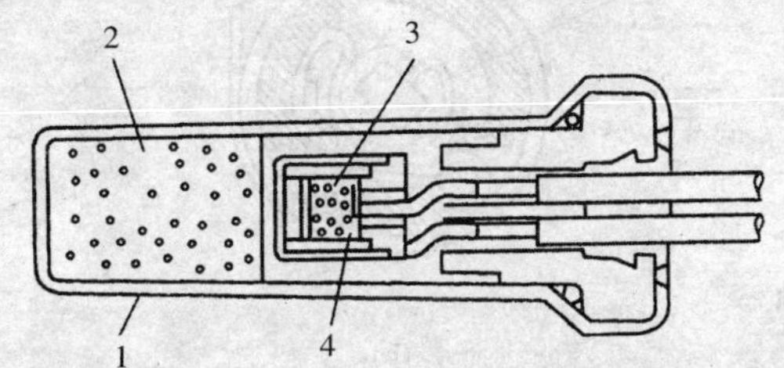

1—外壳；2—气体发生剂；3—点火剂；4—电热丝

图 8.28 E 型气体发生器截面图

维修 E 型气体发生器时需特别注意，即使微弱的电流也可能点燃传爆管，因此，绝不可使用万用表测量其电阻。

(2) M 型气体发生器。收紧传感器的组成元件有惯性配重、触发轴(或扣栓杆)、点火销、点火弹簧和偏位弹簧。在正常情况下，点火销被触发轴(或扣栓杆)扣住，使点火销不能射出去。此外，任何不必要的惯性移动均被偏位弹簧的弹力抑制，使安全带收紧器不致被误触发。如果车辆发生严重的正面碰撞而瞬间减速，惯性配重克服偏位弹簧力向前移动，从而使触发轴(或扣栓杆)释放开点火销。点火销被点火弹簧弹射出，点燃传爆管，火焰瞬间扩散到气体发生剂，从而产生大量气体。

为了防止在拆卸安全带或处理安全带收紧器时意外地启动收紧器，M 型座位安全带收紧器均装有制止传感器工作的安全装置(触发安全装置)，如图 8.29 所示。传感器锁止按钮必须用螺丝刀或类似的工具压下，使传感器锁止释放杆顺时针旋转 90°。这样触发轴就会被固定，使安全带收紧器停止工作。要释放安全装置，逆时针转动传感器锁止释放杆，并使之按下即可。

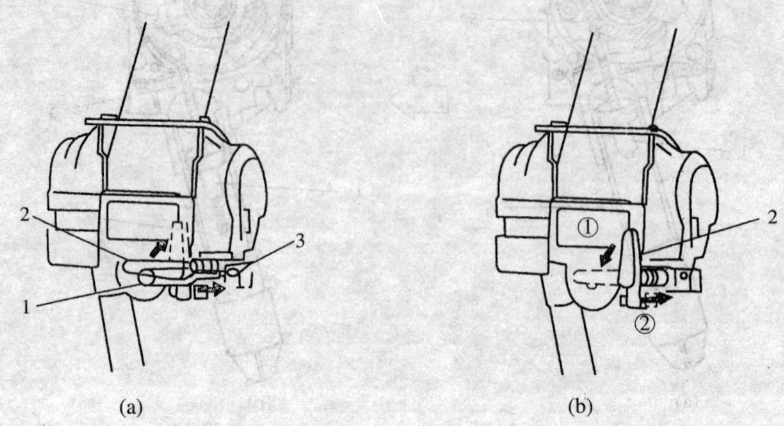

1—螺丝刀；2—传感器锁止释放杆；3—传感器锁止按钮

(a) 触发；(b) 释放

图 8.29　安全装置的触发与释放

3) 安全带限力器

安全带限力器由限力板、卷筒和固定轴等构成，如图 8.30 所示。

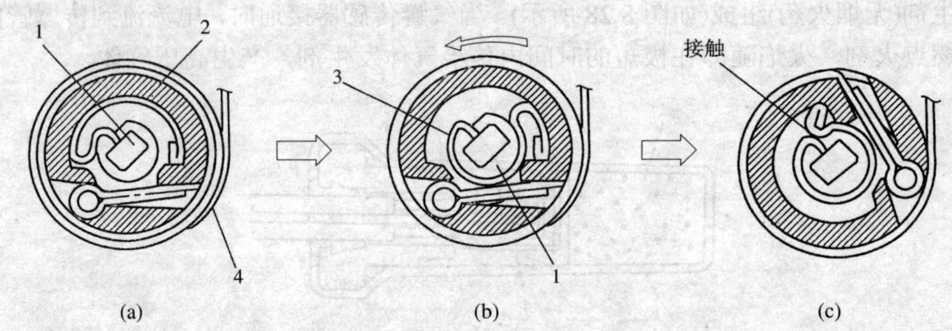

1—固定轴；2—卷筒；3—限力板；4—安全带

(a) 未动作；(b) 动作；(c) 动作结束

图 8.30　安全带限力器

当车辆发生严重的正面碰撞时，由于乘员进一步向前移动而使安全带所受的力超过预定值时，限力板开始变形，卷筒立即旋转，使得绕在其上的安全带得以向外拉出。与此同时，限力板继续随卷筒的旋转而绕固定轴变形，成为安全带继续拉出的阻力。当卷筒转过 1.25 圈时，随着限力板两端接触，限力板完成绕固定轴的转动，卷筒也不能再进一步转动。结果，限力器完成其工作。

4. 预紧式安全带的工作原理

装备座椅安全带收紧器后，辅助防护系统的基本原理如图 8.31 所示。前左、右碰撞传感器 9、10 与安装在 SRS 电脑中的中心传感器相互并联，驾驶席气囊点火器 7 与乘员席气囊点火器 8 并联，左、右安全辅助气囊收紧器点火器 5、6 并联。

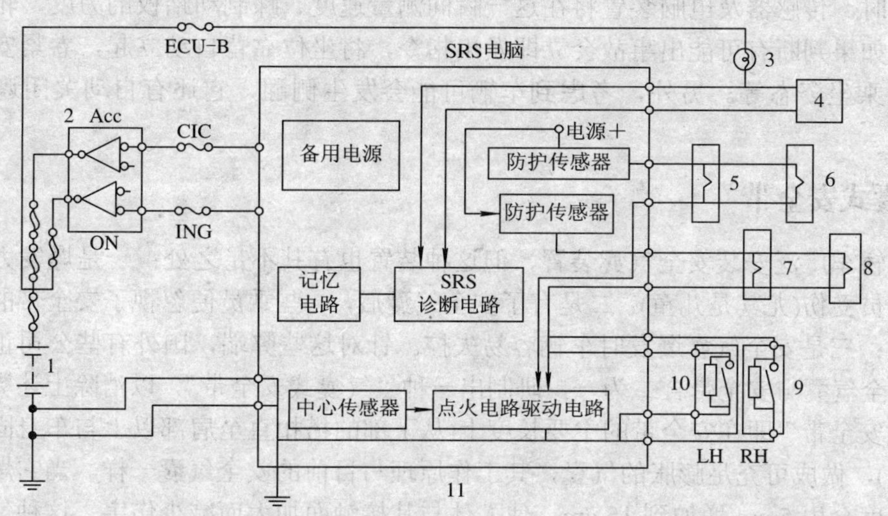

1—蓄电池；2—点火开关；3—SRS 指示灯；4—检查接口；5—左安全辅助气囊点火器；

6—右安全辅助气囊点火器；7—驾驶席气囊点火器；8—乘员席气囊点火器；

9—前左碰撞传感器；10—前右碰撞传感器；11—SRS 电脑

图 8.31　装备预紧式安全带的 SRS 系统工作原理

在 SRS 电脑中，设有两只相互并联的防护传感器，其中一只与收紧器点火器 5、6 和 SRS 电脑中的驱动电路构成回路。收紧器的点火器受控于 SRS 电脑。另一只防护传感器与气囊点火器 7、8 和碰撞传感器 9、10 构成回路，气囊点火器 7、8 也受控于 SRS 电脑。

当 SRS 电脑向收紧器的点火器发出点火指令时，点火器引爆点火剂，充气器内的充气剂受热分解释放大量的无毒氮气。活塞在膨胀气体的推动下迅速在导管内向上运动，同时拉动缆绳运动并向带轮传递一个转动力矩，离合器将带轮与卷筒卡住，成为一体，转动力矩便带动卷筒一起转动，将安全带收紧。在 8 ms 内，能将安全带收紧 10 cm，驾驶员和乘员向前移动距离缩短，从而防止其面部、胸部与转向盘、挡风玻璃或仪表台发生碰撞。

5. 使用注意事项

由于预紧式安全带是靠急速回拉的方式保护乘员，里面装置有气体引发剂和气体发生剂，因此在使用中要注意它与普通安全带的不同之处。它有一定的使用时间，有效期满必须更换；预紧式安全带只允许安装在为其设计和制造的汽车上，不允许随意改装在其他汽车上；开车前要系好预紧式安全带，如果未系好预紧式安全带，一旦汽车发生碰撞，不但受不到安全带的保护，反而会因安全带产生误回拉动作而增加乘员受伤的可能性。

二、预警式安全带

预警式安全带是一种安全性与舒适性并存的安全带。汽车乘客坐在座椅上喜欢放松安全带，将座椅靠背后倾，这样虽然舒适，但一旦发生碰撞事故，安全气囊将无法发挥作用，后果可能会很严重。戴姆勒-克莱斯勒汽车公司通过技术手段解决了这一问题，并宣布将在其生产的汽车上使用。这种技术主要是通过传感器发挥作用，当汽车开始侧滑或者驾驶者紧急制动时，传感器及电脑装置将在这一瞬间测量速度、踩制动踏板的力度、轮胎的滑行状态等，如果判断有可能出事故会立即发出指令，将坐位靠背自动立起，卷紧安全带，纠正乘客的乘坐姿态等。另外，考虑到车辆可能会发生侧翻，它还有自动关闭遮阳篷顶的功能。

三、气囊式安全带

目前轿车广泛安装安全气囊装置，但这种装置也有其不足之处：一是爆发力过大，容易造成乘员受伤(尤其是儿童)；二是有了安全气囊后，一些乘员便忽视了安全带的作用而不系安全带；三是安全气囊爆发时车辆容易失控。针对这些弊端，国外有些公司正在改变思路，将安全气囊与安全带合二为一，研制出一种“气囊式安全带”，以消除上述弊端。这种“气囊式安全带”即在安全带的主要长度上(从下部的搭扣直至肩部以上与车身固定点附近这段长度)，做成可充足膨胀的气囊，其工作原理与目前的安全气囊一样。当它爆发时，安全带的宽度会由 5 cm 增加到 15 cm，使人体与其接触面加大而减少伤害。这种气囊式安全带不但价格比较低，而且安装位置不受限制，后排座的乘员也可以使用。因此这种气囊式安全带具有广泛的市场前景。

练习与思考题

8-1　安全气囊系统的种类有哪些？

8-2　简述电子式安全气囊系统的工作原理。

8-3　检修安全气囊系统时应注意哪些事项？如何进行故障诊断？

8-4　预紧式安全带是如何工作的？使用时应注意哪些事项？

第九章　整车电路分析

【学习目标】

知识点：电路图的种类；汽车电路的表达方法；整车电路分析的一般方法。

技能点：实车上能够识别整车电气系统各部件的安装位置，能够对简单的汽车电路进行分析。

第一节　整车电路分析方法

一、汽车电路图的种类

现代汽车电路图的种类繁多，电路图依车型不同，也存在一定差别，但归纳起来汽车电路图主要有接线图、电路原理图、布线图、线束图等。

1. 接线图

图 9.1 是东风 EQ1090 型汽车的电气系统接线图。接线图是按照电气设备在汽车上的大致安装位置来绘制的电路图。接线图的优点是：整车电气设备数量准确，线路的走向清楚，有始有终，便于循线跟踪，查找起来比较方便。接线图的缺点是：图上电线纵横交错，印制版面小则不易分辨，版面过大印装又受限制；识图、画图费时费力，不易抓住电路重点、难点；不易表达电路内部结构与工作原理。因此，在电气系统复杂程度不高的情况下经常采用接线图。

2. 电路原理图

图 9.2 是东风 EQ1090 型汽车的电气系统电路原理图。电路原理图是以电路连接最短、最清晰为原则布置图面，且基本表示出电气设备的内部电路。因此，电路图既表达了电器之间的连接，又体现了电气设备内部的电路情况，容易分析各电器工作时电流的具体路径。因此，电路原理图的应用比较广泛。

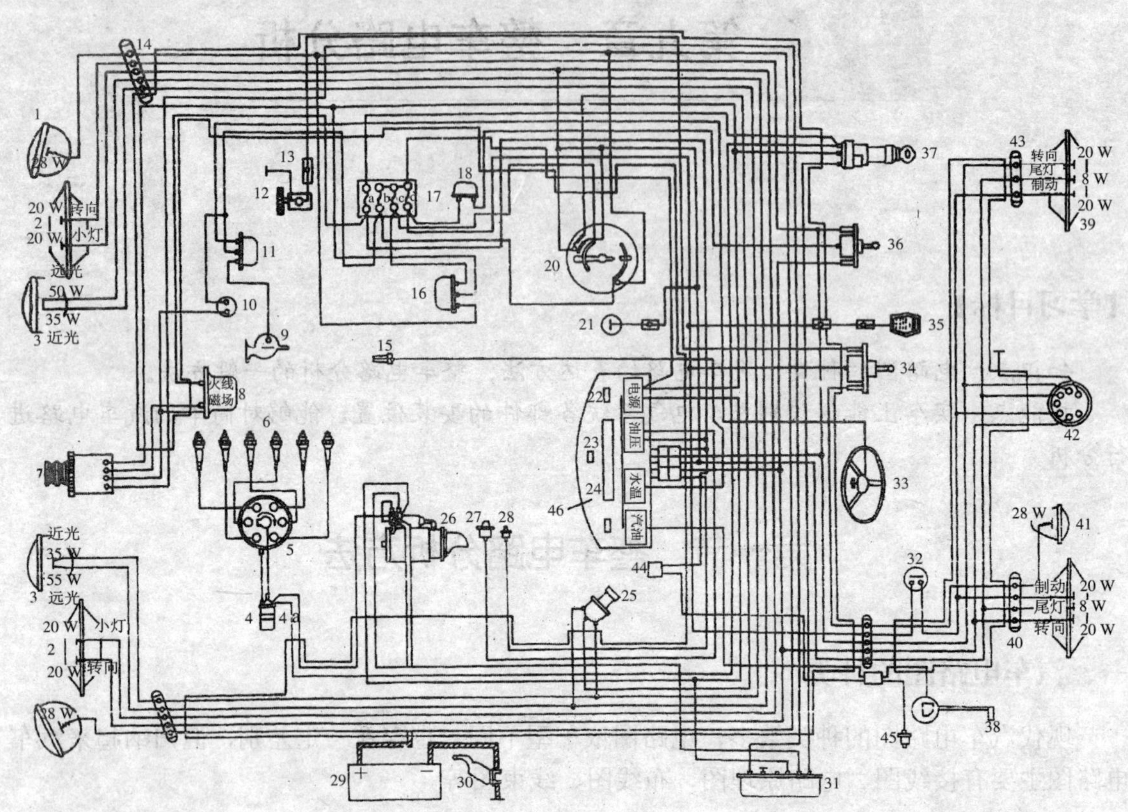

1—前侧灯；2—组合前灯；3—前照灯；4—点火线圈；4a—附加电阻线；5—分电器；6—火花塞；7—发电机；8—调节器；9—喇叭；10—工作灯插座；11—喇叭继电器；12—暖风电动机；13—接线管；14—五线接线板；15—水温表传感器；16—灯光继电器；17—熔断器盒；18—闪光器；20—车灯开关；21—发动机罩下灯；22—左右转向指示灯；23—低油压警告灯；24—车速里程表；25—变光开关；26—起动机；27—油压表传感器；28—低油压报警开关；29—蓄电池；30—电源总开关；31—起动复合继电器；32—制动灯开关；33—喇叭按钮；34—后照灯和暖风电动机开关；35—驾驶室顶灯；36—转向灯开关；37—点火开关；38—燃油表传感器；39—组合后灯；40—四线接线板；41—后照灯；42—挂车插座；43—三线接线板；44—低气压蜂鸣器；45—低气压报警开关；46—仪表盘

图 9.1 东风 EQ1090 型汽车的电气系统接线图

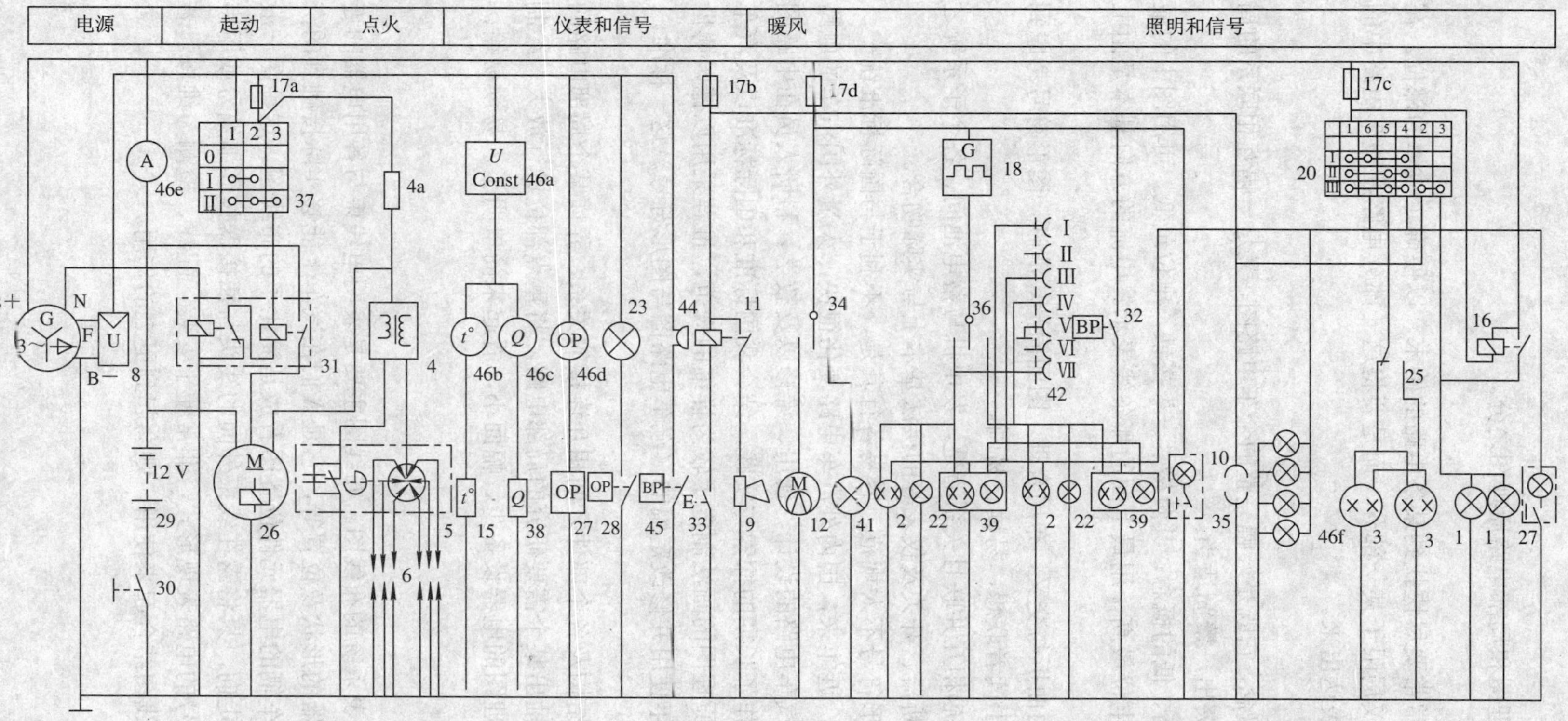

1—前侧灯；2—组合前灯；3—前照灯；4—点火线圈；4a—附加电阻线；5—分电器；6—火花塞；7—发电机；8—调节器；9—喇叭；10—工作灯插座；11—喇叭继电器；12—暖风电动机；15—水温表传感器；16—灯光继电器；17a～d—熔断器；18—闪光器；20—车灯开关；22—左右转向指示灯；23—低油压警告灯；25—变光开关；26—起动机；27—油压表传感器；28—低油压报警开关；29—蓄电池；30—电源总开关；31—起动复合继电器；32—制动灯开关；33—喇叭按钮；34—后照灯和暖风电动机开关；35—驾驶室顶灯；36—转向灯开关；37—点火开关；38—燃油表传感器；39—组合后灯；41—后照灯；42—挂车插座；44—低气压蜂鸣器；45—低气压报警开关；46a—稳压器；46b—水温表；46c—燃油表；46d—油压表；46e—电流表；46f—仪表灯

图 9.2 东风 EQ1090 型汽车的电气系统电路原理图

电路原理图有整车电路原理图和局部电路原理图之分。

1) 整车电路原理图

为了生产与教学的需要，常常要尽快找到某条电路的始末，以便确定故障的部位。在分析故障原因时，不能孤立地仅局限于某一部分，而是要将这一部分电路在整车电路中的位置及其与之相联系的电路都表达出来。

整车电路图的优点如下：

(1) 对全车电路有完整的概念，它既是一幅完整的全车电路图，又是一幅互相联系的局部电路图，因此其重点、难点突出，繁简适当。

(2) 在此图上建立起电位高、低的概念：其负极“－”搭铁，电位最低，可用图中的最下面一条线表示；正极“＋”电位最高，用最上面的那条线表示。电流的方向基本是由上而下。

(3) 尽最大可能减少电线的曲折与交叉，布局合理，图面简洁、清晰，图形符号考虑到元器件的外形与内部结构，便于读者联想，易读、易画。

(4) 各局部电路(或称子系统)相互并联且关系清楚，发电机与蓄电池间、各个子系统之间的连接点尽量保持原位，熔断器、开关及仪表等的接法基本上与实际吻合。

整车电路图的缺点是：图形符号不太规范，容易各行其是，不利于与国际标准统一，因而也不利于对外交流。但是，近年来，国内外汽车电路变化很快，大量外国汽车的电路资料被翻译并刊登出来，国产汽车电路的设计、使用、维修以及教学、科研人员在电路图的表达方式和实际应用方面均作了长期的探索与实践，结合我国标准和国际标准以及汽车电器行业的情况，对汽车电路原理图的画法制定了较为详细的规范，推荐采用以德国博世(BOSCH)公司为基础的，经多年使用并修改定稿的《汽车电路图与图形符号》这一标准。

2) 局部电路原理图

为了弄清汽车电器的内部结构及各个部件之间相互连接的关系，弄懂某个局部电路的工作原理，常从整车电路图中抽出某个需要研究的局部电路，将重点部位进行放大、绘制并加以说明。局部汽车电路原理图的电器设备少、幅面小，看起来简单明了，易读易绘；其缺点是只能了解电路的局部。

3. 布线图

图 9.3 是富康 988 轿车仪表系统的布线图。布线图主要是表明电线束与各用电器的连接部位、接线柱的标记、插接器的形状及位置等，它是人们在汽车上能够实际接触到的汽车电路图。我们也可以把一些车辆的电器元件位置图看成是简化了的布线图。这种图一般不去详细描绘线束内部的线路走向，只将露在线束外面的线头与插接器作详细编号或用字母标记。它是一种突出装配记号的电路表现形式，非常便于安装、配线、检测与维修。若布线图能够与电路原理图或接线图结合起来使用，则会起到更大的作用。

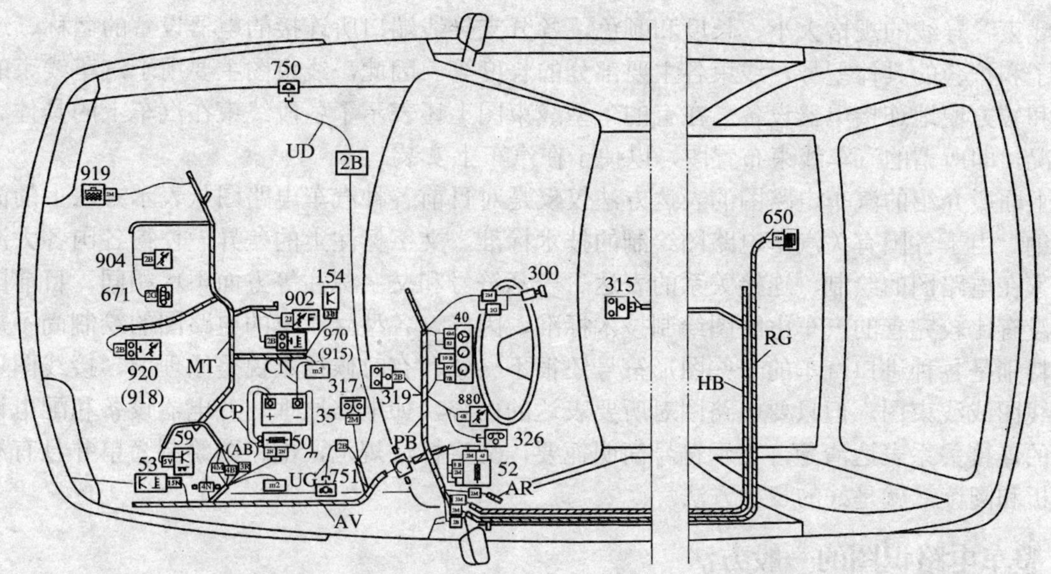

35—蓄电池；40—仪表板；50—发动机罩下熔断器盒；52—车内熔断器盒；53—水温控制盒；
154—车速传感器；300—点火开关；315—手制动开关；317—液面开关；319—制动灯开关；
326—阻风门开关(未用)；650—燃油表传感器；671—机油压力表传感器；750—右前制动摩擦片报警器；
751—左前制动摩擦片报警器；880— 仪表照明变阻器；915—水温传感器；
59、902、904、918、919、920—未用；970—发动机温度报警开关

图 9.3 富康 988 轿车仪表系统布线图

4. 线束图

图 9.4 是现代轿车发动机的主线束图。线束图是根据汽车线束在汽车上的布置、分段以及各分支导线端口的具体连接情况而绘制的电路图，其重点反映的是已制成的线束外形，

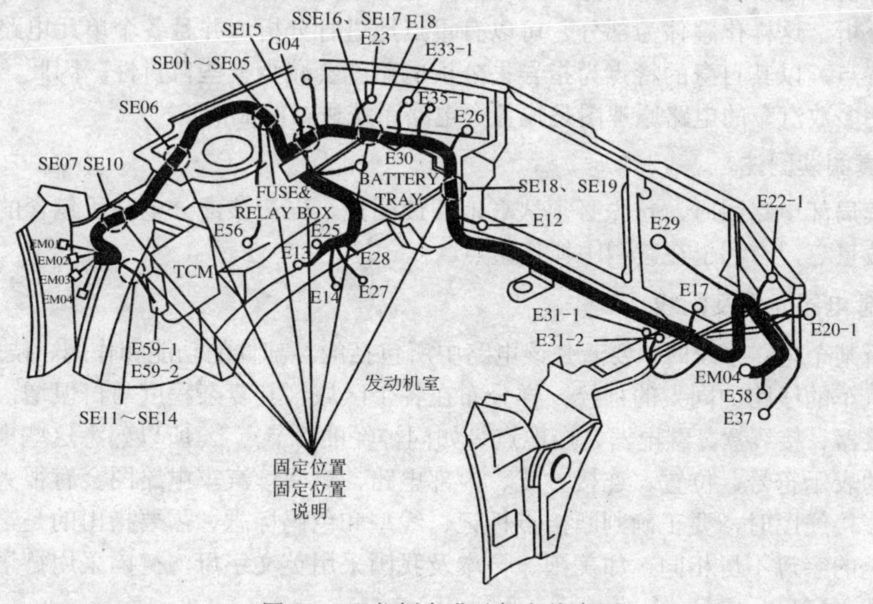

图 9.4 现代轿车发动机主线束图

组成线束各导线的规格大小、长度和颜色，各分支导线端口所连接的电器设备的名称、连接端子和护套的具体型号，线束各主要部分的长度等。因此，线束图主要用于汽车线束的制作和较方便地连接电器设备。在有的车型线束图上还表示了各段线束在汽车上的具体布置情况，即所谓的汽车线束布置图，以便于在汽车上安装。

上面所介绍的汽车电路图的表达方法仅仅是对目前各种汽车电路图从表示方法上的简单归纳。由于各国有关汽车电路图绘制的技术标准、文字标注上的差异，使得各国各大汽车厂家在电路图的绘制、连接关系的表达、表示符号和文字标注等方面不尽相同。目前国内也没有比较完善的汽车电路图绘制技术标准，因此，各型号汽车的电路图的绘制尚不规范，特别是各种进口汽车的一些图形符号还很不一致，有时候很难说是原理图、接线图还是布线图或线束图。但只要电路图对所要表达的内容，如电路原理、各电器设备和配电设备间的连接关系表达清楚，表示符号简明扼要，文字标注规范，电路图绘制简单并且有利于分析和阅读，就是好的表达方法。

二、整车电路识图的一般方法

由于各国汽车电路图有很大差异，甚至同一国家不同公司的汽车电路图也存在着较大差异。这就给我们识图带来了许多麻烦。要想完全读懂一种车型的整车电路图，特别是较复杂的轿车电路图并非是一件轻松的事。因此，掌握汽车电路识图的一般方法是十分必要的。

当拿到一张汽车电路图时，大多是接线图或电路原理图，无论它是哪一种电路图，一般都是线条密集、纵横交错、头绪多而杂，不容易看懂。我们在认识了汽车电路图中的图形符号及有关标志，知道了汽车电路图的种类后，可以按照以下方法对整车电路图进行阅读。

1. 善于化整为零

按整车电路系统的各功能及工作原理把整车电气系统划分成若干个独立的电路系统，分别进行分析。通常将整车电路分解成电源、起动、点火、照明、信号、仪表、警报等系统来进行分析。这样化整体为部分，可以有重点地进行分析，并且各个单元电路又有其自身的一些特点，以其自身的特点为指导去分析电路就会减少一些盲目性。因此，为了阅读方便，现在多数汽车的电路原理图是按各个电路系统进行绘制的。

2. 认真阅读图注

在阅读局部电路图时，首先必须认真地阅读图注，弄清该部分电路所包含的电器设备的种类、数量等，有利于在读图中抓住重点。

3. 熟悉电器元件及配线

在分析某个电路系统时，要清楚该电路中所包括的各部件的功能和作用、技术参数等。

现代汽车的线路如同人的神经一样分布在各个区域，其复杂程度与日俱增，而线路中的配线插接器、接线盒、继电器、接地点等如同神经的“节点”。所以熟悉这些电器元件在电路图中的表示符号、位置、连接方式、内部电路，对阅读汽车电路图会有很大帮助。因此，在阅读接线图时，要正确判断接点标记、线型和色码标志。需要指出的是，各国采用的标记颜色的字母不尽相同，如美国、日本及我国采用英文字母，德国采用德语字母，俄罗斯采用俄语字母。

4. 注意开关的作用

开关是控制电路通断的关键。我们通常按操纵开关的功能及不同工作状态来分析电路的工作原理。如点火系供电，点火开关应处于点火挡或起动挡。在标准画法的电路图中，开关总是处于零位，即开关处于断开状态；电子开关的状态则视具体情形而定。这里所说的电子开关主要包括晶体管及晶闸管等具有开关特性的电子元件。

在一些复杂的电路控制中，一个主开关往往汇集许多导线，分析汽车电路时应注意以下几个问题：

(1) 蓄电池(或发电机)的电流是通过什么路径到达这个开关的，中间是否经过其他的开关和熔断器，这个开关是手动还是电控的。

(2) 这个开关控制哪些用电器，每个被控电器的作用是什么。

(3) 开关的许多接线柱中，哪些是直通电源的，哪些是接用电器的，接线柱旁是否有接线符号，这些符号是否常见。

(4) 开关共有几个挡位，在每一挡中，哪些接线柱有电，哪些无电。

(5) 在被控的用电器中，哪些电器应经常接通，哪些应短暂接通，哪些应先接通，哪些应后接通，哪些应当单独工作，哪些应当同时工作，哪些电器不允许同时接通。

5. 了解继电器的工作状态

现代汽车电路中经常采用各种继电器对一些复杂的电路进行控制。了解继电器的上作状态，特别是一些电子继电器的工作状态，对分析电路会有很大的帮助。

阅读电路图时，可以把含有线圈和触点的继电器，看成是由线圈工作的控制电路和触点工作的主电路两部分。主电路中的触点只有在线圈电路中有工作电流流过后才能动作。在电路图中画出的是继电器线圈处于失电的状态。

6. 牢记回路原则

在阅读电路图时，应掌握回路原则，即电路中工作电流是由电源正极流出，经用电设备后流回电源负极；电路中只有当电流流过用电设备时，用电设备才能工作。

虽然掌握了回路原则，但在阅读电路图时还容易犯一些错误。常见的错误有：从电源正极出发，到某电器设备(或再经其他电器设备)又回到了电源正极；把发电机、蓄电池这两个电源当成一个电源，常从这个电源的正极出发，经过用电器回到另一个电源的负极，这实际上并未构成真正的通路，也就不能产生电流；虽然注意到回路原则，但在电流方向上却是随意的，有时从电源的负极出发，经用电器回到电源的正极，这样虽然构成了回路，但容易在某些线圈与磁路中引出错误的结论，而且这种从负到正的电流方向在电子电路中是行不通的。

另外，进口汽车一般只配有接线图，其原理图往往是进口以后有关人员为研究、使用与检修而收集和绘制的。由于这些图的来源不同，收集时间不同以及符号、惯例的变更等，在画法上可能出现差异。所以在读电路原理图时应注意这一点。

第二节　整车电路分析实例

下面以解放 $CA1110PK_2L_2$ 汽车电路为例，介绍汽车整车电路的分析方法。

解放 $CA1110PK_2L_2$ 汽车的电路原理图见图 9.5，布线图见图 9.6。

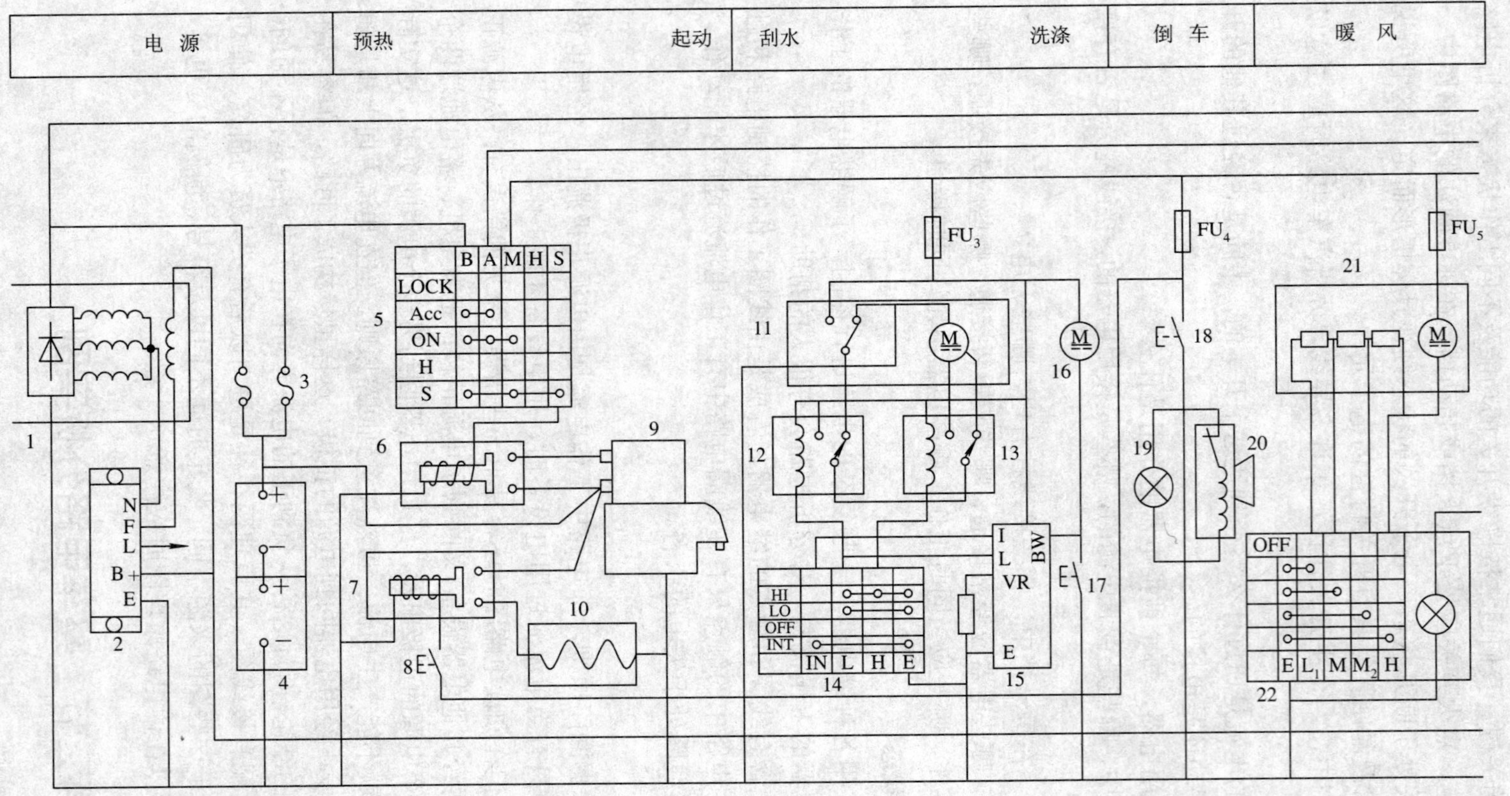

1—发电机；2—调节器；3—易熔线；4—蓄电池；5—起动开关；6—起动继电器；7—预热继电器；8—预热按钮；9—起动机；10—空气加热器；11—刮水器；12、13—刮水器继电器；14—刮水器开关；15—间歇控制器；16—洗涤泵；17—洗涤泵开关；18—倒车开关；19—倒车灯；20—蜂鸣器；21—暖风电机；22—暖风电机开关

图 9.5 解放 CA1110PK$_2$L$_7$汽车的电路原理图(一)

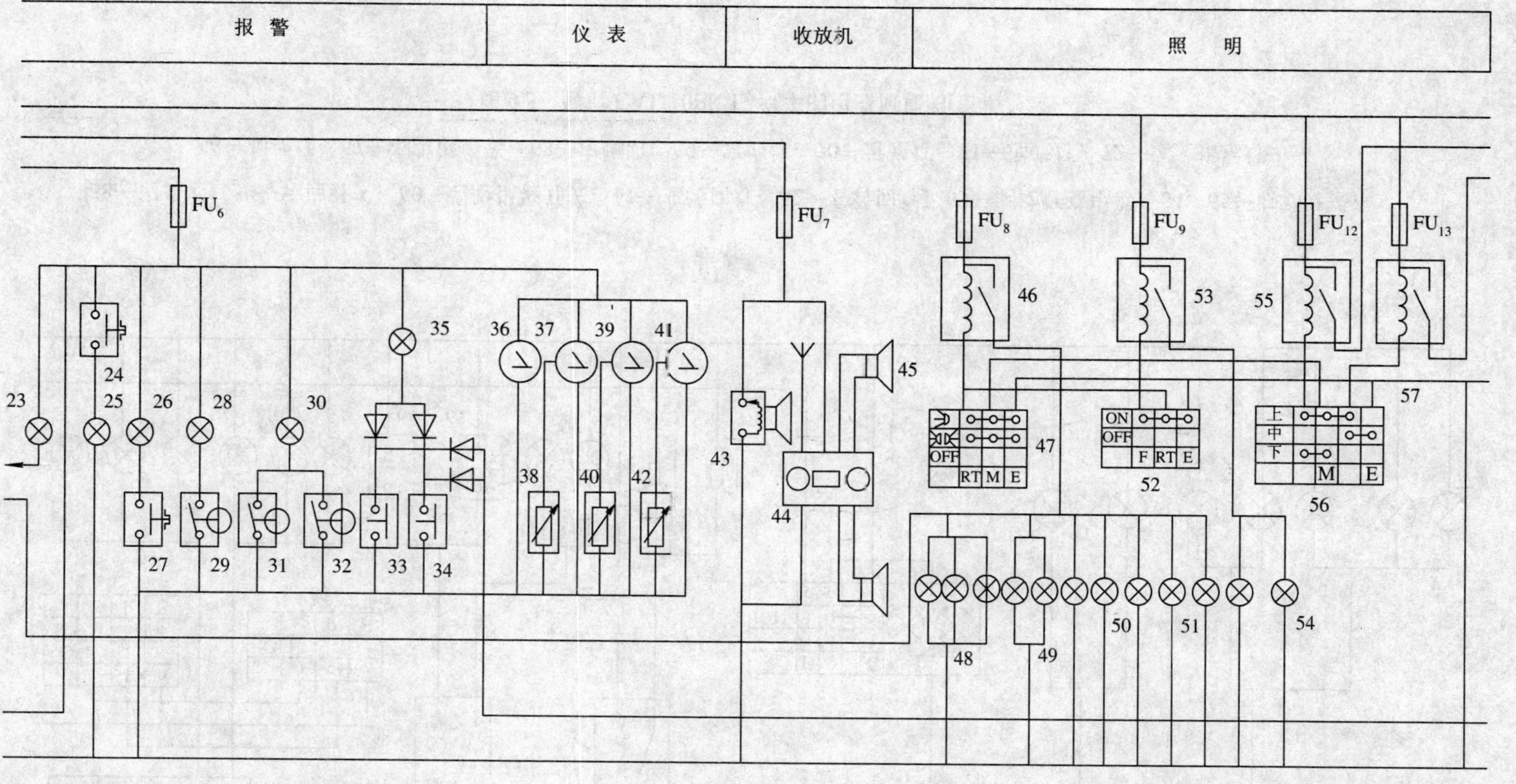

23—充电指示灯；24—手制动灯开关；25—手制动灯；26—驾驶室翻转指示灯；27—翻转开关；28—气压报警灯；29—气压报警开关；30—机油报警灯；31、32—机滤报警开关及机油压力报警开关；33、34—车门开关；35—车门指示灯；36—电压表；37—水温表；38—水温传感器；39—油量表；40—油量传感器；41—油压表；42—油压传感器；43—点烟器；44—收放机；45—扬声器；46—小灯继电器；47—灯光开关；48—仪表灯；49—牌照灯；50—示宽灯；51—尾灯；52—雾灯开关；53—雾灯继电器；54—雾灯；55—远光继电器；56—变光开关；57—近光继电器

图 9.5　解放 $CA1110PK_2L_2$ 汽车的电路原理图(二)

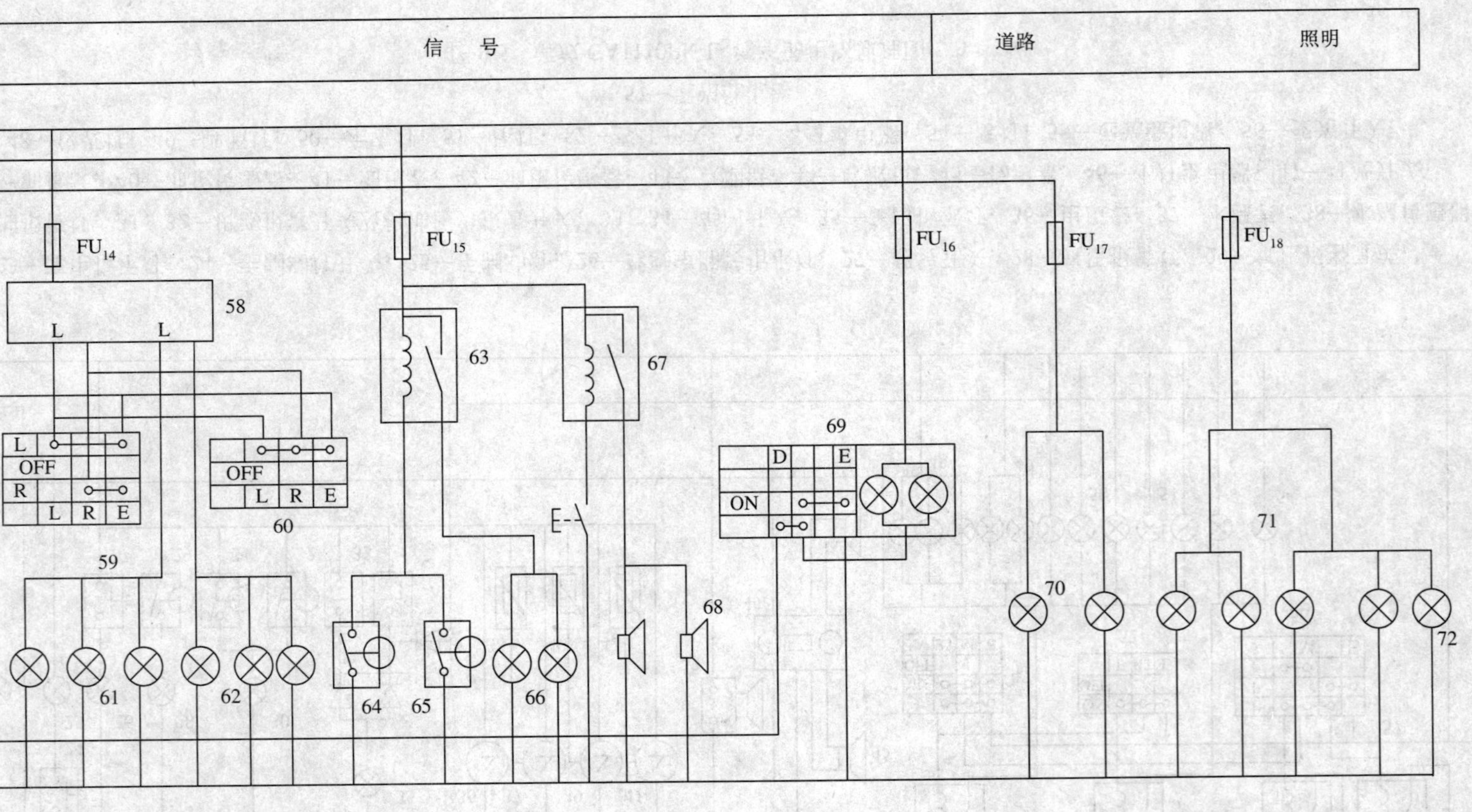

58—闪光器；59—转向开关；60—遇险报警开关；61—左转向灯；62—右转向灯；63—制动灯继电器；64、65—制动开关；66—制动灯；67—喇叭继电器；68—电喇叭；69—室内灯；70—近光灯；71—远光灯；72—远光指示灯

图 9.5　解放 $CA1110PK_2L_2$ 汽车的电路原理图(三)

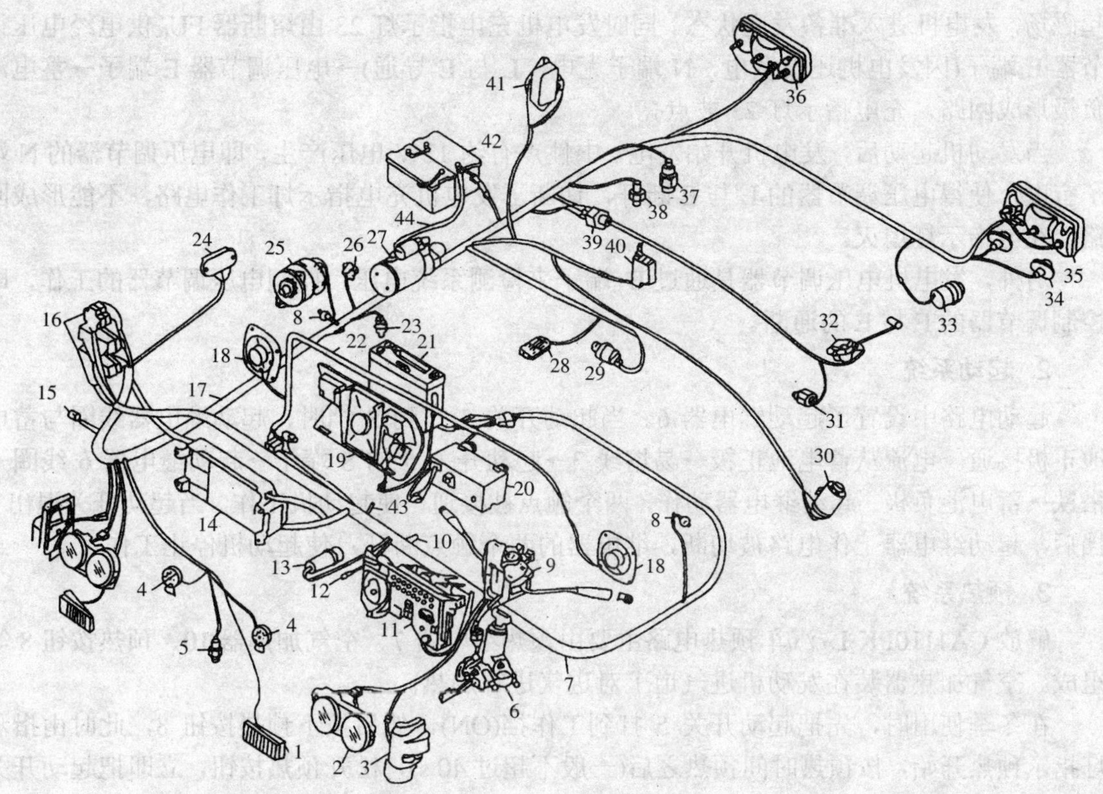

1—左、右雾灯总成；2—左、右前照灯总成；3—左、右前小灯总成；4—喇叭总成；5—前制动灯开关；6—起动开关总成；7—车身电线束总成；8—车门报警开关总成；9—组合开关；10—空调器按钮；11—仪表盘总成；12—烟灰盒照明灯；13—点烟器总成；14—熔断器总成；15—洗涤器接线；16—插接器；17—底盘电线束总成；18—扬声器总成(放音机用)；19—驾驶室室内灯总成；20、21—收放机总成；22—室内灯电线束总成；23—水温表预热控制器传感器；24—交流发电机调节器总成；25—交流发电机总成；26—机滤报警开关；27—起动机总成；28—空气加热器；29—机油压力表及警报指示灯传感器；30—起动继电器总成；31—气压报警开关；32—油量表传感器；33—倒车蜂鸣器总成；34—牌照灯总成；35—左组合后灯；36—右组合后灯；37—气制动报警开关；38—后制动灯开关；39—倒车灯开关；40—驾驶室翻转开关；41—起动预热继电器总成；42—蓄电池总成；43—暖风电动机接线；44—起动机接蓄电池电线总成

图 9.6　解放 CA1110PK$_2$L$_2$ 汽车的布线图

解放 CA1110PK$_2$L$_2$ 汽车的电路原理图在绘制时就分为多个系统，即电源、预热与起动、刮水与洗涤、倒车、暖风、警报、仪表、收放机、照明与信号系统。电路简单清晰，给我们读图带来了极大方便，可以直接对每个系统进行阅读。

1. 电源系统

该系统主要包括蓄电池、发电机、电压调节器和熔断器等。其工作过程如下：

点火开关打到 0N 挡未起动发动机时，电流从蓄电池正极→易熔线 3→起动开关 5 的 M 端子→熔断器 FU$_6$→发电机激磁绕组(转子)→电压调节器 F 端子(因发电机还没发电，N 端子无电，F 端与 E 导通)→电压调节器 E 端子→蓄电池负极形成回路。这条通路使转子建立起磁场，发电机进入准备发电状态。同时发电机充电指示灯 23 由熔断器 FU_6 供电经电压调节器 L 端子(因发电机还没发电，N 端子无电，L 与 E 导通)→电压调节器 E 端子→蓄电池负极形成回路，充电指示灯 23 被点亮。

当发动机起动后，发电机开始发电，中性点有约 12 V 电压产生，即电压调节器的 N 端子有电，使得电压调节器的 L 与 E 断开，切断了发电机充电指示灯工作电路，不能形成回路，充电指示灯熄灭。

另外，发电机电压调节器是通过 B_+端子来检测系统电压，控制电压调节器的工作，即控制调节器的 F 与 E 的通断。

2. 起动系统

起动电路中设置了起动继电器 6。当起动开关 5 打到 S 挡时，起动继电器线圈与蓄电池正极接通。电流从蓄电池正极→易熔线 3→起动开关 5 的 S 端子→起动继电器 6 线圈→搭铁→蓄电池负极。起动继电器动作，两个触点被接通，使起动机工作。当起动开关退出 S 挡后，起动继电器工作电路被切断，继电器的两个触点断开，使起动机停止工作。

3. 预热系统

解放 $CA1110PK_2L_2$ 汽车预热电路主要由预热继电器 7、空气加热器 10、预热按钮 8 等组成。空气加热器装在发动机进气道上对进气进行加热。

在冬季使用时，先把起动开关 5 打到工作挡(ON)，然后按下预热按钮 8，此时由指示灯指示预热开始，按预热时间预热之后(一般不超过 40 s)，松开预热按钮，立即把起动开关打到起动挡，起动发动机。

预热电路工作时有两条回路：

一条是控制预热继电器 7 的回路，其工作电流较小。电流从蓄电池正极→易熔线 3→起动开关 5 的 M 端子→熔断器 FU_4→预热按钮 8→预热继电器 7 的电磁铁线圈→搭铁→蓄电池负极。

另一条是加热回路，其电流很大，电流从蓄电池正极→起动机接线柱→预热继电器 7 的触点→空气加热器 10→搭铁→蓄电池负极。

4. 仪表系统

解放 $CA1110PK_2L_2$ 汽车的仪表包括电压表、燃油量表、水温表、机油压力表等。

1) 电压表电路

该车发电机的工作状态使用电压表 36 来显示。起动开关 5 关闭时，指针归零位，打到 ON 挡不起动发动机时，指示 24 V，发电机正常发电时指示 27～29 V。如果发电机发电电压过高，则电压表指到危险区域(红色区域)。工作时工作电流从蓄电池正极→易熔线 3→起动开关 5 的 M 端子→熔断器 FU_6→电压表 36→搭铁→蓄电池负极。

2) 水温表、燃油量表及机油压力表电路

当起动开关 5 打开后，工作电流从蓄电池正极→易熔线 3→起动开关 5 的 M 端子→熔断器 FU_6→水温表 37→水温传感器 38→搭铁→蓄电池负极。

燃油量表 39、机油压力表 41 的工作电路与水温表相类似。

5. 报警系统

报警系统包括气压报警、手制动报警、机油滤清器堵塞报警及发电指示灯报警系统等。

报警系统受起动开关控制。

1) 气压报警系统电路

该系统包括气压报警灯 28 和安装在储气筒上的气压报警开关 29。当储气筒内的气压低于 0.49 MPa 时，报警灯 28 亮，工作电流从蓄电池正极→易熔线 3→起动开关 5 的 M 端子→熔断器 FU_6→气压报警灯 28→气压报警开关 29→搭铁→蓄电池负极。

2) 手制动报警系统电路

该系统包括手制动灯 25 和快放阀上的手制动灯开关 24。当起动开关处于 ON 挡，手制动手柄置于制动位置时，灯亮；当解除手制动，同时快放阀气压达到 0.392 MPa 时，灯灭。工作电流从蓄电池正极→易熔线 3→起动开关 5 的 M 端子→熔断器 FU_6→手制动灯开关 24→手制动灯 25→搭铁→蓄电池负极。

3) 机滤器报警系统电路

该系统由机油报警灯 30、机滤报警开关 31 和机油压力报警开关 32 组成。当机油滤清器的滤心过脏，阻力增大，滤心内外压差达到 0.147 MPa 时，机滤报警开关 31 闭合，机油报警灯 30 亮，提醒更换滤心；当发动机润滑系统压力过低时，机油压力报警开关 32 闭合，机油报警灯 30 也被点亮。工作电流从蓄电池正极→易熔线 3→起动开关 5 的 M 端子→熔断器 FU_6→机油报警灯 30→机滤报警开关 31(或机油压力报警开关 32，或二者同时)→搭铁→蓄电池负极。

4) 驾驶室翻转指示系统电路

该系统由驾驶室翻转指示灯 26 和翻转开关 27 组成。当驾驶室翻转锁止机构脱开时，翻转开关 27 闭合，指示灯 26 亮；锁止时，指示灯 26 灭。如果灯亮，提醒驾驶员驾驶室没有锁紧，要停车锁紧再行驶，以免发生危险。工作时，工作电流从蓄电池正极→易熔线 3→起动开关 5 的 M 端子→熔断器 FU_6→驾驶室翻转指示灯 26→翻转开关 27→搭铁→蓄电池负极。

5) 车门开关指示系统电路

该系统由车门开关 33、34 和车门指示灯 35 组成。车门开关 33、34 受车门控制，车门关闭，开关断开，车门指示灯灭；车门打开，开关闭合，车门指示灯亮。工作时，工作电流从蓄电池正极→易熔线 3→起动开关 5 的 M 端子→熔断器 FU_6→车门指示灯 35→车门开关 33(或 34，或二者同时)→搭铁→蓄电池负极。

6. 倒车系统电路

该系统包括倒车开关 18、倒车灯 19 和蜂鸣器 20，受起动开关控制。

当需要倒车，起动开关在 ON 位，挂入倒挡的同时，倒车开关被自动接合，倒车电路接通，倒车灯亮，蜂鸣器鸣响。工作电流从蓄电池正极→易熔线 3→起动开关 5 的 M 端子→熔断器 FU_4→倒车开关 18→倒车灯 19(及蜂鸣器 20)→搭铁→蓄电池负极。

7. 照明系统

照明系统不受起动开关控制，包括远光灯、近光灯、示宽灯、室内灯、牌照灯及仪表照明灯。

1) 前照灯电路

前照灯电路包括灯光开关 47、变光开关 56、远光继电器 55、近光继电器 57、近光灯 70、远光灯 71 及远光指示灯 72 等。

灯光开关 47 有三个挡位，分别为关闭挡(OFF)、前照灯挡(上)和小灯挡(中)。变光开关 56 用于将前照灯变换成近光或远光，包括上、中、下三个位置。前照灯系统工作原理如下：

当灯光开关 47 打到前照灯挡(图 9.5(二)中的上挡)，且

(1) 变光开关 56 处于上挡位时，近光继电器 57、远光继电器 55 线圈电路均接通。远光继电器 55 线圈电路工作电流从蓄电池正极→易熔线 3→熔断器 FU_{12}→远光继电器 55 线圈→变光开关 56→灯光开关 47 的 M 端子→灯光开关 47 的 E 端子搭铁→蓄电池负极形成回路。远光继电器 55 闭合，远光灯点亮，工作电流从蓄电池正极→易熔线 3→熔断器 FU_{12}→远光继电器 55→熔断器 FU_{18}→远光灯 71 及远光指示灯 72→搭铁→蓄电池负极。同时近光继电器 55 线圈电路工作电流从蓄电池正极→易熔线 3→熔断器 FU_{13}→近光继电器 57 线圈→变光开关 56→灯光开关 47 的 M 端子→灯光开关 47 的 E 端子搭铁→蓄电池负极。近光继电器 57 闭合，近光灯点亮，工作电流从蓄电池正极→易熔线 3→熔断器 FU_{13}→近光继电器 57→熔断器 F_{17}→近光灯 70→搭铁→蓄电池负极。

(2) 变光开关 56 处于中挡位时，只有近光灯亮。近光继电器 55 线圈电路工作电流从蓄电池正极→易熔线 3→熔断器 FU_{13}→近光继电器 57 线圈→变光开关 56 的 E 端子搭铁→蓄电池负极。近光继电器 57 闭合，近光灯点亮，工作电流从蓄电池正极→易熔线 3→熔断器 FU_{13}→近光继电器 57→熔断器 FU_{17}→近光灯 70→搭铁→蓄电池负极。

(3) 变光开关 56 处于下挡位时，只有远光灯点亮，远光继电器 55 线圈电路工作电流从蓄电池正极→易熔线 3→熔断器 FU_{12}→远光继电器 55 线圈→变光开关 56→灯光开关 47 的 E 端子搭铁→蓄电池负极。远光灯工作电流从蓄电池正极→易熔线 3→熔断器 FU_{12}→远光继电器 55→熔断器 FU_{18}→远光灯 71 及远光指示灯 72→搭铁→蓄电池负极。

当灯光开关 47 打到小灯挡(图 9.5(二)中的中挡)，变光开关 56 处于上挡位时，近、远光灯均不亮；变光开关 56 处于中挡位时，近光灯亮；变光开关 56 处于下挡位时，远、近光灯均不亮。

当灯光开关 47 打到下挡(图 9.5(二)中的 OFF 挡)时，无论变光开关 56 处于何位置，远、近光灯均不亮。

2) 仪表照明灯、牌照灯、示宽灯及尾灯电路

这些灯均通过灯光开关 47 受小灯继电器 46 控制。当灯光开关 47 处于 OFF 挡时，这些灯均不亮；当灯光开关 47 处于上、中挡时，这些灯均亮。小灯继电器 46 线圈电路工作电流从蓄电池正极→易熔线 3→熔断器 FU_8→小灯继电器 46 线圈→灯光开关 47 的 E 端子搭铁→蓄电池负极，则小灯继电器 46 闭合，小灯电路接通，灯亮。小灯的工作电流从蓄电池正极→易熔线 3→熔断器 FU_8→小灯继电器 46→仪表照明灯 48、牌照灯 49、示宽灯 50、尾灯 51→搭铁→蓄电池负极。

3) 雾灯电路

雾灯 54 通过雾灯开关 52 受雾灯继电器 53 控制。雾灯开关 52 有两个挡，即 ON 与 OFF。当雾灯开关 52 处于 OFF 位置时，雾灯不亮；当处于 ON 位置时，雾灯继电器 53 线圈电路接通，工作电流从蓄电池正极→易熔线 3→熔断器 FU_9→雾灯继电器 53 线圈→雾灯开关 52 的 E 端子搭铁→蓄电池负极，雾灯继电器 53 闭合，雾灯点亮。雾灯工作电流从蓄电池正极→易熔线 3→熔断器 FU_9→雾灯继电器 53→雾灯 54→搭铁→蓄电池负极。

另外，当雾灯开关 52 处于 ON 位置时，即使灯光开关 47 处于关闭(OFF)位置，通过雾

灯开关 52 仍然可将小灯继电器 46 闭合，受其控制的灯全部点亮。

8. 信号系统

信号系统包括转向指示系统、制动指示系统、电喇叭指示系统、室内灯等。该系统不受起动开关控制。

1) 转向指示系统电路

该系统包括闪光器 58、转向开关 59、遇险报警开关 60、左转向灯 61 及右转向灯 62 等。

转向开关 59 有三个挡位，即关闭(OFF)、左转向(L)和右转向(R)。当转向开关 59 位于 OFF 挡时，左、右转向灯电路全断开，转向灯全不亮。当转向开关 59 位于 L 挡时，左转向灯电路接通，通过闪光器 58 的作用，左转向灯 61 开始闪烁。工作电流从蓄电池正极→易熔线 3→熔断器 FU_{14}→闪光器 58→左转向灯 61→搭铁→蓄电池负极。当转向开关 59 位于 R 挡时，右转向灯电路接通，右转向灯 62 工作；当遇到紧急情况时，则将遇险报警开关 60 由关闭(OFF)转换到打开后，不论转向开关 59 处于何位置，左、右转向灯电路均通过遇险报警开关 60 接通，左、右转向灯同时闪烁。工作电流从蓄电池正极→易熔线 3→熔断器 FU_{14}→闪光器 58→左、右转向灯 61、62→搭铁→蓄电池负极。

2) 制动指示系统电路

该系统包括制动灯继电器 63、前制动开关 64、后制动开关 65、制动灯 66 等。

制动开关受制动系统压缩空气自接控制，当需要制动时，踏下制动踏板，制动开关自动接通，松开踏板，制动开关自动断开。当制动开关接通，使制动灯继电器 63 线圈通电时，工作电流从蓄电池正极→易熔线 3→熔断器 FU_{15}→制动灯继电器 63 线圈→前制动开关 64 或后制动开关 65→搭铁→蓄电池负极，则制动灯继电器 63 闭合，制动灯 66 点亮。制动灯电路工作电流从蓄电池正极→易熔线 3→熔断器 FU_{15}→制动灯继电器 63→制动灯 66→搭铁→蓄电池负极。

3) 喇叭电路

该系统包括喇叭继电器 67、喇叭按钮和电喇叭 68。

当按下喇叭按钮，喇叭继电器 67 线圈电路接通，工作电流从蓄电池正极→易熔线 3→熔断器 FU_{15}→喇叭继电器 67 线圈→喇叭按钮→搭铁→蓄电池负极，则喇叭继电器 67 闭合，电喇叭 68 电路接通，喇叭发出声响。电喇叭 68 电路工作电流从蓄电池正极→易熔线 3→熔断器 FU_{15}→喇叭继电器 67→电喇叭 68→搭铁→蓄电池负极。

4) 室内灯电路

室内灯不受起动开关控制。

室内灯电路包括室内灯开关和室内灯，装在同一壳体内，图中标记为 69。室内灯开关有三个位置，即关闭(图 9.5(三)中 69 的上挡)、开(ON)和下挡(受车门开关控制)。当室内灯开关处于关闭挡时，室内灯不亮；当室内灯开关处于 ON 挡时，室内灯点亮，工作电流从蓄电池正极→易熔线 3→熔断器 FU_{16}→室内灯及室内灯开关 69→搭铁→蓄电池负极。当室内灯开关处于下挡时，室内灯受车门开关控制：车门关闭，由于车门开关断开，所以室内灯电路未接通，室内灯不亮；车门打开，车门开关闭合，室内灯点亮，工作电流从蓄电池正极→易熔线 3→熔断器 FU_{16}→室内灯及室内灯开关 69→二极管→车门开关 33 或 34→搭铁→蓄电池负极。

9. 暖风系统

暖风系统包括暖风电机 21 和暖风开关 22。暖风电机内有三个降速电阻，在暖风开关的控制下，不同的降速电阻串入暖风电机工作电路，可得到不同的暖风电机转速。暖风开关内有一照明灯，该灯受灯光开关控制，当小灯继电器闭合时，灯亮。

暖风开关 22 共有五个挡位，即 OFF、1、2、3、4 挡。当开关处于 OFF 位置时，暖风电机电路不通，暖风电机不工作；当开关分别处于 1、2、3、4 挡位置时，分别有 3 个、2 个、1 个和无降速电阻串入暖风电机工作电路，电路中工作电流从蓄电池正极→易熔线 3→起动开关 5→熔断器 FU_5→暖风电机 21(分别有 3 个、2 个、1 个或无降速电阻串入)→暖风开关 22→搭铁→蓄电池负极。

10. 收放机电路

当打开收放机电源开关时，收放机电路接通，收放机开始工作。工作电流从蓄电池正极→易熔线 3→起动开关 5→熔断器 FU_7→收放机 44→搭铁→蓄电池负极。

同时，点烟器 43 与收放机 44 为同一电路，均受熔断器 FU_7 控制，其后才分成各自的电路。

11. 刮水与洗涤系统

刮水与洗涤系统局部电路原理图见图 9.7。

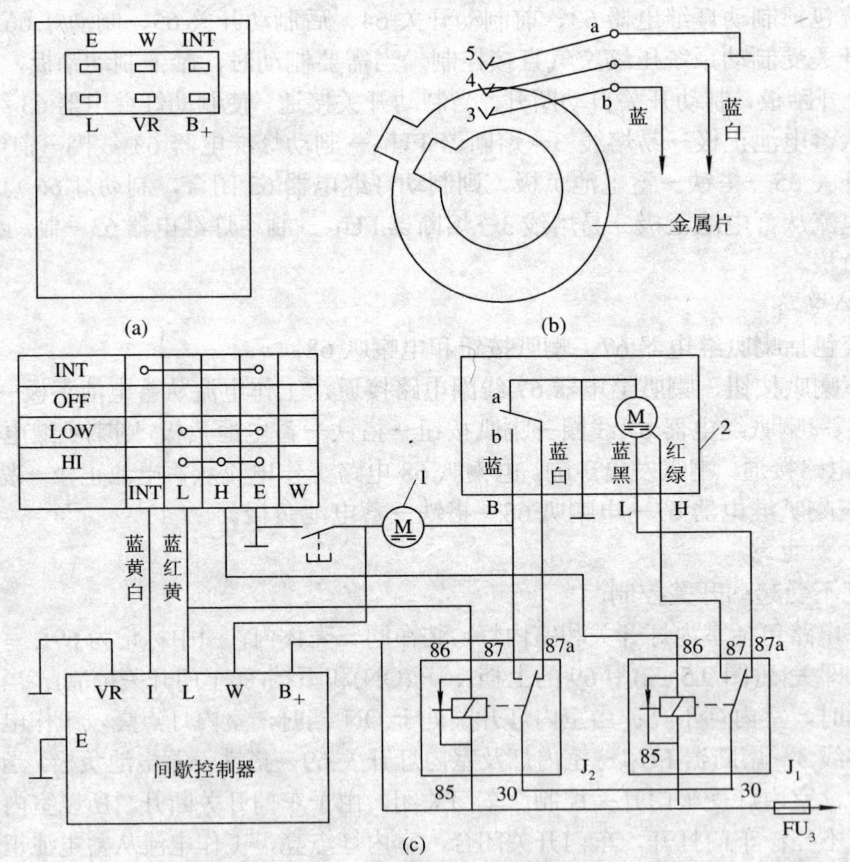

1—洗涤泵；2—刮水器；3、4、5—复位开关的簧片

图 9.7 解放 CA1110PK$_2$L$_2$ 汽车刮水电路

(a) 间歇控制器；(b) 复位开关；(c) 刮水与洗涤电路

1) 刮水系统

该系统包括图 9.5(a)中的刮水器 11、刮水器继电器 12 和 13、刮水器开关 14 和间歇控制器 15。

当刮水器开关打到 LOW 挡时(见图 9.7(c))，继电器 J_2 的控制回路被接通，继电器动作，把触点 30 与常开触点 87 接通，使工作电流由 FU_3→J_2 的 87 触点→J_2 的 30 触点→J_1 的 30 端子→J_1 的 87a 端子→刮水器电机的 L 端子→刮水器电机线圈→搭铁，刮水器电机低速运转。

当刮水器开关打到 HI 挡时，开关的 L 端子与 H 端子都与搭铁 E 端子接通，使得继电器 J_1、J_2 的控制回路都被接通。两个继电器同时动作，使得各自的 87 端子与 30 端子接通。由 LOW 挡工作可知 J_2 动作时，J_1 的 30 端子与电源端(F_3)接通，而 J_2 动作又使其 30 端子与 87 端子接通，因而高速电刷与电源接通，使得电机高速运转，刮水器高速工作。

当刮水器开关打到 INT 挡时，间歇控制器的 I 端子与搭铁 E 端子接通，间歇控制器的 L 端子输出矩形波控制电压信号，当 L 端子输出低电位时，继电器 J_2 动作，刮水器开始启动；当 L 端子输出高电位时，继电器 J_2 的 87 端子与 30 端子断开，30 端子与 87a 端子接通，完成复位。当下一个矩形波周期到来时又重复前一个动作。此间歇挡大约 10 s 刮水一次。

当刮水器开关打到 OFF 挡时，继电器 J_2 的 30 端子与 87a 端子接通。

当刮水器处于 a 位时，低速电刷通过继电器 J_1、J_2 的常合触点及复位开关的簧片 4、5 与另一侧电刷接通(见图 9.5(b))，电机被制动，刮水器不动。

当刮水器处于 b 位时，低速电刷通过复位开关的簧片 3、4 与电源正极接通，使电机继续运转，直到回复 a 位时停止。

2) 洗涤电路

该电路包括图 9.5(a)中的洗涤泵 16 和洗涤泵开关 17。

当通过扳动操纵手柄使洗涤泵开关接通时，洗涤泵的电路接通，开始喷水，工作电流从蓄电池正极→易熔线 3→起动开关 5→熔断器 FU_3→洗涤泵 16→洗涤泵开关 17→搭铁→蓄电池负极。洗涤泵通电的同时，间歇控制器控制刮水器配合工作。当松开手柄时，手柄自动复原位，洗涤泵开关断开，停止喷水，但刮水器还将延时工作几秒。

通过上述分析，我们不难发现要想用这样的电路原理图指导实际工作还存在一定的困难。如果在实际应用中，电路原理图与布线图配合使用就会很方便。通过解放 $CA1110PK_2L_2$ 汽车的布线图就清楚地知道该车的线路走向及各电器设备的实际位置，非常直观，便于查找和安装。

练习与思考题

9-1　汽车电路图的种类有哪些？各有何特点？

9-2 简述汽车整车电路的分析方法。

9-3 试分析解放 CA1110PK$_2$L$_2$汽车电源系统电路。

9-4 试分析解放 CA1110PK$_2$L$_2$汽车风窗刮水与洗涤系统电路。

第十章　各大汽车公司电路分析方法

【学习目标】

知识点：掌握世界各大汽车公司电路图的特点和电路分析的一般方法。
技能点：能够分析世界各大汽车公司的电路图。

第一节　亚洲各大汽车公司电路分析方法

一、丰田汽车公司电路分析方法

1. 电路图中使用的符号及含义

丰田汽车公司电路图中使用的符号及含义如图 10.1 所示。

2. 各系统的符号及含义

全车电路由各独立的系统组成，丰田汽车电路图中各系统的符号及含义如图 10.2 所示。

3. 导线颜色

在线路图中，配线颜色用字母代号表示，字母代号的含义见表 10.1。

表 10.1　配 线 颜 色

B—黑	L—蓝	R—红	BR—棕	LG—浅绿	V—紫
G—绿	O—橙	W—白	GR—灰	P—粉红	Y—黄

4. 电路图的标示方法

丰田车系电路图的标示方法如图 10.3 所示。

5. 丰田车系电路分析实例

下面以凌志 LEXUS LS400 UCF10 系列轿车刮水器和洗涤器、喇叭电路(见图 10.4)为例，介绍丰田车系电路的分析方法。

符　号	含　义	符　号	含　义
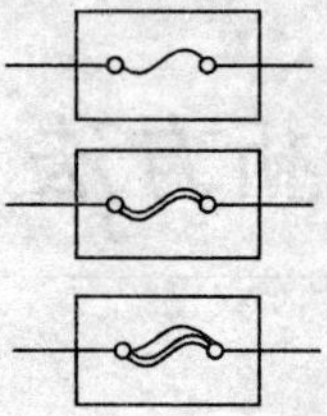	熔断器 易熔丝		电机
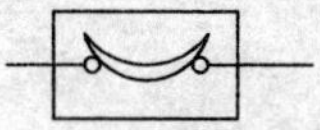			扬声器
	断路器		发光二极管
	双流向继电器		模拟式仪表
	电阻	FUEL	数字式仪表
	按键式变阻器		点火开关
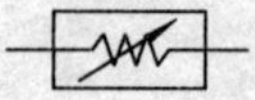	无级可变电阻器	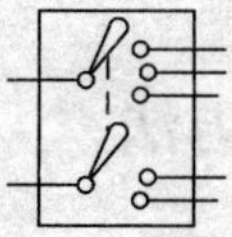	
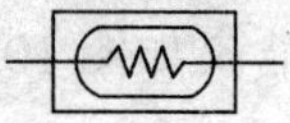	热敏电阻传感器	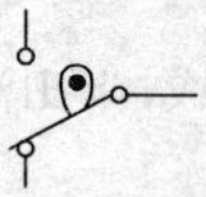	刮水停放位置开关
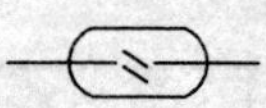	模拟速度传感器	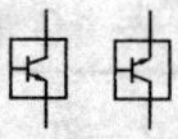	三极管
	短路插销	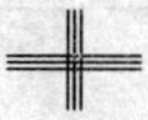 (a) 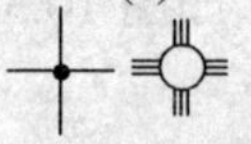 (b)	配线 (a) 不连接 (b) 铰接
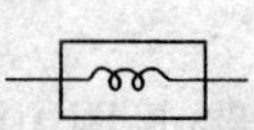	电磁阀或电磁线圈		

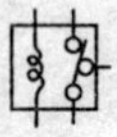

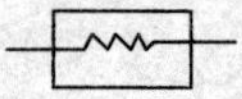

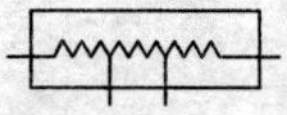

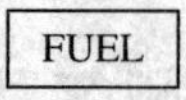

图 10.1　丰田汽车电路图中使用的符号及含义

符　号	含　义	符　号	含　义	符　号	含　义
	ABS (防抱死制动系统)		发动机控制		超速驾驶
	AC(空调)		前雾灯		电源
	自动天线		燃油加热器		电动窗
	倒车灯		前刮水器 和洗涤器		电动座位
	行李厢锁		电热和废气 控制		散热器风扇和 冷凝器风扇
	化油器		电热塞		音响
	充电系		大灯		后雾灯
	点烟器和时钟		大灯光束 水平控制		后窗除雾(霜)器
	组仪仪表		大灯清洁器		后刮水器和 洗涤器
	巡航控制		喇叭		遥控后视镜
	门锁		照明		座位加热器
ECT PRND2L	电子控制变速器 和AT / 指示灯		车内灯		换挡杆锁
	电控液压冷却 风扇		灯光自动切断		SRS(乘员辅助 安全系统)
	电控安全带 张力减小器		灯光提醒 蜂鸣器		起动和点火
	停车灯		车顶窗		尾灯
	转向信号 和危险信号灯		开锁和座位 安全带警告灯		

图 10.2　丰田汽车电路图中各系统的符号及含义

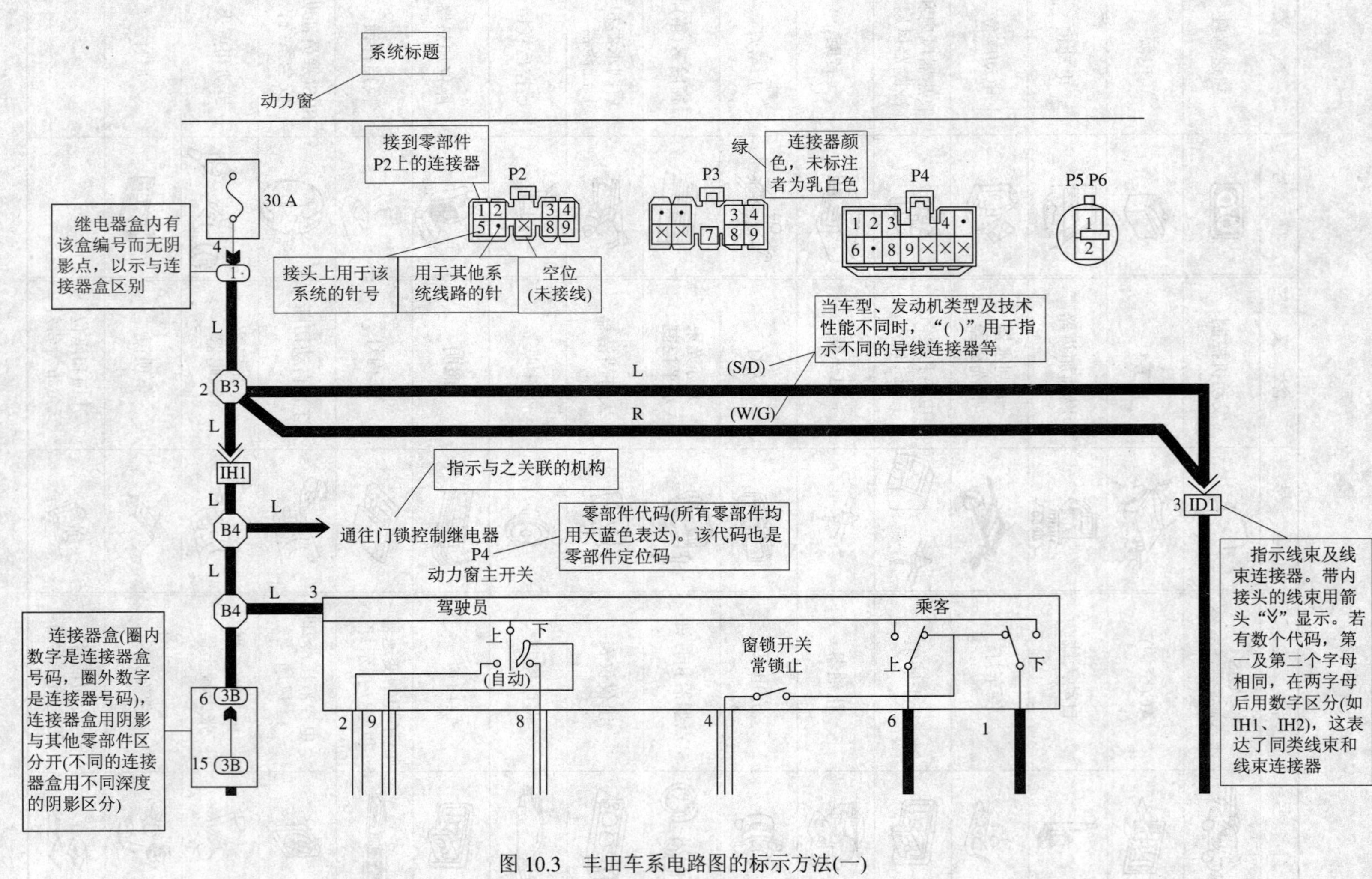

图 10.3　丰田车系电路图的标示方法(一)

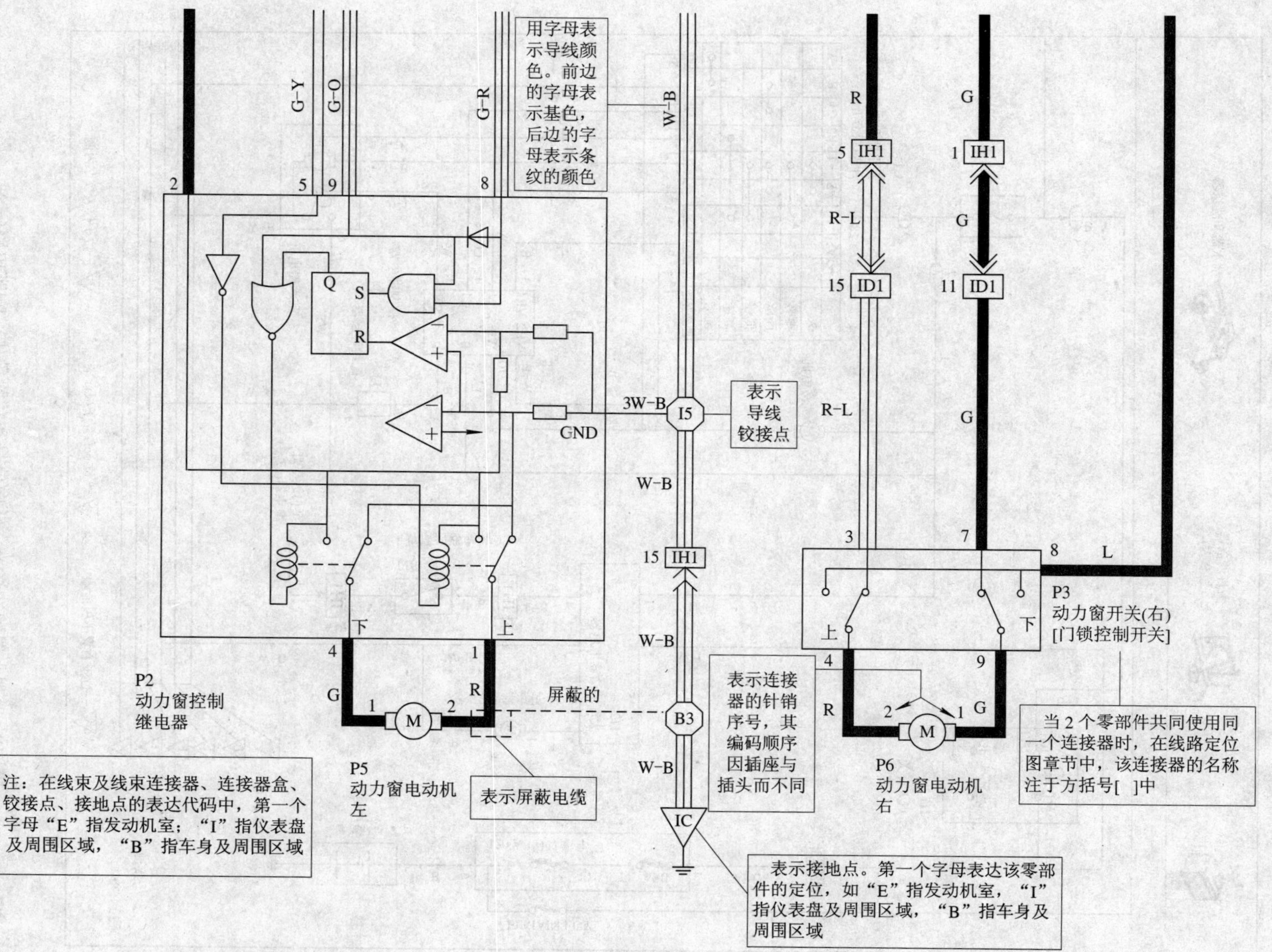

图 10.3　丰田车系电路图的标示方法(二)

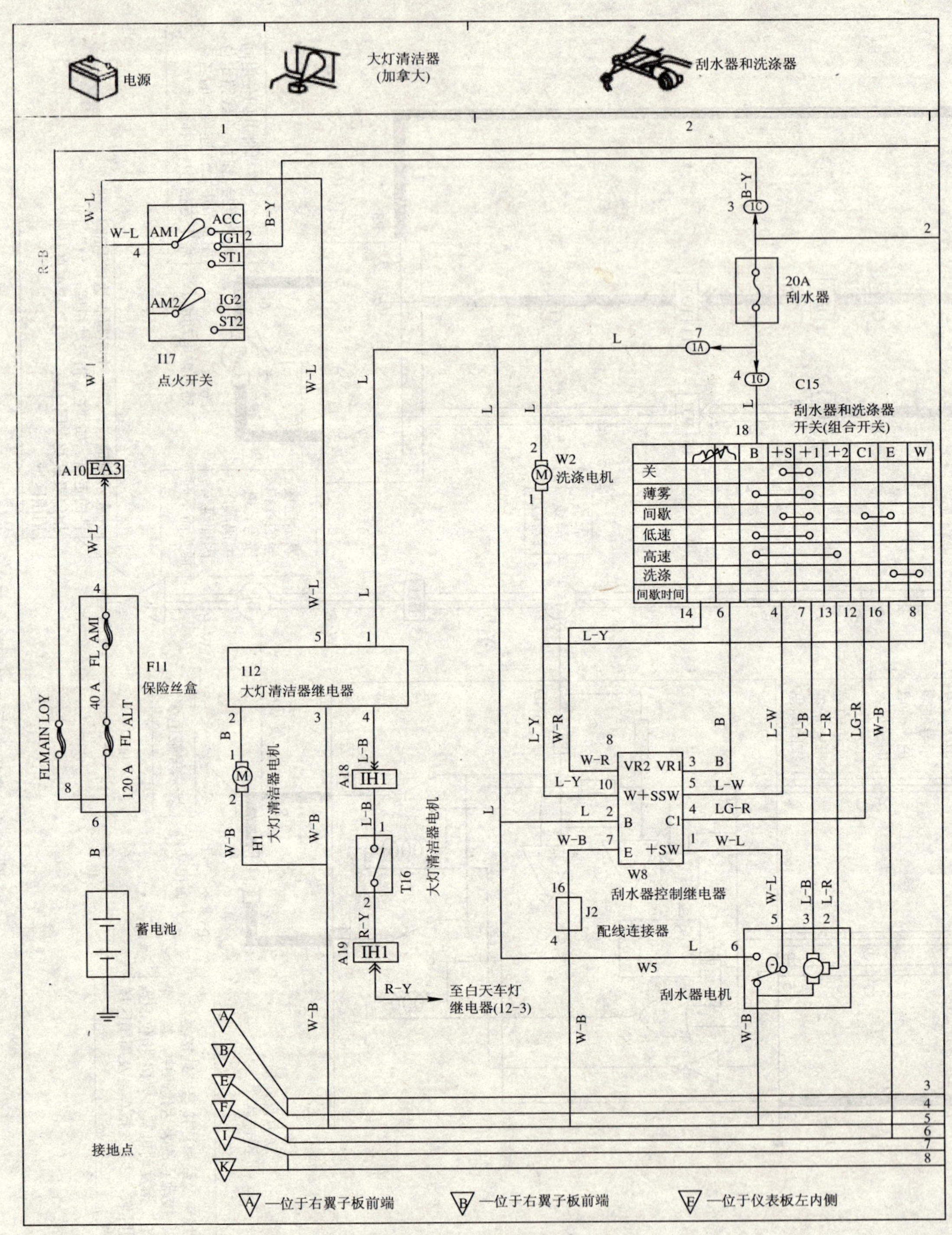

图 10.4　刮水器和洗涤器、转向信号和危险警告、喇叭电路(一)

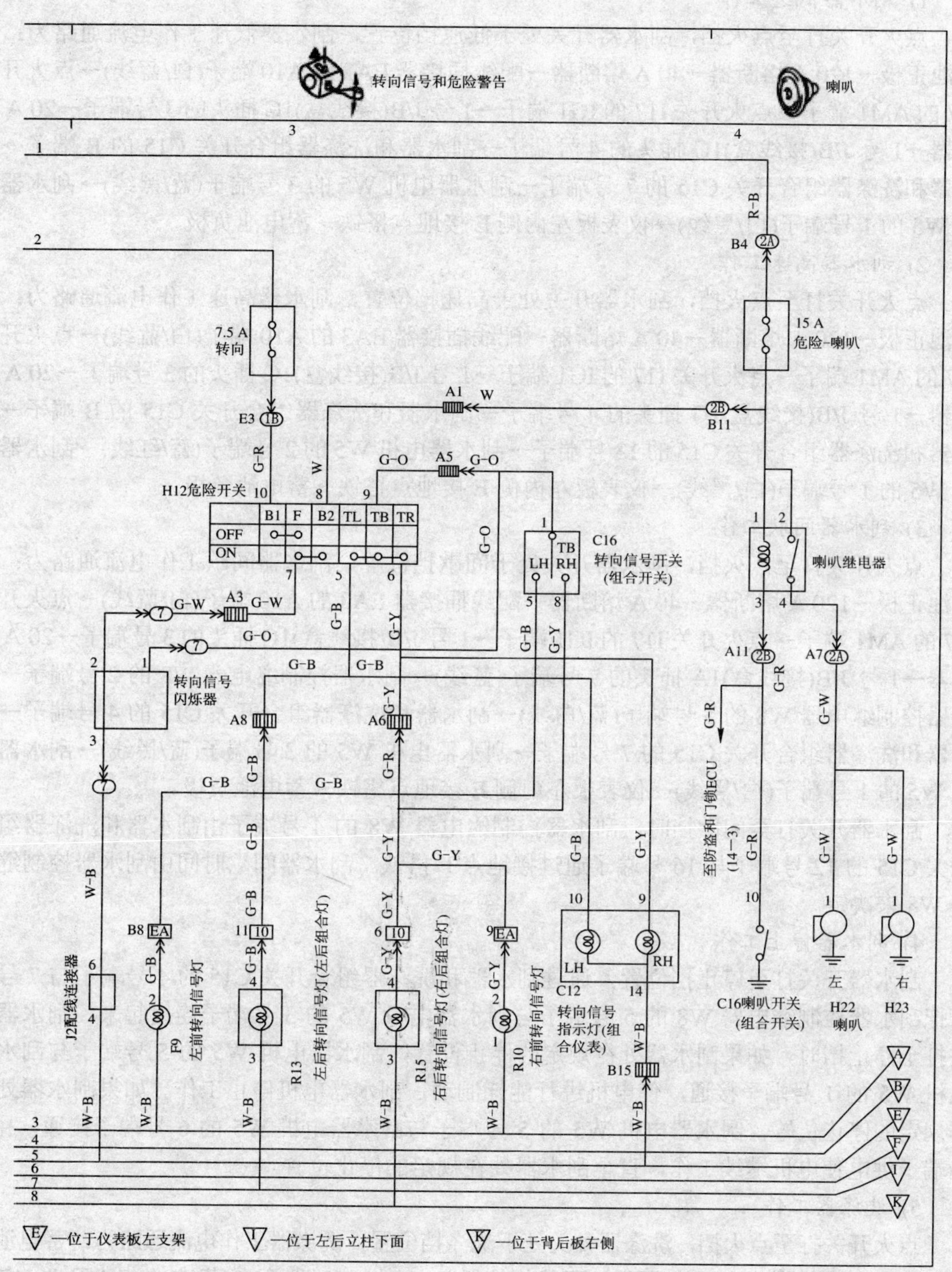

图 10.4 刮水器和洗涤器、转向信号和危险警告、喇叭电路(二)

该系列轿车刮水器和洗涤器的工作电路如下：

1) 刮水器低速工作

点火开关打至点火挡，刮水器开关处于低速挡位置，刮水器低速工作电流通路为：蓄电池正极→120 A 熔断器→40 A 熔断器→配线插接器 EA3 的 A10 端子(白/蓝线)→点火开关 I17 的 AM1 端子→点火开关 I17 的 IG1 端子→1 号 J/B(接线盒)1C 插头的 3 号端子→20 A 熔断器→1 号 J/B(接线盒)1G 插头的 4 号端子→刮水器和洗涤器组合开关 C15 的 B 端子→刮水器和洗涤器组合开关 C15 的 7 号端子→刮水器电机 W5 的 3 号端子(蓝/黑线)→刮水器电机 W5 的 1 号端子(白/黑线)→仪表板左内侧 E 接地点搭铁→蓄电池负极。

2) 刮水器高速工作

点火开关打至点火挡，刮水器开关处于高速挡位置，刮水器高速工作电流通路为：蓄电池正极→120 A 熔断器→40 A 熔断器→配线插接器 EA3 的 A10 端子(白/蓝线)→点火开关 I17 的 AM1 端子→点火开关 I17 的 IG1 端子→1 号 J/B(接线盒)1C 插头的 3 号端子→20 A 熔断器→1 号 J/B(接线盒)1G 插头的 4 号端子→刮水器和洗涤器组合开关 C15 的 B 端子→刮水器和洗涤器组合开关 C15 的 13 号端子→刮水器电机 W5 的 2 号端子(蓝/红线)→刮水器电机 W5 的 1 号端子(白/黑线)→仪表板左内侧 E 接地点搭铁→蓄电池负极。

3) 刮水器间歇工作

点火开关打至点火挡，刮水器开关处于间歇挡位置，刮水器间歇工作电流通路为：蓄电池正极→120 A 熔断器→40 A 熔断器→配线插接器 EA3 的 A10 端子(白/蓝线)→点火开关 I17 的 AM1 端子→点火开关 I17 的 IG1 端子→1 号 J/B(接线盒)1C 插头的 3 号端子→20 A 熔断器→1 号 J/B(接线盒)1A 插头的 7 号端子(蓝线)→刮水器控制继电器 W8 的 2 号端子→刮水器控制继电器 W8 的 5 号端子(蓝/白线)→刮水器和洗涤器组合开关 C15 的 4 号端子→刮水器和洗涤器组合开关 C15 的 7 号端子→刮水器电机 W5 的 3 号端子(蓝/黑线)→刮水器电机 W5 的 1 号端子(白/黑线)→仪表板左内侧 E 接地点搭铁→蓄电池负极。

刮水器开关打至间歇挡时，刮水器控制继电器 W8 的 4 号端子由刮水器和洗涤器组合开关 C15 的 12 号端子与 16 号端子通过接地点 F 搭铁。刮水器间歇时间由刮水器控制继电器 W8 来决定。

4) 刮水器停止工作

刮水器开关打至停止挡位置，通过刮水器和洗涤器组合开关 C15 的 4 号端子与 7 号端子把刮水器控制继电器 W8 的 5 号端子与刮水器电机 W5 的 3 号端子连接起来。刮水器开关打至停止挡时，如果刮水器处在规定的停止位置，刮水器电机 W5 的 5 号端子与刮水器电机 W5 的 1 号端子接通，使电机进行能耗制动，刮水器电机停止工作。如果刮水器处在非规定的停止位置，刮水器电机 W5 的 5 号端子与刮水器电机 W5 的 6 号端子接通，由 6 号端子供电使电机继续工作，直至刮水器处在规定的停止位置。

5) 洗涤器工作

点火开关打至点火挡，洗涤器开关处于洗涤挡位置，洗涤器工作电流通路为：蓄电池正极→120 A 熔断器→40 A 熔断器→配线插接器 EA3 的 A10 端子(白/蓝线)→点火开关 I17 的 AM1 端子→点火开关 I17 的 IG1 端子→1 号 J/B(接线盒)1C 插头的 3 号端子→20 A 熔断器→1 号 J/B(接线盒)1A 插头的 7 号端子→洗涤电机 W2→刮水器和洗涤器组合开关 C15 的 8 号端子→刮水器和洗涤器组合开关 C15 的 16 号端子→仪表板左支架接地点 F 搭铁→蓄电池负极。

洗涤器工作的同时，将触发刮水器控制继电器 W8 工作，使刮水器配合洗涤器工作一段时间。

二、本田汽车公司电路分析方法

1. 本田汽车电路图的构成

本田汽车电路图各部分的含义如图 10.5 所示。

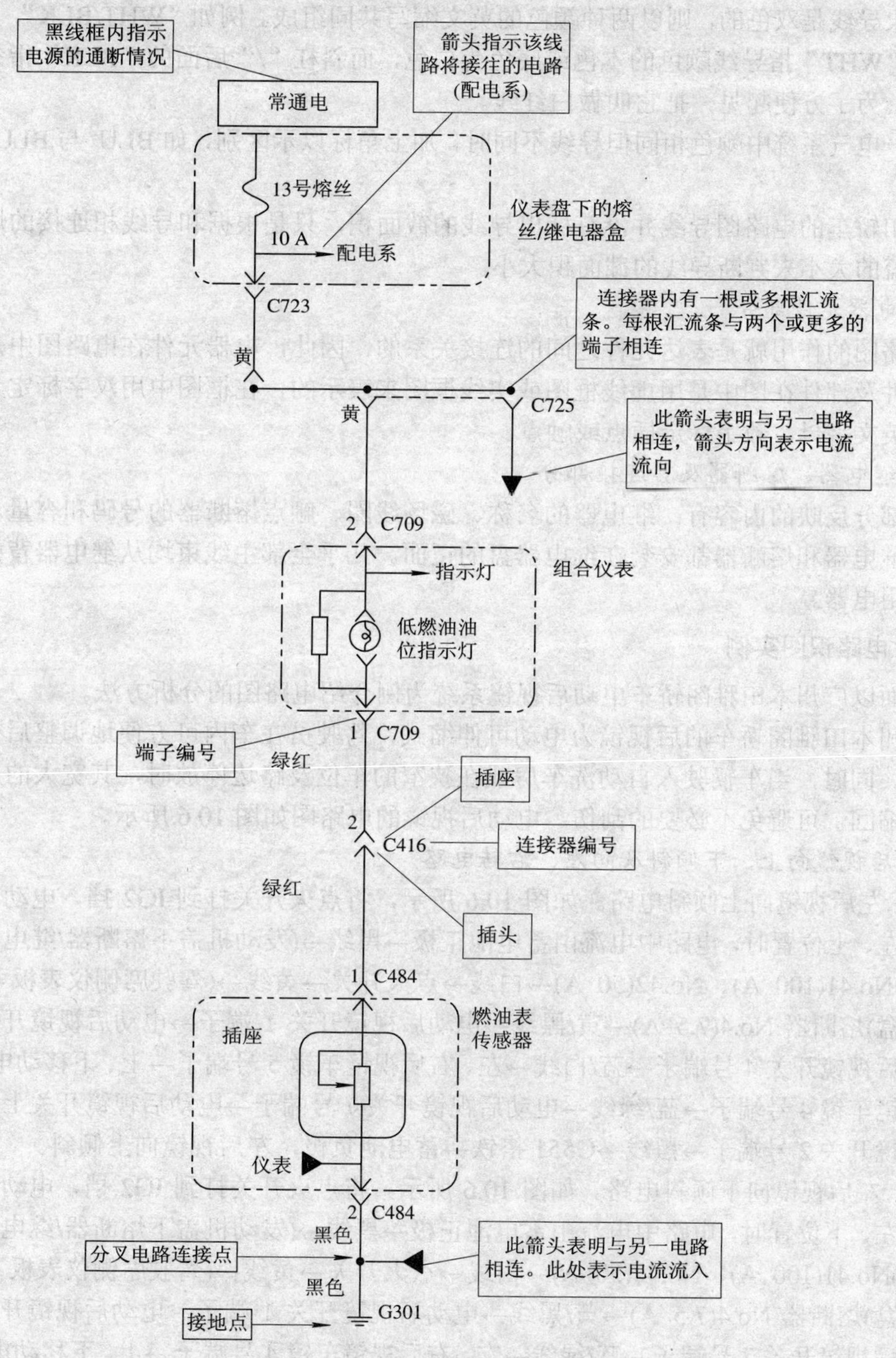

图 10.5　本田汽车电路图各部分的含义

1) 线路部分

在电路图中，线路部分都是以实线画出，集中在图的中间部分。每条导线上都有颜色，是指导线绝缘层的颜色，有单色线和双色线，原版图以英文缩写来表示，对应关系为：BLK=黑色；WHT=白色；RED=红色；YEL=黄色；BLU=蓝色；GRN=绿色；ORN=橙色；PNK=粉红色；BRN=棕色；GRY=灰色；PUR=紫色；LT BLU=淡蓝色；LT GRN=淡绿色。

如果导线是双色的，则以两种颜色的英文缩写共同组成。例如“WHT/BLK”，斜杠“/”前面的“WHT”指导线颜色的本色或底色为白色，而斜杠“/”后面的“BLK”指条纹部分为黑色，为了方便起见，把它叫做白红线。

同一电气系统中颜色相同但导线不同时，加上角标以示区别，如 BLU^2 与 BLU^3 是不同的导线。

本田轿车的电路图导线并没有标出导线的截面积，只是根据和导线相连接的熔断器的通电电流的大小来判断导线的截面积大小。

2) 电器元件部分

电路图的作用就是表达元件之间的连接关系的，因此，电器元件在电路图中是主体，电器元件及部件在图中是用虚线框图或实线框图来表示的，在框图中用汉字标定元件的名称，用英文字母、数字标定插点或触点。

3) 继电器、熔断器及其连接部分

此部分反映的内容有：继电器的名称、磁场线圈、触点熔断器的号码和容量。车上的大部分继电器和熔断器都安装在继电器盘的正面。几乎全部主线束均从继电器背面插接后通往各用电器。

2. 电路识图实例

下面以广州本田雅阁轿车电动后视镜系统为例介绍电路图的分析方法。

广州本田雅阁轿车的后视镜为电动可伸缩式，驾驶员在车内可方便地调整后视镜的倾斜角度。同时，当车辆驶入自动洗车房或在狭窄的车位及路边停放时，其宽大的后视镜可以向后缩回，可避免不必要的刮伤。电动后视镜的电路图如图 10.6 所示。

1) 后视镜向上、下倾斜及向左、右转电路

(1) 左后视镜向上倾斜电路。如图 10.6 所示，将点火开关打到 IG2 挡，电动后视镜开关打到左、上位置时，电路中电流由蓄电池正极→黑线→(发动机盖下熔断器/继电器盒中的熔断器)No.41(100 A)、No.42(50 A)→白线→点火开关→黄线→(驾驶席侧仪表板下熔断器/继电器盒)熔断器 No.4(7.5 A)→黄/黑线→电动后视镜开关 1 端子→电动后视镜开关上触点→电动后视镜开关 4 号端子→蓝/白线→左、右后视镜车镜 5 号端子→上、下移动电机→左、右后视镜车镜 4 号端子→蓝/绿线→电动后视镜开关 7 号端子→电动后视镜开关上触点→电动后视镜开关 2 号端子→黑线→G551 搭铁→蓄电池负极，左后视镜向上倾斜。

(2) 左后视镜向下倾斜电路。如图 10.6 所示，将点火开关打到 IG2 挡，电动后视镜开关打到左、下位置时，电路中电流由蓄电池正极→黑线→(发动机盖下熔断器/继电器盒中的熔断器)No.41(100 A)、No.42(50 A)→白线→点火开关→黄线→(驾驶席侧仪表板下熔断器/继电器盒)熔断器 No.4(7.5 A)→黄/黑线→电动后视镜开关 1 端子→电动后视镜开关下触点→电动后视镜开关 7 号端子→蓝/绿线→左、右后视镜车镜 4 号端子→上、下移动电机→左、

右后视镜车镜 5 号端子→蓝/白线→电动后视镜开关 4 号端子→电动后视镜开关下触点→电动后视镜开关 2 号端子→黑线→G551 搭铁→蓄电池负极，左后视镜向下倾斜。

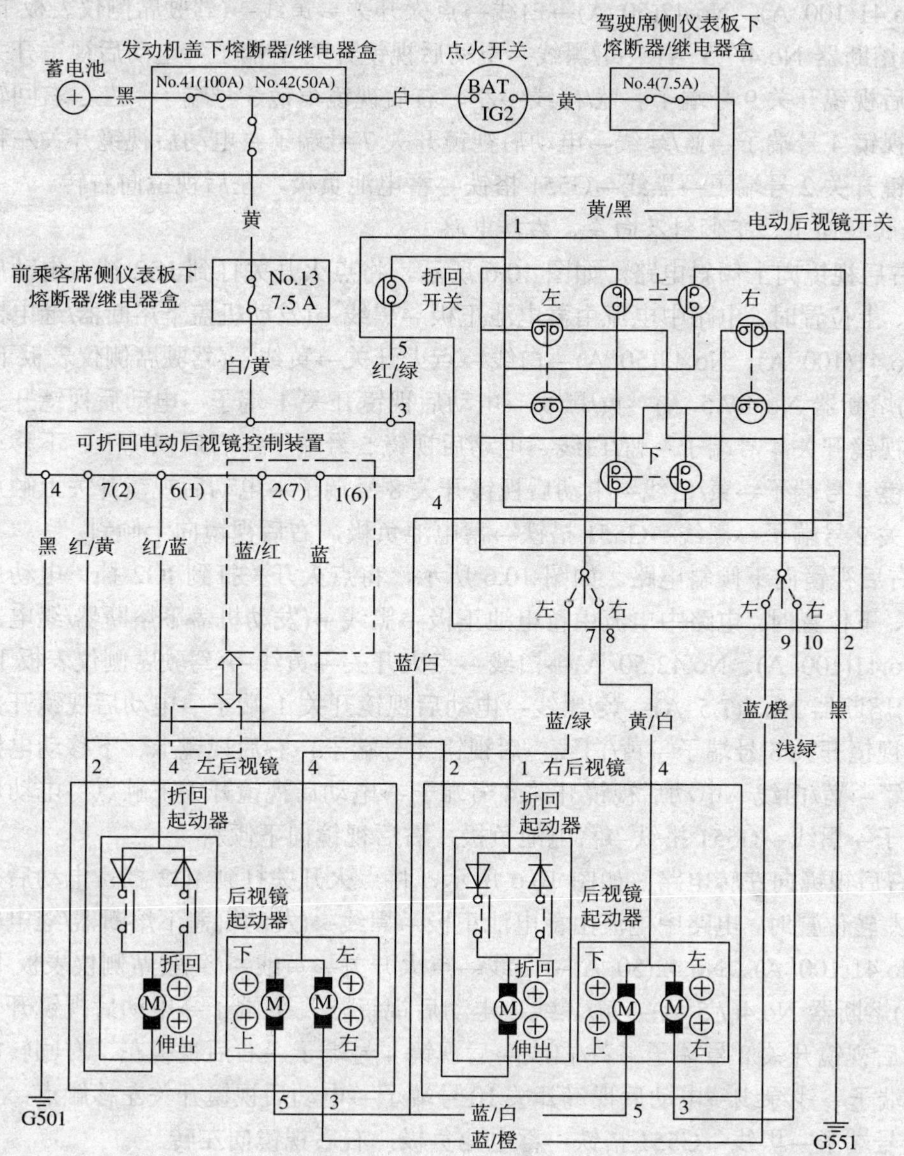

图 10.6　电动后视镜电路图

(3) 左后视镜向左转电路。如图 10.6 所示，将点火开关打到 IG2 挡，电动后视镜开关打到左、左转位置时，电路中电流由蓄电池正极→黑线→(发动机盖下熔断器/继电器盒中的熔断器)No.41(100 A)、No.42(50 A)→白线→点火开关→黄线→(驾驶席侧仪表板下熔断器/继电器盒)熔断器 No.4(7.5 A)→黄/黑线→电动后视镜开关 1 端子→电动后视镜开关左移触点→电动后视镜开关 7 号端子→蓝/绿线→后视镜车镜 4 号端子→左、右回转电机→后视镜 3 号端子→蓝/橙线→电动后视镜开关 9 号端子→电动后视镜开关左移触点→电动后视镜开关 2 号端子→黑线→G551 搭铁→蓄电池负极，左后视镜向左转。

(4) 左后视镜向右转电路。如图 10.6 所示，将点火开关打到 IG2 挡，电动后视镜开关打到左、右转位置时，电路中电流由蓄电池正极→黑线→(发动机盖下熔断器/继电器盒中的熔断器)No.41(100 A)、No.42(50 A)→白线→点火开关→黄线→(驾驶席侧仪表板下熔断器/继电器盒)熔断器 No.4(7.5 A)→黄/黑线→电动后视镜开关 1 端子→电动后视镜开关右移触点→电动后视镜开关 9 号端子→蓝/橙线→左、右后视镜车镜 3 号端子→左、右回转电机→左、右后视镜 4 号端子→蓝/绿线→电动后视镜开关 7 号端子→电动后视镜开关左移触点→电动后视镜开关 2 号端子→黑线→G551 搭铁→蓄电池负极，左后视镜向右转。

2) 后视镜向上、下倾斜及向左、右转电路

(1) 右后视镜向上倾斜电路。如图 10.6 所示，将点火开关打到 IG2 挡，电动后视镜开关打到右、上位置时，电路中电流由蓄电池正极→黑线→(发动机盖下熔断器/继电器盒中的熔断器)No.41(100 A)、No.42(50 A)→白线→点火开关→黄线→(驾驶席侧仪表板下熔断器/继电器盒)熔断器 No.4(7.5 A)→黄/黑线→电动后视镜开关 1 端子→电动后视镜开关上触点→电动后视镜开关 4 号端子→蓝/白线→电动后视镜 5 号端子→右后视镜上、下移动电机→电动后视镜 4 号端子→黄/白线→电动后视镜开关 8 号端子→电动后视镜开关上触点→电动后视镜开关 2 号端子→黑线→G551 搭铁→蓄电池负极，右后视镜向上倾斜。

(2) 右后视镜向下倾斜电路。如图 10.6 所示，将点火开关打到 IG2 挡，电动后视镜开关打到右、下位置时，电路中电流由蓄电池正极→黑线→(发动机盖下熔断器/继电器盒中的熔断器)No.41(100 A)、No.42(50 A)→白线→点火开关→黄线→(驾驶席侧仪表板下熔断器/继电器盒)熔断器 No.4(7.5 A)→黄/黑线→电动后视镜开关 1 端子→电动后视镜开关下触点→电动后视镜开关 8 号端子→黄/白线→后视镜 4 号端子→右后视镜上、下移动电机→后视镜 5 号端子→蓝/白线→电动后视镜开关 4 号端子→电动后视镜开关下触点→电动后视镜开关 2 号端子→黑线→G551 搭铁→蓄电池负极，右后视镜向下倾斜。

(3) 右后视镜向左转电路。如图 10.6 所示，将点火开关打到 IG2 挡，电动后视镜开关打到右、左转位置时，电路中电流由蓄电池正极→黑线→(发动机盖下熔断器/继电器盒中的熔断器)No.41(100 A)、No.42(50 A)→白线→点火开关→黄线→(驾驶席侧仪表板下熔断器/继电器盒)熔断器 No.4(7.5 A)→黄/黑线→电动后视镜开关 1 端子→电动后视镜开关左移触点→电动后视镜开关 8 号端子→黄/白线→后视镜 4 号端子→右后视镜左、右回转电机→后视镜 3 号端子→浅绿线→电动后视镜开关 10 号端子→电动后视镜开关左移触点→电动后视镜开关 2 号端子→黑线→G551 搭铁→蓄电池负极，右后视镜向左转。

(4) 右后视镜向右转电路。如图 10.6 所示，将点火开关打到 IG2 挡，电动后视镜开关打到右、右转位置时，电路中电流由蓄电池正极→黑线→(发动机盖下熔断器/继电器盒中的熔断器)No.41(100 A)、No.42(50 A)→白线→点火开关→黄线→(驾驶席侧仪表板下熔断器/继电器盒)熔断器 No.4(7.5 A)→黄/黑线→电动后视镜开关 1 端子→电动后视镜开关右触点→电动后视镜开关 10 号端子→浅绿线→右后视镜 3 号端子→右后视镜左、右回转电机→右后视镜 4 号端子→黄/白线→电动后视镜开关 8 号端子→电动后视镜开关右移触点→电动后视镜开关 2 号端子→黑线→G551 搭铁→蓄电池负极，右后视镜向右转。

3) 左、右电动后视镜伸出/缩回电路

(1) 左、右电动后视镜从伸出位置缩回电路。如图 10.6 所示，将点火开关打到 IG2 挡，

按下电动后视镜开关伸缩开关时，电路中电流由蓄电池正极→黑线→(发动机盖下熔断器/继电器盒中的熔断器)No.41(100 A)、No.42(50 A)→白线→点火开关→黄线→(驾驶席侧仪表板下熔断器/继电器盒)熔断器 No.4(7.5 A)→黄/黑线→电动后视镜开关 1 号端子→电动后视镜开关 5 号端子→可伸缩式电动车镜控制单元 3 号端子→左/右后视镜伸缩执行机构电磁阀常开触点接通。

此时，电路由蓄电池正极→黑线(发动机盖下熔断器/继电器盒中的熔断器)No.41(100 A)、No.54(40 A)→黄线→(前乘客席侧仪表板下熔断器/继电器盒)No.13(7.5 A)→白/黄线→可伸缩式电动车镜控制单元 5 号端子→可伸缩式电动车镜控制单元 1 号端子→蓝线→右后视镜 1 号端子→右后视镜伸缩执行机构电磁阀常开触点接通→右后视镜伸缩执行机构电机→右后视镜 2 号端子→红/黄线→可伸缩式电动车镜控制单元 2 号端子→可伸缩式电动车镜控制单元 4 号端子→黑线→G501→蓄电池负极，右电动后视镜从伸出位置缩回。

同时，电路由蓄电池正极→黑线(发动机盖下熔断器/继电器盒中的熔断器)Nσ.41(100 A)、No.54(40 A)→黄线→(前乘客席侧仪表板下熔断器/继电器盒)No.13(7.5 A)→白/黄线→可伸缩式电动车镜控制单元 5 号端子→可伸缩式电动车镜控制单元 6 号端子→红/蓝线→左后视镜 4 号端子→左后视镜伸缩执行机构电磁阀常开触点接通→左后视镜伸缩执行机构电机→左后视镜 2 号端子→红/黄线→可伸缩式电动车镜控制单元 7 号端子→可伸缩式电动车镜控制单元 4 号端子→黑线→G501→蓄电池负极，左电动后视镜从伸出位置缩回。

(2) 左、右电动后视镜从缩回位置伸出电路。如图 10.6 所示，将点火开关打到 IG2 挡，按下电动后视镜开关伸缩开关，开关弹起时，左/右后视镜伸缩执行机构电磁阀常闭触点接通。

此时，电路由蓄电池正极→黑线(发动机盖下熔断器/继电器盒中的熔断器)No.41(100 A)、No.54(40 A)→黄线→(前乘客席侧仪表板下熔断器/继电器盒)No.13(7.5 A)→白/黄线→可伸缩式电动车镜控制单元 5 号端子→可伸缩式电动车镜控制单元 2 号端子→蓝/红线→右后视镜 2 号端子→右后视镜伸缩执行机构电机→右后视镜伸缩执行机构电磁阀常闭触点→右后视镜 1 号端子→蓝线→可伸缩式电动车镜控制单元 1 号端子→可伸缩式电动车镜控制单元 4 号端子→黑线→G501→蓄电池负极，右电动后视镜从缩回位置伸出。

同时，电路由蓄电池正极→黑线(发动机盖下熔断器/继电器盒中的熔断器)No.41(100 A)、No.54(40 A)→黄线→(前乘客席侧仪表板下熔断器/继电器盒)No.13(7.5 A)→白/黄线→可伸缩式电动车镜控制单元 5 号端子→可伸缩式电动车镜控制单元 7 号端子→红/黄线→左后视镜 2 号端子→左后视镜伸缩执行机构电机→左后视镜伸缩执行机构电磁阀常闭触点→左后视镜 4 号端子→红/蓝线→可伸缩式电动车镜控制单元 7 号端子→可伸缩式电动车镜控制单元 4 号端子→黑线→G501→蓄电池负极，左电动后视镜从缩回位置伸出。

三、日产汽车公司电路分析方法

1. 导线颜色

导线颜色代码见表 10.2。如果线是多色的，基色放在前面，条纹颜色放在后面，例如“L/W”表示导线的颜色为蓝色带白条纹。

表 10.2 导线颜色代码

代 码	颜 色	代 码	颜 色	代 码	颜 色
B	黑色	P	粉红色	Y	黄色
BR	褐色	G	绿色	SB	天蓝色
W	白色	PU	紫色	LG	淡绿色
OR	橙色	L	蓝色	CH	暗褐色
R	红色	GY	灰色	DG	暗绿色

2. 开关状态的表示方法

多路开关的状态一般采用图示和接线图两种方式来表示。如图 10.7 所示是刮水器开关的工作情况，刮水器开关的导通情况见表 10.3。

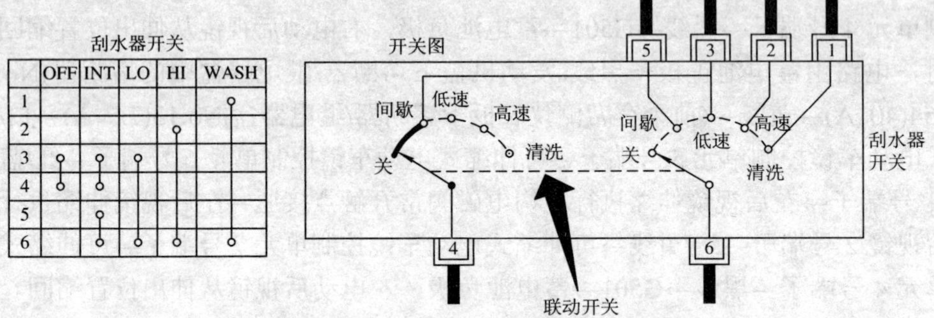

图 10.7 多路开关(刮水器开关)状态的表示方法

表 10.3 刮水器开关的导通状况

开关位置	导通电路	开关位置	导通电路	开关位置	导通电路
OFF	3—4	HI	2—6	INT	3—4，5—6
WASH	1—6	LO	3—6		

3. 插接器

插接器接线端子的位置图如图 10.8 所示，单线框表示从端子侧看到的接线端子的位置图，双线框表示从线束侧看到的接线端子的位置图。如图 10.9 所示，插接器由插头和插座(阴阳端子)组成，插座(阴端子)的导槽未涂黑，被涂黑的表示插头(阳端子)。

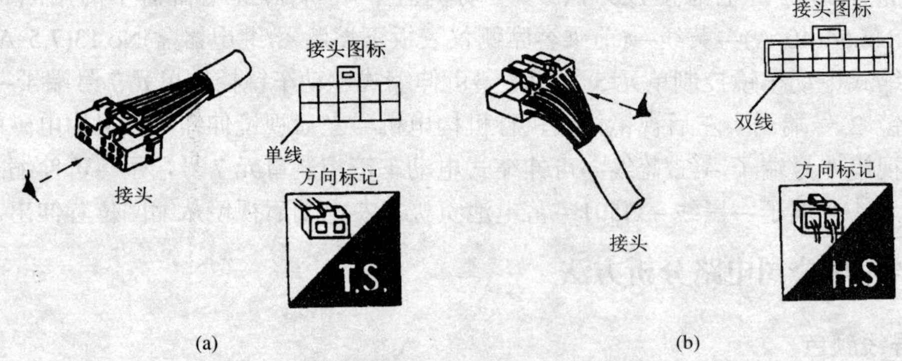

(a)　　(b)

图 10.8 插头端子位置的表示方法

(a) 从端子侧看；(b) 从线束侧看

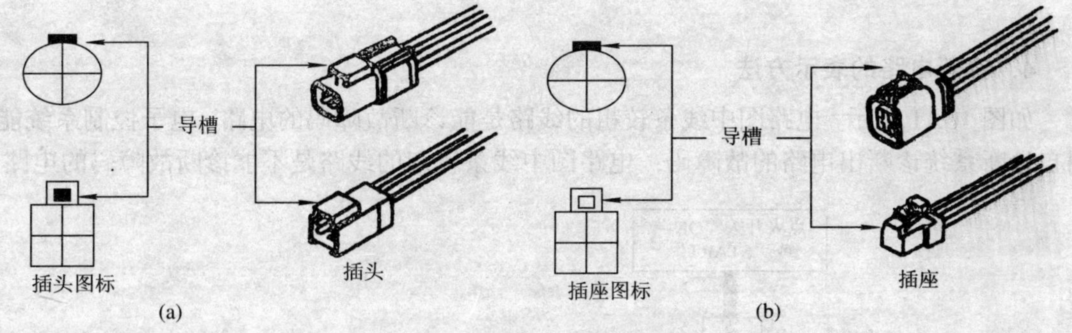

图 10.9　阴阳端子的表示方法

(a) 插头(阳端子)；(b) 插座(阴端子)

图 10.10 示出了线路图接线端子的编码与具体插接器的关系，表明了线路走向和电路原理。

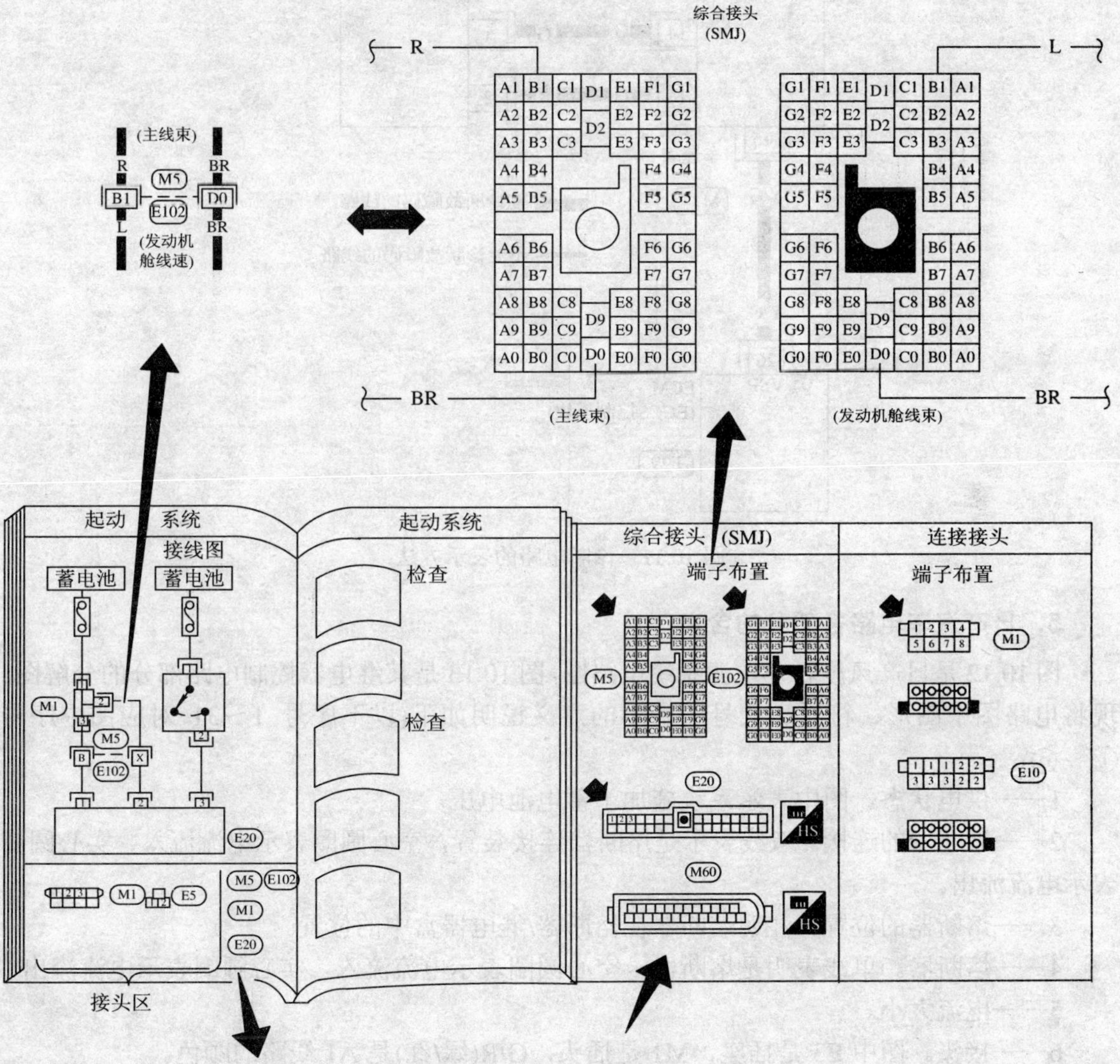

图 10.10　插接器布置图

4. 诊断电路的表示方法

如图 10.11 所示，电路图中线条较粗的线路是能诊断故障码的电路，电子控制系统能应用自诊断系统诊断出电路的故障码；电路图中线条较细的线路是不能诊断故障码的电路。

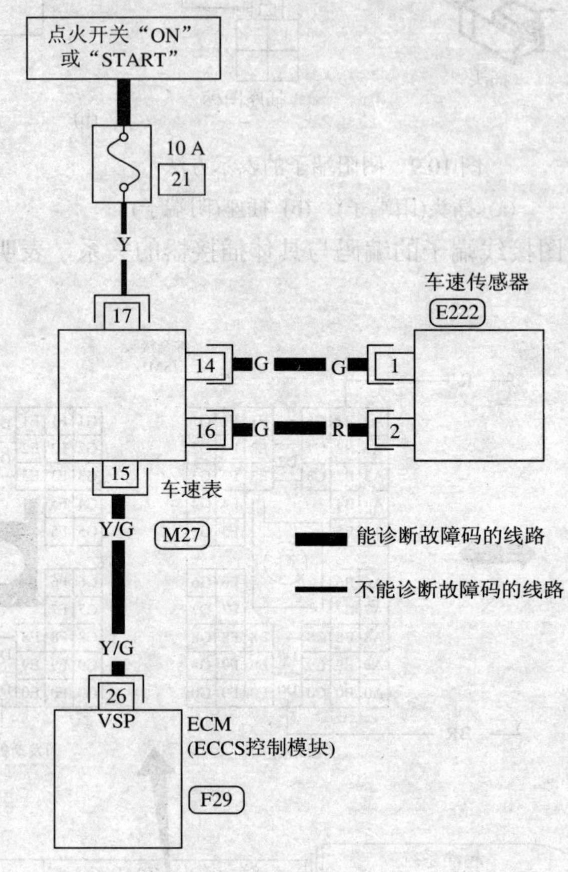

图 10.11　诊断电路的表示方法

5. 日产汽车电路各部分的含义

图 10.12 是日产风度轿车电源系统电路图，图 10.13 是其继电器控制电路部分的分解图。现将电路图中图形、符号、代号所表示的意义说明如下(以下序号 1～31 对应图中序号①～㉛)：

1——供电状态。图中表示系统施加了蓄电池电压。

2——熔断器的连接。双线表示是熔断器连接装置，空心圆圈表示电流流入，实心圆圈表示电流流出。

3——熔断器的位置。注明熔断器在熔断器/继电器盒中的位置。

4——熔断器。单线表明是熔断器，空心圆圈表示电流流入，实心圆圈表示电流流出。

5——电流大小。

6——接头。图中 E3 是插座，M1 是插头，G/R(绿/红)是 A1 线路的颜色。

7——进入另一系统。

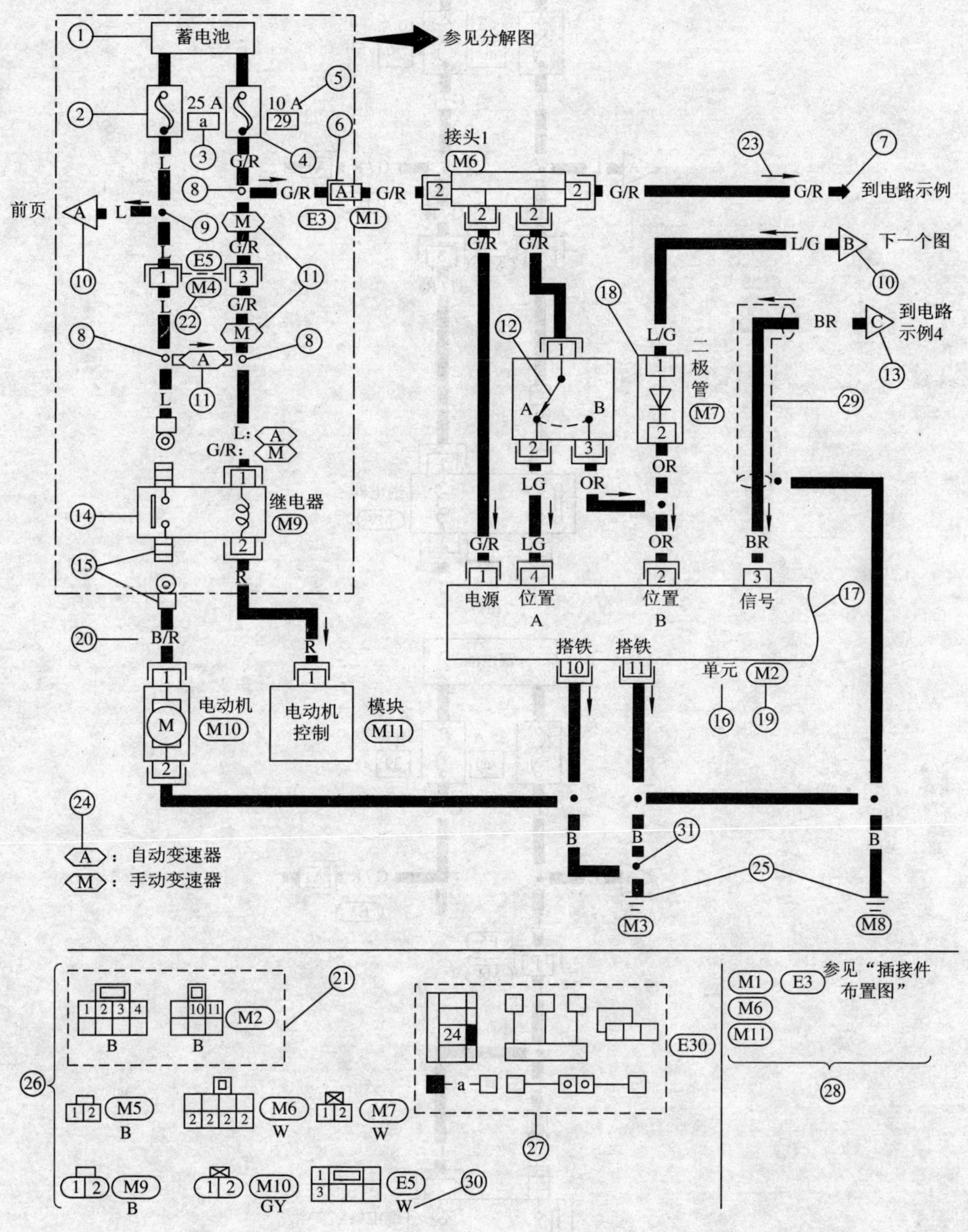

图 10.12　日产风度轿车电源系统电路图

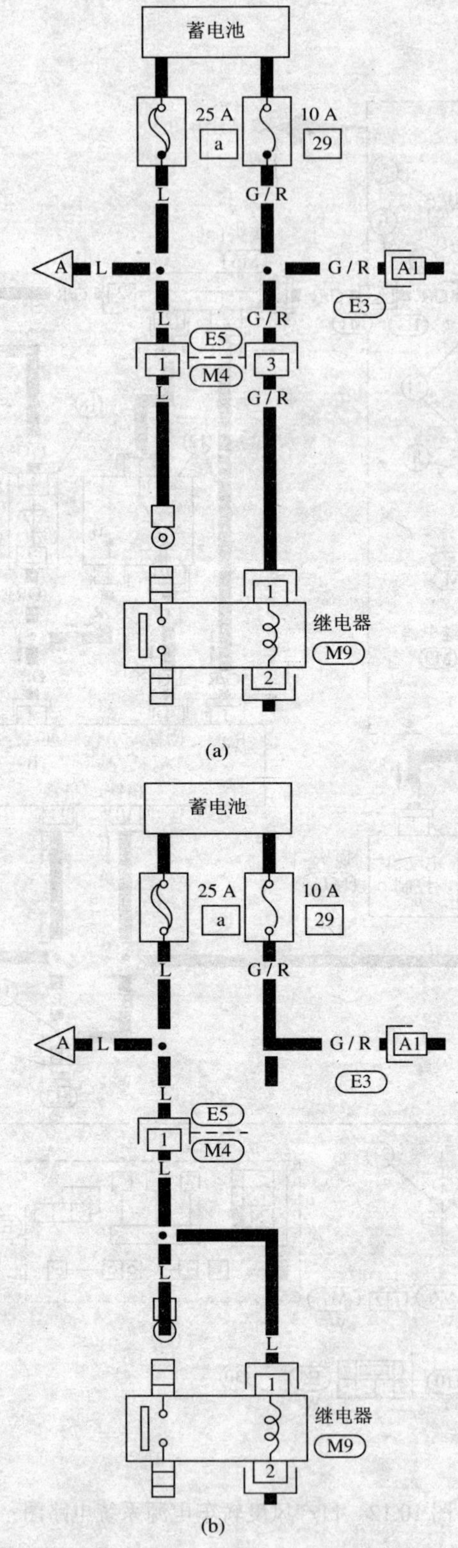

图 10.13 分解图(继电器控制电路实例)

(a) 手动变速器；(b) 自动变速器

8——空心圆圈表示连接是可选择的，不是必须有的。

9——实心圆圈表示连接必定存在。

10——翻页。电路在邻近页的继续框内，图号及字母要吻合。

11——用略语表示选项。电路是可选的。

12——开关。图中表示开关处于 A 位置，端子 1 和 2 导通；开关处于 B 位置，端子 1 和 3 导通。

13——翻页。电路在系统内某一页的继续框内，框内字母要吻合。

14——继电器。

15——用螺栓或螺母连接的接头。

16——部件名称。

17——部件波形线。表示部件的另一部分显示在另一页。

18——结合在一起的总成零件。

19——显示插接器的号码。

20——导线颜色。“B/R”表示导线颜色为黑色带红条纹。

21——共同部件。虚线框内的接头表示它们属于同一部件(插接器)。

22——共同端了。虚线之间的接线端子表示它们连接在一起。

23——箭头指向电流的流动方向，用在不容易理解的地方；双箭头←→表示可以双向流动。

24——图标的解释，完整地给出字母的意义。图中 A 表示自动变速器，M 表示手动变速器。

25——搭铁。

26——显示该页电路图中接线端子的视图。

27——显示熔断器连接和熔断器的布置，用于电源主线路。空心方框表示电流流入；实心方框表示电流流出。

28——参考提示。表示可参考最后一页电路图。可查到多个接线端子插接器的更多信息。

29——屏蔽线。外面有虚线套的是屏蔽线。

30——插接器的颜色代码。

31——表示多根导线汇聚在一起搭铁。

四、马自达汽车公司电路分析方法

马自达轿车电路图各部分的含义如图 10.14 所示。

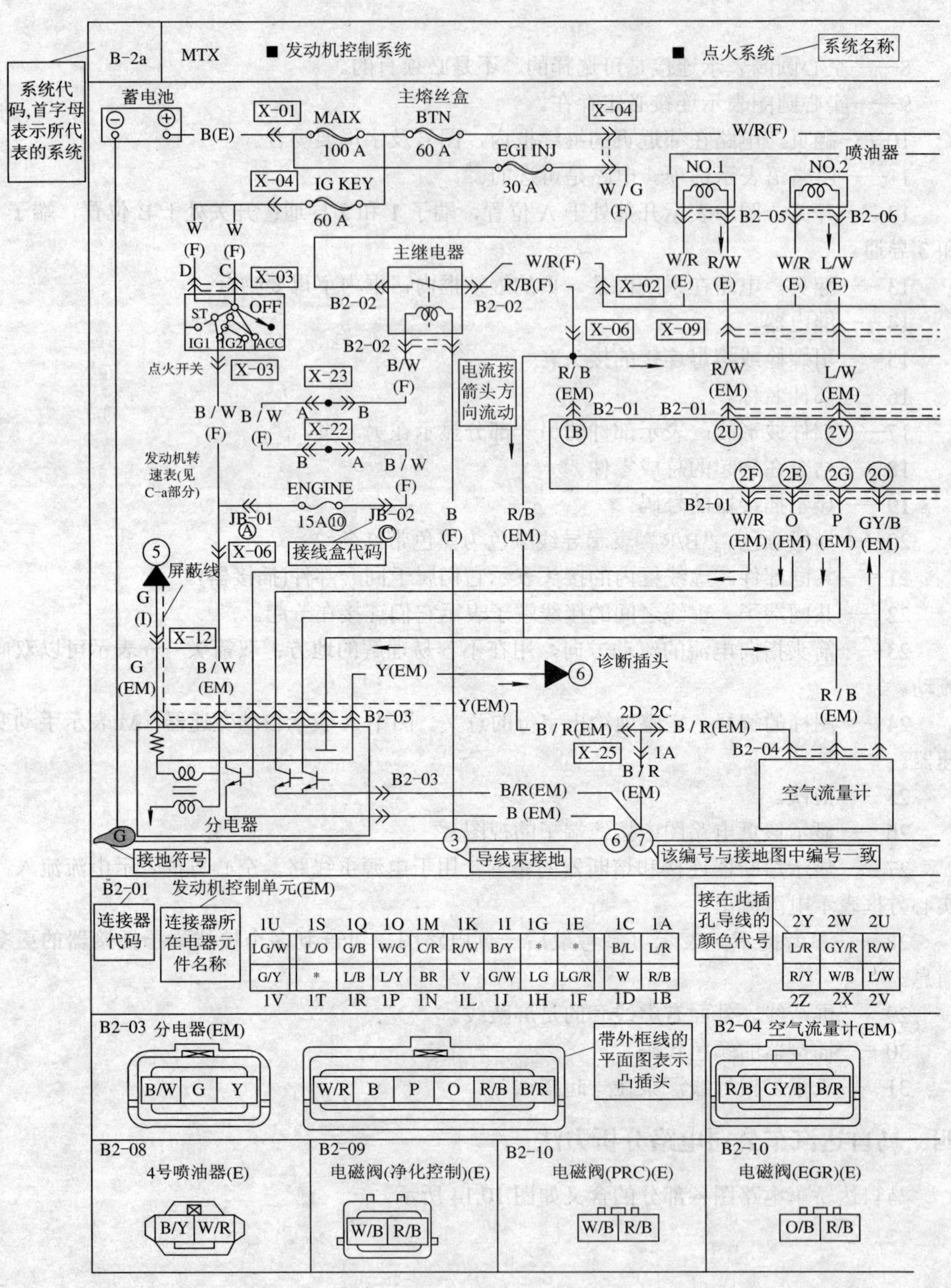

图 10.14 马自达轿车电路图各部分的含义(一)

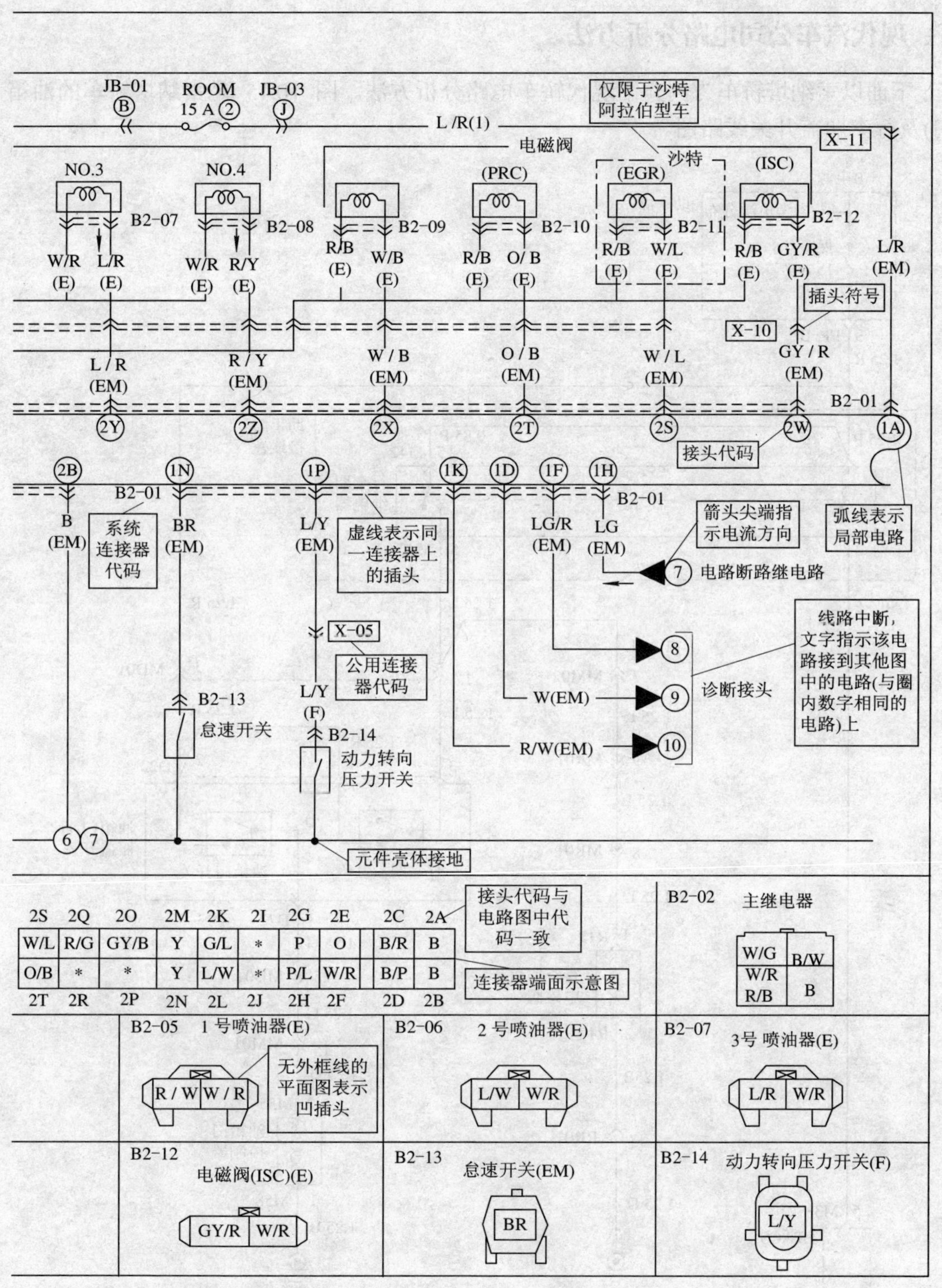

图 10.14 马自达轿车电路图各部分的含义(二)

五、现代汽车公司电路分析方法

下面以索纳塔轿车为例介绍现代轿车电路分析方法。图 10.15 是索纳塔轿车的油箱盖(门)及行李厢盖开关线路图。

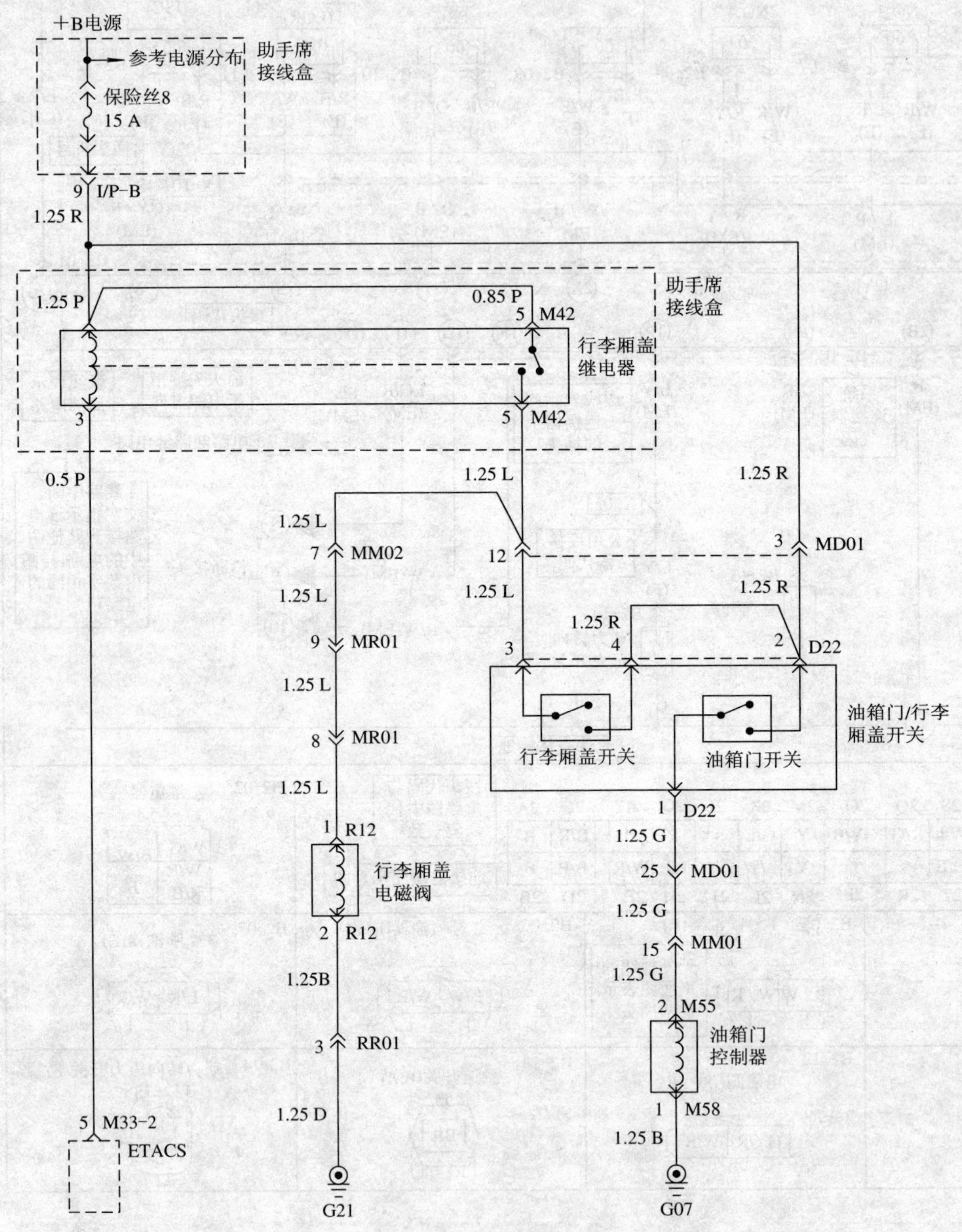

图 10.15　油箱盖(门)及行李厢盖开关线路图

电路说明：蓄电池经过 8 号熔断器始终作用在油箱盖(门)和行李厢盖开关上。当油箱盖开关或行李厢盖开关在“ON”位置时电流作用在油箱盖控制器或行李厢盖电磁阀上，这时油箱盖或行李厢盖被打开；当用车门钥匙开行李厢时，行李厢盖继电器的线圈电路接通，行李厢盖继电器动作，电流作用在行李厢盖电磁阀上，行李厢盖打开。

第二节　欧洲各大汽车公司电路分析方法

一、大众汽车公司电路分析方法

德国大众系列汽车的电路图与其它系列汽车电路图相比，具有许多不同之处，它既不同于其他车辆的接线图，也不同于其他车辆的电路原理图。但在实际上，它却可以看做是电路原理图，而实质上更接近接线图。

1．电路图中符号的含义

在识图前应先了解电路中各符号、线段、图形的含义。电路图中表示各种电器元件的符号见图 10.16。除此之外，电路图中还有一些符号和数字，下面以捷达轿车的转向和报警闪光灯部分电路为例予以说明，见图 10.17。

图 10.17 中各部分的含义如下：

1——继电器位置号，表明继电器在继电器盒上的位置。

2——继电器盒上的继电器或控制器符号，在说明中可以找到它的名称。

3——熔断器符号。例如，S19 表示熔断器座上的 19 号熔断器(10 A)。

4——继电器盒上的插接件符号。例如 3/49a，其中 3 表示继电器盒上 12 号继电器座的 3 号插孔，49a 表示继电器/控制器上的 49a 插头。

5——继电器盒上的连接件符号，指出一个带线束的多孔或单孔插头的位置。例如，A13 为多孔插头 A 的 13 触点。

6——导线截面积，单位为 mm^2。

7——导线颜色。此缩写是线色代码，线路图旁注有说明。

8——白色线上印刷的标记号，用于区分一根线束中的不同白色线。

9——接线柱符号，可在零件图上找到标记。

10——故障诊断程序用的检测点。在插图或线路图中可找到同样的带黑色圆的数字，用于故障诊断程序。

11——线路标记。此处为报警灯开关。

12——零件符号，可在说明中找到零件名称。

13——导线连接端。方框内的数字表明电路图中的接续导线。

14——内部连线(细线)。此连接仅是内部电路连接，没有导线，可以依次追踪电路构件和线束内部的电流走向。

15——内部连接线符号，字母表示下一线路图的连接线。

16——接地点标记符号，可在说明中查到接地点在车身上的位置。

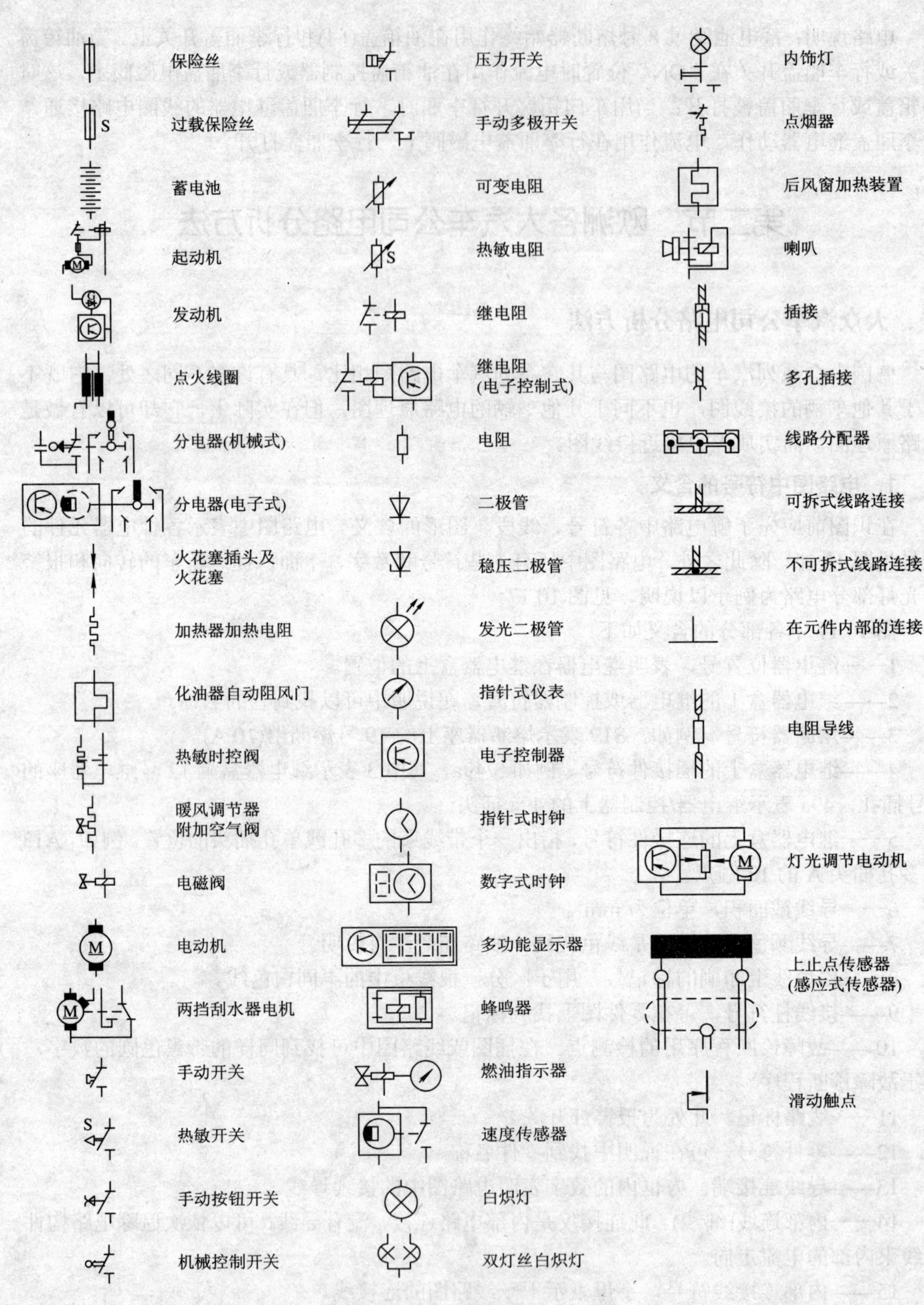

图 10.16　电路图中使用的符号

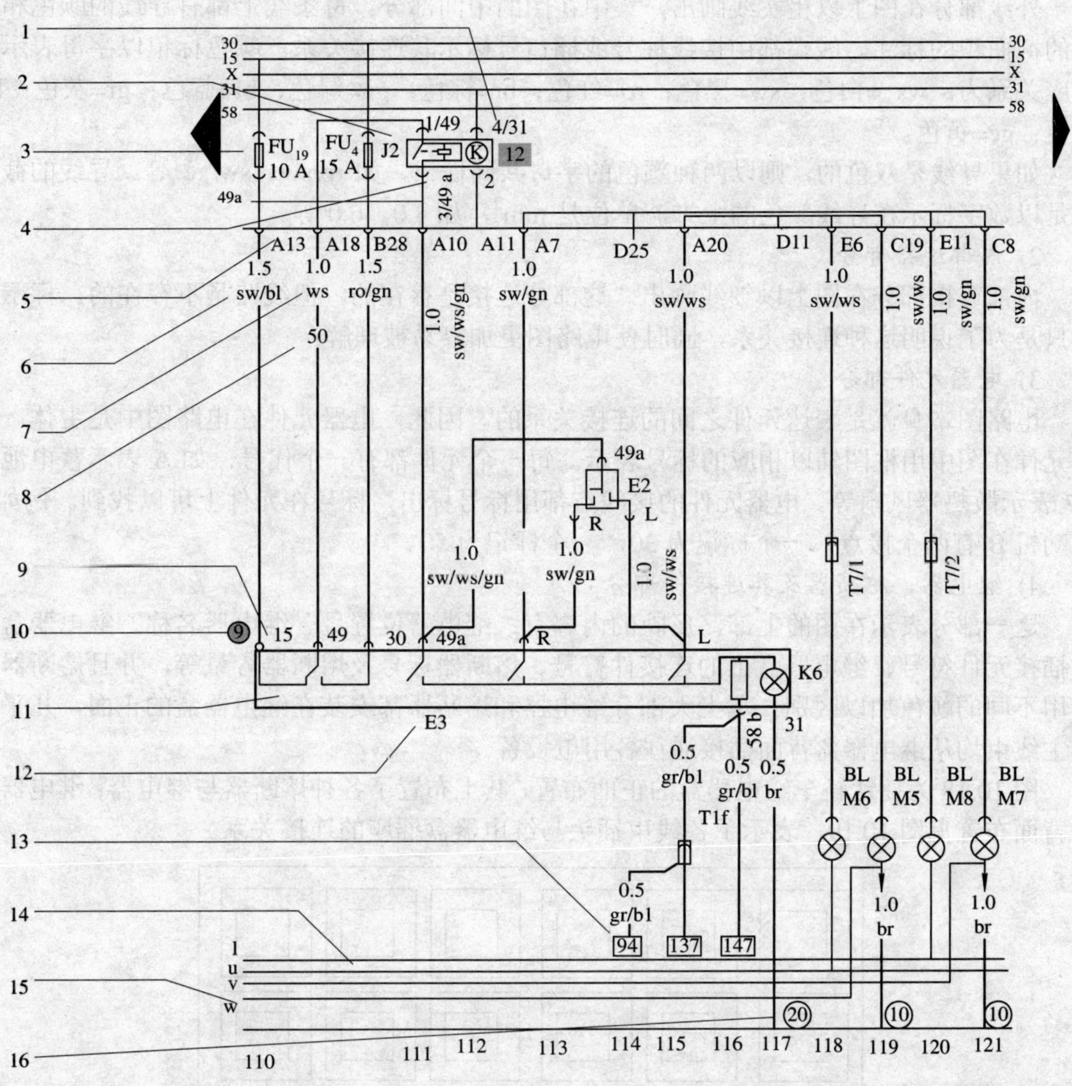

E2—转向开关；E3—报警闪光灯开关；J2—闪光灯继电器；K6—报警闪光灯；M5—左前转向灯；M6—左后转向灯；M7—右前转向灯；M8—右后转向灯；T7—七孔插座连接，在继电器盒内；⑩—接地点在中央继电器盒内，⑳—接地连接(接线柱 31)在仪表板线束内

图 10.17　电路图各部分的含义

2. 电路图的构成

大众车系电路图(参见图 10.17)大体上可以分解为以下几部分。

1) 外线部分

外线部分在图上以粗实线画出，集中在图的中间部分。每条线上都有导线的颜色和导线的截面积的标注。线端都由接线柱号或插口号标示其连接关系。颜色标记以字母表示。对应关系为：ws =白色；sw=黑色；ro=红色；br=棕色；gn=绿色；bl=蓝色；gr=灰色；li=紫色；ge=黄色。

如果导线是双色的，则以两种颜色的字母共同标记，如 ro/sw、sw/ge 等。导线的截面积是以数字标示在导线颜色的上方，单位是 mm^2，如 4.0、6.0 等。

2) 内部连接部分

内部连接部分在图上以细线画出。这部分连接是存在的，但线路是不存在的。标示线路只是为了说明这种连接关系，同时使电路图更加容易被理解。

3) 电器元件部分

电路图本身就是表达元件之间的连接关系的。因此，电器元件在电路图中是主体。电器元件在图中用框图辅以相应的标号表示。每一个元件都有一个代号，如 A 表示蓄电池，V7 表示散热器风扇等。电器元件的接线点都用标号标出，标号在元件上可以找到。例如，起动机 B 有两个接点，一个标记为 30，一个标记为 50。

4) 继电器、熔断器及其连接件部分

这一部分表示在图的上部，反映的内容有：继电器位置号、继电器名称、继电器盒上的插接元件符号、继电器盒上的连接件符号、熔断器标号及熔断器容量等，并且熔断器容量用不同的颜色加以区别。车上大部分继电器和熔断器都安装在继电器盒的正面，几乎全部主线束均从继电器盒背面插接通往各用电设备。

图 10.18 为捷达轿车继电器盒的正面布置，其上布置了各种熔断器与继电器；继电器盒的背面布置见图 10.19，表示了各线束插头与继电器盒插座的连接关系。

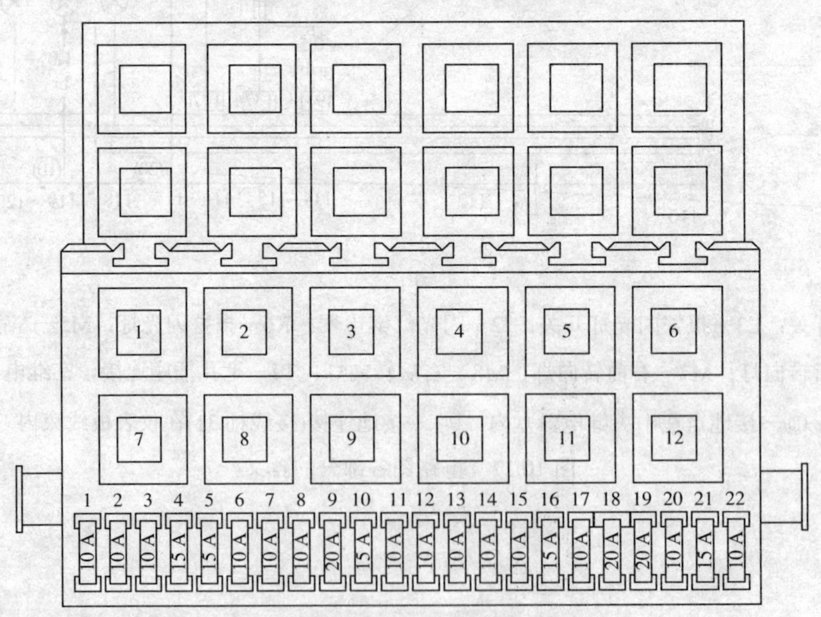

图 10.18 继电器盒正面布置

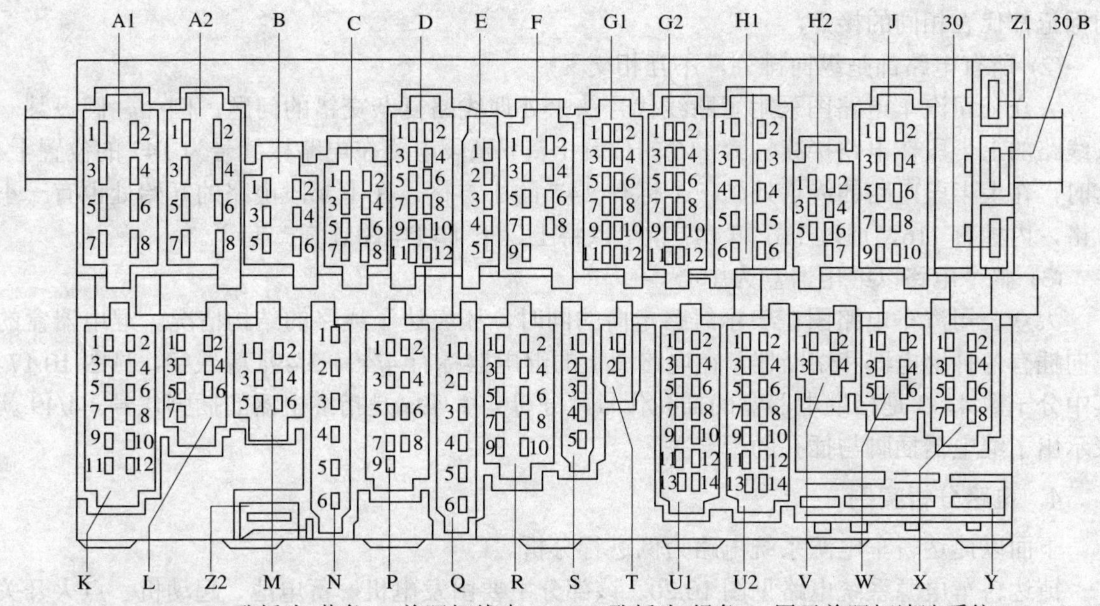

A1、A2—8 孔插头(黄色)，前照灯线束；B—6 孔插头(绿色)，用于前照灯清洗系统；
C—8 孔插头(黄色)，用于任选线束；D—12 孔插头(绿色)，用于附加设备；E—5 孔插头(绿色)，仪表线束；
F—9 孔插头(白色)，发动机舱右侧线束；G1—12 孔插头(白色)，发动机舱右侧线束；
G2—12 孔插头(白色)，发动机舱右侧线束；H1—10 孔插头(红色)，转向柱开关线束；
H2—8 孔插头(红色)，转向柱开关线束；J—10 孔插头(红色)，转向柱开关线束；
K—12 孔插头(黑色)，尾部线束；L—7 孔插头(黑色)，尾部线束；M—6 孔插头(黑色)，尾部线束；
N—6 孔插头(绿色)，空调线束；P—9 孔插头(蓝色)，后风窗及前雾灯开关线束；
Q—6 孔插头(蓝色)，仪表线束；R—10 孔插头(蓝色)，灯光开关线束；
S—5 孔插头(白色)，发动机舱右侧线束；T—2 孔插头(绿色)；U1—14 孔插头(蓝色)，仪表板线束；
U2—14 孔插头(蓝色)，仪表板线束；V—4 孔插头(绿色)，多功能指示器线束；
W—6 孔插头(绿色)，ABS 线束；X—8 孔插头(绿色)，警报指示灯(拖挂设备、ABS 系统)线束；
Y—单孔插头，接线柱 30；Z1—单孔插头；Z2—单孔插头，接线柱 31；
30—单孔插头，接线柱 30；30B—单孔插头

图 10.19　继电器盒背面布置

5) 电路接续号

电路接续号在电路图的最下方，这一标号只是制图和识图的标记号，数字的大小没有实际的物理意义。它有两个作用：一是可顺序表达整车的全部电路内容，便于每一部分既相对独立又相互联系；二是便于反映在一部分电路图中难以表达的接续部分。

3. 电路图的特点

(1) 接点标记具有固定的含义。

在大众公司汽车电路图中经常遇到接点标记的数字及字母，它们都具有固定的含义。如数字 30 代表的是来自蓄电池正极的供电线；数字 31 代表接地线；数字 15 代表来自点火开关的点火供电线；数字 50 代表点火开关在起动挡时的起动供电线；X 代表受控的大容量用电设备供电线(来自卸荷继电器的供电线)等。无论这些标记出现在电路的什么地方，相同

的标记都代表相同的接点。

(2) 所有电路都是纵向排列，不互相交叉。

大众公司汽车电路图采用了断线代号法来处理线路复杂交错的问题。例如，假设某一条线路的上半段在电路接续号为 116 的位置上，下半段电路在电路接续号为 147 的位置上。这时，在上半段电路的终止处画一个标有 147 的小方格，在下半段电路的开始处也有一小方格，内标有 116，通过 116 和 147 就可以将上、下半段电路连在一起了。

(3) 整个电路以继电器盒为中心。

大众公司汽车电路图在表示线路走向的同时，还表达了线路的结构情况。继电器盒的正向插有各种继电器和熔断器。在电路图上的继电器标有 4/49、3/49a 等数字，见图 10.17。其中分子数 4、3 是指继电器盒的插孔代号，分母 49、49a 是指继电器的插脚代号。4/49 就表示出了继电器插脚与插孔的配合关系。

4．电路分析实例

下面以捷达轿车电源系统电路为例进行分析。

捷达轿车电源系统电路见图 10.20。该部分主要由发电机、蓄电池、起动机、点火开关组成。

1) 蓄电池

蓄电池用 A 表示。负极接地，用①表示，接地点在车身上；用②表示，接地点在变速器中。这两条接地线较粗，截面积为 25.0 mm^2。另一个接地点用⑪⑨表示，在前照灯线束内，线粗 4.0 mm^2，棕色。还有一个接地点在晶体管点火系统控制单元，位置在压力通风舱左侧，线粗 1.5 mm^2，黑/棕两色线。

蓄电池的正极与起动机接点 30 用粗线连接，是用来向起动机供大电流的。同时通过接点 30 用一根粗 6.0 mm^2 的红色线与发电机的 B＋端连接，属充电电路的一部分。还有一根粗 6.0 mm^2 的红色线与 Y 插接器的第 3 个接点连接，以 30 线标示，向其它用电设备供电。

2) 起动机

起动机用 B 表示。接续号 5、6 表示自身内部搭铁。接点 30 如前所述。接点 50 用粗 4.0 mm^2 的红/黑两色线与 F 插接器的第一个接点连接，并通过插接器 H1 的接点 1 与点火开关接点 50 连接，组成起动机电磁开关的控制电路，50 端子得电起动机便工作。起动机接点 30 的接线如上文蓄电池接线所述。

3) 发电机

发电机用 C 表示。发电机电压调节器用 C1 表示。线路编号 1 的细实线表示自身搭铁。发电机的 D+端子通过一个单孔接头 T_{1a} 与插接器 A2 的 1 号接点连接，通过线路编号 55 位置接仪表板，经二极管后接点火开关。在点火开关断开时 D+端子无电，而 B+端子为蓄电池电压。点火开关闭合，发动机未起动时，D+端子得电，仪表板内的二极管正向导通，向发电机激磁绕组提供激磁电流，发电机报警灯亮。发电机起动后，发电机发电，D+端子电压由发电机提供，进入自激，D+端子电位升高后，二极管截止，发电机报警灯熄灭。插头 T_{1a} 的安装位置在蓄电池附近。

4) 点火开关

点火开关用 D 表示。开关有 6 个接点。接点 30 由 4.0 mm^2 的红色线供电。接点 SU 用

0.5 mm^2 的棕红双色线控制收放机电路。接点 15 用 0.5 mm^2 的黑线通过插接器 H1 的 4 接点向点火系等供电。接点 P 向停车灯供电。接点 X 用 2.5 mm^2 的黑黄双色线，经 H1 插接器 3 号接点与 4 号位(触点卸荷继电器 J59)继电器座的 1 号接点相连。继电器座的 1 号接点与继电器 86 插脚相接。卸荷继电器 J59 工作，X 线便与接点 30 相通得电。接点 50 是起动机控制线。

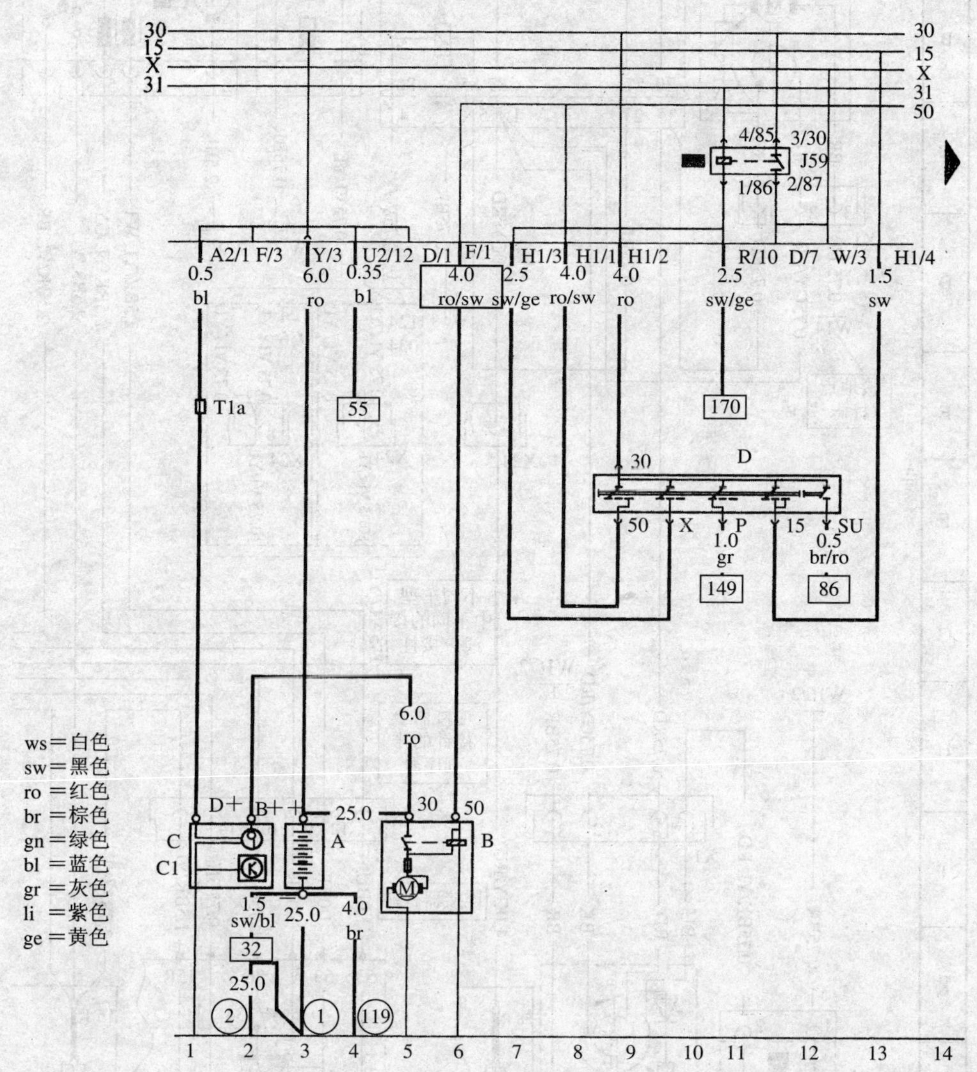

A—蓄电池；B—起动机；C—发电机；C1—电压调节器；D—点火开关；J59—卸荷继电器；T1a—单孔接头，蓄电池附近；①—接地线，蓄电池—车身；②—接地线，变速器—车身；⑪⑨—接地连接点，前照灯线束内

图 10.20　捷达轿车电源系统电路

二、奔驰汽车公司电路分析方法

奔驰轿车电路图各部分的含义如图 10.21 所示。

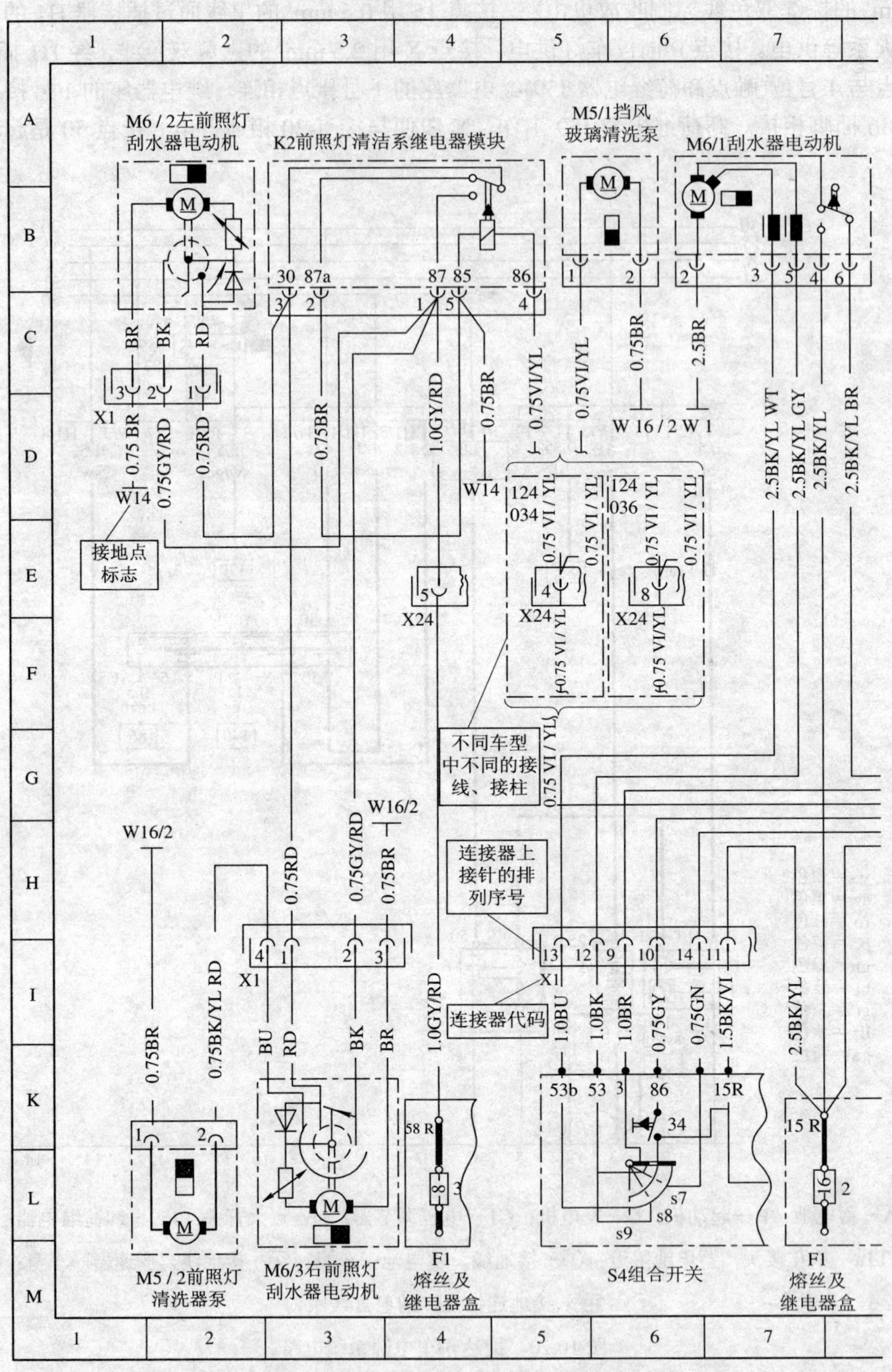

图 10.21 奔驰轿车电路图各部分的含义(一)

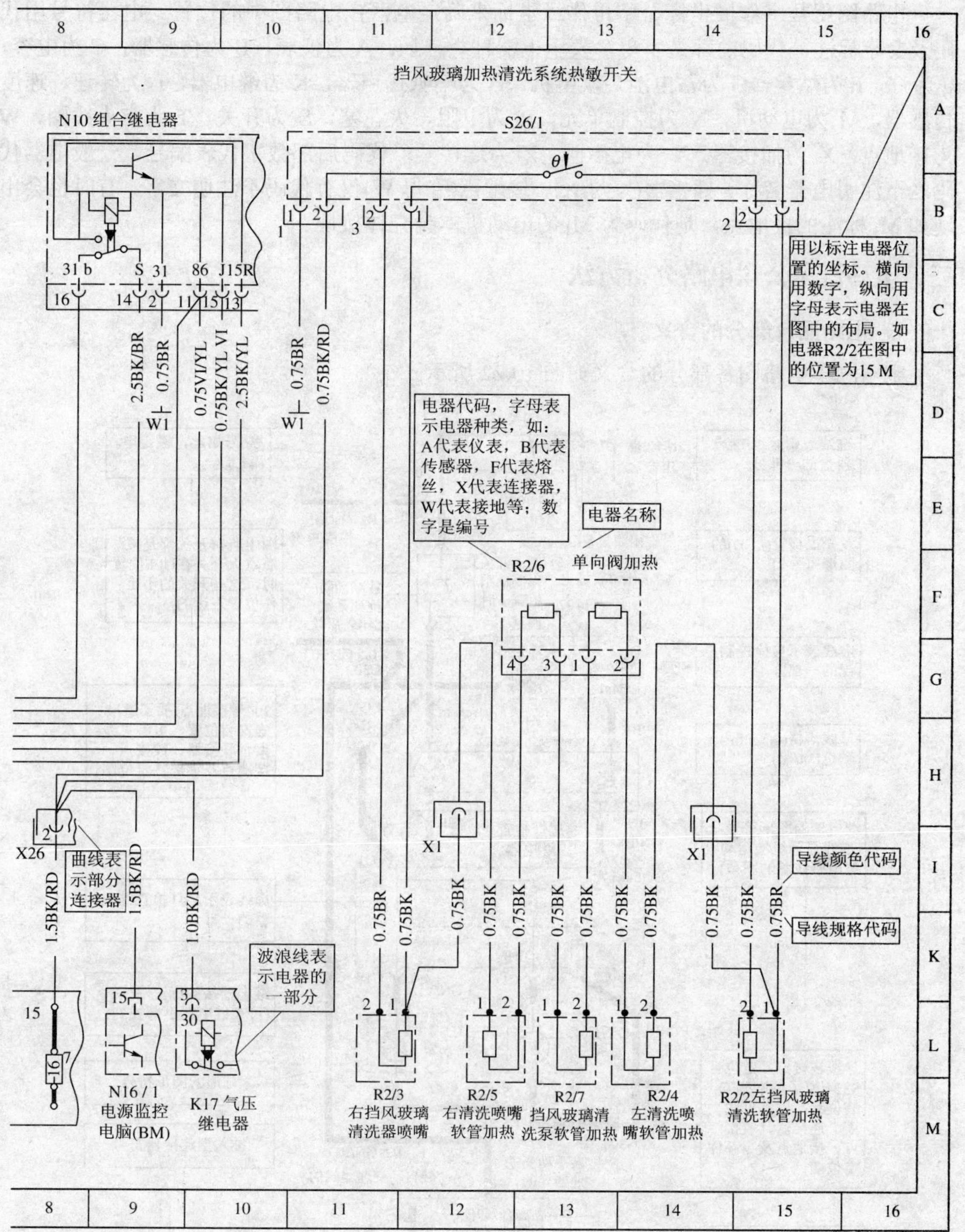

图 10.21 奔驰轿车电路图各部分的含义(二)

电路图用数字作横坐标、字母作纵坐标来确定电器在电路图中的位置。电器符号用代码及文字标注。代码前部是字母，表示电器种类，如：A 为仪表，B 为传感器，C 为电容，E 为灯，F 为熔丝，G 为蓄电池、发电机，H 为喇叭扬声器，K 为继电器，L 为转速、速度传感器，M 为电动机，N 为控制单元，R 为电阻、火花塞，S 为开关，T 为点火线圈，W 为接地点，X 为插接器，Y 为电磁阀，Z 为连接套；代码后部数字代表编号。一般电器代码之下注明电器名称。插接器(字母 X)、接地点(字母 W)仅有代码不注明文字。有时也会出现如 M_1 标注的接地点，是代码为 M_1 的电动机本身壳体接地。

三、宝马汽车公司电路分析方法

1．电路图各部分的含义

宝马汽车电路图各部分的含义如图 10.22 所示。

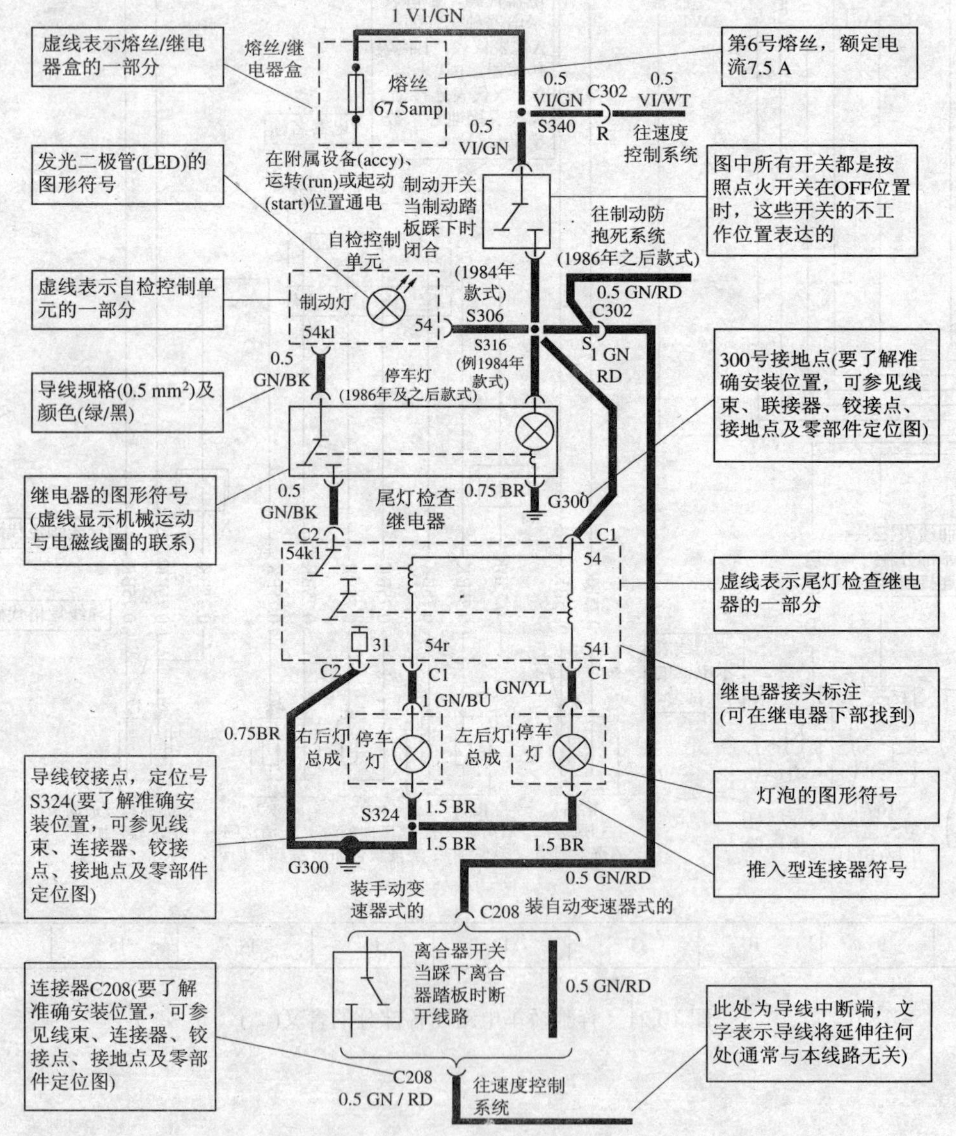

图 10.22　宝马轿车电路图各部分的含义

2. 电路分析实例

图 10.23 是宝马汽车前照灯电路。

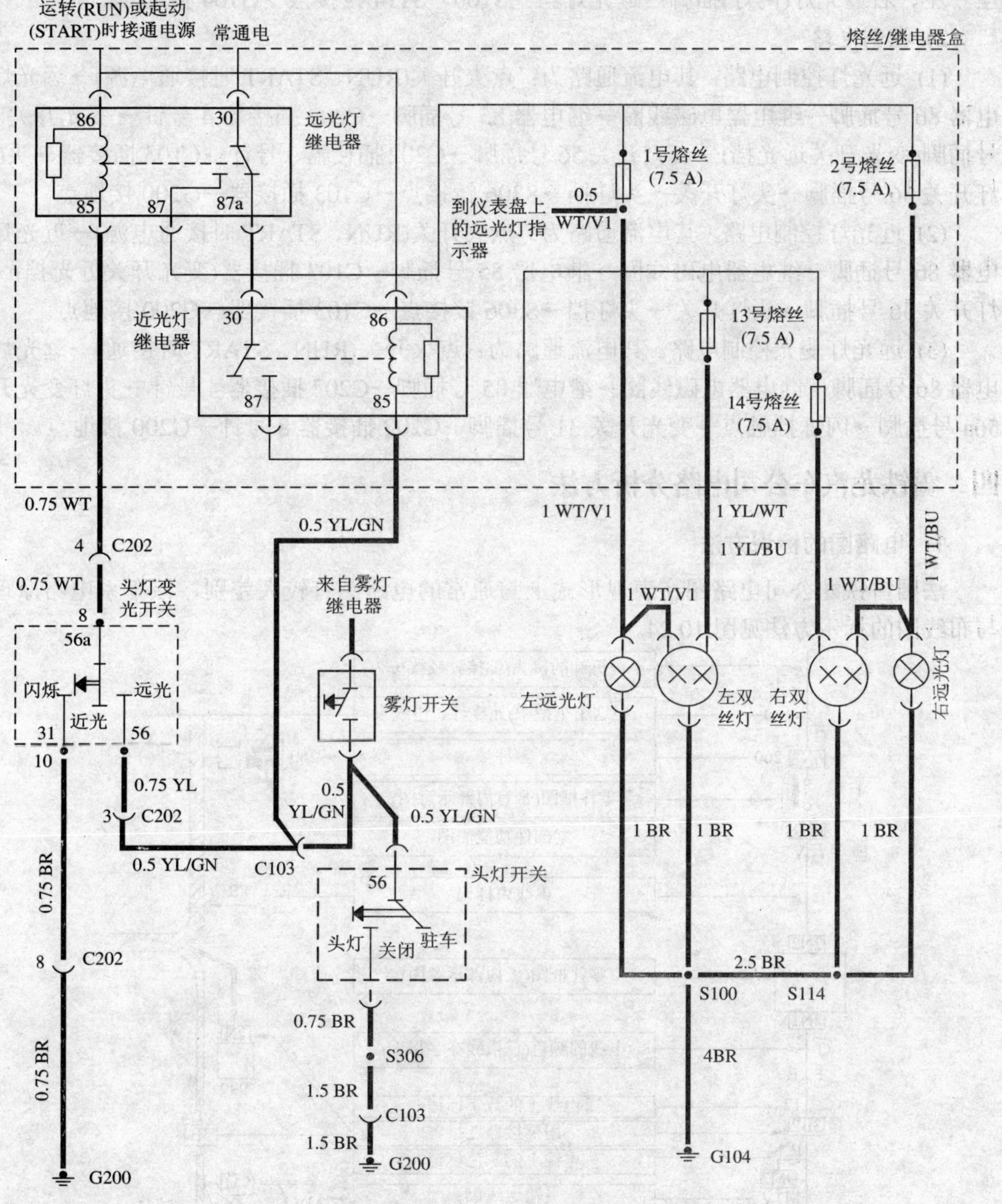

图 10.23　宝马汽车前照灯电路

1) 主电路

(1) 远光灯主电路。其电流通路为：30 号插脚(常通电)→远光灯继电器 30 号插脚→触点→继电器 87 号插脚→1、2 号熔断器→左、右远光灯(四灯)插脚→远光灯丝→S100、S114 铰接点→G104 接地点。仪表盘远光指示灯由 1 号熔断器供电而被点亮。

(2) 近光灯主电路。其电流通路为：30 号插脚(常通电)→远光灯继电器 30 号插脚→触点→继电器 87a 号插脚→近光灯继电器 30 号插脚→触点→继电器 87 号插脚→13、14 号熔丝→左、右近光灯(两灯)插脚→近光灯丝→S100、S114 铰接点→G104 接地点。

2) 控制电路

(1) 远光灯控制电路。其电流通路为：点火开关(RUN、START 时接通电源)→远光灯继电器 86 号插脚→继电器电磁线圈→继电器 85 号插脚→C202 插接器 4 号针→变光开关 56a 号插脚(变光开关远光挡)→变光开关 56 号插脚→C202 插接器 3 号针→C103 插接器→头(大)灯开关 56 号插脚→头灯开关→头灯挡→S306 铰接点→C103 插接器→G200 接地点。

(2) 近光灯控制电路。其电流通路为：点火开关(RUN、START 时接通电源)→近光灯继电器 86 号插脚→继电器电磁线圈→继电器 85 号插脚→C103 插接器(变光开关近光挡)→头灯开关 56 号插脚→头灯开关→头灯挡→S306 铰接点→C103 插接器→G200 接地点。

(3) 远光灯变光控制电路。其电流通路为：点火开关(RUN、START 时接通)→远光灯继电器 86 号插脚→继电器电磁线圈→继电器 85 号插脚→C202 插接器 4 号针→头灯变光开关 56a 号插脚→闪烁挡触点→变光开关 31 号插脚→C202 插接器 8 号针→G200 接地点。

四、雪铁龙汽车公司电路分析方法

1．电路图的标识方法

法国雪铁龙公司电路图在表现形式上与通常的电路图有较大差别，该车系电路原理图与布线图的标示方法见图 10.24。

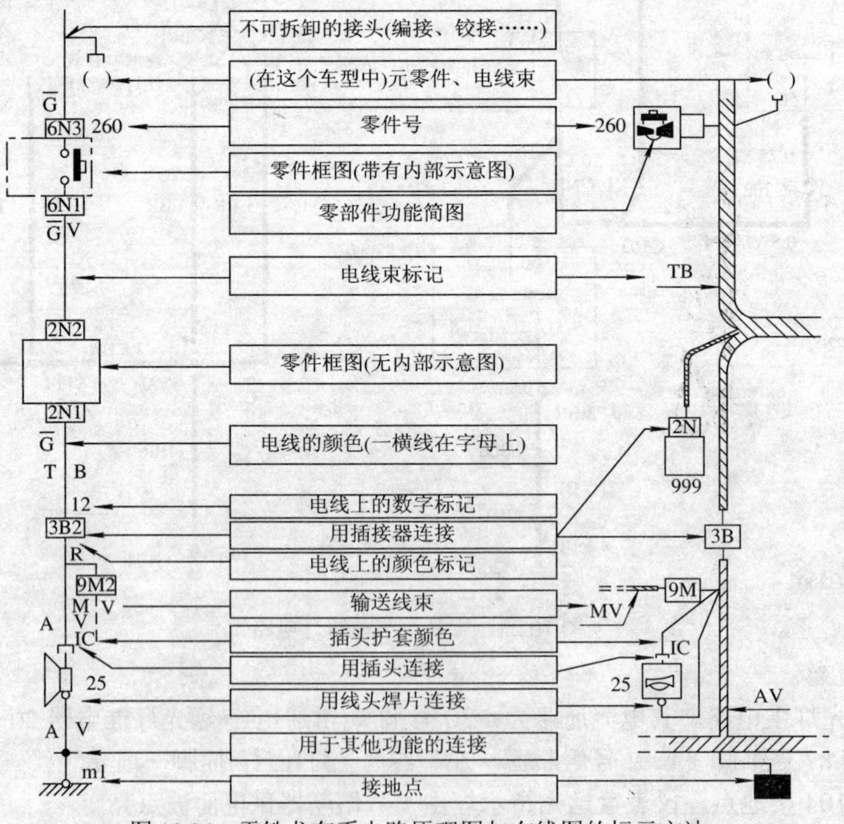

图 10.24　雪铁龙车系电路原理图与布线图的标示方法

2. 导线颜色代码

电路中用代码标明了各导线的颜色，导线的颜色代码见表 10.4。

表 10.4 导线的颜色代码

代 码	颜 色	代 码	颜 色
N	黑	BI	湖蓝
M	栗色	Mv	深紫
R	大红	Vi	紫蓝
Ro	粉红	G	灰色
Or	橙色	B	白色
J	柠檬黄	Lc	透明
V	翠绿		

3. 线束代码

为了方便查找线路走向，在电路图中各导线都标明了其所在线束的代码。各线束代码的含义见表 10.5。

表 10.5 线束代码的含义

线束代码	线束名称	线束代码	线束名称
AV	前部	MT	发动机
CN	蓄电池负极电缆	MV	电动风扇
CP	蓄电池正极电缆	PB	仪表板
EF	行李厢照明灯	PC	驾驶员侧门
FR	尾灯	PD	右后门
GC	空调	PG	左后门
HB	驾驶室	PL	顶灯
PP	乘客侧门	RD	右后部
RG	左后部	RL	侧转向灯
UD	右制动蹄片磨损指示器	UG	左制动蹄片磨损指示器

4. 插接器

下面以富康 ZX 型轿车为例介绍插接器的种类及表示方法，见图 10.25。

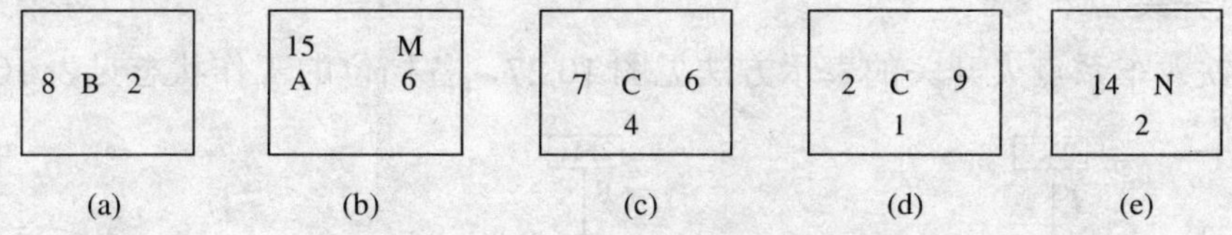

图 10.25 插接器的种类及其表示方法

(a) 单排插接器；(b) 双排插接器；(c)、(d) 前围板插接器；(e) 14 脚圆插接器

1) 单排插接器

单排插接器的插脚或插孔只有一排，在电路图中的表示方式见图 10.25(a)，识别方法如下

8：通道数，表示该插接器有 8 个插脚或插孔。

B：插接器的颜色，B 表示白色。

2：线号数，表示插接器的第 2 号线。

2) 双排插接器

双排插接器的插脚或插孔有两排，在电路图中的表示方式见图 10.25(b)，识别方法如下：

15：通道数，表示该插接器有 15 个插脚或插孔。

M：插接器颜色，M 表示颜色为栗色。

A：列数，表示 A 列。

6：线号数，表示 A 列中的第 6 号线。

3) 前围板插接器

前围板插接器位于挡风玻璃左下侧的车身内，有 62 个通道，用于前部线束和仪表板线束的连接。前围板插接器为黑色，由 8 组 7 脚的插孔和 3 组 2 脚的插孔组成，见图 10.26。它在电路图中的表示方式见图 10.25(c)、(d)。图 10.25(c)的识别方法如下：

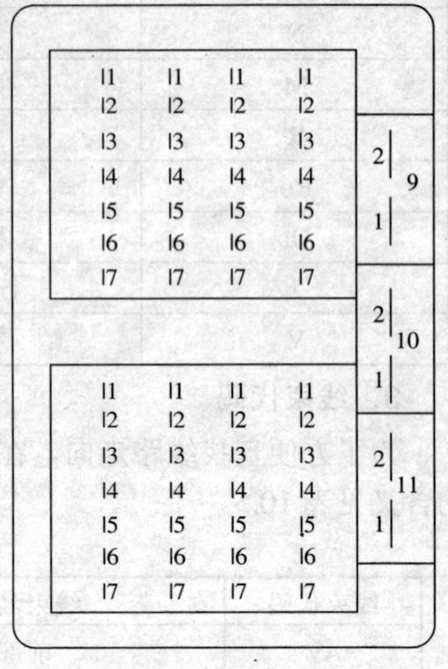

图 10.26　前围板 62 路插接器的布置图

7：通道数，表示 7 脚插脚或插孔。

C：表示前围板插接器。

6：组数，表示第 6 组。

4：线号数，表示第 6 组的第 4 号线。

图 10.25(d)的识别方法如下：

2：通道数，表示 2 脚插脚或插孔。

C：表示前围板插接器。

9：组数，表示第 9 组。

1：线号数，表示第 9 组的第 1 号线。

4) 14 脚圆插接器

14 脚图插接器位于发动机罩下左侧的熔断器盒内，用于前部 AV 线束与发动机 MT 线束的连接，在电路图中的表示方式见图 10.25(e)，识别方法如下：

14：通道数，表示该插接器有 8 个插脚或插孔。

N：插接器的颜色，N 表示黑色。

2：线号数，表示插接器的第 2 号线。

5．点火开关

法国雪铁龙车系点火开关的表示方法见图 10.27，各挡位的工作状态见表 10.6。

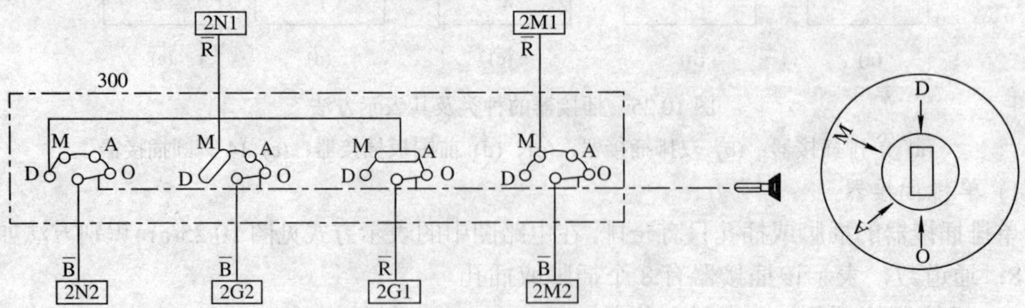

图 10.27　点火开关的表示方法

表 10.6 点火开关各挡位的工作状态

挡位 \ 端子	2N1 (供电端子)	2N2	2G2	2G1	2M1 (供电端子)	2M2
O(锁止)						
A(附件)	○	—	—	○		
M(点火)	○	—	○	○	○	○
D(起动)	○	○	○			

6. 雪铁龙车系电路分析实例

富康轿车电路图沿用了法国雪铁龙公司原厂资料的画法。每部分电路都由布线图与电路原理图两部分表示，布线图表明了各电器元件在车上的位置，便于电气系统的维修及故障查找。富康轿车电路采用了大量的插接件，而且这些插接件没有一种是重复的，即插接件一一对应，没有互换性，从而避免了拆装过程中插错线的可能性。在更换插接件时，必须按照电路原理图所示，严格“对号入座”。

下面以富康 988 轿车车内照明系统为例，介绍富康轿车电路图的分析方法。富康 988 轿车车内照明系统的布线图见图 10.28，电路原理图见图 10.29。

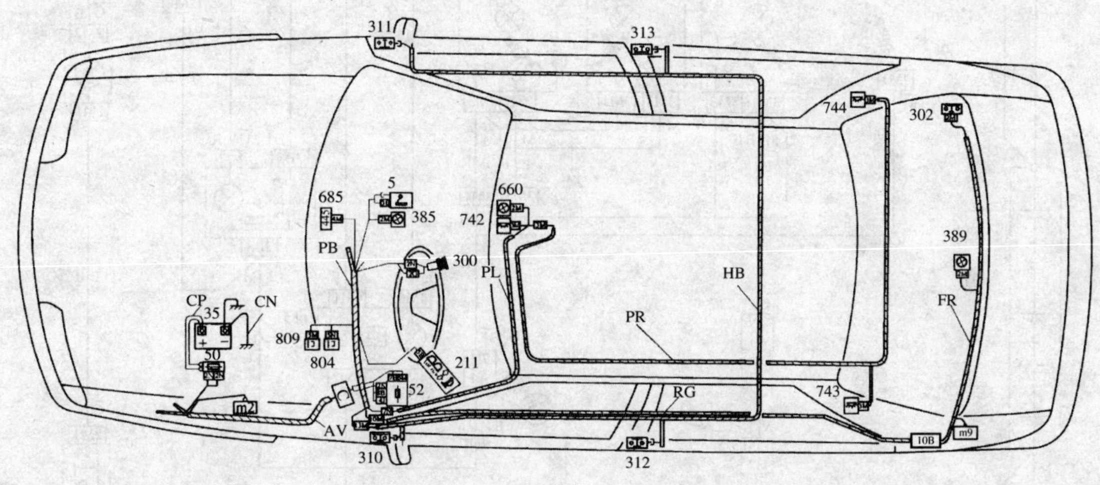

5—前点烟器；35—蓄电池；50—发动机罩下熔断器盒；52—驾驶室内熔断器盒；
211—组合开关(照明、转向、喇叭)；300—点火开关；302—行李厢照明开关；310—左前门控开关；
311—右前门控开关；312—左后门控开关；313—右后门控开关；385—前烟灰缸照明灯；
389—行李厢照明灯；660—阅读灯；685—石英钟及照明灯；742—前顶灯；743—左后顶灯；
744—右后顶灯；804—空调继电器；809—前玻璃升降继电器

图 10.28 富康轿车车内照明系统布线图

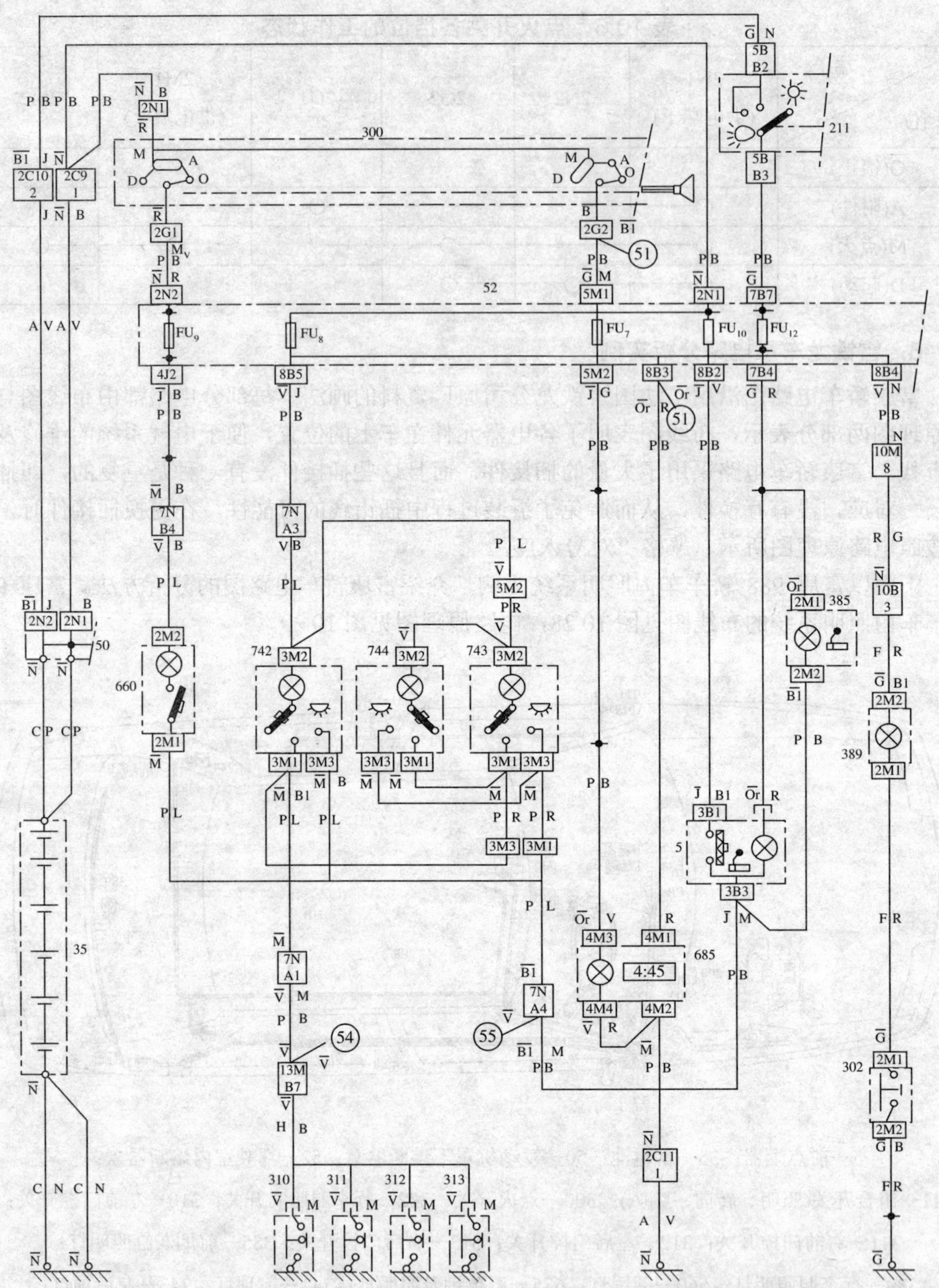

5—前点烟器；35—蓄电池；50—发动机罩下熔断器盒；52—驾驶室内熔断器盒；
211—组合开关(照明、转向、喇叭)；300—点火开关；302—行李厢照明开关；310—左前门控开关；
311—右前门控开关；312—左后门控开关；313—右后门控开关；385—前烟灰缸照明灯；389—行李厢照明灯；
660—阅读灯；685—石英钟及照明灯；742—前顶灯；743—左后顶灯；744—右后顶灯

图 10.29 富康轿车车内照明系统电路原理图

1) 阅读灯工作电路

点火开关打至 A 挡或 M 挡时，阅读灯才可以工作。其工作电路为：蓄电池正极→黑色的蓄电池正极电缆线 CP→发动机罩下熔断器盒 50(见图 10.30)→黑色 2 脚插接器的 1 号线→前围板插接器的第 9 组 2 脚插头的 1 号线(见图 10.26)→仪表板线束 PB 的黑色线→黑色 2 脚插接器的 1 号线(点火开关供电端)→点火开关 300→灰色 2 脚插接器的 1 号线(点火开关输出端)→驾驶室内熔断器盒 52 中的黑色 2 脚插接器的 2 号线(见图 10.31 与图 10.32)→熔断器 FU_9→柠檬黄色 4 脚插接器的 2 号线→黑色 7 脚双排插接器的 B 列第 4 号线→顶灯线束 PL→阅读灯 660(开关闭合)→黑色 7 脚双排插接器的 A 列第 4 号线→仪表板线束 PB→前围板插接器的第 11 组 2 脚插头的 1 号线(见图 10.26)→前部线束 AV→搭铁→蓄电池负极形成回路。

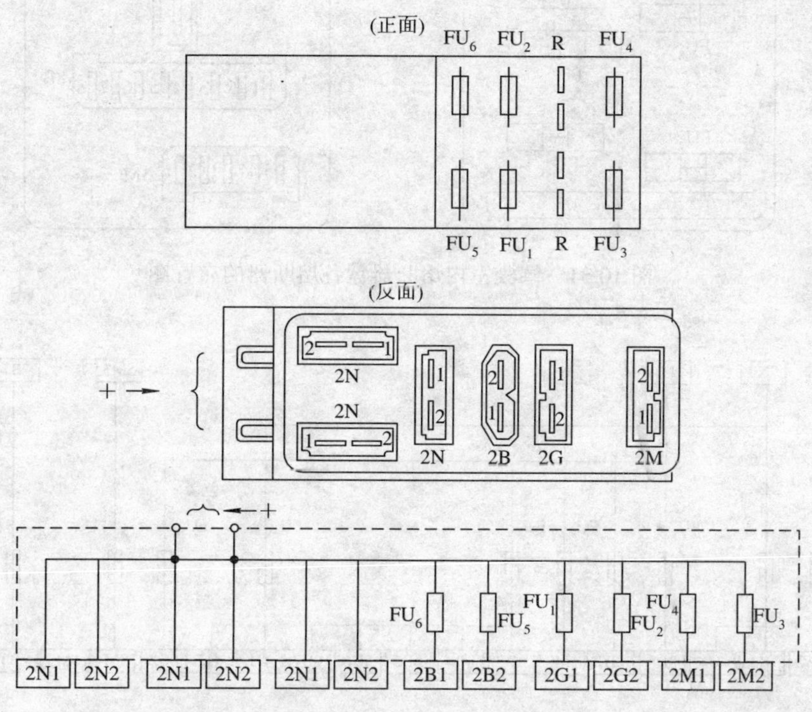

图 10.30 发动机罩下熔断器的布置与接口电路

2) 前顶灯工作电路

前顶灯的工作不受点火开关的控制，但可以监测车门的关闭，当前顶灯开关打至监测挡，车门未关闭时前顶灯亮。前顶灯监测车门关闭的工作电路为：蓄电池正极→黑色的蓄电池正极电缆线 CP→发动机罩下熔断器盒 50→黑色 2 脚插接器的 1 号线→前围板插接器的第 9 组 2 脚插头的 1 号线(见图 10.26)→仪表板线束 PB 的黑色线→驾驶室内熔断器盒 52 中的黑色 2 脚插接器的 1 号线(见图 10.31 与图 10.32)→熔断器 FU_8→白色 8 脚插接器的 5 号线→黑色 7 脚双排插接器的 A 列第 3 号线→顶灯线束 PL→前顶灯 742(开关打至监测挡)→黑色 7 脚双排插接器的 A 列第 1 号线→仪表板线束 PB→栗色 13 脚双排插接器的 B 列第 7 号线→驾驶室线束 HB→任一门控开关 310、311、312、313(车门未关闭时开关闭合)→搭铁→蓄电池负极。

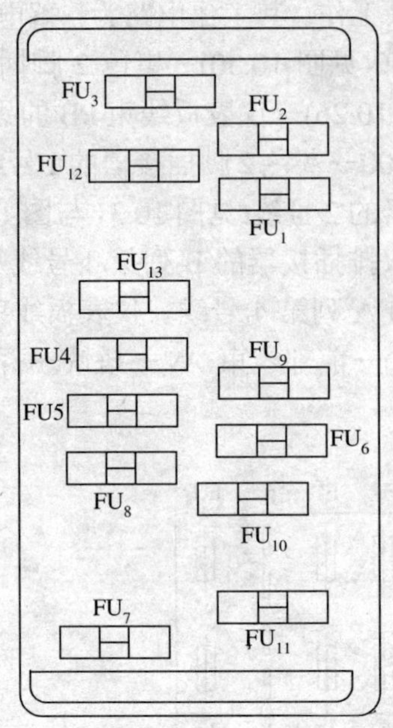

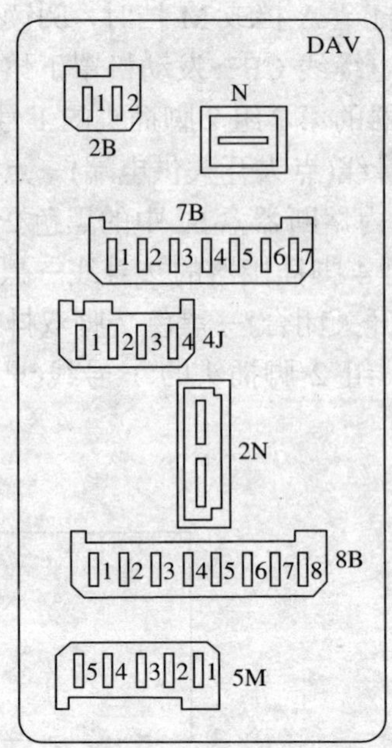

图 10.31　驾驶室内熔断器盒各熔断器的布置图

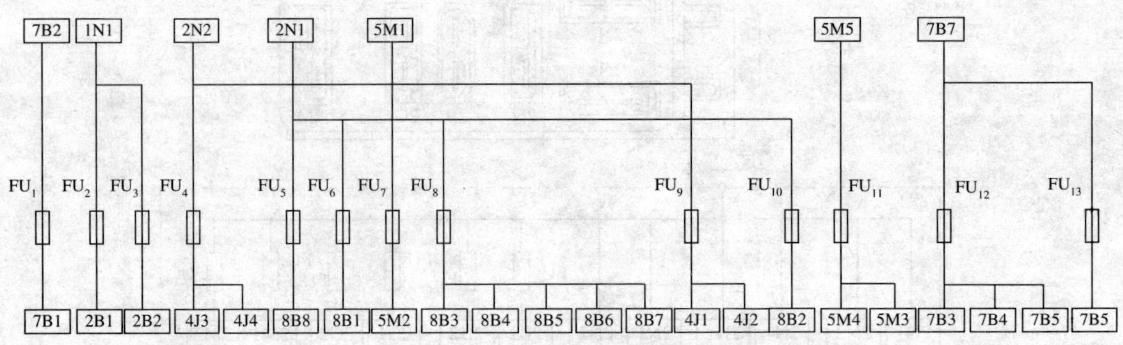

图 10.32　驾驶室内熔断器接口电路

前顶灯也可由其开关控制直接工作，工作电路请读者自己分析。

3) 点烟器照明工作电路

点烟器照明灯受灯光开关控制，灯光开关打开时，点烟器照明灯亮。其工作电路为：蓄电池正极→黑色的蓄电池正极电缆线 CP→发动机罩下熔断器盒 50→黑色 2 脚插接器的 2 号线→前围板插接器的第 10 组 2 脚插头的 2 号线(见图 10.26)→仪表板线束 PB→白色 5 脚双排插接器的 B 列第 2 号线→组合开关 211(灯光开关打开)→白色 5 脚双排插接器的 B 列第 3 号线→驾驶室内熔断器盒 52 中的白色 7 脚插接器的 7 号线→熔断器 FU_{12}→白色 7 脚插接器的 4 号线→前点烟器 5 的照明灯与前烟灰缸照明灯 385(二者并联)→白色 3 脚插接器的第 3 号线→仪表板线束 PB→前围板插接器的第 11 组 2 脚插头的 1 号线→前部线束 AV→搭铁→蓄电池负极形成回路。

第三节　美洲各大汽车公司电路分析方法

一、通用汽车公司电路分析方法

1．电路图的标示方法

下面以上海别克轿车自动变速器控制电路图为例(如果未学过自动变速器的控制原理，暂且不必深究控制过程，重点了解电路图的表示方法)来说明通用车系电路图各部分的含义，见图 10.33。

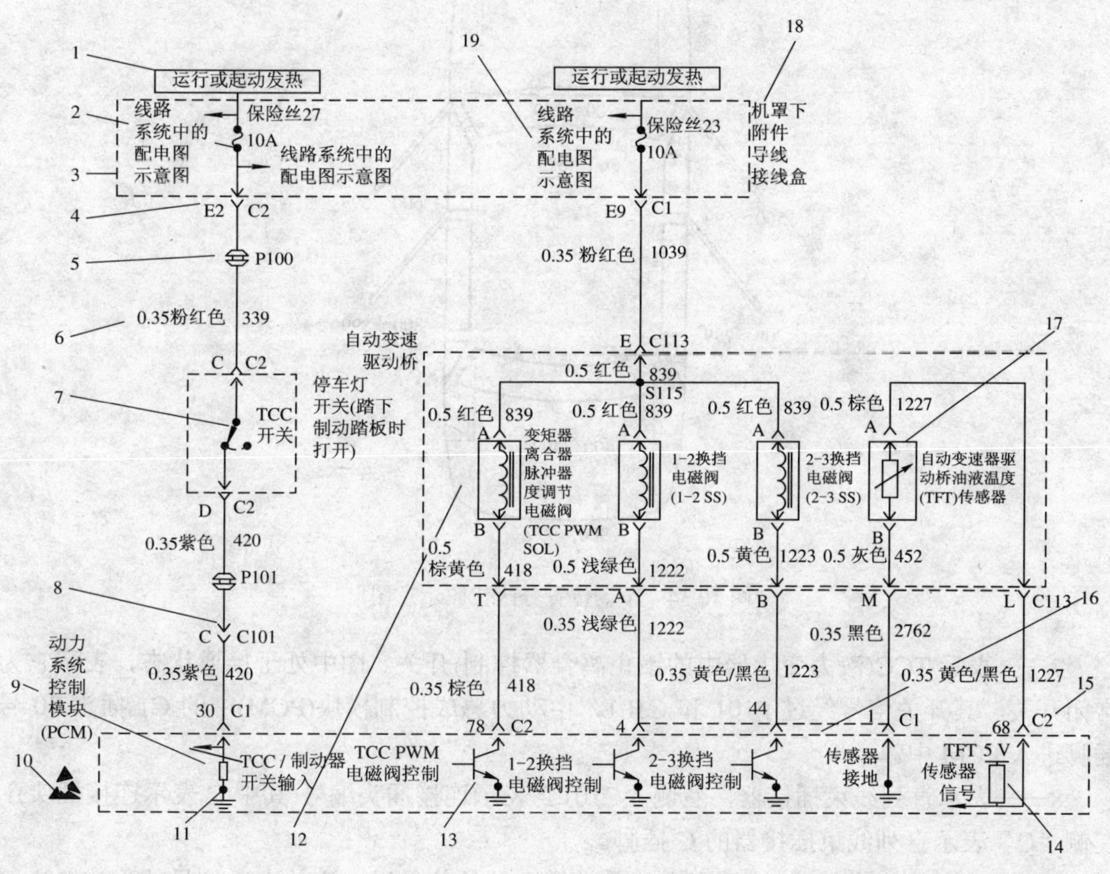

图 10.33　通用车系电路图的标示方法

图 10.33 中各部分的含义如下：

1——“运行或起动发热”表示线路在点火开关处于点火或起动挡时有电，电压为蓄电池工作电压。

2——表示 27 号 10 A 的熔断器。

3——虚线框表示没有完全表示出接线盒的所有部分。

4——表示导线是由发动机机罩下导线接线盒的 C2 连接插头的 E2 插脚引出的，连接插头编号 C2 写在右侧，插脚编号 E2 写在左侧。

5——符号和 P100 表示贯穿式密封圈，其中 P 表示密封圈，100 为其代号。

6——“0.35 粉红色”表示表示导线截面积为 0.35 mm^2，粉红色表示线的颜色，数字“339”表示该线束位置在乘客室(见图 10.34)。

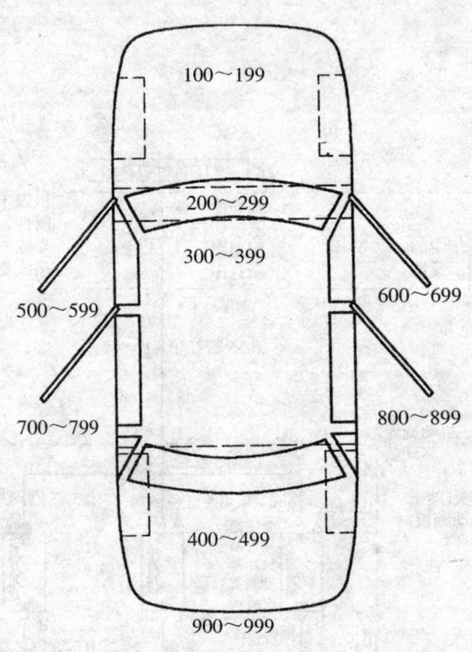

图 10.34　车辆位置分区代码示意图

7——表示 TCC(液力变矩器中的锁止离合器控制)开关。图中处于接通状态，表示它为常闭开关，其开关信号经过 P101 和 C101，由动力总成控制模块(PCM)中的 C1 插头 30 号插脚进入 PCM 中。

8——表示直列线束插接器，右侧“C101”表示连接插头编号(其中 C 表示连接插头)，左侧“C”表示直列线束插接器的 C 插脚。

9 ——表示输出电阻器，这里用来把制动灯开关的信号以一定的电压信号的形式输出给动力总成控制模块 PCM 的内部控制电路。

10 ——表示动力总成控制模块 PCM 是对静电敏感的部件。

11 ——符号表示搭铁。

12——表示在自动变速器内部的 TCC 锁止电磁阀，此电磁阀控制液力变矩器内部锁止离合器的结合。它在点火开关处于点火或起动挡时，通过 23 号 10 A 的熔断器供电。

13——表示带晶体管半导体元件控制的集成电路。这里为动力总成控制单元 PCM 内部集成的控制电路，控制电磁阀驱动电路，通过 PCM 搭铁。

14——表示输出电阻器。PCM 提供 5 V 稳压通过内部串接电阻与自动变速器油温传感器(TFT)连接，同时将自动变速器油温传感器(NTC 型电阻)信号传给 PCM。

15——表示动力总成控制模块 PCM 的 C2 连接插头的 68 插脚。

16——虚线表示 4、44、1 插脚均属于 C1 连接插头。

17——表示自动变速器内部的自动变速器油温传感器，它是一个随温度增加阻值减小的 NTC 型电阻。

18——表示部件的名称及所处的位置。该机罩下附件导线接线盒位于发动机的左侧(从车的前面看)。

19——表示导线通往机罩下附件导线接线盒的其它电路，对目前所显示的电气系统没有作用，是一种省略的画法。

2. 车辆位置分区代码

通用车系电路图上所有的接地、直接插接器、贯穿式密封圈和接头都给定了识别代码，并与其在车辆上的位置相对应，见图 10.34。其车辆位置分区情况见表 10.7。

表 10.7 车辆位置分区表

车辆位置分区代码	区位说明
100～199	发动机舱(全部在仪表板前部) 001～099 代表发动机舱内的附加号(仅在使用完所有 100～199 后使用)
200～299	位于仪表板区域内
300～399	乘员室(从仪表板到后车轮罩)
400～499	行李厢(从后轮罩到车辆后部)
500～599	位于左前车门内
600～699	位于右前车门内
700～799	位于左后车门内
800～899	位于右后车门内
900～999	位于行李厢盖或储物仓盖

3. 通用车系电路分析实例

下面以上海通用别克轿车冷却风扇控制电路为例来介绍通用车系电路图的分析方法。上海别克轿车电路图已经过转化，这样阅读起来比较方便。

上海通用别克轿车冷却风扇的控制电路见图 10.35。

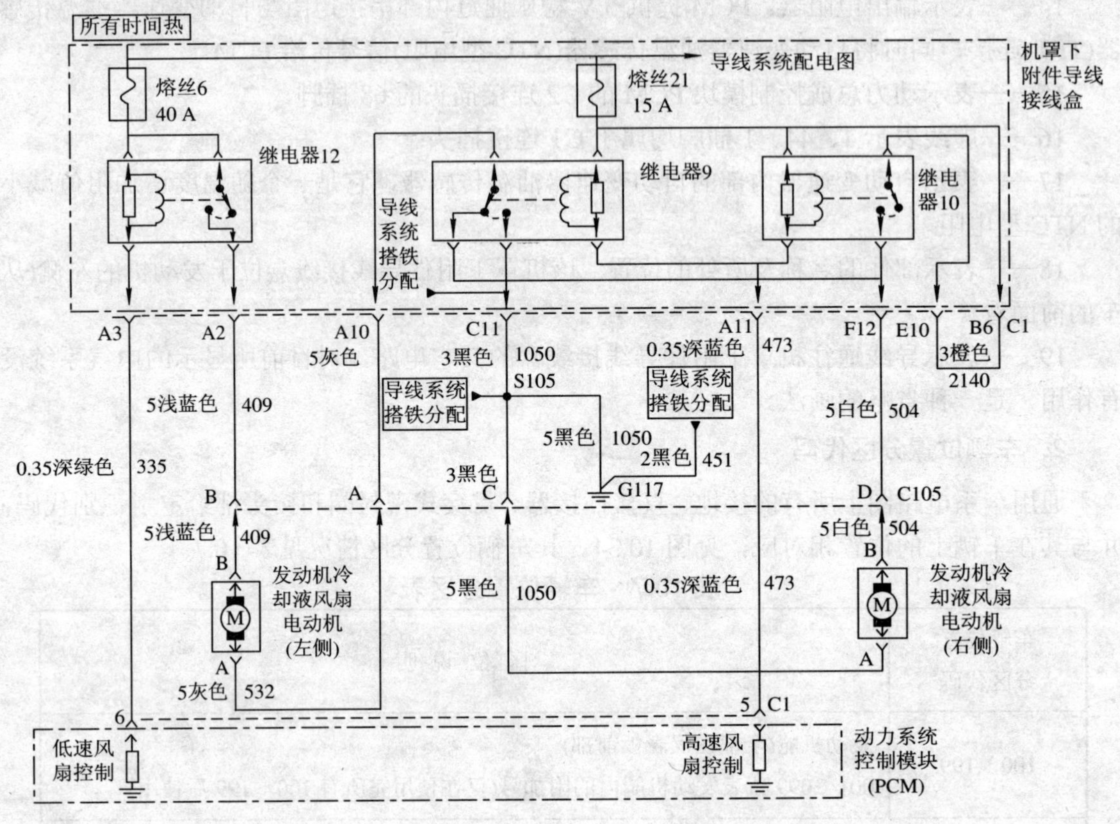

图 10.35　上海通用别克轿车冷却风扇的控制电路

冷却风扇由两个熔断器(6 号 40 A 和 21 号 15 A)分别向发动机冷却风扇供电。熔断器位于发动机罩下附件接线盒内，见图 10.36。

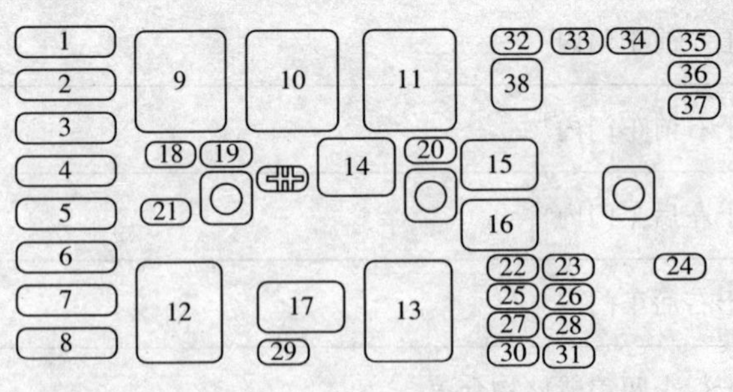

图 10.36　发动机罩下熔断器、断路器及继电器的位置

1) 冷却风扇低速工作时的电路

PCM 通过低速风扇控制电路为继电器 12 的控制电路提供搭铁。继电器 12 的控制电路的电流通路为：所有时间热(与电源直接连接)→熔断器 6→继电器 12→PCM 的低速风扇控制电路搭铁形成回路。于是，继电器 12 的线圈中有电流通过，控制常开触点闭合，向冷却风扇电机供电。此时由于左侧的冷却风扇电机与右侧的冷却风扇电机串联，所以风扇以低速运转。电流通路为：所有时间热(与电源直接连接)→熔断器 6→继电器 12→左侧的冷却风扇电机→继电器9的常闭触点→右侧的冷却风扇电机→导线系统搭铁分配器搭铁形成回路。

2) 冷却风扇高速工作时的电路

PCM 首先经低速风扇控制电路对继电器 12 提供搭铁路径。经 3 s 延时后，PCM 经高速风扇控制电路为继电器 9 和继电器 10 提供搭铁路径。左侧风扇电机继续由熔断器 6 提供电流，而熔断器 21(15 A)为右侧风扇电机提供电流。各风扇接收不同的搭铁路径。因此，风扇高速运行。左侧风扇电机的电流通路为：所有时间热(与电源直接连接)→熔断器 6→继电器 12→左侧的冷却风扇电机→继电器 9 的常开触点→导线系统搭铁分配器搭铁形成回路。右侧风扇电机的电流通路为：所有时间热(与电源直接连接)→熔断器 21→继电器 10 的常开触点→右侧的冷却风扇电机→导线系统搭铁分配器搭铁形成回路。

在看懂电路图的同时还应清楚 PCM 在什么情况下控制继电器 12 搭铁，其条件如下：

(1) 当发动机冷却液温度超过 106℃时。

(2) 当请求 A/C 且环境温度高于 50℃时。

(3) 当 A/C 制冷剂压力大于 1.31 MPa 时。

(4) 当点火开关关闭且发动机冷却液温度高于 140℃时。

对于风扇高速控制，PCM 延后右侧冷却风扇电机和继电器 10 控制达 3 s。3 s 延后可确保冷却风扇电负荷不超过系统的容量。

PCM 在以下各情况下为继电器 12、继电器 9 和继电器 10 提供搭铁：

(1) 当发动机冷却液温度超过 110℃时。

(2) 当 A/C 制冷剂压力大于 1.655 MPa 时。

二、福特汽车公司电路分析方法

下面以福特轿车防盗系统电路为例介绍电路图各部分的含义，如图 10.37 所示。

三、克莱斯勒汽车公司电路分析方法

克莱斯勒轿车电路图各部分的含义如图 10.38 所示。

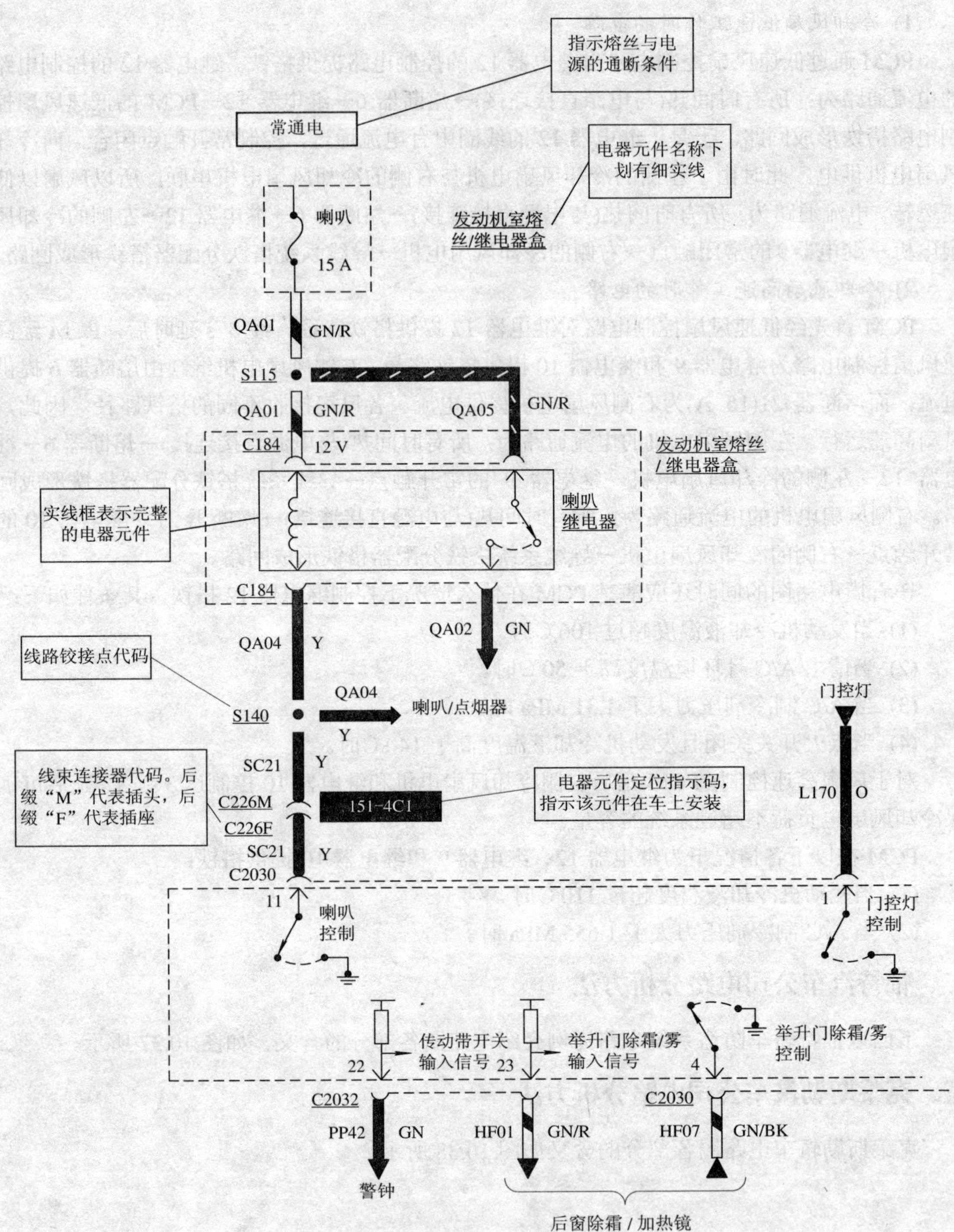

图 10.37　福特轿车电路图示例(一)

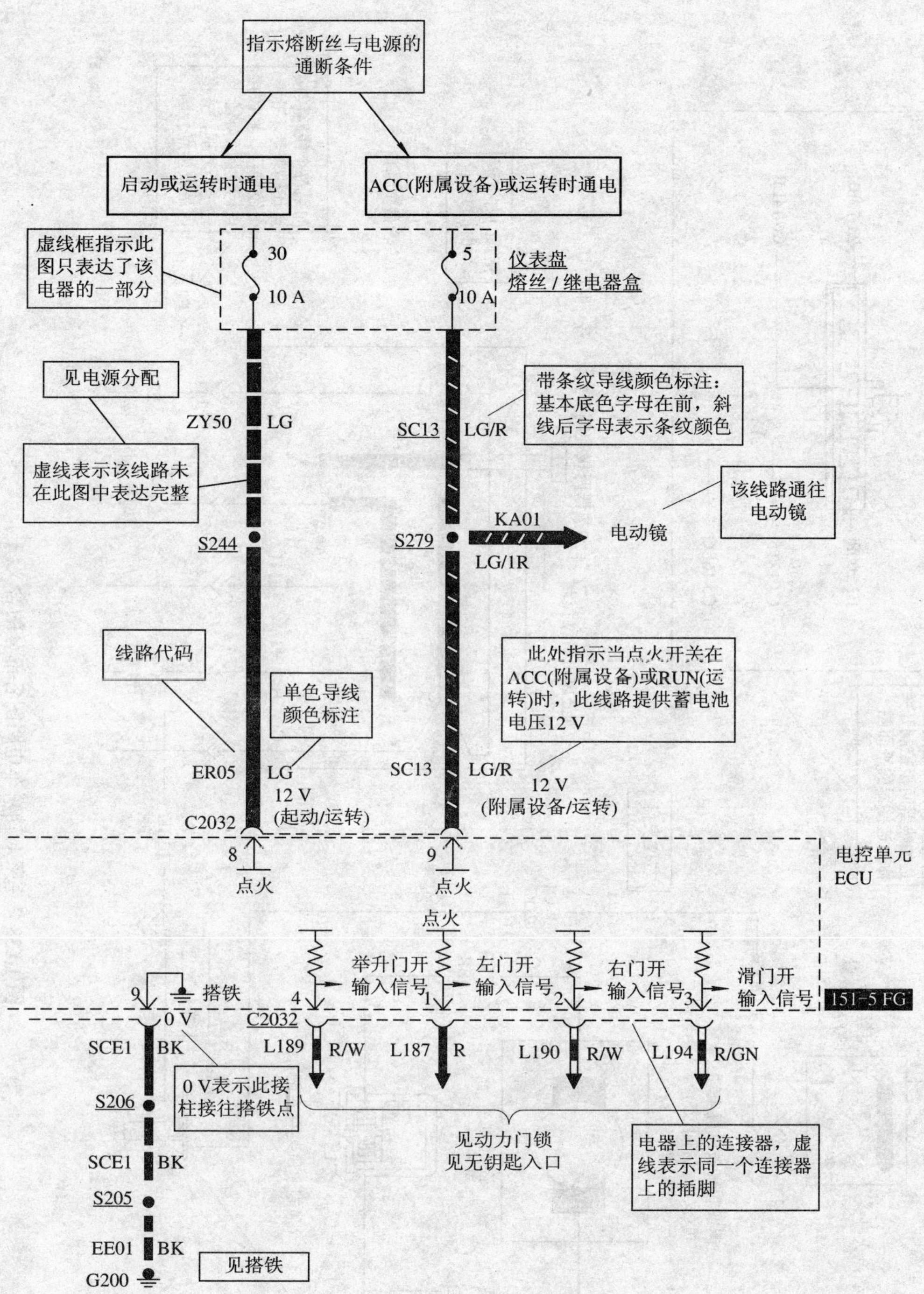

图 10.37　福特轿车电路图示例(二)

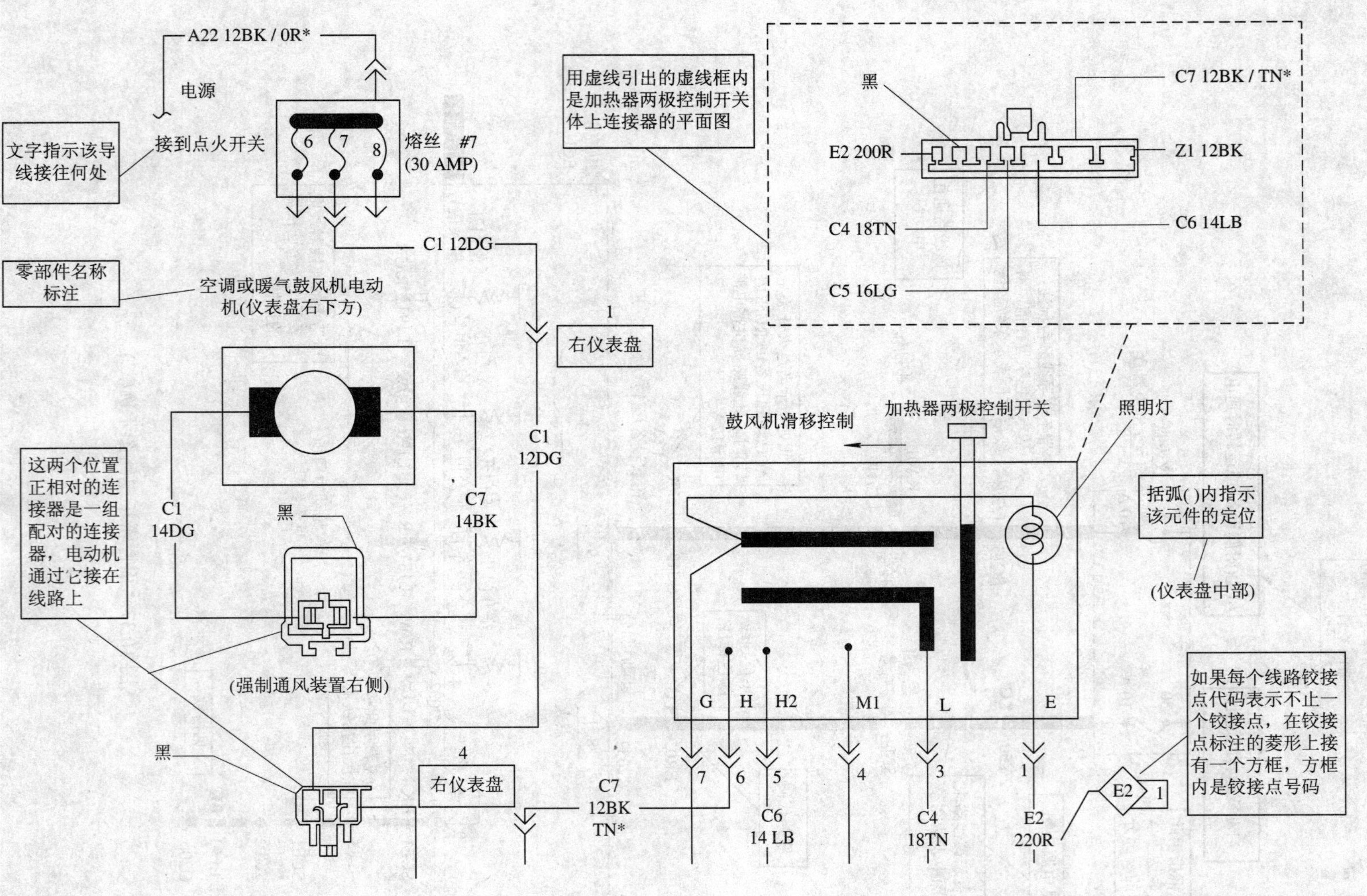

图 10.38　克莱斯勒轿车电路图各部分的含义(一)

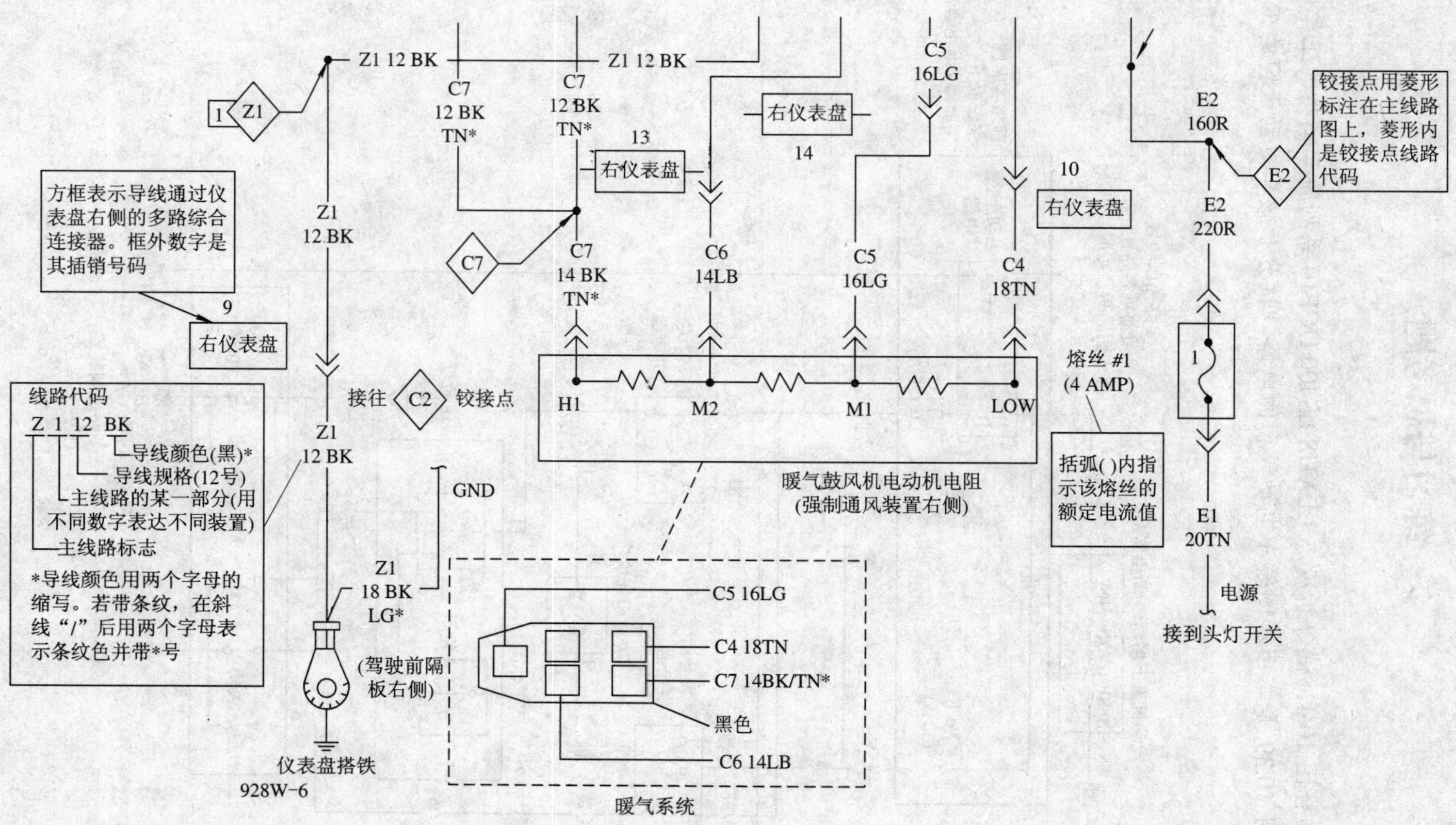

图 10.38　克莱斯勒轿车电路图各部分的含义(二)

练习与思考题

10-1　结合图 10.4，试分析凌志 LEXUS LS400 UCF10 系列轿车喇叭的工作电路。

10-2　图 10.39 是本田雅阁轿车电动天窗的电路，试分析该车电动天窗的工作(开启与关闭)电路。

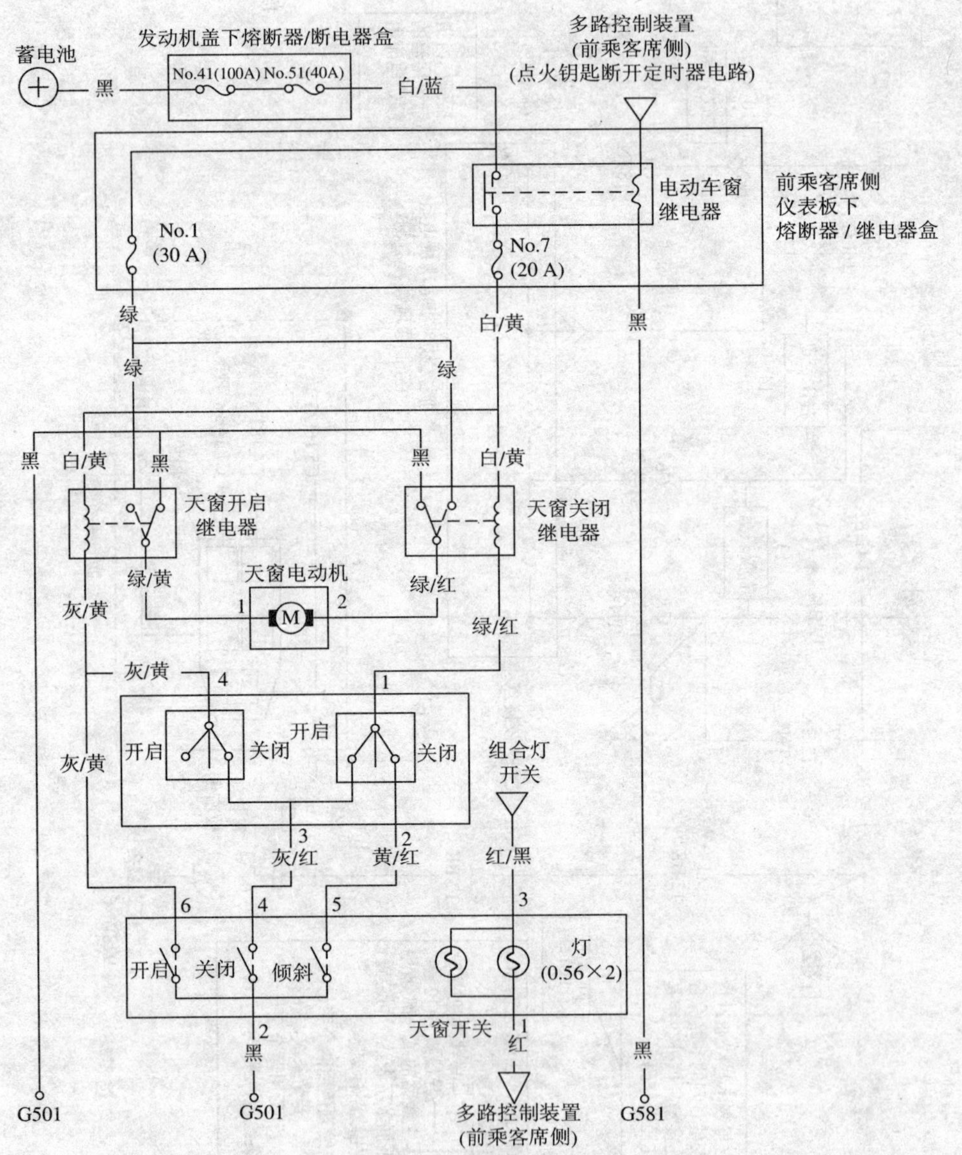

图 10.39　本田雅阁轿车电动天窗电路

10-3　大众车系电路图有何特点？

10-4　结合图 10.40 分析宝马轿车喇叭系统的工作电路。

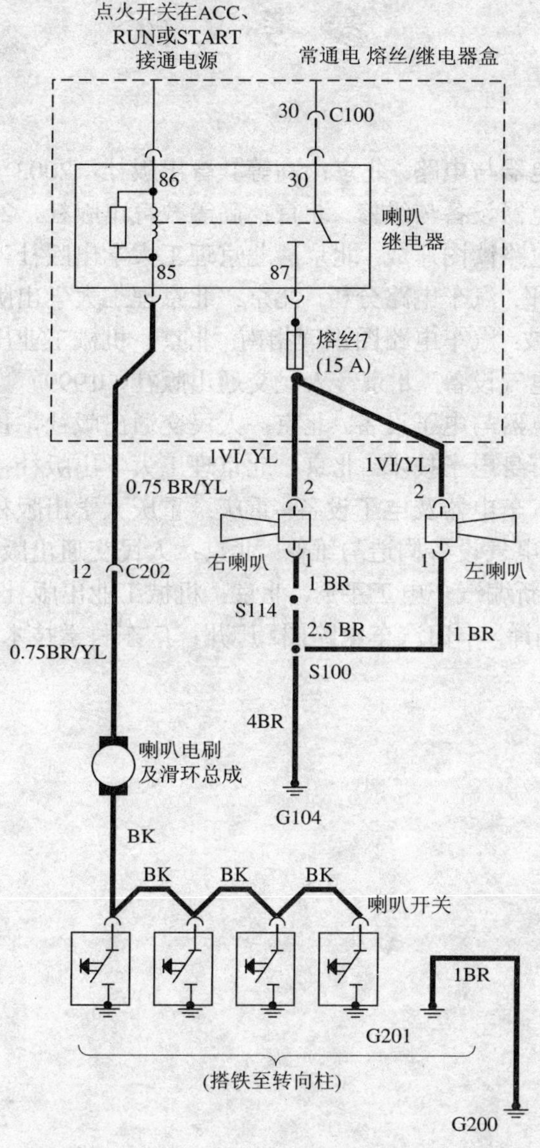

图 10.40　宝马轿车喇叭系统工作电路

10-5　结合图 10.29 分析富康 988 轿车行李厢照明灯的工作电路。

10-6　试述通用车系车辆位置分区数字的含义。

参 考 文 献

[1] 李春明. 汽车电器与电路. 北京：高等教育出版社，2003
[2] 李春明. 汽车电器设备与维修. 北京：高等教育出版社，2005
[3] 李春明. 汽车电路读图速成. 北京：北京理工大学出版社，2003
[4] 董宏国，廖苓平. 汽车电路分析. 北京：北京理工大学出版社，2005
[5] 周泳敏，朱红波. 汽车电路图识读指南. 北京：机械工业出版社，2003
[6] 裘玉平. 汽车电气设备. 北京：人民交通出版社，1999
[7] 何丹娅. 汽车电器与电子设备. 北京：人民交通出版社，1998
[8] 李春明. 汽车车身电子技术. 北京：北京理工大学出版社，2003
[9] 古永棋，等. 汽车电器及电子设备. 重庆：重庆大学出版社，1993
[10] 周建平. 汽车电气设备构造与维修. 北京：人民交通出版社，2002
[11] 马淑芝，等. 新编汽车电工手册. 北京：机械工业出版社，1996
[12] 王运朋，等编译. 丰田汽车电路图. 广州：广东科学技术出版社，2000